REI BRANCO e RAINHA VERMELHA

DANIEL JOHNSON

REI BRANCO e RAINHA VERMELHA
Como a Guerra Fria foi disputada no tabuleiro de xadrez

Tradução de
VITOR PAOLOZZI

1ª edição

EDITORA RECORD
RIO DE JANEIRO • SÃO PAULO
2013

CIP-BRASIL. CATALOGAÇÃO-NA-FONTE
SINDICATO NACIONAL DOS EDITORES DE LIVROS, RJ

Johnson, Daniel, 1957-

J65r   Rei branco e rainha vermelha: como a Guerra Fria foi disputada no tabuleiro / Daniel Johnson; tradução Vitor Paolozzi. – Rio de Janeiro: Record, 2013.

Tradução de: White King and Red Queen
Índice
ISBN 978-85-01-08331-9

1. Xadrez – União Soviética – História – Séc. XX. 2. Jogadores de xadrez – União Soviética – História – Séc. XX. 3. Xadrez – Torneios – História – Séc. XX. 4. Xadrez – Aspectos políticos – União Soviética. 5. Política internacional – 1945-1989. I. Título.

CDD: 794.10947
12-4366   CDU: 794.1(47+57)

Título original em inglês:
WHITE KING AND RED QUEEN

Copyright © Daniel Johnson, 2007

Texto revisado segundo o novo Acordo Ortográfico da Língua Portuguesa.

Todos os direitos reservados. Proibida a reprodução, armazenamento ou transmissão de partes deste livro através de quaisquer meios, sem prévia autorização por escrito. Proibida a venda desta edição em Portugal e resto da Europa.

Direitos exclusivos de publicação em língua portuguesa para o Brasil
adquiridos pela
EDITORA RECORD LTDA.
Rua Argentina, 171 – 20921-380   Rio de Janeiro, RJ – Tel.: 2585-2000
que se reserva a propriedade literária desta tradução

Impresso no Brasil

ISBN 978-85-01-08331-9

Seja um leitor preferencial Record.
Cadastre-se e receba informações sobre nossos
lançamentos e nossas promoções.

Atendimento direto ao leitor:
mdireto@record.com.br ou (21) 2585-2002.

Para Sarah: *deo gratia*

Sumário

Agradecimentos 9
Prefácio 11
Introdução 25

1 De Bagdá a São Petersburgo 29
2 A Recriação da Revolução 41
3 Terror 51
4 O Ópio dos Intelectuais 70
5 Os Exilados 77
6 O Patriarca e Sua Prole 95
7 O Fator Judaico 107
8 O Modo Americano do Xadrez 138
9 A Odisseia de Bobby 151
10 Um Aquiles sem Calcanhar de Aquiles 174
11 A Morte de Heitor 202
12 A Era da Máquina 244
13 Desafiando o Império do Mal 269
14 O Iogue *versus* o Comissário 296
15 Final de Jogo Soviético: Kasparov *versus* Karpov 316
16 Depois da Guerra Fria 351

Epílogo 369
Ensaio sobre as Fontes 377
Bibliografia 389
Índice 397

Agradecimentos

A finalização de qualquer livro exige que o autor seja positivo, persistente e próspero. Minha tese de Doutorado, como ocasionalmente me lembram velhos amigos, era sobre o pessimismo alemão: um tema que praticamente impossibilitava esses três fatores. A tese permanece inacabada. Seu fantasma foi exorcizado por este livro, que jamais teria sido escrito sem o otimismo decididamente panglossiano do meu editor, Toby Mundy. Sua equipe na Atlantic, especialmente Emma Grove e Amy Jordan, não mediu esforços para deixar este livro o mais exato e elegante possível. Minha agente, Georgina Capel, manteve a fé em mim desde que nos associamos há uma década, e sou muito grato a ela.

Devo também agradecer aos muitos amigos, editores e colegas que me proporcionaram a oportunidade de testemunhar os últimos estágios da Guerra Fria, e até mesmo participar deles. Entre eles estão Sir Tom Stoppard, cuja indicação de meu nome para uma Bolsa Shakespeare possibilitou um ano de estudos em Berlim quase trinta anos atrás; o professor Timothy Garton Ash, que me recebeu em seu apartamento na Uhlandstrasse e uma década depois generosamente me culpou pela queda do Muro de Berlim; e o finado Melvin Lasky, que encomendou-me artigos para a *Encounter*, cujo espírito pretendo ressuscitar numa revista adaptada para os muitos e diferentes desafios atuais defrontados pelo Ocidente. Meus colaboradores, incluindo Miriam Gross e Alan Bekhor, esperaram pacientemente até eu terminar este livro e poder me concentrar nesse projeto.

Aqui não é o lugar de falar em influências intelectuais, mas não posso deixar de mencionar o meu círculo de amigos americanos, sem os quais não teria obtido a clareza moral que, espero, permeia este livro: Irving Kristol, Gertrude Himmelfarb, Norman Podhoretz, Midge Decter, Neal Kozodoy, Charles Krauthammer, George Weigel, Michael Novak, Amity Shlaes, Seth Lipsky, Anne Applebaum, Radek Sikorski, Bob Tyrrell, Roger Kimball e Bill Kristol. Também gostaria de agradecer aos dissidentes, passados e atuais, com quem encontrei-me, entre eles Leszek Kolakowski e sua filha Agnieszka; Natan e Avital Sharansky; e Garry Kasparov, que combina de maneira única os dois temas principais deste livro.

Também tenho uma dívida com meus amigos da fraternidade enxadrística, entre eles o finado Heinrich Fraenkel, que, na minha infância, pela primeira vez me apresentou a um grande mestre de xadrez, e Raymond Keene, que compartilhou comigo sua hospitalidade e sua experiência, Malcolm Pein, Bill Hartston, Nigel Short e muitos outros.

Durante os dois anos que passei escrevendo este livro, fui sustentado por bons almoços e sábios conselhos de muitos amigos fiéis, especialmente Graham Paterson e Martin Ivens. Meus pais, Paul e Marigold Johnson, e sogros, John e Cynthia Thompson, celebraram, respectivamente, suas bodas de ouro e diamante durante a redação deste livro. Devo muito a todos eles, e ao meu irmão Luke, por seu apoio moral e material. Mas a maior dívida é com os meus críticos mais severos: Sarah, Tycho, Edith, Leo e Agatha Johnson.

Prefácio

Quando este livro foi completado, em meados de 2007, a história do xadrez e a Guerra Fria ainda não tinha acabado inteiramente. Desde então, pelo menos três eventos serviram para traçar uma linha simbólica sob essa história: a eleição presidencial na Rússia, o primeiro campeão mundial hindu e a morte de Bobby Fischer.

Hoje a Guerra Fria é lembrada, quando é, com um calafrio: como o período em que a humanidade esteve mais perto de se aniquilar. Mas foi mais do que isso. A Guerra Fria coincidiu com uma época em que os frutos da civilização ocidental — liberdade, prosperidade, democracia, supremacia da lei, dignidade do indivíduo, santidade da vida — estavam disseminados por uma maior parcela da humanidade como nunca no passado. As origens dessa civilização na racionalidade greco-romana e na moralidade judaico-cristã eram inquestionáveis. Claridade moral, de um tipo que é cada vez mais rara hoje, era normal num mundo bipolar dividido pela Cortina de Ferro. Naturalmente, anticomunistas, fossem liberais ou conservadores, costumavam ser, com frequência, insultados como macarthistas. O termo *cold warrior** também se tornou uma ofensa. Os *cold warriors* retaliavam os "simpatizantes" do comunismo, os "agentes de influência" e os "idiotas úteis", que não perdiam oportunidade de apregoar as falhas do Ocidente.

Um ou dois resenhistas da edição britânica deste livro reincidiu em semelhantes estereótipos, acusando este autor de ser um *cold warrior* e sugerindo que não há sentido em lembrar aos leitores o que de fato era

---

*Combatente da Guerra Fria. (*N. do T.*)

o comunismo, quanto mais examinar por que fracassou. Contudo, é impossível escrever a história do xadrez durante o período da Guerra Fria sem contrastar os sistemas políticos, econômicos e sociais rivais. Somente um livro que fosse ao âmago do assunto, ao que tornava maligno o império do mal, poderia contextualizar os grandes mestres enxadristas da Guerra Fria.

A maioria dos jornalistas que resenharam o livro compreendeu isso. David Edmonds, coautor, com John Eidinow, de *Bobby Fischer goes to war* — de longe o melhor relato do match Fischer-Spassky —, foi mais do que generoso. Dominic Lawson chamou atenção para o fato de que o autor "foi o jornalista cujo inteligente questionamento em 1989 do secretário do Partido Comunista em Berlim Oriental revelou ao mundo que o Muro que dividira Oriente e Ocidente por mais de duas gerações estava prestes a cair". Um jornalista de uma geração mais jovem, Tobias Ruether, do *Frankfurter Allgemeine Zeitung*, considerou que o livro apresentou a chave para o papel de Kasparov na Rússia de Putin. Mary Dejevsky, que trabalhou como correspondente em Moscou para o *Times* de Londres na fase final da Guerra Fria, sugeriu que um ex-*cold warrior* até mesmo poderia ser o "autor ideal" deste livro. Vários renomados historiadores do século XX totalitário — Robert Conquest, Michael Burleigh e Simon Sebag Montefiore — concordaram. Martin Amis e Tom Stoppard, que haviam escrito sobre as mesmas coisas a partir dos pontos de vista de romancista e dramaturgo, também revelaram seu entusiasmo com o autor. Bem como grandes mestres, alguns dos quais haviam participado dos acontecimentos narrados aqui, como R. G. Wade e Raymond Keene. Mesmo antes do lançamento da edição norte-americana, entre os leitores do livro incluíam-se um ex-secretário de Estado e um ex-chefe do Estado-Maior Conjunto.

Esta, então, não é uma obra com apelo somente para uma grisalha retaguarda de ferrenhos anticomunistas ainda reencenando velhas batalhas. Espero e acredito que o livro tenha algo de útil a dizer àqueles jovens demais para se lembrar da Guerra Fria, em especial àqueles americanos

PREFÁCIO 13

mais novos cujos pais lutaram e venceram o conflito. Vocês devem ter orgulho da contribuição deles para a defesa da civilização.

Rei branco e rainha vermelha mostra que a rivalidade política e militar da Guerra Fria, banida do campo de batalha pela destrutividade da guerra nuclear, foi disputada nos tabuleiros. O livro termina com um eco dessa rivalidade: o duelo entre Kasparov e Putin, no qual a batalha de ideias se deslocou do tabuleiro para a arena política.

Esse duelo, do ponto de vista do Kremlin, é totalmente unilateral. De fato, a linha oficial é que Kasparov e a sua coalizão Outra Rússia são marginais e insignificantes demais para terem importância. Embora Putin realce seus estratosféricos índices de aprovação, Kasparov tem consistentemente sustentado que a popularidade de Putin é uma ilusão que não sobreviveria ao escrutínio de uma verdadeira democracia ou de uma imprensa de fato livre. A principal estratégia de Putin contra a oposição tem sido sempre negar a seus líderes quaisquer oportunidades de apresentar seu lado na televisão estatal ou mesmo em eventos públicos. Mas silenciar a oposição não bastou: obstáculos intransponíveis foram erguidos para impedir a participação de Kasparov na eleição presidencial de março de 2008.

Em 24 de novembro de 2007, a Outra Rússia organizou uma manifestação de aproximadamente 3 mil pessoas nas ruas de Moscou para entregar uma carta à Comissão Eleitoral Central, controlada pelo Kremlin, protestando contra as eleições parlamentares de 2 de dezembro. Embora legal, a manifestação foi reprimida pela polícia. Kasparov foi jogado no chão e espancado, embora não se ferisse seriamente, antes de ser preso. Mais tarde, foi condenado a cinco dias de confinamento por resistir à prisão.

Pouco após o incidente, Putin rompeu seu silêncio costumeiro sobre o tópico Kasparov. Entrevistado pela revista *Time*, que de maneira perversa o havia escolhido como Personalidade do Ano, o presidente russo zombou de Kasparov por ter falado em inglês a repórteres estrangeiros logo após ser detido. Isso estava dentro da estratégia do Kremlin de apresentar Kasparov como um agente de influência americano, financiado pela CIA e sem raízes ou apoio na Mãe Rússia. O fato de a família de Kasparov ser mantida em segurança em Nova Jersey foi utilizado numa campanha de difamação que afirmava que ele secretamente havia se tornado um cidadão dos EUA. Kasparov respondeu com fúria: "Primeiro, também falei em russo, algo que, por incrível que pareça, jamais aparece nas transmissões jornalísticas controladas pelo Kremlin. Segundo, como declarações da oposição são quase sempre banidas da mídia russa, a imprensa estrangeira geralmente constitui 90% da mídia que comparece a eventos da oposição. Por fim, teria grande prazer em mostrar ao sr. Putin qual de nós dois fala e escreve melhor o russo. Talvez ele aceite meu desafio para um debate em televisão nacional ou permita a publicação de um artigo meu em um grande jornal."

De maneira pouco surpreendente, não houve nenhuma resposta do Kremlin. Durante a campanha para a eleição presidencial de 2 de março, o partido de Putin, Rússia Unida, pôde monopolizar a mídia e manipular o processo eleitoral. Na realidade, o Rússia Unida não é de modo algum um partido político democrático no sentido ocidental: como o Partido Comunista da era soviética, o Rússia Unida é indistinguível do aparato estatal. A influência do Kremlin foi mais do que suficiente para tornar impossível o registro de Kasparov como candidato presidencial. Para poder desafiar o indicado de Putin à Presidência russa — o chefe da Gazprom, Dmitri Medvedev —, Kasparov deveria obter 2 milhões de assinaturas, com não mais de 40 mil de cada região da Rússia; um processo vulnerável a acusações de fraude que na prática foi usado pela comissão eleitoral para declarar inválidas duas outras candidaturas. Mas a de Kasparov nem sequer chegou aí. O primeiro requisito era que o pedido fosse endossado por quinhentos cidadãos em um evento público. Por várias vezes a Outra Rússia alugou um local somente para ser informada de que o espaço não mais estava disponível. Assim, o prazo não foi cumprido. Parecia que as autoridades haviam comunicado: Kasparov não pode nem mesmo chegar à primeira base.

PREFÁCIO 15

A campanha eleitoral no início de 2008 foi amplamente descartada como um simulacro de democracia, e a universalmente respeitada Organização para a Segurança e Cooperação na Europa retirou sua equipe de observadores em protesto. Apenas três candidatos tiveram permissão para enfrentar Medvedev: o líder comunista, Guennadi Ziganov; o líder antissemita dos Democratas Liberais de extrema direita, Vladimir Jirinovski; e o líder do pequeno Partido Democrático, Andrei Bogdanov, cuja única qualificação parecia ser sua proeminência como maçom — era o chefe da Grande Loja Maçônica da Rússia. Bogdanov negou que fosse secretamente apoiado pelo Kremlin para dar legitimidade à eleição, mas as dúvidas quanto a ele ser um verdadeiro oponente de Putin persistiram. Nenhum desses candidatos tinha a estatura internacional, quanto mais as credenciais democráticas, de Kasparov.

No dia da eleição, 2 de março, Kasparov apresentou mais uma petição à comissão eleitoral, ao mesmo tempo que conclamou o resto do mundo a negar qualquer reconhecimento a Medvedev: "Se os líderes do mundo livre aceitarem Medvedev, estarão aprovando e dando credibilidade a esta farsa." Quando os resultados foram declarados, em 7 de março, Medvedev teve mais de 70% dos votos. Ignorando Kasparov, os líderes do mundo livre fizeram fila para cumprimentar o novo presidente eleito, que surgiu com uma jaqueta de couro ao lado de Putin num show de rock em Moscou para proclamar sua vitória.

Sem se intimidar por uma eleição que já havia rejeitado como fraudulenta, Kasparov manteve a pressão. O regime agora parecia destinado a evoluir para um duunvirato, com Medvedev como o tecnocrata chefe de Estado e Putin como primeiro-ministro, ainda no centro do poder. Em vez de denunciar o sistema político e exigir sua completa reforma, Kasparov cada vez mais assumia o papel de principal crítico do Kremlin, apresentando um detalhado exame das políticas governamentais. Por exemplo, ele atacou os planos para sediar os Jogos Olímpicos de Inverno de 2014 em Sotchi, alertando que o orçamento de 6 bilhões de dólares era inadequado. Talvez Kasparov tenha a esperança de que com o tempo venha a se parecer menos com um dissidente da era soviética e mais com um presidente russo alternativo. Mas ele sabe que a dupla Putin-Medvedev dificilmente se desmanchará rápido; a sua própria previsão é de que durará por mais um mandato, até 2012.

A crítica de Kasparov ao regime russo não mudou. Ele ainda acredita que está fundado inteiramente sobre preços elevados de petróleo e gás, cuja necessidade de mantê-los altos explica, na sua opinião, toda a política externa de Putin. Kasparov sabe muito bem que a crescente dependência da Europa sobre os suprimentos de petróleo e gás russos fortaleceram Putin e enfraqueceram o apoio ocidental aos Estados vizinhos que tentam se libertar da influência russa, para não falar dos dissidentes dentro da Rússia. Kasparov rejeita a noção de que a "alma russa" seja predisposta a idolatrar homens fortes, destacando que em nações divididas como Coreia, China ou Alemanha as pessoas se agarram à liberdade quando esta é oferecida.

Todavia, o regime Putin se tornou tão agressivo que uma palpável mudança de atitude está ocorrendo no Ocidente. Na cúpula de Bucareste, em abril de 2008, a Otan repeliu o pedido de filiação de duas ex-repúblicas soviéticas, Ucrânia e Geórgia. O governo Bush foi incapaz de persuadir seus aliados a ignorar as ameaças do Kremlin de apontar mísseis contra países da Otan.

Num seminal livro publicado no começo de 2008, o bastante conceituado jornalista da *Economist* Edward Lucas sustentou que o Ocidente estava diante de nada menos que *A Nova Guerra Fria*. Kasparov tem até agora rejeitado as conversas de uma nova Guerra Fria, argumentando que o regime Putin não possui nenhuma ideologia comparável ao marxismo-leninismo e, de qualquer forma, é dependente demais do Ocidente para correr o risco de uma verdadeira confrontação. Mas Lucas não está sugerindo que a nova Guerra Fria se parecerá exatamente com a velha, e sim que o Ocidente precisará defender seus valores e interesses contra a influência corruptora dos plutocratas, tecnocratas e autoritários que agora governam a Rússia. Isso também está bastante de acordo com o pensamento de Kasparov. Ele tem sido muito crítico quanto à maneira como o governo Bush, em sua opinião, deu à democracia no Iraque uma prioridade maior do que à democracia na Rússia, e aponta para os acordos bélicos entre o Kremlin de Putin e o Irã de Ahmadinejad como o preço que o Ocidente terá de pagar por fechar os olhos às maquinações do Kremlin no Oriente Médio.

Na evolução política de Garry Kasparov, o momento decisivo veio com a crise de 1990 na sua cidade natal de Baku, quando viu os armênios serem expulsos pela maioria azerbaidjana. Hoje, semelhante conflito étnico está de novo ameaçando a estabilidade na periferia da Rússia — frequentemente com o encorajamento de Moscou. O regime Putin está incentivando movimentos separatistas na Geórgia, por exemplo, para explorar a relutância da Otan em correr o risco de provocar o Kremlin ao acolher Ucrânia e Geórgia. Kasparov lançou alertas contra as tentativas de Putin de reafirmar o controle russo sobre seus vizinhos, mas o seu próprio *background* no Azerbaijão o coloca em desvantagem ao confrontar os nacionalistas russos. Seu desafio político é persuadir os russos de que agitar conflitos no "exterior próximo" não é apenas errado em si mesmo, e em geral contraprodutivo, como também poderia ser um tiro pela culatra, atingindo do mesmo modo a Rússia, que abriga dezenas de minorias nacionais, religiosas e étnicas. Até agora, a autocrática "democracia soberana" de Putin (ou "tzarismo", para usar uma frase do analista americano Robert Kagan) tem varrido tudo à frente ao apelar ao orgulho nacional russo, ao mesmo tempo que deliberadamente — e perigosamente — fomenta um rancoroso sentimento de injustiça. Ao contrário da mentalidade de sítio do Kremlin, a visão pró-Ocidente e pluralista de Kasparov não pode se alimentar de fantasias de conspiração e cerco.

Se houver uma nova Guerra Fria, poderia também marcar a inauguração de uma nova era dourada do xadrez? Sem o status único desfrutado pelo jogo nobre na União das Repúblicas Socialistas Soviéticas, parece muito improvável que o xadrez de novo seja o substituto de uma guerra. De todo modo, a nova Guerra Fria será bem diferente da velha, no mínimo porque agora vivemos num mundo multipolar, e não bipolar. Havia uma forte analogia entre um jogo de xadrez e o duelo das duas superpotências, os Estados Unidos e a União Soviética. O mundo de hoje lembra todo um torneio de xadrez, com potências competindo arduamente entre si por espaço e mudando alianças entre democracias e autocratas. O xadrez ainda pode ser uma útil metáfora estratégica, mas agora há muito mais jogadores, muito mais partidas e nenhum xeque-mate definitivo. Uma era dourada do xadrez bastante diferente pode ser pressagiada pelo fato de que o 15º campeão mundial de xadrez não é, pela primeira vez, europeu nem americano, mas hindu.

Este livro narra como o xadrez emergiu do coração da Ásia e migrou para a Europa, para ser reinventado ali no Renascimento. Agora, no século XXI, a Ásia reivindica a supremacia perdida no xadrez. Em 29 de setembro de 2007, o campeão mundial de xadrez russo, Vladimir Kramnik, perdeu a coroa para o hindu Viswanathan Anand. Isso não apenas marcou o fim de sessenta anos de hegemonia soviética e russa (que até então havia sido brevemente interrompida apenas por Bobby Fischer), mas foi visto como uma importante mudança de longo prazo no centro de gravidade do mundo enxadrístico, afastando-se da Europa e rumando para as novas potências asiáticas, Índia e China. Para resolver as disputas existentes em torno do título desde 1993, quando Garry Kasparov e Nigel Short romperam com a Federação Mundial de Xadrez, FIDE, a sucessão à coroa foi decidida não por um match entre campeão e desafiante, mas por um torneio entre os principais aspirantes na Cidade do México. Anand terminou com folga à frente dos demais, sem perder nenhum jogo.

Embora não houvesse nada de inesperado na vitória do hindu — ele já desafiara Kasparov em 1995 e ganhara o título da FIDE em 2000 —, a ausência de um duelo decisivo entre Anand e Kramnik deixou dúvidas quanto à superioridade do novo campeão sobre o predecessor. Mesmo após ceder o título, Kramnik ainda mantinha uma pequena vantagem nos cerca de cinquenta jogos disputados contra Anand desde 1989. Um match de 12 partidas está programado para acontecer entre Anand e Kramnik em Bonn, Alemanha, em outubro de 2008, o qual deve enfim decidir o futuro do título.*

Esses dois campeões, ambos na casa dos 30 anos, já encontram uma geração mais nova em seu encalço. Em janeiro de 2008, Anand e Kramnik foram superados pelo prodígio norueguês Magnus Carlsen no torneio de Wijk aan Zee. Carlsen dividiu o primeiro lugar com o armênio Levon Aronian e, algumas semanas mais tarde, terminou logo atrás de Anand em Linares. Com 17 anos, Carlsen tem menos da metade da idade de Anand, mas já consegue resultados comparáveis. É provável que ele seja mais forte do que Fischer ou Kasparov com a mesma idade. Que Carlsen cedo ou tarde se tornará campeão mundial já parece mais do que provável, e ele tem muitos anos à mão para quebrar o recorde de Kasparov como o mais jovem campeão.

Contudo, se um norueguês fosse o próximo campeão mundial, isso não indicaria que não há nada de inevitável na gradual mudança de hegemonia de Europa e América para China e Índia? Embora seja arriscado expandir conclusões do microcosmo do xadrez para o macrocosmo da vida intelectual de maneira mais geral, outros indicadores também sugerem que o Ocidente não necessariamente está predestinado a perder sua predominância intelectual. As melhores universidades e institutos de pesquisa, os mais importantes centros de excelência nas artes, humanidades e ciências na maioria continuam no Ocidente, ainda que muitos daqueles que ali trabalham ou estudam não sejam ocidentais. A ascensão de Índia e China para rivalizar com Rússia, Europa ocidental e Estados Unidos no xadrez é um reconhecimento implícito da globalização da cultura ocidental — porque o xadrez em sua forma moderna é um fenômeno caracteristicamente ocidental.

---

*Anand manteve o título ao marcar 6,5 a 4,5 na 11ª partida, com três vitórias e apenas uma derrota. (*N. do T.*)

Em 17 de janeiro de 2008, Bobby Fischer morreu em decorrência de falência renal, em sua casa em Reykjavik, Islândia. O simbolismo não esteve só na sua idade — Fischer tinha 64 anos, o mesmo número de casas num tabuleiro. Como havia abandonado o xadrez em 1972, no auge da fama, sua memória na imaginação do público ficou congelada nesse ponto. A morte de Bobby Fischer evocou a história do xadrez na Guerra Fria, mas também trouxe uma espécie de fechamento.

Sim, Fischer não ficou fora da vista do público durante os 36 anos que se passaram. Ele emergiu em 1992 para enfrentar de novo Spassky por 5 milhões de dólares, a maior premiação jamais oferecida num match enxadrístico, mas a procedência do patrocínio — a Sérvia de Milošević — o manchou para sempre. A busca empreendida pelas autoridades dos EUA por desrespeito às sanções e por sonegação de impostos se intensificou após 11 de setembro de 2001, devido aos seus virulentos ataques à América e aos judeus. Após sua prisão no Japão em 2005, Fischer escapou da extradição para enfrentar julgamento nos Estados Unidos apenas porque a Islândia lhe ofereceu asilo. Contudo, a súbita morte de Fischer comoveu milhões que se lembravam da epifania enxadrística de 1972. Um não conformista que mal fora visto por quatro décadas normalmente não atrairia tanta atenção pelo rude expediente de uma morte prematura. Mas a morte de Bobby Fischer foi notícia de primeira página em todo o mundo — um tributo ao heroico excêntrico que sem dúvida havia sido, talvez até ao fanático fugitivo que se tornou mais tarde.

Na morte como na vida, Fischer foi não conformista aos limites da perversidade. Ele morreu de insuficiência renal — teimoso até o fim, recusou a ajuda médica que poderia ter prolongado sua existência — e foi enterrado na calada da noite. O pastor da igreja luterana cujo cemitério recebeu o caixão não foi consultado, e afirmou-se que um padre católico oficiou a cerimônia, embora não existam motivos para crer que Fischer passou por uma conversão no leito de morte. O segredo que envolveu enfermidade, morte e funeral foi um pedaço da mística que o menino do Brooklyn sempre cultivou. O extraordinário olhar arguto de Fischer para aquilo que capturaria a imaginação do seu público jamais o abandonou.

Fischer manteve-se como uma criatura da Guerra Fria até o final: no temperamento obsessivamente desconfiado e misterioso, na maniqueísta divisão do mundo em amigo e inimigo, e na convicção não desprovida de fundamento de que seus inimigos queriam pegá-lo. Contudo, antes de seus demônios levarem a melhor, Fischer exemplificou algumas das virtudes que a Guerra Fria também destacou: a prontidão para defender princípios à custa da popularidade, um olhar afiado para mentiras e enganações mascaradas como ideais humanitários, a recusa em deitar-se com o diabo que surgiu de uma revulsão contra o apaziguamento pré-guerra. O confronto das sociedades abertas do Ocidente liberal contra as sociedades fechadas do Leste comunista dizia respeito tanto a moralidade quanto a ideologia. Graças a sua experiência pessoal com a manipulação soviética do mundo enxadrístico, Fischer compreendeu o pretensioso vocabulário do socialismo e denunciou o cinismo amoral que o disfarçava. Como Ronald Reagan, não hesitou em empregar a linguagem de bem e mal, diferentemente do relativismo moral tão em voga entre os intelectuais liberais do fim dos anos 1960.

Ao romper o confortável monopólio dos grandes mestres soviéticos, Fischer criou o que se tornou conhecido como o "*boom* Fischer" no Ocidente. Foi o seu legado ao xadrez. Mas Fischer também teve um papel num palco muito maior. Ao provar que a União Soviética podia ser derrotada por um único indivíduo, encorajou dissidentes de todas as partes. A Guerra Fria terminou porque os soviéticos perceberam que não poderiam vencê-la — tanto no nível intelectual quanto no político ou no econômico. Essa percepção começou a surgir com Bobby Fischer e "essa coisinha entre mim e Spassky".

Gostaria de terminar este prefácio aos leitores americanos com uma nota pessoal, com um episódio contado pela primeira vez, de forma um tanto diferente, na minha coluna semanal "Carta de Londres" no *Sun* de Nova York. Pouco após ele morrer, saí em busca de Bobby Fischer. Em outras palavras, eu, como Marcel Proust, saí em busca do tempo perdido. Pertenço à geração de adolescentes que se inspiraram com o match Fischer-Spassky de 1972 em Reykjavik, apesar de eu ter desistido de disputar o jogo a sério há mais de trinta anos.

Encontrei o que procurava no Bush Hall, uma antiga sala de espetáculos perto de onde moro, no oeste de Londres. Acontecia um torneio de xadrez relâmpago — tão veloz que quando cada rodada começava o barulho de peças e relógios sendo batidos soava como uma tempestade. Tudo, toda a ambientação de um torneio de xadrez, era intensamente nostálgico. Era exatamente o tipo de ocasião que, mais de meio século atrás, pela primeira vez levou o menino prodígio do Brooklyn ao labirinto das 64 casas.

Antes da primeira rodada, vi-me ao lado de um senhor que lia no bar o obituário de Fischer publicado por um jornal americano. Tratava-se de James Sherwin, um mestre internacional americano que fora amigo do campeão.

Claramente abalado pela morte de um contemporâneo que conhecera na juventude, Sherwin ficou contente de poder compartilhar suas memórias. "Bobby era apenas um garoto legal." Eles jogavam partidas-relâmpago por horas a fio, e vez ou outra Fischer perdia. Nas disputas em torneios, Fischer quase sempre venceu, mas havia incluído um dos primeiros confrontos dos dois como o primeiro de *My 60 memorable games* — o único livro que escreveu, um clássico da literatura enxadrística.

Sherwin tinha um evidente orgulho dessa distinção, que concedia uma espécie de imortalidade até mesmo para o perdedor. Mais tarde, eu examinei a partida, disputada no Aberto de Nova Jersey de 1957, quando Fischer contava apenas 14 anos, mas encontrava-se em vias de se tornar campeão dos EUA, seu primeiro grande triunfo. Uma anotação dá uma amostra do estilo irascível de Fischer: "Sherwin deslizou a torre com o mindinho, como se para enfatizar a astúcia desse movimento misterioso."

PREFÁCIO 23

Quando perguntei a Sherwin sobre a fase final da vida de Fischer, após a conquista do título mundial em 1972, sua expressão se fechou. Ele não vira Fischer durante os últimos trinta anos, contou, e não lamentava, porque o pobre coitado obviamente enlouquecera. Preferia lembrar-se dele como uma pessoa sã.

O problema com essa visão é que o próprio Fischer a rejeitava. Ele insistia estar totalmente são e recusou-se a alegar inimputabilidade ao ser detido no Japão e correr o risco de extradição para os EUA, onde provavelmente teria passado o resto da vida na cadeia.

Minha opinião (como explico de forma mais detalhada adiante no livro) é a de que Fischer foi mantido nos trilhos por duas coisas que deram à sua vida sentido e propósito: o xadrez e a Guerra Fria. Na ausência de ambos, ficou perdido.

A razão exata de por que a solitária, corajosa e, no final das contas, bem-sucedida luta de Fischer contra a máquina de xadrez soviética mostrou-se uma vitória de Pirro é uma questão tanto de política quanto de psiquiatria. Mas há evidências de antissemitismo muito antes em sua carreira. Seu amigo Larry Evans lembra-se de uma ocasião nos anos 1960 em que Fischer expressou admiração por Hitler. Perplexo, Evans perguntou por quê. "Porque ele impôs sua vontade ao mundo", Fischer respondeu. Era a autêntica voz da megalomania.

Contudo, apesar desse lado escuro e demoníaco da sua personalidade, Fischer não poderia ter se tornado campeão mundial se já estivesse louco. Não existe feito de combate mental mais hercúleo do que um match pelo título mundial do xadrez, mas para derrotar as forças combinadas da União Soviética Fischer precisava de qualidades acima da genialidade no xadrez. Seu anticomunismo foi denunciado na época como paranoia, mas o inimigo era real: os comunistas estavam verdadeiramente determinados a impedi-lo de conquistar o título que consideravam o símbolo da superioridade intelectual sobre o Ocidente. Aqueles que perderam em Reykjavik tiveram sorte de não serem mandados para o *gulag*. Fischer não estava maluco por ver a União

Soviética como um império do mal, e o triunfo no tabuleiro teve um papel de relevo na queda do regime.

O Fischer que ressurgiu décadas depois perdera todo o contato com a realidade. Para aqueles como eu que o haviam admirado na juventude, a tristeza pelo desperdício de seu talento foi agravada pelo assombro diante do espetáculo dos olhos revoltosos e da diatribe maluca, cheia de obscenidades, contra o seu próprio país, cuspindo nos judeus e alegrando-se pelo 11 de Setembro.

Para os jovens disputando partidas relâmpago no Bush Hall, Bobby Fischer era pré-história, mas para aqueles na meia-idade constituía uma parte inescapável do nosso próprio passado. Fizemos um minuto de silêncio em sua memória. Foi uma lembrança dolorosa, mas um herói imperfeito ainda é um herói.

Introdução

O XADREZ É UM JOGO de guerra, mas a guerra não é um jogo de xadrez. O xadrez, de fato, é a suprema sublimação da guerra. "Xeque-mate" literalmente significa "o rei está morto". Há um pungente lembrete do valor do xadrez para beligerantes da realeza no castelo de Windsor, onde se preserva um tabuleiro que pertenceu (presumivelmente junto com um conjunto de peças, agora perdido) ao rei Carlos I, com uma inscrição em latim que se mantém relevante: "Com isto, súditos e governante lutam sem derramamento de sangue." Na época em que foi confeccionado para Carlos I, em 1642, já era tarde demais para o soberano: a guerra civil inglesa, que levaria ao seu julgamento e à sua execução, encontrava-se em desenvolvimento. Ao longo da sua história, o xadrez tem sido a paixão de intelectuais mais do que de guerreiros. Embora o jogo fosse um de seus passatempos favoritos, o desempenho que Napoleão exibia nos tabuleiros era inversamente proporcional ao formidável talento manifestado nos campos de batalha.

Assim como as artes e as ciências, das quais é geralmente um parente pobre, o xadrez floresce não nos períodos de guerra, mas na paz. Numa sociedade aberta, o xadrez normalmente não é um meio para um fim político ou militar; pelo contrário, é uma de muitas formas de busca da felicidade. Somente numa sociedade em que a guerra está internalizada na forma de conflitos de classes e étnicos — em nome dos quais o Estado mata, provoca a fome, deporta e aprisiona o próprio povo aos milhões — e que se encontra insulada de influências externas por um permanente estado de sítio é que o xadrez poderia se tornar uma preparação para a guerra. Somente no contexto de um conflito primariamente psicológico — um conflito no qual tudo, exceto a força militar, podia ser usado — é que haveria condições para o xadrez emergir como um substituto para a guerra.

Esse conflito ainda é conhecido como a "Guerra Fria", uma metáfora que parece ter sido usada pela primeira vez já em 1945, num artigo de jornal — apropriadamente — escrito por George Orwell. Foi no romance em que então Orwell trabalhava arduamente que o significado mais profundo do conceito se manifestaria inicialmente. Contudo, *1984*, com sua aterradora visão de um mundo totalitário em estado de guerra perpétua, foi publicado somente quatro anos mais tarde, em 1949.

A essa altura, a noção de uma "guerra fria" já era habitualmente empregada, sendo geralmente atribuída a Bernard Baruch, um dos conselheiros de política externa do presidente Truman. Baruch declarou num discurso ao legislativo da Carolina do Sul em abril de 1947: "Não nos enganemos — estamos hoje em meio a uma guerra fria." Um ano antes, o próprio Baruch tentara impedir essa calamidade persuadindo Truman a propor a entrega de todo o arsenal americano de tecnologia nuclear às Nações Unidas desde que a União Soviética fizesse o mesmo. Stalin recusou, apesar de os Estados Unidos deterem o monopólio nuclear até 1949. O Plano Baruch foi a última tentativa de impedir uma nova corrida armamentista, na qual o que estaria em jogo, pela primeira vez, seria a sobrevivência da raça humana. A partir daí, a reação estratégica à Guerra Fria seria resumida em outra metáfora: "dissuasão."

A Guerra Fria, portanto, foi o primeiro exemplo do que se tornaria um léxico inteiramente metafórico, o ameaçador vocabulário com o qual um mundo estilhaçado, nem em guerra nem em paz, buscava descrever sua terrível situação. Que isso fosse acima de tudo um confronto de ideologias, de filosofias amalgamadas, significava que ele incorporava slogans, superlativos e restos de teorias semidigeridas: Cortina de Ferro, contenção, reversão, dissuasão, destruição mutuamente assegurada, Ostpolitik, *détente*, império do mal. O que a Guerra Fria não tinha em ação compensava com palavras.

INTRODUÇÃO   27

O xadrez ofereceu uma megametáfora para essa guerra psicológica, uma que ganhou importância especial pelo importante papel que o jogo desempenhava na sociedade comunista soviética. Os russos podiam estar atrás em tecnologia militar ou competição econômica, mas reinavam supremos no tabuleiro. Um campo de batalha, pela primeira vez na história, genuinamente global podia ser representado por 64 casas. Como a escalada do antagonismo político para além de limites tacitamente acordados inevitavelmente deveria levar à aniquilação, o xadrez oferecia um equivalente de guerra desmilitarizado e totalmente abstrato. Se, como todas as guerras, a Guerra Fria era uma continuação da política por outros meios, então o xadrez era o mais cerebral desses meios. Ao fornecer a válvula de escape que impediu a explosão da Guerra Fria, o xadrez ajudou a salvar a civilização de si mesma.

Que o xadrez pudesse exercer esse papel é ainda mais extraordinário, dado o fato de que nenhum americano teve uma chance direta de contestar a supremacia soviética entre 1948 e 1972. O inadequado sistema de torneios qualificatórios e matches administrado pela Federação Mundial de Xadrez, FIDE, prejudicava os grandes mestres ocidentais, que não contavam com o apoio fornecido pela máquina enxadrística soviética com patrocínio estatal. Os americanos, particularmente, sentiam-se frustrados e desejavam implodir o sistema. Em 1952, no auge da Guerra Fria, o *New York Times* já proclamava o principal grande mestre americano, Samuel Reshevsky, como o "campeão de xadrez do mundo livre" e lançava um desafio, propondo a disputa de um match pelo título mundial entre ele e o campeão mundial soviético, Mikhail Botvinnik. Tratava-se, anunciou o jornal, de "um tipo de conflito soviético-americano ao qual todos dariam as boas-vindas".

Contudo, não houve resposta do Kremlin a esta ou qualquer outra sugestão de que o processo oficial para escolha do desafiante fosse deixado de lado. Durante um quarto de século, tanto os campeões como os desafiantes foram cidadãos soviéticos. Depois de os enormes esforços soviéticos para adquirir a supremacia mundial no xadrez terem obtido sucesso, era do interesse do Kremlin manter a disputa em família. Não havia nada a ganhar, e tudo a perder, com um retorno à época em que qualquer um podia desafiar o campeão se conseguisse angariar apoiadores. Assim que Bobby Fischer iniciou o aparentemente inexorável avanço ao topo, no fim dos anos 1950, todos os meios, lícitos e ilícitos, foram empregados para impedi-lo até mesmo de chegar perto. O xadrez tornou-se um teatro de guerra psicológica. E, a partir do momento em que a ameaça veio de Viktor Kortchnoi — um dissidente e exilado, portanto, aos olhos do Kremlin, um traidor inominável —, preservar o título mundial em mãos soviéticas passou a ser um assunto de agentes secretos tanto quanto de grandes mestres.

Esta é a história de como o xadrez veio a desempenhar um papel único: ao mesmo tempo, um símbolo da Guerra Fria e sua antítese — a cultura da velha Europa que de algum modo havia sobrevivido. O xadrez joga luz sobre o processo pelo qual a civilização ocidental por fim triunfou sobre a mais grave ameaça que enfrentou. E a história do xadrez na Guerra Fria apresenta lições de como lidar com ameaças presentes ou futuras a essa civilização. Como diz a Rainha Branca a Alice em *Alice no país do espelho*: "É uma pobre espécie de memória, que só funciona para trás."

1

DE BAGDÁ A SÃO PETERSBURGO

O XADREZ É UMA BOA alegoria e um péssimo professor. Garry Kasparov, talvez o maior jogador que já tenha existido, acredita que o xadrez nos ensina estratégias para a sobrevivência e escreveu um livro para provar isso: *Xeque-mate. A vida é um jogo de xadrez.* O filósofo enxadrista Moses Mendelssohn foi, talvez, mais sábio: "O xadrez é sério demais para um jogo, mas por demais um jogo para ser levado a sério." Ainda assim, desfruta um modesto, mas único, posto na nossa civilização há pelo menos 15 séculos. Tendo servido como um elemento central de sermões e moralidades da literatura medieval e renascentista — das quais a mais celebrada dessas obras foi *The Game and Play of the Chesse* [O jogo e modo de jogar xadrez], de Jacobus de Cessolis (*c.* 1300), um dos primeiros livros editados em inglês por Caxton —, o xadrez enriqueceu imensamente a língua desde então. Cada vez que falamos em colocar um inimigo em xeque, em tratar alguém como um peão ou de um *stalemate** político, estamos recorrendo ao vocabulário enxadrístico. Ainda há palavras menos óbvias, tais como *exchequer*** (a partir do uso normando de um tabuleiro quadriculado pela contabilidade real), gambito (um estratagema de abertura, de-

---

*No xadrez, *stalemate* sinaliza um empate por afogamento (quando um jogador não tem condições de mover nenhuma peça); fora desse contexto, a palavra significa "impasse". (*N. do T.*)

**Em português, erário. (*N. do T.*)

rivado da palavra italiana *gambetta*) ou *jeopardy** (de "*juperty*", um problema de xadrez medieval).

A palavra russa para xadrez, *chakhmati*, é uma simples transliteração do persa *shah mat* ("o rei está morto"), que é também a origem de xeque-mate. Acredita-se que o xadrez tenha surgido entre budistas às margens do Ganges, na Índia, talvez como uma forma secularizada de uma cerimônia religiosa que envolvia o uso de dados como um meio de ler a mente celestial. Tendo chegado à Pérsia por volta de 625 d.C., o xadrez foi adotado pelos conquistadores árabes. Em pouco tempo perdeu o vínculo com o budismo, passando a ser associado à rápida expansão do islã. Portanto, é provável que os povos eslavos tenham aprendido xadrez com fontes muçulmanas logo no início da história do jogo, possivelmente com mercadores na rota comercial que ia desde o mar Cáspio, pelo rio Volga, até o primeiro reino de Rus, do qual a capital era Kiev.

O islã dominou a história do xadrez por muito mais tempo que o comunismo soviético. As primeiras aparições na literatura da forma medieval do xadrez (*chaturanga* em sânscrito, *chatrang* em persa ou *shatranj* em árabe), no início do século VII, coincidiram com a vida de Maomé, e a disseminação para o oeste do jogo aconteceu na esteira das conquistas árabes. Ali, o genro do profeta e fundador do xiismo teria sido o primeiro muçulmano a conhecer o xadrez, levado da Pérsia à Arábia. No século VIII, escreveu o historiador do xadrez H. J. R. Murray, "o xadrez já se tornara um jogo popular no islã, da Espanha às margens dos rios hindus". Durante os dois primeiros séculos do islã, seu status legal esteve incerto. O que salvou o xadrez das proibições corânicas contra os jogos de azar e o uso de imagens foi a importância do *jihad* no islã. Como o xadrez era um jogo de guerra, podia ser útil aos guerreiros — e, assim, foi permitido.

Dessa maneira, o xadrez tornou-se uma parte integral da alta cultura nas cortes dos califas omíadas, do século VIII, a nova dinastia abássida,

---

*Em português, risco, perigo. (*N. do T.*)

DE BAGDÁ A SÃO PETERSBURGO

que governava um vasto império baseado em Bagdá e que se estendia por boa parte do Oriente Médio e do norte da África. O mais forte dos califas abássidas, Haroun al-Rashid (que reinou de 786 a 807), mantinha-se cercado de grandes mestres e historiadores do xadrez, tais como As-Suli, junto com astrônomos, químicos e médicos, pelos quais sua corte ainda goza de renome. Nas *Mil e uma noites* — que, segundo a lenda, se passam no reinado de Haroun, mas que acadêmicos modernos atribuem a uma coleção mais antiga de narrativas populares persas, agora perdida, traduzida para o árabe ao redor de 850 —, ficamos sabendo que o islã medieval permitia que também mulheres jogassem xadrez. Em uma das histórias, conta-se que o califa comprou uma escrava que o derrotou três vezes consecutivas. Instada a determinar seu prêmio, ela pediu a liberdade para uma outra, em vez de para si mesma. O preço astronômico da moça, 10 mil dinares, prova que o califa a considerava ainda mais valiosa no tabuleiro que no harém.

Seis séculos após Haroun, o xadrez gozava de igual estima em outro potentado muçulmano, Timur Lenk ou Tamerlão (Tamburlaine, o Grande, de Marlowe), que até mesmo batizou o filho de Shah-Rukh ("torre do rei") — cuja notícia do nascimento chegou enquanto o imperador jogava xadrez, além de dar o nome também à cidade que construiu às margens do rio Jaxartes, no atual Cazaquistão. Um historiador grego relata que Tamerlão jogava uma partida de xadrez com o filho quando o sultão turco, Bayazid, foi levado aprisionado à tenda. Na sua corte em Samarkand, o advogado e sábio favorito de Tamerlão, Ala'addin at-Tabrizi, foi apelidado de Ali ash-Shatranji ("Ali, o mestre de xadrez"). Fontes contemporâneas nos dizem que esse Ala'addin jogava até quatro partidas simultaneamente com os olhos vendados e que escreveu um tratado de xadrez que registra 21 posições de seus jogos. Tendo viajado muito e derrotado todos os desafiantes, Ala'addin pode até ser considerado o primeiro campeão mundial. Tamerlão gostava de dizer-lhe: "Você não tem rivais no xadrez neste reino, assim como eu não tenho no governo; não há homem que possa realizar maravilhas como eu e você, meu mestre Ali, cada um em sua própria esfera."

Não está claro o quanto essa figura real fundiu-se com o Aladim das *Mil e uma noites*. O Ala'addin histórico não tinha lâmpada com gênio; era ele próprio um gênio que podia fazer mágicas no tabuleiro. Num certo sentido, o papel dos campeões mundiais de xadrez soviéticos no império de Lenin, Stalin e seus sucessores era análogo ao de Ala'addin na corte de Tamerlão. Havia uma diferença: de modo geral, os grandes cãs do comunismo tratavam seus súditos com a mesma brutalidade de Tamerlão, que gostava de ser conhecido como o Flagelo de Deus, mas os brutamontes que governavam o império soviético eram incapazes de conceder a meros mestres de xadrez a mesma cortesia.

As regras modernas do xadrez, que aceleraram o jogo tornando mais poderosas peças como a rainha e o bispo, emergiram na Itália da Renascença durante o fim do século XV. No jogo medieval, a rainha (o vizir ou conselheiro nos países muçulmanos) era uma peça muito mais fraca que a torre ou até mesmo o rei, movendo-se apenas uma casa diagonalmente. O bispo (um elefante no Oriente) também movia-se diagonalmente, mas saltando as casas adjacentes. A nova forma de xadrez logo se expandiu do Ocidente para a Moscóvia, à medida que rotas comerciais se estabeleceram durante o reinado do grão-duque Ivan III, no início do século XVI. O xadrez havia muito tempo era malvisto pela Igreja Ortodoxa, que associava o jogo a heresia e bruxaria, para não falar de dados e outras formas de jogos de azar. Houve tentativas periódicas de eliminar o xadrez na Rússia. Todavia, os próprios tsares eram tão viciados no jogo que nenhuma proibição pôde ser efetivada.

Ivan, o Terrível, o primeiro governante da Rússia a assumir o título de tsar, até mesmo morreu diante de um tabuleiro. Em 1584, enquanto se preparava para jogar com o guardião de seu filho Feodor e subsequente sucessor, Boris Godunov, o tsar sofreu um tipo de ataque. Temos conhecimento deste fato graças a uma descrição contemporânea do embaixador inglês, Sir Jerome Horsey. A rainha que o enviara, Elizabeth I, teria interesse em semelhantes detalhes, já que ela própria era talentosa no xadrez. A etiqueta medieval e renascentista dava às mulheres status igualitário no xadrez, que somente mais tarde se tornaria um domínio masculino. No diário de suas viagens à Moscóvia, Sir Jerome registra as circunstâncias dramáticas da morte do tsar:

> Ele posiciona as peças (exceto pelo rei, o qual não sabia colocar na casa correta do tabuleiro): seu auxiliar favorito, Boris Fedorowich Godunov e outros fazem-lhe companhia. O imperador, em sua túnica larga, camisa e meias de linho, desmaia e cai para trás. Grande comoção; um vai atrás de aquavita, outro, do boticário, em busca de cravo-de-defunto e água de rosas, e para chamar o confessor e os médicos. Enquanto isso, ele sufoca e morre.

Historiadores ainda debatem se Ivan foi envenenado por Boris ou se morreu de causas naturais, mas o que está fora de questão é a devoção de ambos ao xadrez. Foi, portanto, bastante natural que Serguei Eisenstein (ele próprio um entusiasmado enxadrista) incluísse uma das melhores cenas de xadrez de todo o cinema em sua trilogia épica, *Ivan, o Terrível* (1944). O tsar era mais do que herói para Stalin; era seu alterego. À medida que sua paranoia crescia, o mesmo acontecia com a identificação do ditador com o tsar — a ponto de nem mesmo o épico cinematográfico de Eisenstein ser considerado suficientemente hagiográfico por Stalin. Atores com feições consideradas excessivamente judaicas foram eliminados do elenco, e também o diretor acabou vítima de suspeitas. A segunda parte da trilogia era uma janela para a alma de um tsar atormentado pela culpa. Quando Stalin viu a Parte 2, ficou furioso, e o filme só foi lançado após sua morte, em 1958. A incompleta terceira parte — *O complô boiardo* — foi destruída por ordem de Stalin. Apesar do verniz de ideologia marxista e cultura europeia, a União Soviética era uma reversão ao despotismo oriental de Ivan, o Terrível.

Entretanto, um passatempo que déspotas orientais e esclarecidos tinham em comum era o xadrez. Os grandes ocidentalizadores da Rússia, Pedro I e Catarina II, compartilhavam a paixão de Ivan pelo jogo. Suas peças e seus tabuleiros estão em exibição no Museu Hermitage próximos de um conjunto Fabergé feito para Nicolau II. Para a maioria dos Romanovs, o xadrez foi aquilo que havia sido nas cortes da Renascença: um divertimento esotérico para a edificação das elites reais, militares ou clericais. Foi por causa de Napoleão que milhares de oficiais russos aprenderam o jogo com seus pares franceses durante a ocupação de Paris em 1814-15 e depois o levaram para casa. Desse modo, o xadrez devia sua popularidade na Rússia não a um imperador russo, mas a um francês.

Os russos que se dedicaram ao xadrez após as guerras napoleônicas pertenciam a uma nova classe, a elite educada que se tornou conhecida como a *intelligentsia*. Não apenas na Rússia, mas em outras partes da Europa e na América, a posição do xadrez refletia a ascensão desse grupo. Um bom ponto de partida para a história do caso de amor entre o xadrez e a *intelligentsia* é uma imagem, produzida por Moritz Daniel Oppenheim em 1856, registrando um dos grandes encontros da modernidade. O artista retrata três grandes figuras do pensamento do século XVIII: o dramaturgo Gotthold Ephraim Lessing, o teólogo suíço Johann Caspar Lavater e o filósofo judeu Moses Mendelssohn. O centro da pintura, ao redor do qual esses expoentes do Iluminismo estão posicionados, é ocupado por um tabuleiro de xadrez.

Isso não é acidental. Lessing e Mendelssohn encontraram-se pela primeira vez em 1754, após um amigo mútuo recomendar como parceiro de xadrez o segundo ao já celebrado Lessing. Foi um momentoso encontro de duas mentes extraordinárias, assim como de duas culturas. Em *Natan, o Sábio*, a peça que se tornou não apenas a obra popular mais duradoura de seu autor, mas um dos pontos altos da civilização europeia, Lessing retratou um idealizado Mendelssohn como o epônimo Natan: sagaz, iluminado e judeu.

A peça ia contra a fobia de judeus do Iluminismo continental, cujos líderes, a partir de Voltaire, adoravam estabelecer um exemplo de corajosa resistência ao preconceito lançando desdém contra uma minoria que estava bem mais exposta ao preconceito do que os próprios *philosophes*. O simbolismo de Lessing, o cristão, e de Mendelssohn, o judeu, reunindo-se para um jogo de xadrez é altamente significativo. O avanço do xadrez de passatempo para a maturidade artística ou científica só foi possível graças à assimilação judaica, que transformou a *Bildungsbürgertum*, a educada classe média, de língua alemã, da Europa central em agente da revolução cultural modernista. Essa simbiose alemã-judaica — sempre precária, geralmente unilateral e, em última análise, condenada pelo antissemitismo — forneceu o contexto cultural no qual o xadrez poderia se tornar muito mais que uma diversão: a recreação intelectual por excelência, merecedora de estudos sérios por parte de gente séria.

Em *Natan, o Sábio*, o xadrez é retratado como a paixão particular de Saladino, o não menos iluminado sultão muçulmano, que leva xeque-mate de sua irmã intelectual Sittah. (Acredita-se que o verdadeiro Saladino ensinou o jogo a Ricardo Coração de Leão enquanto este foi seu prisioneiro.) Para os intelectuais cosmopolitas de Lessing, o xadrez era a ponte perfeita para superar o preconceito, fosse ele religioso, racial, nacional ou sexual.

Contudo, o status do xadrez no Iluminismo era ambíguo. O jogo fascinava muitos de seus luminares, do filósofo e matemático Gottfried Wilhelm Leibniz (que previu o computador enxadrista e considerava o jogo uma excelente disciplina mental) ao *encyclopédiste* Denis Diderot (cuja novela *O Sobrinho de Rameau*, escrita entre 1761 e 1774, imortalizou o Café de la Régence, onde os melhores mestres da Europa se congregavam durante o *ancien régime*). Contudo, o xadrez, que era um passatempo refinado desde seu primeiro despontar, 12 séculos antes, na corte do califa Haroun al-Rashid em Bagdá, de modo geral, continuava considerado como um frívolo divertimento das classes abastadas, e não como uma ocupação séria, quanto mais uma profissão.

Ao longo do século XIX e início do século XX, o xadrez emergiu como uma popular atividade competitiva, com torneios internacionais que atraíam o interesse público. Não mais era o domínio restrito de uma elite culta. Thomas Henry Buckle, cuja influente *História da civilização* (1857-61) marca o zênite da religião vitoriana do progresso, foi um dos mais fortes enxadristas do seu tempo, mas também um dos últimos genuínos amadores a conquistar uma verdadeira mestria do jogo. A ascensão do capitalismo global, a partir de meados do século XIX, criou suficiente prosperidade para sustentar uma vicejante comunidade enxadrística transatlântica, e pela primeira vez campeões nacionais como o inglês Howard Staunton e o americano Paul Morphy inflamaram o orgulho patriótico. Não apenas as capitais, mas também as estâncias e estações à beira-mar da burguesia europeia tratavam o xadrez como uma atração turística. Essa vasta e nova riqueza urbana ofereceu os recursos para dezenas de mestres ganharem um precário sustento por meio da conquista de prêmios em dinheiro em torneios contra seus pares, enfrentando inúmeros amadores em "exibições simultâneas", ensinando os filhos dos ricos ou escrevendo colunas de xadrez para a imprensa. Ainda havia, porém, uma tensão entre aqueles mestres cuja motivação era estética — o xadrez como arte em si — e aqueles que o usavam como fonte de renda. Como muitas outras atividades, dos esportes à ciência, o xadrez foi pego pelo debate do século XIX entre cavalheiros e jogadores, amadores e profissionais.

Excluindo o acaso e, portanto, desencorajando o destrutivo vício do jogo de azar, o xadrez era um dos poucos jogos dignos de um cavalheiro. (Continua a ser o único jogo permitido dentro do Palácio de Westminster — cartas e outros jogos de azar são rigidamente proibidos.) Para alguns, isso implicava que o xadrez era domínio estrito do amador. Até mesmo *Alice no país do espelho* (1871), de Lewis Carroll, ainda trata o xadrez primariamente como um entretenimento para crianças, comparável aos jogos de cartas — embora o grande apreço de Carroll pela lógica não o deixasse cego para o potencial mais profundo do jogo. Mas Howard Staunton, a maior personalidade do xadrez na Inglaterra vitoriana, não via nada de infantil no jogo que competia com a erudição shakesperiana como principal paixão da sua vida — e determinou-se a demonstrar suas qualidades viris. O xadrez não era "uma desculpa para a indolência", escreveu. "O objetivo do xadrez é ser a recreação de homens de gênio e energias práticas; homens que estão totalmente despertos para as responsabilidades de sua existência social; homens que, mesmo em seus momentos de lazer, anseiam por estimular e fortalecer ao máximo seus poderes intelectuais." No entanto, Staunton também acreditava firmemente que o xadrez "jamais poderá ser uma profissão. Pode em grande medida açular a mente do homem profissional, mas jamais deve tornar-se o objeto de sua vida".

Cavalheiros amadores naturalmente ainda desfrutavam de um status mais elevado que os jogadores profissionais de cafés. Dos principais mestres, uns poucos conquistaram relevo em outras profissões (Adolf Anderssen era diretor escolar; Ignaz Kolisch, banqueiro; Siegbert Tarrasch, médico; Amos Burn, negociante; Milan Vidmar, engenheiro; Ossip Bernstein, advogado), enquanto outros valorizaram seus feitos acadêmicos e literários (Howard Staunton e Emanuel Lasker) ou seu status social (Paul Morphy e José Raúl Capablanca) mais do que as habilidades enxadrísticas. À altura de 1900, contudo, o xadrez em seu nível superior não mais era um jogo para amadores, e tampouco os profissionais necessariamente tinham que se submeter à indignidade de enfrentar desafiantes em troca de ninharias; de fato, "jogador de cafés" tornou-se um termo pejorativo. O xadrez aspirava ao status de uma forma de arte ou ciência. Os anos anteriores a 1914 testemunharam uma era dourada, especialmente na Rússia.

O último tsar foi também o primeiro a tratar o xadrez como algo mais do que um entretenimento sofisticado. Nicolau II assegurou-se de que, até a revolução, o xadrez russo se desenvolvesse ao redor de São Petersburgo. Os três grandes torneios internacionais na cidade, em 1895, 1909 e 1914, foram organizados sob o patrocínio de Nicolau. Embora o tsar não fizesse nenhuma tentativa de nacionalizar o jogo, quanto mais de usá-lo para exercer o poder da maneira totalitária dos soviéticos, os enxadristas russos instintivamente voltaram-se para o autocrata de todas as Rússias para que ele praticasse um despotismo esclarecido em relação ao que havia se tornado um passatempo tanto da burguesia ascendente como da aristocracia. Eles esperavam que o patrocínio de Nicolau II se desenvolvesse em uma organização centralizada para o xadrez, com uma autoridade hierárquica. Ecos débeis dessa visão patrícia do xadrez ainda reverberavam após guerra mundial, revolução e guerra civil terem empobrecido a Rússia, a ponto de, em 1922, os enxadristas de Moscou terem se reunido para comprar um requintado conjunto de tabuleiro e peças para presentear Lenin, que, neste caso, como em tantos outros, assumiu o tradicional papel do tsar.

O primeiro torneio de São Petersburgo, em 1895-1896, foi um quadrangular, no qual quatro dos maiores mestres da época disputaram matches curtos de cinco partidas entre si. Emanuel Lasker, o campeão mundial alemão, emergiu como claro número um, tendo vencido os matches individuais contra todos os outros. Mais versátil e talentoso jogador do primeiro nível, Lasker manteria o título por 27 anos — um recorde que provavelmente jamais será batido. Wilhelm Steinitz, apesar da idade, ficou em segundo; Harry Pillsbury, o jovem americano, foi o terceiro; e o campeão russo, Mikhail Tchigorin, acabou em quarto. O resultado de Steinitz, notável para um homem de 59 anos, encorajou-o a desafiar Lasker para uma nova disputa pelo título. Esta também aconteceu em São Petersburgo, mas Steinitz foi fragorosamente derrotado. Na verdade, ele estava sofrendo um problema cardíaco não diagnosticado, cujo efeito colateral foi um acesso de insanidade que resultou numa internação temporária em um manicômio. Histórias sobre Steinitz imaginando-se em partidas contra Deus despertaram *schadenfreude** em seus adversários e inflamaram as zombarias daqueles que, tanto na época como hoje, pensavam que um homem que devotava a vida ao xadrez devia, de qualquer modo, ser mesmo louco.

Ao retornar a São Petersburgo 13 anos mais tarde, em 1909, Lasker pela primeira vez enfrentou real oposição, na figura de um jovem rival,

---

*Palavra alemã para designar prazer pelo sofrimento alheio. (*N. do T.*)

DE BAGDÁ A SÃO PETERSBURGO 39

Akiba Rubinstein. O campeão mundial perdeu o jogo individual entre ambos e teve que dar duro para empatar com Rubinstein no primeiro lugar. Rubinstein era um judeu polonês, de uma família hassídica pobre, e, como a Polônia era uma província do império russo, era, portanto, um súdito do tsar. Contudo, a imprevisibilidade da patronagem neste caso se traduziu na inexistência de um match pelo título mundial para Rubinstein, a quem Lasker então via como seu provável sucessor. A sanidade de Rubinstein, sempre precária, gradualmente desapareceu e ele passou os últimos trinta anos da vida num sanatório. Em vez de Rubinstein, quem estava destinado a se tornar campeão mundial, embora somente depois de quase duas décadas, era o jovem de 17 anos que vencera o torneio secundário de 1909 — cujo prêmio nem sequer era em dinheiro, e sim um "magnífico vaso de porcelana da manufatura imperial" doado pelo tsar Nicolau II. O rapaz se chamava Alexander Alekhine. Nascido em berço privilegiado, com um pai aristocrata que também integrava a Duma tsarista, Alekhine estava fadado a perder tudo na revolução bolchevique. Contudo, nada podia bloquear o caminho de sua ambição de dominar o mundo do xadrez. Os soviéticos desprezavam a sua política, mas imitaram o seu profissionalismo.

O último dos três torneios internacionais de São Petersburgo aconteceu em 1914. Realizado nos opulentos salões do Clube de Xadrez de São Petersburgo, o evento foi o melhor de todos. A única ausência notável foi a dos mestres austro-húngaros, devido a tensões políticas; o assassinato em Sarajevo aconteceu apenas dois meses mais tarde. Foi nesta competição que o termo "grande mestre" foi oficialmente concedido pela primeira vez pelo tsar Nicolau II, aos cinco finalistas. Ainda era um título puramente honorífico, que só seria outorgado com bases estatísticas nos anos 1960, mas os ecos reminiscentes das ordens militares medievais e, mais recentemente, da maçonaria emprestavam ao jogo um certo mistério. A atenção dada pela imprensa foi considerável: só na Grã-Bretanha, 15 jornais nacionais usaram os serviços de correspondentes. O próprio Emanuel Lasker cobriu o evento para o *New*

York Evening Post. Num sinal do status ascendente do jogo, o cachê de participação do campeão mundial, de 4 mil rublos, foi bem maior do que o valor do primeiro prêmio, 1.200 rublos. Semelhante cachê não tinha precedentes, mas isso não foi o bastante para desestimular o seguinte comentário de Tarrasch, um antigo rival do campeão: "Não considero excessivo. Ele bem mereceria um bônus ainda maior pelos jogos esplêndidos que tem jogado." A excitação da plateia extrapolou a normalmente rígida etiqueta de silêncio após a partida decisiva, entre Lasker e a estrela cubana ascendente, José Raúl Capablanca; gritos e aplausos explodiram e prosseguiram por vários minutos. Lasker ganhou o torneio, da mesma maneira que os dois anteriores, mas desta vez somente uma tardia e emocionante arrancada permitiu-lhe sobrepujar Capablanca. O desafortunado Rubinstein foi eclipsado. Alekhine, que provou ser bom o bastante para competir com os demais grandes mestres, ficou em terceiro. Estes três — Lasker, Capablanca e Alekhine — permaneceriam como os nomes de maior destaque do xadrez por mais uma geração, até o início da era de domínio soviético em seguida à Segunda Guerra Mundial.

Essa esplêndida reunião de grandes mestres às vésperas da Primeira Guerra Mundial — um conflito que destruiria para sempre a Rússia imperial — marcou o fim de uma era de ouro. Mesmo na Rússia pós-revolução, a memória da elite enxadrística do mundo competindo em São Petersburgo persistiu e inspirou o primeiro torneio internacional soviético, em Moscou, em 1925. Durante a década de intervalo, todavia, São Petersburgo mudou de nome duas vezes, simbolizando o fato de que todos os aspectos da vida na Rússia — inclusive o xadrez — haviam se alterado mais em dez anos do que nos dois séculos decorridos desde que Pedro, o Grande, fundou sua nova capital.

2

A Recriação da Revolução

O xadrez, assim como as artes e as ciências, é influenciado por eventos e ideologias. Revolução política e industrial, nacionalismo e socialismo naturalmente deixaram suas marcas. Os anos revolucionários de 1789, 1848 e 1917 mandaram jogadores de xadrez, entre incontáveis outros, para o exílio. De fato, o primeiro mestre a ser reconhecido universalmente como supremo, o compositor francês André Danican Philidor, devia muito da fama no xadrez à circunstância do exílio. Proscrito pelo *Directoire* revolucionário como um exilado em 1793, num momento em que desfrutava sua bastante comentada "temporada enxadrística" em Londres, Philidor perdeu a principal fonte de renda após a sua música ser banida na França. A partir daí, ganhou a vida com o xadrez. O feito de Philidor de jogar vendado simultaneamente contra vários oponentes tornou-o uma celebridade por algum tempo, mas ele morreu como um refugiado pobre.

Após a revolução fracassada de 1848, outro exilado adepto do xadrez apareceu em Londres: Karl Marx. Como seu ancestral intelectual, Jean-Jacques Rousseau, Marx adorava o xadrez e (para grande exasperação da mulher, Jenny) era capaz de desaparecer com os colegas exilados por dias seguidos por causa de disputas nos tabuleiros. Apesar de ter dedicado muitas horas ao jogo, jamais ultrapassou a mediocridade. De acordo com Wilhelm Liebknecht, um dos amigos enxadristas e fundador do

Partido Social-Democrata alemão, Marx jogava xadrez com a mesma agressividade mal contida que manifestava na política: "Quando Marx caía numa posição difícil ficava irritado, e a derrota numa partida provocava um acesso de fúria." Durante boa parte da vida, Marx foi um típico intelectual de cafés, cujas fantasias de revolução mundial pareciam ter poucas chances de transbordar os estreitos limites dos tabuleiros de xadrez. Rousseau fora um tipo similar de boêmio exibicionista; assim como seriam, mais tarde, Lenin, Trotski, Lunatcharski e outros bolcheviques. O xadrez sempre exerceu um peculiar magnetismo sobre megalomaníacos, de Napoleão a Fidel Castro. Sherlock Holmes via a excelência no xadrez como suspeitosa: "Um sinal, Watson, de uma mente ardilosa."

Marx e Lenin, contudo, também estavam ligados por outro amante do xadrez: Nikolai Tchernichevski. Filho de um padre ortodoxo, Tchernichevski se voltou para ideias radicais e tornou-se a voz da *intelligentsia* russa durante meados do século XIX, particularmente com o romance de 1863, *Que fazer?*. A errática história de sua publicação indica o tamanho da incompetência da polícia estatal tsarista, em comparação à de Lenin ou Stalin. Escrito enquanto o autor estava na prisão à espera de ser julgado por subversão, o original foi aprovado por dois censores, depois perdido num táxi pelo editor que deveria publicá-lo, sendo então recuperado com a ajuda da polícia de São Petersburgo.

Não obstante, essa publicação fez mais para tornar possível a revolução russa que qualquer outra, incluindo as obras do próprio Marx. Foi esse livro que inspirou os rapazes furiosos que mais tarde se transformariam em bolcheviques. Tchernichevski foi sentenciado a dez anos de prisão e, apesar de a pena mais tarde ser abrandada para cinco anos, sofreu no exílio siberiano quase até a sua morte, em 1883. O status de Tchernichevski nos círculos radicais como um mártir revolucionário deu uma aura especial ao seu romance, um estranho amálgama de cristianismo e ateísmo, de misticismo e cientificismo, de socialismo e individualismo, de idealismo e niilismo.

Foi o herói de Tchernichevski, Rakhmetov, quem forneceu um modelo a todos os futuros revolucionários. Rakhmetov sofre uma conversão quase religiosa aos princípios revolucionários, depois da qual renasce como uma figura asceta e enigmática, conhecida como "o rigorista". Sua vida subordina-se totalmente à causa; seu tempo é rigidamente dedicado às tarefas de treinamento mental e corporal ou à atividade conspiratória; ele não tem vida social, a menos que sirva ao propósito da revolução, a qual (como seu criador) acredita, com fanatismo milenar, virá em 1865. A mortificação da carne atinge extremos: ele se deita numa cama de pregos para provar a si mesmo ser capaz de suportar a tortura. Uma mulher cuja vida ele salva é arrebatada por seus discursos inflamados: "Eu o vejo em meus sonhos cercado por um halo!", ela exclama. Mas Rakhmetov renuncia ao amor: "Tenha piedade de mim. Porque eu, também, não sou uma ideia abstrata, mas um ser humano, um que deseja viver a vida. Não faz mal. Vai passar."

A censura obrigou Tchernichevski a recorrer a eufemismos; ele não podia ir além de sugestões sobre os verdadeiros objetivos da sua "gente extraordinária". Sua heroína, Vera Pavlovna, fez pelas mulheres emancipadas o que Rakhmetov fez pelos homens radicais. Ambos serviram de contraste para críticos conservadores, tais como Fiodor Dostoievski, cujo *Notas do subterrâneo* foi uma resposta direta a *Que fazer?*, da mesma maneira que o próprio Tchernichevski havia reagido contra a crítica de Turgueniev ao niilismo revolucionário em *Pais e filhos*. Dostoievski via Rakhmetov como o protótipo dos inimigos diabólicos da civilização europeia que assombravam suas obras, especialmente *Os possessos*. Mas, para Tchernichevski, os Rakhmetov eram apóstolos modernos da revolução, e ele não hesitou em enaltecê-los com linguagem cheia de alusões bíblicas: "Eles são a flor das melhores pessoas, os realizadores dos realizadores, o sal do sal da terra."

Embora o xadrez não surja em *Que fazer?*, desempenhou um papel importante na vida de Tchernichevski, e, um século mais tarde, escritores soviéticos devotaram monografias inteiras à sua obsessão com o jogo.

A razão é que entre seus leitores mais ávidos se encontrava um jovem russo da classe alta, Vladimir Ilitch Ulianov, mais conhecido por seu posterior *nom de guerre*: Lenin. No exílio, certa vez Lenin defendeu *Que fazer?* de críticas num café de Zurique. Tchernichevski, ele declarou, era

> o maior e mais talentoso representante do socialismo antes de Marx... Ele me marcou mais profundamente do que qualquer outro... Após a execução do meu irmão, sabendo que o livro de Tchernichevski era um dos seus favoritos, eu realmente me dediquei a lê-lo, não por vários dias, mas por várias semanas. Somente aí compreendi sua profundidade... É algo que fornece energia para uma vida inteira.

Lenin evidentemente idolatrava o irmão Alexander. Segundo o biógrafo Robert Service, provocava piadas na família o fato de que, sempre que se encontrava numa situação difícil, sua primeira pergunta invariavelmente era: o que Alexander faria? De acordo com sua mulher, Nadia Krupskaia, a paixão de Lenin pelo xadrez também vinha do malfadado irmão mais velho:

> Vladimir Ilitch e seu irmão Alexander eram enxadristas entusiasmados desde crianças. O pai deles também jogava. "No começo, papai costumava ganhar", Vladimir Ilitch contou-me em uma ocasião, "mas então meu irmão e eu conseguimos um livro de xadrez e começamos a vencê-lo. Uma vez encontrei meu pai saindo do nosso quarto — que ficava no andar de cima — com uma vela acesa numa das mãos e o livro de xadrez na outra. Ele também o estudou."

A morte do pai em 1886 deixou Alexander como chefe da família. Porém, enquanto estudava em São Petersburgo, envolveu-se num complô para assassinar o tsar Alexandre III. Em 1887, ele foi preso pela Okhrana, a polícia secreta tsarista, rapidamente julgado e — apesar de todas as tentativas de intercessão com as autoridades — executado. Pouco depois, Lenin foi morar e trabalhar em Kazan. Foi lá que mergulhou na obra

A RECRIAÇÃO DA REVOLUÇÃO

de Tchernichevski e, não por coincidência, entrou para um clube de xadrez. Também jogava xadrez pelo correio com um amigo advogado, Andrei Khardin, um jogador forte o suficiente para ser levado a sério pelo maior mestre russo da era tsarista, Mikhail Tchigorin. Nadia Krupskaia rememorou: "Vladimir Ilitch jogava por correspondência. Ele distribuía as peças e meditava sobre o tabuleiro. Entusiasmava-se tanto que uma vez gritou durante o sono: 'Se ele colocar o cavalo aqui, eu ponho a minha torre ali!'"

Mais tarde, durante um exílio itinerante que o levou da Finlândia a Berlim, Paris e Suíça, Lenin geralmente encontrava tempo para o xadrez em meio à política, aos escritos e aos flertes. Em Paris, jogava num café na esquina da Avenue d'Orleans com a Place Montrouge. Mas Lenin achava que o xadrez era viciante e frequentemente exclamava: "O xadrez absorve demais, interfere no trabalho." Ele havia sido educado com a rigorosa ética do trabalho que Tchernichevski exigia dos verdadeiros revolucionários, e ficar sentado jogando xadrez era incompatível com os preparativos para a revolução. Krupskaia, a quem o xadrez não interessava, admirava a autodisciplina com que Lenin mantinha a obsessão sob controle: "Como Vladimir Ilitch era incapaz de fazer qualquer coisa pela metade e sempre se dedicava inteiramente ao que quer que fizesse, geralmente era com relutância que ele se sentava para um jogo de xadrez quando estava relaxando, ou quando viveu no exterior como um exilado político." Depois do retorno à Rússia em 1917, Lenin desistiu totalmente do xadrez. Em vez disso, podia usar pessoas de verdade como peões.

Quanto a Lev Davidovitch Bronstein, ou Leon Trotski, um assento permanente na mesa de xadrez do café servia como substituto para a revolução permanente na Rússia. Trotski parece ter usado o xadrez um tanto como Marx, uma válvula de escape para aliviar as frustrações de um homem impaciente para ser um ator no palco da história mundial, em vez de mero espectador. Nenhum de seus jogos sobreviveu, mas um de seus adversários foi o barão Rothschild — num certo sentido, uma antecipação no tabuleiro do confronto do capitalismo e comunismo na

Guerra Fria. A notícia do triunfo de Trotski na revolução bolchevique foi recebida pelo *maître* do Café Central em Viena, onde o profeta no exílio passou boa parte dos últimos anos, com as palavras: *"Ach*, esse deve ser o nosso Herr Bronstein da sala de xadrez!"

Quando, em 1917, os exilados bolcheviques abandonaram o café e assumiram o Kremlin, levaram o xadrez junto. Inicialmente, era tão só um dos passatempos, uma relíquia da burguesia russa ou judaica, da qual vinha a maioria. Mas, em poucos anos, o jogo foi abraçado pelos comissários. Em meados da década de 1920, a União Soviética decidiu adotar o xadrez e promovê-lo maciçamente como forma de treinamento mental, uma preparação para guerra e paz. Também investiram grandes somas de dinheiro na organização de torneios e na preparação de grandes mestres, num esforço colossal para superar o Ocidente na mais seleta das recreações competitivas.

O fato de Lenin jogar xadrez, claro, não serve como explicação para o imenso esforço de popularização do jogo, que só teve início após sua morte. O *Pravda* anunciou orgulhosamente, em 1936, por ocasião da vitória de Botvinnik no torneio de Nottingham, que "o país inteiro, dos mais remotos cantos até as torres do Kremlin, estava desejando sucesso e dando apoio moral". Na realidade, Stalin não parece ter sido enxadrista; desde jovem, preferia o terrorismo. Embora tenha feito muito mais que Lenin para estabelecer o xadrez como parte fundamental da diplomacia cultural soviética, o interesse de Stalin no jogo era político e não pessoal, apesar do fato de terem sido publicadas partidas supostamente jogadas por ele. Tampouco os líderes soviéticos posteriores, como Kruchev e Brejnev, se interessavam pelo tabuleiro. Ao contrário de Lenin e Trotski, eles eram desavergonhados filisteus. Ao passo que vários ditadores de outros Estados comunistas se mostraram fortes jogadores de xadrez — incluindo o iugoslavo Josip Broz Tito, o húngaro Janos Kádár e o cubano Fidel Castro —, o primeiro líder russo desde Lenin a ser um entusiasta *bona fide* do xadrez foi Boris Ieltsin, o primeiro presidente pós-soviético. Os demais — Jdanov, Molotov,

Kruchev, Brejnev, Andropov, Tchernienko e Gorbachev — apoiavam o xadrez por pragmáticas razões de propaganda e prestígio.

Um dos mais importantes motivos pelos quais a União Soviética adotou o xadrez foi que o jogo não era apenas um símbolo de aspirações utópicas, mas também de respeitabilidade intelectual. O regime bolchevique se iniciou, e sob certos aspectos sempre foi, como um Estado pária. As democracias ocidentais a princípio apoiaram os contrarrevolucionários brancos na guerra civil de 1917-21 e mesmo após sua derrota continuaram a isolar o governo bolchevique. A Rússia soviética não foi convidada a entrar para a Liga das Nações. Grã-Bretanha e França ficaram consternadas quando o ministro do Exterior alemão, Walther Rathenau, assinou o Tratado de Rapallo com o regime soviético em 1922. A ampliação do reconhecimento oficial do Ocidente aos bolcheviques demorou bastante. Em 1927, houve a visita de um navio cheio de jornalistas e intelectuais americanos, recebidos por Trotski e Stalin, ambos desesperados para conseguir uma melhor imagem na imprensa dos Estados Unidos. Conseguiram. Mesmo assim, só foi em 1933, mais de 15 anos depois da revolução, que Roosevelt, impressionado pelo Plano Quinquenal de Stalin, reconheceu o governo bolchevique. Não obstante, as relações com o Ocidente permaneceram frias, especialmente porque o regime bolchevique continuou a dar apoio a partidos comunistas mundo afora. Apesar do slogan de Stalin "Socialismo em Um País", o objetivo final da revolução mundial jamais foi abandonado.

A exclusão da URSS do contato político e econômico com o Ocidente foi um sério problema para Lenin e Stalin. A consolidação do comunismo exigia tecnologia militar e industrial, a qual necessitava comércio e, portanto, moeda estrangeira. Apesar das alardeadas estatísticas de coletivização e industrialização, o governo soviético estava praticamente falido, devastado pelo peso de uma economia centralmente planejada e por uma burocracia inchada e avarenta, para não falar do maior e menos eficiente exército do planeta. O primeiro experimento comunista do mundo precisava do capitalismo ocidental para obter capital — humano, industrial e financeiro. Stalin não tinha problemas em adular organizações não governamentais, tais como sindicatos, mas governos eram mais difíceis. Após a ascensão de Hitler, que se tornou chanceler alemão em 1933, Stalin buscou negociações com Grã-Bretanha e França acerca de segurança coletiva, mas nenhuma das potências confiava nele. Stalin foi excluído da conferência de Munique, quando Chamberlain e Daladier tentaram apaziguar Hitler. Stalin demitiu seu ministro do Exterior, Litvinov, substituindo-o por Molotov, antes de dar início às conversações para um pacto com o seu mais duro inimigo, Hitler, a fim de garantir que o alemão voltasse suas armas contra o Ocidente, e não contra a Rússia. Este "Pacto de Não Agressão" foi assinado pelos dois Estados mais agressivos da Terra em agosto de 1939, dividindo entre ambos a Europa oriental e a central e temporariamente destinando o Comintern, o veículo da revolução mundial, à lata de lixo da história. A União Soviética permaneceu isolada até Churchill e Roosevelt serem forçados a tratar Stalin como um aliado contra Hitler.

Por um breve período da aliança dos "Três Grandes" durante a guerra, a União Soviética foi tirada da geladeira. Em Ialta, Stalin demonstrou com os Aliados o mesmo prazer em dividir seus vizinhos que tivera ao negociar com o Eixo, e então estendeu seu poder à Europa central. A falta de confiança evidente nas tentativas pós-guerra de subversão comunista fez com que a opinião pública na Europa ocidental e na América do Norte tratasse mais uma vez o "Tio Joe" com temor e suspeição. Nesse aspecto, a Guerra Fria restaurou a ordem natural das coisas, obrigando sucessivos líderes soviéticos a torrar recursos escassos em propaganda, subversão, "simpatizantes" e "organizações de fachada" para impressionar e minar o Ocidente. O fato de Kremlin (palavra que significa simplesmente "fortaleza" ou "castelo", do tipo que virtualmente todas as cidades europeias medievais possuíam) tornar-se um apelido para se referir ao governo soviético foi meramente uma indicação da mentalidade de sítio que prevaleceu durante os três quartos de século em que a ordem revolucionária de Lenin perdurou. Num certo sentido, assim como houve duas guerras mundiais, também existiram duas guerras frias: a primeira de 1918 a 1941 e a segunda de 1946 a 1991. Em ambos os casos, houve a disputa de guerras delegadas: antes da Segunda Guerra Mundial, na Espanha e na China; depois, na Coreia, no Vietnã, no Oriente Médio, na África, na América Latina, na Europa e, finalmente, no Afeganistão. Uma grande diferença entre as duas guerras frias foi o virtual isolamento da URSS durante seus primeiros vinte anos, enquanto após 1945 ela teve a companhia de um largo bloco de satélites e outros Estados socialistas ou "não alinhados". Contudo, tanto antes como depois da Segunda Guerra Mundial foi um elemento essencial da estratégia do Kremlin a melhora das relações com o Ocidente, para facilitar a criação ali de partidos e facções pró-soviéticos.

O xadrez se transformou numa parte fundamental do programa soviético de longo prazo para superar esse status de pária. Aquilo que os russos, em contraste com o jogo amador, chamavam de "grande xadrez" — o cultivo de mestres e grandes mestres, e torneios nacionais ou internacionais, todos com o objetivo maior de monopolizar o cetro mundial — trazia a promessa de aumentar a legitimidade e o prestígio do movimento comunista. Muito antes de competidores soviéticos começarem a causar grande impacto em outros esportes, sua excelência no xadrez despertou admiração no Ocidente — tanta, de fato, que o xadrez se tornou parte integral da visão estereotipada da sociedade soviética, e essa, sem dúvida, era precisamente a intenção. O xadrez se encaixava perfeitamente na imagem oficial do homem soviético como uma pessoa séria, lógica e "científica" mesmo nas atividades de lazer. A filosofia de vida "rigorista" que emergiu inicialmente com Rakhmetov, o personagem ficcional de Tchernichevski, é quase um modelo exato da ética de trabalho que mais tarde seria esperada dos mestres enxadristas soviéticos. Conforme veremos, o primeiro e mais influente campeão mundial, Mikhail Botvinnik, prescrevia um estilo de vida que ia muito além do regime de treinamento normal para qualquer esporte. Botvinnik exigia que rapazes e moças dedicassem corpo e alma à escola de xadrez soviética, que, por sua vez, atendia ao propósito maior da revolução. Sem esse *background* filosófico, o Estado soviético não teria cultivado o xadrez como a recreação da revolução.

O xadrez tornou-se um campo de treinamento para a meta maior de superar o Ocidente em todos os campos: em excelência cultural, crescimento econômico, influência política e capacidade militar. Como o xadrez foi a primeira — e por muitos anos a única — área em que o Kremlin podia genuinamente apregoar ter vencido o capitalismo em competição direta, ele teve prioridade sobre outras, objetivamente mais importantes, atividades. O xadrez também era, comparado a outras atividades culturais de prestígio equivalente, bastante barato. Num país empobrecido por guerra, revolução e coletivização, até mesmo peças e tabuleiros eram luxos com que os trabalhadores comuns não tinham condições de arcar, embora estivessem ao alcance de sindicatos e outras organizações estatais. E assim teve início o experimento sem precedentes da incorporação do xadrez à cultura oficial da revolução comunista.

3

Terror

A união soviética se destacava em apenas duas coisas: guerra e xadrez. O planejamento central socialista emergiu da Primeira Guerra Mundial, a primeira vez na história em que todos os recursos de Estados industrializados modernos foram empregados para um objetivo prioritário. O socialismo na guerra foi visto como um sucesso, mas na paz mostrou-se um lamentável fracasso — embora só após 1918 a escola austríaca de economia, liderada por Ludwig von Mises e Friedrich von Hayek, fosse demonstrar por que o planejamento central coletivista não apenas não funcionava, como também jamais daria certo. Antes de 1914, a economia russa vinha crescendo mais rápido do que qualquer uma dos principais países europeus. Em contraste, sob o comunismo a fome sempre esteve por perto, e o padrão de vida foi deliberadamente reduzido para sustentar uma economia de guerra. A guerra foi uma catástrofe para o povo russo, e sem ela o experimento soviético teria sido inimaginável. Durante a Primeira Guerra Mundial, a Rússia — como qualquer outra nação combatente — passou por uma drástica expansão do poder do Estado. O *putsch* bolchevique intensificou e perpetuou a economia de guerra, mas também encorajou uma mentalidade militarista que abarcou todos os aspectos da cultura.

O xadrez não foi exceção. Em 1914, havia sido criada uma Federação Russa de Xadrez, com base em São Petersburgo. Devido à guerra, e talvez porque as autoridades desconfiassem de sociedades independentes, essa organização nacional de xadrez não conseguiu se estabelecer. Moribunda durante o conflito militar, a União ressurgiu após a revolução, sediada nas luxuosas dependências do Clube de Apostas Vladimir, contando inclusive com porteiro engalanado. Mas essa entidade da era tsarista não tinha nenhuma chance de sobrevivência na cultura totalitária da Rússia soviética. Como Grigori Levenfich, um dos mais fortes mestres russos da época, colocou: "Infelizmente, ela usou a burguesa união enxadrista alemã como modelo, apesar de ser óbvio que, nas novas circunstâncias, novas formas eram necessárias." O que isso significava era que uma confederação de clubes de xadrez independentes com estrutura de baixo para cima teve que ser substituída por uma organização de cima para baixo criada e controlada pelo Estado. Semelhante coisa nunca acontecera antes, mas isso jamais foi visto como um impedimento pelos novos senhores do Kremlin.

Em Moscou, o centro nervoso ideológico do novo Estado, a comunidade enxadrística tinha uma visão diferente do futuro — que estava muito mais em sintonia com a ideologia dominante. A revolução, e o Terror Vermelho que se seguiu, praticamente havia destruído as classes médias e, com elas, a vida cultural do que agora era a capital. Os moscovitas perceberam que patronos particulares não mais poderiam subsidiar o xadrez, quanto mais controlar suas organizações. Na Rússia soviética, somente o Estado podia fazer isso.

O homem que celebrou o casamento às pressas do xadrez com o comunismo foi Alexander Iliin-Genevski. Nascido em 1894, o jovem Iliin foi expulso da escola em 1911, junto com outros membros de uma célula bolchevique clandestina, e seguiu para um exílio voluntário na Suíça. De maneira típica no meio, seu irmão Fedor adotou o pseudônimo Raskolnikov, retirado do personagem de *Crime e castigo,* de Dostoievski. Raskolnikov se tornaria um dos heróis da Revolução de Outubro. O amor ao xadrez aparentemente foi um dos elos entre esses revolucionários fraternos: tendo disputado o campeonato de São

TERROR

Petersburgo de 1910 com 16 anos, Iliin era bom o suficiente para sagrar-se campeão de Genebra em 1914; em seguida, acrescentou o nome da cidade ao seu próprio ("Genevski"). Com a eclosão da guerra, retornou à Rússia e, apesar da sua linha política, alistou-se no exército tsarista. O rapaz foi ferido e voltou a Petrogrado (como São Petersburgo havia sido renomeada pelo meio-alemão Nicolau II, num fútil gesto antialemão), sofrendo de trauma de guerra. Tendo perdido a memória, Iliin-Genevski precisou reaprender tudo, até mesmo o movimento das peças de xadrez. Porém, a revolução bolchevique o catapultou para o importante posto de administrador do distrito militar de Petrogrado, provavelmente graças ao irmão Raskolnikov, um oficial naval que havia tomado a crucial base de Kronstadt e servira no Comitê Militar Revolucionário (Milrevkom), o qual efetivamente realizara o golpe bolchevique. Ainda com 20 e poucos anos, Iliin-Genevski se transformou numa figura de poder e influência num mundo em desintegração em que a única coisa que contava era a força.

A guerra e a revolução aniquilaram a velha cultura do xadrez de café. Os cafés Dominik e Reiter, em Petersburgo, Petchkin, em Moscou, e Varsóvia, em Kiev, sumiram todos. Em Petrogrado, o xadrez — como outras manifestações de cultura burguesa — havia sido totalmente apagado pela absoluta brutalidade dos guardas vermelhos. Eles ocuparam as instalações da Sociedade de Xadrez, destruíram equipamentos de xadrez, dos quais na época havia uma escassez — segundo Alekhine, os brutamontes roubaram todos os cavalos —, e só não incendiaram a valiosa biblioteca, que vinha desde os dias de Tchigorin, graças à ação de um corajoso sebista, Julius Sossnitski. Ele, como muitos outros frequentadores, morreu de tifo; outros, como Saburov, o organizador do último grande torneio do tsar Nicolau, em 1914, emigraram. Moscou, que Iliin-Genevski visitou em dezembro de 1918, não era menos deprimente: os integrantes do famoso Círculo de Xadrez estavam na maioria mortos ou dispersos. Ali, ele jogou um match à luz de velas com o principal mestre, Nikolai Grigoriev, no apartamento subterrâneo de um fã de xadrez judeu, G. D. Berman. Quando as velas acabaram, usaram fósforos; um jogo foi dado por encerrado depois de um espectador discernir na escuridão que ambos os reis estavam em xeque.

Iliin-Genevski decidiu fazer com que o xadrez fosse considerado uma atividade digna tanto da Rússia quanto da revolução. Em 1920, a oportunidade surgiu quando ele foi recrutado por Nikolai Podvoiski, o ex-chefe de Raskolnikov no Milrevkom, que agora chefiava a Organização Geral dos Reservistas, mais conhecida pelo acrônimo Vsevobutch. Apesar de sua função primária ser o treinamento militar, a Vsevobutch também tinha esportes e outras atividades de lazer. Como comissário da Vsevobutch, Iliin-Genevski persuadiu Podvoiski e seu comissário em Moscou a deixá-lo usar os recursos da organização para apoiar o xadrez, que tinha "algo que os esportes não podem desenvolver, capacidade estratégica". Como uma olimpíada esportiva soviética estava programada para o próximo outono, Iliin-Genevski propôs a realização simultânea de uma "Olimpíada Russa de Xadrez". Ele recebeu 100 mil rublos — na primeira vez em que o Estado (diferentemente de um monarca agindo de maneira pessoal) ofereceu apoio financeiro ao xadrez.

Iliin-Genevski também inovou ao inaugurar a primeira coluna de xadrez, no jornal da Vsevobutch, *Ao Novo Exército*, e o primeiro clube de xadrez estatal, que funcionava no andar acima do clube militar de esportes da organização. O local ofereceu um espaço amplo — e, fundamental, com aquecimento central — para a Olimpíada, que depois foi retroativamente designada como o primeiro campeonato soviético. Apesar de a guerra civil, ainda acontecendo em algumas regiões, impedir o comparecimento de muitos dos mestres convidados, o *quorum* foi suficientemente bom para fazer do evento um marco na história do xadrez soviético. O torneio teve como vencedor Alexander Alekhine, que, embora fosse um dos mais jovens participantes, era o único com real experiência internacional. As condições foram espartanas: os únicos prêmios distribuídos eram bens confiscados de casas de penhor vendendo propriedades de exilados; o papel encontrava-se escasso demais para permitir qualquer registro oficial do torneio na imprensa. De todo modo, o Estado soviético havia começado o longo processo de usurpação do tradicional papel do patrono particular. E foi Iliin-Genevski o primeiro a enxergar o futuro do jogo: "O xadrez não pode ser apolítico como em países capitalistas."

Não que Iliin-Genevski pudesse cumprir tudo o que prometera. Ele logo foi despachado para a Letônia e, depois, para Petrogrado, enquanto a Vsevobutch acabou fechada após a guerra civil. Mas em agosto de 1924 os representantes da pressionada comunidade enxadrista russa, reunidos em Petrogrado, receberam uma inesperada carta de um dos homens mais poderosos da Rússia soviética, oferecendo-se para persuadir o governo a adotar o xadrez como um "instrumento de cultura intelectual". Foi este homem que implicou o mais civilizado dos jogos num dos piores crimes do século XX.

As duas genuínas histórias de sucesso da União Soviética, guerra e xadrez, estiveram conectadas desde o princípio na pessoa de Nikolai Vassilievitch Krilenko (1885-1938). Diretor de escola como profissão, ele fora tenente da reserva no exército tsarista, mas (de modo incomum para um oficial) também era um confiável bolchevique. Imediatamente após o *coup d'état* bolchevique em 1917, Krilenko — então com apenas 32 anos, com a patente militar de alferes — foi nomeado comissário da Guerra por Lenin. Tal promoção repentina é parcialmente explicada pela escassez de talento no topo de um partido pré-revolucionário com apenas 80 mil membros. Contudo, o verdadeiro motivo para a ascensão de Krilenko foi que ele havia impressionado Lenin durante a fracassada revolução de 1905, sendo um leal camarada desde então. Lenin precisava de um homem em quem pudesse confiar para comandar as forças armadas — e ele confiava em Krilenko. A falta de experiência militar do novo comissário era considerada uma vantagem, porque sua atitude em relação à classe oficial tsarista não continha nenhuma fidelidade residual. Defrontado com a recusa do comandante em chefe, general Dukhonin, em conseguir um armistício imediato com os alemães,

Lenin expediu uma ordem para o exército, segundo a qual, conforme Stalin mais tarde rememorou, deveriam "cercar os generais e suspender as operações militares". Os soldados prontamente "cercaram" o general Dukhonin e, instados pelo comissário Krilenko, o assassinaram. Krilenko assumiu o posto de comandante em chefe e, para todos os efeitos, rendeu-se aos alemães. Seguiu-se o draconiano Tratado de Brest-Litovsk, que tirou da Rússia cerca de metade do império pré-guerra, incluindo Polônia, Ucrânia, Bielorrússia, Transcaucásia e os Estados bálticos, deixando vastas regiões ainda ocupadas pelo exército alemão. Contudo, o tratado permitiu aos bolcheviques concentrarem-se inteiramente na guerra civil em que a Rússia mergulhara. Poucas semanas após assumir o exército dos tsares, Krilenko começou sua transformação em uma milícia revolucionária.

Desse modo, Krilenko era não apenas o coveiro da Rússia imperial — mais do que qualquer outro indivíduo, foi ele quem criou o Exército Vermelho —, mas também um bolchevique, não um patriota russo. Embora este novo "Exército Vermelho Operário-Camponês" devesse defender a pátria contra os predadores alemães, ou contra a "burguesia internacional", Krilenko (seguindo Lenin) via a verdadeira função do Exército Vermelho de uma maneira bastante diversa. Falando em janeiro de 1918 à Seção dos Soldados do 3º Congresso dos Sovietes, Krilenko declarou que a principal tarefa do Exército Vermelho era combater a "guerra interna" e garantir "a defesa da autoridade soviética". Em outras palavras, o Exército Vermelho que Krilenko havia criado deveria ser lançado contra a população civil da Rússia soviética. E assim foi. O Terror Vermelho matou centenas de milhares, a guerra civil, milhões. O custo humano da revolução bolchevique é estimado por Orlando Figes em seu livro *A tragédia de um povo* em 10 milhões, incluindo a fome de 1921-22 diretamente causada pelas políticas de Lenin. Outros colocam as mortes em até 14 milhões, mas mesmo esses terríveis números não abrangem toda a escala dos danos infligidos pela revolução. Dois milhões dos mais bem-educados indivíduos emigraram voluntária ou involuntariamente.

Em seu livro *A guerra particular de Lenin*, Lesley Chamberlain conta a história de cerca de setenta intelectuais, na maioria cristãos, deportados com suas famílias em 1922, contudo eles foram apenas os últimos de um êxodo em massa de talentos que a Rússia perdeu para sempre. Como veremos, a emigração incluiu os mais importantes mestres de xadrez da Rússia. Para os que permaneceram, o impacto demográfico foi catastrófico: os sobreviventes tinham uma menor expectativa de vida devido a subnutrição e doenças; a queda nos índices de natalidade representou em torno de menos um milhão de crianças; 5% dos bebês nasceram com sífilis; o restante foi vítima de crescimento atrofiado. Milhares de órfãos tornaram-se saqueadores selvagens; o canibalismo grassou.

Esses acontecimentos terríveis também induziram à criação do moderno campo de concentração. Em *The Russian Revolution, 1899-1919* [A Revolução Russa], Richard Pipes explica por que os campos soviéticos eram profundamente diferentes daqueles montados pelos espanhóis em Cuba, pelos americanos nas Filipinas, pelos britânicos na Guerra Bôer ou pelos alemães no sudoeste da África. Estes novos campos não eram medidas temporárias, empregadas durante uma insurreição colonial, mas instrumentos permanentes de domínio totalitário, dirigidos contra os próprios cidadãos do país. As condições eram deliberadamente duras, e o trabalho forçado imposto aos detentos servia a uma essencial função econômica no sistema comunista. À altura de 1920, o regime comunista havia montado 84 campos de concentração na Rússia soviética; em 1923, o número de campos crescera para 315, abrigando 70 mil "inimigos de classe". Anne Applebaum, em *Gulag: uma história*, sua abalizada história dos campos, explica como o sistema comunista transformou seus antecedentes tsaristas no início dos anos 1920. O complexo do monastério Solovetski, situado num grupo de ilhas no mar Branco, encarcerava prisioneiros políticos desde o século XVII. No século XX, tornou-se o arquetípico campo de concentração, onde a polícia secreta explorava o trabalho escravo com vistas à reeducação e ao lucro. O *gulag* de Stalin, que inchou até possuir uma população de milhões nos anos 1930, era meramente uma vasta multiplicação do sistema criado por Lenin, Trotski e Krilenko.

Semelhante Estado dentro de um Estado era incompatível com a supremacia da lei, de forma que esta precisava acabar. Como observa Richard Pipes, a "Rússia soviética foi o primeiro Estado na história a formalmente pôr a lei na ilegalidade". Lenin aboliu todo o sistema legal, substituindo-o por Tribunais Revolucionários e "Cortes Populares". Como promotor público dos Tribunais Revolucionários, Krilenko foi o homem que colocou em prática esse sistema. Embora tivesse algum treinamento jurídico, em poucas semanas após a revolução ele estava denunciando a "'lei' burguesa, a 'justiça' burguesa" porque "traduzido na linguagem simples da realidade da vida, isso significava, acima de tudo, a preservação da propriedade privada". Krilenko argumentou que o desaparecimento da propriedade privada aboliria a necessidade de lei, a qual não impedia, mas na realidade causava o crime. O socialismo iria "destruir no embrião" as "emoções psicológicas" que levavam ao crime. Seu verdadeiro resultado foi que o cidadão não mais gozava de qualquer proteção do Estado. A Rússia soviética tornou-se uma gigantesca prisão, na qual não eram reconhecidos direitos individuais pelas autoridades e todos podiam ser convocados a qualquer hora para cumprir qualquer tarefa que o Estado exigisse. Sob o socialismo, escreveu Krilenko, não deve haver diferença entre a justiça feita pela polícia e aquela feita pelas cortes; portanto, era perfeitamente aceitável que a nova polícia secreta de Lenin, a Tcheka, executasse contrarrevolucionários sem nem mesmo se incomodar em levá-los diante de Tribunais Revolucionários. O critério de culpa da Tcheka foi explicitamente definido por Martin Latsis, um de seus comissários, em novembro de 1918: "Estamos exterminando a burguesia como classe. Nas suas investigações, não procure por documentos e peças de evidências a respeito do que o réu fez, seja em atos ou palavras ou ações, contra a autoridade soviética. A primeira pergunta que você deve fazer-lhe é sobre de qual classe ele vem, quais são suas raízes, sua educação, seu treinamento e sua ocupação."

TERROR 59

Krilenko tornou-se chefe do Comissariado da Justiça e promotor público dos Tribunais Revolucionários em 1918, pouco depois do Tratado de Brest-Litovsk. Quando a Tcheka deflagrou o Terror Vermelho, mais tarde nesse mesmo ano, Krilenko declarou: "Temos que executar não apenas o culpado. A execução de inocentes vai impressionar as massas ainda mais." Um homem com tal desprezo pela supremacia da lei evidentemente era totalmente adequado para administrar o Comissariado da Justiça. Krilenko foi nomeado comissário da Justiça em 1931, com responsabilidade pela Rússia e, em 1937, por toda a URSS. Era inteiramente de acordo com os princípios comunistas que o seu gabinete combinasse os papéis de chefe da promotoria pública e de presidente da Suprema Corte da União Soviética. Krilenko era juiz, júri e acusação ao mesmo tempo.

Durante sua sangrenta carreira, Krilenko colocou em prática a ideia bolchevique de substituir a supremacia da lei pela supremacia do terror e, sob Stalin, teve ainda mais oportunidades que sob Lenin. Ele implementou a notória "lei das cinco espigas", que impunha a pena de morte a qualquer camponês que pegasse mais do que cinco espigas de trigo durante a fome na Ucrânia, na qual até 8 milhões morreram. Krilenko também dirigiu muitos dos julgamentos de fachada dos anos 1920 e 1930. Com seu senso de humor macabro, apregoava que havia abolido a pena capital, mas quando observaram que um almirante tinha sido sentenciado à morte, apesar do veto, Krilenko comentou: "O almirante Schastni não está sendo executado. Ele está sendo fuzilado."

Krilenko era um de vários velhos bolcheviques — incluindo Kalinin, Frunze e Kuibichev — que tinham o privilégio sagrado de jogar xadrez com Lenin. O ex-secretário do comissário rememorou uma ocasião em que Lenin admoestou Krilenko por sua falta de esportividade. O líder bolchevique insistia em três condições antes de jogar: não haver volta atrás em movimentos, o perdedor não ficar com mágoas e o vencedor não tripudiar. Krilenko, que era um jogador amador forte, estava em vantagem, mas perdeu no final. Quando reagiu mal à derrota, Lenin o provocou: "Qual é o problema com você, Nikolai

Vassilievitch? Está quebrando o acordo!" Sendo um leal companheiro desde a revolução de 1905, Krilenko tinha o perdão de Lenin para essas insubordinações — mas a história captura a atemorizante atmosfera artificial de camaradagem, com inconfundíveis laivos de ameaça, que sempre cercava os líderes soviéticos. A demonstração de esportividade de Lenin provavelmente também era simulada. O escritor Maksim Górki, que seria assassinado em 1936 (provavelmente por ordem de Stalin), reclamou que Lenin ficava "exasperado e deprimido" sempre que perdia no xadrez. Górki, a propósito, declarou que "experimentos com seres humanos são indispensáveis", com a utilização de inimigos de classe que, de todo modo, eram "degenerados não apenas no plano físico, mas também no moral".

Apesar da sua capacidade como amador, Krilenko não teve nada a ver com o mundo do xadrez até 1924. Nesse ano, a facção moscovita e seus aliados sindicalistas estavam tentando persuadir o terceiro *siejd* do xadrez russo, ou Congresso da União, a completar a tomada comunista do xadrez. Krilenko, que estava em férias, escreveu ao congresso exigindo que o xadrez se tornasse uma arma política da revolução proletária. Sua carta foi lida em voz alta aos delegados e ele foi eleito por unanimidade para o cargo de presidente da nova Seção de Xadrez da União, vinculada ao Conselho Supremo para Cultura Física da federação russa. Os slogans do novo órgão eram: "Levar o xadrez aos operários!", "O xadrez é uma arma poderosa de cultura intelectual!" e "O xadrez deve estar disponível em cada clube e cada sala de leitura dos camponeses!". Isso significava abolir a "burguesa" União de Xadrez da Rússia, que fora defendida pelo Círculo de Petrogrado. Samuil Vainchtein, que mantivera vivo o sonho de uma organização nacional independente enquanto deixava seu apartamento ser usado como central do xadrez de Petrogrado, percebeu os sinais e conclamou os colegas a aderir à nova ordem. Ele foi recompensado com um papel de destaque em todos os grandes eventos de xadrez em Moscou e, apesar do nome judaico, sobreviveu até a guerra, morrendo de inanição durante a Batalha de Moscou. Uma nova revista de xadrez foi fundada, com o sugestivo título *64*. O editor era — naturalmente — Krilenko, que usou o periódico como plataforma para a visão socialista do xadrez. A Seção de Xadrez da União rapidamente proclamou seu controle central sobre clubes de xadrez espalhados pelo território e despachou instrutores por toda a URSS para disseminar às massas propaganda sobre o novo, e ideologicamente impregnado, programa de xadrez. Quando, em 1928, Stalin anunciou o primeiro dos Planos Quinquenais, Krilenko não ficou atrás: "Temos que organizar brigadas de choque de enxadristas e começar imediatamente um plano quinquenal para o xadrez." Pode-se ver por que Krilenko não durou muito como comandante em chefe do Exército Vermelho.

Foi também por ação de Krilenko que a Seção de Xadrez rejeitou um convite para se filiar à organização francesa FIDE, a recém-formada Federação Internacional de Xadrez. Acompanhando a linha isolacionista do partido sob o slogan "Socialismo em um País", Krilenko insistia que as "organizações enxadrísticas russas não apenas não eram politicamente neutras, mas de fato posicionavam-se firmemente na plataforma da guerra de classes". Em vez da FIDE, a URSS filiou-se a um grupo socialista de vida curta autodenominado Internacional Enxadrística dos Operários, desse modo excluindo-se de eventos internacionais em equipe até depois de 1945. Todavia, Krilenko não desprezava todos os contatos com o Ocidente. O torneio internacional de Moscou de 1925 foi a primeira vez em que mestres estrangeiros receberam convites à Rússia soviética, onde havia uma perene escassez de moeda forte. Krilenko justificou o gasto como parte do esforço sob o Novo Plano Econômico de Lenin para melhorar a economia soviética por meio do emprego de especialistas ocidentais (tais como os ex-oficiais alemães secretamente usados para treinar o Exército Vermelho), afirmando: "A Seção de Xadrez considera seu dever fazer uso de mestres enxadristas ocidentais em prol daqueles mesmos propósitos gerais pelos quais empregamos especialistas em quaisquer outros ramos da cultura burguesa." A ideia de enviar mestres soviéticos ao exterior também ganhava terreno "a fim de, com vitórias sobre mestres burgueses, aumentar entre as massas proletárias o autorrespeito e a fé em sua força e em seu talento jovem". A verdade é que, nos sindicatos e clubes de operários, onde o xadrez era efetivamente jogado, tal confiança era escassa. Beber vodca e jogar cartas eram atividades mais populares que xadrez. Em 1928, o comissário da Cultura, Anatoli Lunatcharski, declarou que, diferentemente do xadrez, "jogar cartas induz a uma crença no destino e em seu poder sobre o homem [...] é um passatempo corruptor que reproduz a desorganizada vida da sociedade burguesa".

Assim que o genocídio de Stalin começou para valer no fim da década de 1920 e início da de 1930, com a coletivização e a "desculaquização" da agricultura, seguidas pela fome ucraniana, o xadrez também foi mobilizado como parte da orientação cada vez mais totalitária da sociedade. Krilenko fechou a última revista de xadrez independente e anunciou um novo slogan: "Saturar o xadrez com conteúdo político!" Aparentemente essa diretriz não influenciou muitos jogadores comuns. "Camaradas", disse Krilenko no Congresso Enxadrístico de 1931,

> não é segredo para ninguém, foi anunciado na imprensa, no meu artigo "Política e Xadrez", que essas tendências não apenas existem, mas estão muito vivas e provavelmente continuarão a viver. Essas tendências foram claramente expressas na formulação proposta por um colaborador anônimo em resposta a uma pesquisa da revista *Chakhmatnii listok*: "Chega de todos esses Krilenkos." Esta formulação, sugerida pelo autor anônimo, expressou muito bem a tendência oculta, os desejos ocultos e os objetivos ocultos de um certo grupo nas nossas organizações enxadrísticas: chega de política, não precisamos de política, deixem-nos jogar xadrez em paz.

Inflamando-se, Krilenko passou a ameaçar aqueles que concordavam com o crítico anônimo: "Aquele que agora afirmar que questões de política devem estar separadas de questões de trabalho cultural geral e da vida de nossas organizações está conscientemente assumindo uma posição política de oposição a nós e é nosso inimigo de classe."

Na época, Krilenko era suficientemente poderoso para prender e despachar para o *gulag*, ou mesmo fuzilar, quase qualquer um, mas esse novo e veemente esforço em aumentar a consciência ideológica do movimento enxadrístico (que, em 1934, chegava a meio milhão de jogadores registrados) era uma faca de dois gumes. Quando Stalin decidiu liquidar com os bolcheviques mais antigos do partido, foi fácil acusar aqueles que ocupavam o comando de fracassar na concretização do objetivo da politização. A Seção de Xadrez da União viu-se passada ao Comitê de Esportes, que por sua vez respondia ao Conselho de Ministros. Em troca do expansivo e multimilionário, em rublos, orçamento, os mestres de xadrez e burocratas ficaram expostos aos mesmos riscos que o restante do aparato de Stalin. Quando chegou a hora, eles, como milhões de outros, foram pegos no Grande Terror.

Na realidade, o terror jamais se interrompeu. O próprio Krilenko conduziu muitos dos julgamentos de fachada de "sabotadores" durante o fim da década de 1920, enquanto em 1930-31 foi a vez dos mencheviques. Entre as vítimas colaterais desta perseguição estava o presidente da Associação de Amantes de Problemas e Estudos Enxadrísticos, Lazar Zalkind, um estatístico que compôs inúmeras soberbas análises de final de jogo. Embora muitos problemistas, tais como o escritor Vladimir Nabokov, tenham emigrado, alguns dos melhores compositores de problemas enxadrísticos e de estudos de final de jogo do mundo estavam entre os cerca de 250 integrantes desta inofensiva associação, incluindo Alexei Troitski, que havia recebido reconhecimento oficial do Kremlin como um "operário da arte". Em 1931, Krilenko providenciou para que Zalkind recebesse uma sentença de oito anos de prisão por ser um "renegado e traidor da classe operária", além de agravar o opróbrio fazendo com que fosse denunciado por colegas na publicação *64*. Apesar de estar com a soltura marcada para 1938, Zalkind recebeu outra sentença de cinco anos em um campo mais duro. Ao ser libertado, em

1943, ficou sabendo da morte do filho no *front*, mas mesmo assim não teve permissão para voltar para casa. Morreu dois anos depois.

Enquanto isso, a organização de problemistas de xadrez foi fechada — uma vítima de culpa por associação. Os problemistas de xadrez agora eram homens marcados. Em 1937, Mikhail Platov, que junto com o irmão Vassili havia composto um dos estudos de final de jogo favoritos de Lenin, no longínquo 1909, foi entreouvido criticando Stalin. Sentenciado a dez anos em um dos campos mais severos do Ártico, Platov jamais retornou. O mesmo destino teve outro problemista, Arvid Kubbel, cujo *background* báltico-alemão pode ter sido responsável por seu desfecho trágico mesmo que não tivesse cometido o pecado capital de publicar seus estudos de final de jogo em periódicos estrangeiros. Leonid, seu irmão mais famoso, ficou tão aterrorizado que até tentou apagar o nome de Arvid da história, omitindo-o de um livro sobre compositores de problemas soviéticos. Até mesmo sua prisão foi mantida em segredo, sendo sustentada a versão de que ele, assim como o irmão e o grande Troitski, morreu vítima de inanição no cerco de Leningrado. Arvid Kubbel na verdade havia morrido de nefrite num campo na Sibéria, mas o fato só foi admitido durante a era da *glasnost*.

Foi em 1934, com o assassinato (quase certamente ordenado por Stalin) de Serguei Kirov, líder do partido em Leningrado, que o Terror começou a se estender de maneira mais ampla e profunda na sociedade soviética. Stalin deu ao NKVD, como então era chamada a polícia secreta, poderes ilimitados para prender, julgar e executar "inimigos do povo". Entre 1937 e 1939, a tortura também foi usada em larga escala — continuando esporadicamente durante a era soviética — por ordem de Stalin, que considerava a "pressão física" um "método totalmente correto e humano" de extrair confissões que desmascarariam outros conspiradores. Os grandes julgamentos armados contra Zinoviev e Kamenev, velhos adversários de Stalin, aconteceram em agosto de 1936, pouco após o torneio de Moscou, que sem dúvida teve o objetivo de servir como uma distração em relação às ondas de prisões em massa que precederam os julgamentos.

Como comissário da Justiça, Krilenko estava no centro da caça às bruxas. Ocasionalmente, ele podia ser persuadido a interceder junto ao NKVD. Mesmo assim, muitos enxadristas estiveram entre as centenas de milhares que sumiram sem deixar rastro, ou foram arrastados para diante de um pelotão de fuzilamento ou mandados para o *gulag*. Embora alguns fossem postumamente "reabilitados" na era Kruchev, seu destino exato permaneceu como um mistério até a *glasnost* no fim dos anos 1980, quando Serguei Grodzenski reconstituiu o fim de alguns deles numa série de artigos para — de modo bastante apropriado — a publicação enxadrística de Krilenko, *64*. A lista incluiu Konstantin Chukevitch-Tretiakov, um dos principais organizadores na Bielorrússia, sentenciado em 1938 a cinco anos num campo, mas que morreu em 1942, antes da libertação. O fato de este comunista ativo ter batizado sua filha como "Revolução" de nada valeu como proteção. Mikhail Barulin, um dos mais destacados problemistas da época, foi denunciado por contar uma piada "antissoviética" em 1941. Dois anos mais tarde, o caso foi arquivado por falta de provas, mas a essa altura ele já havia sucumbido às duras condições da prisão. As rodas da Justiça soviética podiam girar de maneira extremamente vagarosa, mas se aceleravam quando se tratava de complôs contra Stalin tramados por "fascistas trotskistas". O julgamento em 1936 de Piotr Izmailov, um promissor cientista e finalista do campeonato soviético, durou apenas vinte minutos. Ele foi fuzilado imediatamente, e sua mulher, sentenciada a oito anos num campo siberiano. A corte sabia que ambos eram inocentes, conforme revelou a reabilitação do casal duas décadas depois.

Várias das vítimas eram rivais do campeão mundial Mikhail Botvinnik. Mikhail Chebarchin, um de seus contemporâneos em Leningrado, foi acusado de "tentar organizar um motim contrarrevolucionário" em 1930. Jamais se teve notícias dele novamente. Outro dos adversários do futuro campeão foi Nikolai Salmin, preso e fuzilado em 1936. O caso mais bem-documentado é o de Fiodor Bohatirtchuk, que viveu para contar sua história. Embora de uma geração mais velha, o ucraniano Bohatirtchuk era bom o bastante para vencer o campeonato soviético e para derrotar Botvinnik na penúltima rodada do torneio internacional de Moscou de 1935, resultado que lhe roubou o primeiro lugar isolado. Esse jogo também teve consequências para o vencedor. Em 1937, Bohatirtchuk foi acusado de se apropriar indevidamente de dinheiro reservado para cobrir despesas durante as visitas de Capablanca e Lasker a Kiev. Interrogado pelo NKVD, Bohatirtchuk refutou convincentemente a acusação, mas o investigador estava mais interessado no "fraco histórico político" do mestre de xadrez. Ele exigia saber por que Bohatirtchuk vencera o jogo no torneio internacional de Moscou de 1935, apesar de "saber da enorme importância para o prestígio da URSS que teria a colocação de Botvinnik no primeiro lugar isolado". Bohatirtchuk deve ter precisado de uma considerável presença de espírito para oferecer a resposta que deu, sabendo que sua vida dependia disso: "Sou primeiro um esportista e não um político, e portanto estou interessado em jogos, não em pontos." Seu golpe de mestre foi citar Krilenko, que havia escrito o catálogo do torneio internacional de Moscou de 1936, no qual louvara a esportividade soviética e ilustrara o ponto com uma referência a Bohatirtchuk. A menção de Krilenko funcionou e persuadiu o interrogador a soltá-lo.

Esta experiência aterradora foi o suficiente para desiludir Bohatirtchuk de uma vez por todas — apesar de, sem dúvida, a fome na Ucrânia já ter aberto seus olhos para o despotismo de Stalin. Quando a sua Kiev natal foi tomada pelos alemães em 1941, Bohatirtchuk serviu como membro do conselho municipal durante a invasão. Segundo Boris Spassky, Bohatirtchuk usou sua influência para salvar "centenas" das mãos dos nazistas, mas sabia que aos olhos soviéticos era um colaboracionista. Assim, quando o Exército Vermelho recapturou Kiev em 1943, Bohatirtchuk seguiu os alemães em retirada. Como médico, ofereceu-se como voluntário para o "Exército de Libertação Russa" liderado pelo general Vlassov, que combateu do lado alemão, e até mesmo jogou em um dos últimos torneios na Polônia ocupada organizados pelo governador maluco por xadrez, Hans Frank. Estacionadas perto de Praga nos últimos dias da guerra, as unidades de Vlassov na realidade combateram as SS alemãs em defesa do levante tcheco, mas quando o Exército Vermelho chegou muitos dos colaboradores foram fuzilados imediatamente. Bohatirtchuk fugiu para o Ocidente, terminando seus dias no Canadá, mas Vlassov e seus oficiais mais elevados foram repatriados, torturados e executados como traidores. Vlassov, que acabou pendurado com cordas de piano e um gancho preso na base do crânio, disse aos interrogadores: "Com o tempo, o povo se lembrará de nós com simpatia." Isso, de modo algum, incluiu os velhos stalinistas: Spassky contou que a reação de Botvinnik a um cartão-postal enviado pelo velho rival Bohatirtchuk, já no Canadá, foi declarar: "Eu enforcaria este homem pessoalmente no centro de Kiev."

"Nacionalidades da diáspora" sempre tiveram mais chances de terminar como vítimas do Terror; só em 1937-38, cerca de 335 mil cidadãos soviéticos com conexões estrangeiras foram condenados pelo NKVD. Um deles foi Vladimir Petrov. Um cidadão russo da Letônia, Petrov era uma estrela quase tão brilhante no firmamento do xadrez quanto Paul Keres, seu rival da Estônia, o Estado báltico vizinho. Num torneio bastante forte em Kemeri em 1937, Petrov empatou em primeiro com Salo Flohr e Samuel Reshevsky, na frente de Alekhine e Keres. Mas, em 1940, Stalin ocupou os Estados bálticos, e Petrov tornou-se um cidadão soviético. Excelente linguista, Petrov foi recrutado pela agência de notícias Tass quando os alemães invadiram, mas seu *background* letão, o conhecimento de línguas estrangeiras e as conexões no exterior tornaram-no vulnerável a acusações de espionagem. No verão de 1942, Petrov desapareceu. Seu destino tornou-se conhecido apenas muitos anos mais tarde. Preso e confinado no quartel-general do NKVD, a prisão Lubianka, Petrov foi interrogado a respeito dos torneios de xadrez que disputou na América Latina. Instruído a não esconder nada, respondeu de maneira quase insolente: "Por que eu deveria esconder?" Petrov foi sentenciado a dez anos, mas morreu depois de apenas um. O KGB só admitiu a verdade em 1989.

Krilenko também não foi poupado. No fim, foi a devoção ao xadrez que causou a queda do comissário da Justiça. Como outros velhos bolcheviques, Krilenko tornara-se um obstáculo ao rápido avanço de uma nova e incondicionalmente obediente geração. Sua hora da verdade veio de repente em 1937, num encontro do Soviete Supremo — o Parlamento "sim, senhor" de Stalin —, quando um deputado o denunciou, evidentemente instigado por Stalin. O comissário, alegou-se, estava preocupado demais com o xadrez. Temendo pela vida, Krilenko retirou-se para o seu gabinete, onde foi visto mergulhado na bebida, com "olhos vazios e vidrados" e "garrafas por todos os lados, jogando xadrez". Apesar de ficar aliviado por receber um telefonema amistoso do próprio Stalin, no dia seguinte o NKVD apareceu para prendê-lo. O julgamento, como os de tantas de suas vítimas, foi um assunto secreto e *pro forma* que durou apenas vinte minutos. Krilenko morreu na prisão em julho de 1938, sendo praticamente certo que foi fuzilado.

A Seção de Xadrez da União emitiu uma norma "sobre a limpeza e o expurgo da organização enxadrística de inimigos de classe e elementos corruptos, e sobre a elevação do nível de instrução política entre jogadores de nível alto e o aumento de sua participação na vida sociopolítica". Aparentemente, o slogan de Krilenko — "Saturar o xadrez com conteúdo político" — não conseguiu muita penetração. Sua irmã, que havia emigrado para os Estados Unidos e casado com o escritor Max Eastman, comentou: "Suponho que agora se acredita que o xadrez esteja arruinando o governo." Essa conexão familiar com um amigo americano de Trotski e um crítico de Stalin bastaria por si só para condenar qualquer cidadão soviético. Krilenko foi não apenas "liquidado", como também apagado da história. A edição de outubro de 1937 da revista *Chakhmati v SSSR* tinha um artigo de Krilenko, junto com fotos de Lenin e Stalin. Com metade da impressão já feita, a edição teve que ser descartada e a maioria das cópias apareceu sem qualquer traço de Krilenko. Foi como se o homem que havia sido o virtual ditador do xadrez soviético por 13 anos jamais tivesse existido. O velho monstro só foi reabilitado na era Brejnev. Em 1977, um torneio anual Memorial Krilenko de equipes jovens celebrou o homem que, para o bem e para o mal, pôs o xadrez à força no coração da vida soviética.

Mas Krilenko merecia a honra de um torneio memorial muito menos que Iliin-Genevski, cujo momento de glória aconteceu quando derrotou Capablanca no torneio de Moscou de 1925, com um soberbo sacrifício de dama — na primeira vez em que um jogador soviético venceu um jogo contra um então campeão mundial. Iliin-Genevski também escreveu vários livros de xadrez e editou a publicação *Chakhmati v SSSR*. Todas as histórias oficiais concordam que ele morreu durante um bombardeio nazista enquanto tentava fugir de Leningrado atravessando o lago Lagoda em dezembro de 1941. Contudo, a abalizada *Enciclopédia Moderna de História Russa e Soviética* tem uma versão diferente: afirma que Iliin-Genevski "foi preso pela polícia secreta durante os expurgos e morreu na prisão em 1941".

Essa incerteza é emblemática de toda a história da União Soviética e, de fato, também da Rússia pós-União Soviética. O que alguns poderiam chamar de princípio da incerteza soviético tem uma analogia com a teoria de mecânica quântica de Heisenberg. Quanto mais certo parece qualquer "fato" sobre a história soviética, menos claras são suas causas, consequências e motivações. Temos poucos motivos para duvidar do "fato", atestado por revistas, histórias e outros livros de referência, de que os nazistas mataram Iliin-Genevski. Porém, quanto mais este relato é repetido, mais notamos que ele era exatamente o tipo de dirigente do partido mais em risco no Terror. Stalin era impiedoso na sua *vendetta* contra velhos camaradas. Seria uma ironia, totalmente em linha com a indeterminada e perversa lógica do comunismo soviético, se a revolução de fato tiver devorado, entre dezenas de milhões de outras vítimas, o fundador do xadrez soviético.

4

O Ópio dos Intelectuais

Na pessoa de Krilenko, o xadrez soviético esteve inextrincavelmente ligado ao Grande Terror. Contudo, o xadrez sem dúvida teve muitos fãs no Estado bolchevique quase desde o começo. A maciça popularidade do jogo, despertada pelo primeiro grande torneio soviético, em Moscou em 1925, está registrada em *Febre de xadrez*, um delicioso filme mudo que não traz nenhum indício dos monstros já à solta pelo desvario da Rússia. José Raúl Capablanca, o campeão mundial cubano, faz uma breve aparição nessa história de um jovem tão obcecado pelo xadrez que negligencia a namorada e todas as outras áreas da vida.

As centenas de milhares de jovens pioneiros enxadristas, de cujos quadros emergiu a primeira geração de mestres soviéticos, foram enfeitiçadas de maneira similar e afastaram-se da tormentosa realidade que se tornaria o Arquipélago Gulag. Num Estado em que houve uma brutal repressão à Igreja, não foi a religião, mas o xadrez que se tornou o ópio do povo. O xadrez sempre fora uma paixão da *intelligentsia* russa. Era visto como mais racional e, portanto, mais progressista que jogos de azar, que encorajavam o fatalismo.

O paradigma para todos os escritores russos, Alexander Puchkin, amava as cartas tanto quanto o xadrez, como testemunha sua história *A rainha de espadas*. Foi, todavia, o xadrez que jogou naquela fria noite de inverno em 1837 antes do duelo fatal com o barão Georges-Charles d'Anthès, o jovem exilado francês que cortejara Natália, sua mulher

O ÓPIO DOS INTELECTUAIS   71

dada ao flerte, enquanto mantinha uma ligação homossexual secreta com o embaixador holandês. Puchkin mostrava-se tão impetuoso no xadrez quanto na vida, mas era grato a Natália por ter aprendido o jogo — "uma necessidade absoluta em qualquer família bem-organizada".

Puchkin, porém, dedicava uma seriedade muito menor ao xadrez do que seus dois grandes contemporâneos, Tolstoi e Turgueniev. Estes jogaram entre si desde os 15 anos, sendo ambos fortes enxadristas. Tolstoi era o mais errático — em seu diário, escreveu: "A principal preocupação não deveria ser vencer a qualquer custo, e sim buscar combinações interessantes" —, mas durante o cerco de Sebastopol conseguiu resistir contra o príncipe Urusov, um dos poucos jogadores de nível de mestre na Rússia de meados do século XIX. Mesmo com mais de 80 anos, Tolstoi continuava formidável. Quanto a Turgueniev, provavelmente era ainda melhor. Quando viveu em Paris durante os anos 1860, ficou em segundo num forte torneio disputado no Café de la Régence e perdeu por pouco um match de seis partidas contra o mestre polonês Maczuski. A conexão entre xadrez e literatura prosseguiu no século XX, na forma de devoção ao jogo por parte de luminares tais como Maksim Górki, Vladimir Nabokov e Boris Pasternak.

A mesma paixão pelo xadrez enlaçou músicos russos, de Rimski-Korsakov, Mussorgski e Borodin aos dois grandes compositores da era comunista, Serguei Prokofiev e Dmitri Chostakovitch. Este último declarou se sentir atraído pela misteriosa combinação de arte e ciência no xadrez, apesar de o jogo ser muito mais central na vida intelectual de Prokofiev — de fato, Stravinski maliciosamente disse que "sua mente só está verdadeiramente concentrada durante um jogo de xadrez". Ele foi um dos poucos exilados que voltaram do Ocidente, com uma boa dose de encorajamento das autoridades soviéticas. Em 1934, Prokofiev retornou à Rússia para trabalhar no seu balé *Romeu e Julieta*. Não foi por acaso que escolheu a cerimônia de encerramento do torneio internacional de Moscou de 1935 para a estreia de uma nova composição para piano (talvez *Peças para Crianças*), que ele mesmo apresentou. O compositor foi arrebatado pelos torneios de 1935 e 1936, exclamando: "Estou acostumado a me apresentar como artista, mas agora sou um espectador!" O entusiasmo pelo xadrez que tomou Moscou na época pode ter servido de compensação pelo fracasso do seu balé e influenciado a decisão de se estabelecer de maneira permanente na União Soviética em 1936. Prokofiev, todavia, era um jogador excelente, com talento suficiente para derrotar Lasker ("o Mozart do xadrez"), Capablanca ("o Bach") e Akiba Rubinstein em simultâneas, embora tenha perdido para Alekhine. O grande mestre polonês Savielly Tartakower enfrentou Prokofiev e considerou-o no nível de mestres. Mesmo durante a guerra, o compositor encontrou tempo para ver Botvinnik enfrentar Vassili Smislov — um bom barítono que quase se tornou cantor profissional — no campeonato de Moscou de 1943. Apenas Botvinnik não se impressionou, talvez porque suspeitasse, corretamente, que Prokofiev não era lá muito comunista, desprezando o músico como um romântico pelo xadrez pré-revolucionário que adorava jogar o Gambito do Rei. Curiosamente, a música de Prokofiev era criticada por Stalin como modernista demais.

Tampouco o xadrez era um vício só de compositores. Muitos dos melhores músicos enxadristas — o pianista Arthur Rubinstein, o violinista Mischa Elman e o violoncelista Gregor Piatigorski — emigraram após a revolução. Dos que permaneceram, o violinista David Oistrakh jogava bem o suficiente para enfrentar Emanuel Lasker numa simultânea. Em 1940, o virtuose trabalhou como árbitro no último campeonato soviético antes da invasão nazista. Sviatoslav Richter, o extraordinário pianista russo, que escolheu viver sob o comunismo, era outro fanático pelo xadrez. Da mesma forma, Mark Taimanov, o grande mestre e campeão soviético, empreendeu uma carreira paralela como pianista concertista.

A popularidade do xadrez entre intelectuais na Rússia comunista pode ser explicada de maneira simples: era uma das pouquíssimas áreas de liberdade intelectual oficialmente sancionadas. Diferentemente de

O ÓPIO DOS INTELECTUAIS 73

artes plásticas, música ou literatura, o xadrez era uma atividade criativa que não precisava ser conduzida segundo regras e teorias determinadas pelas autoridades, das quais quaisquer desvios eram puníveis com uma temporada num campo de trabalho ou algo ainda pior. A natureza abstrata e não prática do xadrez protegia seus praticantes da interferência sofrida por cientistas, que se viam forçados a seguir charlatães tais como Trofim Lissenko, ou por músicos como Chostakovitch e Prokofiev, que praticavam autocensura, mas ainda assim entravam em conflito com Stalin. A onipresença da polícia secreta e seus informantes, que permeia romances como *O mestre e Margarida*, de Mikhail Bulgakov, deixava aos indivíduos praticamente nenhum espaço privado. Sob os inescapáveis olhos de Stalin, magnificados por um aparato de controle e observação sem precedentes, não apenas o desvio em relação à linha do partido, mas o mero contato com o mundo burguês — livros estrangeiros, moedas estrangeiras e especialmente pessoas estrangeiras — equivaliam a conspiração contrarrevolucionária. O xadrez, com sua animada subcultura de clubes e equipes, podia ser um refúgio contra o onisciente e onipotente Estado soviético. O xadrez era uma exceção parcial à xenofobia institucionalizada: muitos jogadores, tanto amadores como mestres, pertenciam à "emigração interna".

Entre esses amadores encontrava-se Boris Pasternak, cujo amor ao xadrez só era menor que a devoção à literatura. Como Prokofiev, foi um entusiasmado espectador dos grandes torneios de Moscou de 1935 e 1936. Uma partida disputada por Pasternak em 1947 que sobreviveu mostra que se tratava de um forte amador, com uma predileção pela defesa introduzida pelo exilado russo Alexander Alekhine. Diferentemente de Nabokov, que preferia compor problemas enxadrísticos a jogar partidas, o autor de *Dr. Jivago* parece ter sido um romântico tanto no xadrez quanto na vida. Foi o psicodrama de luta cerebral que o atraiu para o xadrez. O temperamento quixotesco que caracterizou a poesia e o xadrez de Pasternak também o encorajou a confrontar o próprio Stalin.

Pasternak era mais corajoso que a maioria dos escritores soviéticos, que ganharam o desdém de Stalin após mandarem-lhe cartas bajuladoras. Contudo, até mesmo Pasternak era intimidado por Stalin. Depois de o poeta Ossip Mandelstam ter sido preso em maio de 1934 por escrever um poema denunciando Stalin, Pasternak tentou interceder pelo amigo — um gesto bastante arriscado. Dois meses depois, o telefone tocou no apartamento comunal em que Pasternak vivia. Era Poskrebichev, o *chef de cabinet* de Stalin. Ele alertou o escritor, que estava cercado por crianças barulhentas, para esperar um telefonema de Stalin. Quando surgiu na linha, o líder tratou de garantir a Pasternak que Mandelstam era "um gênio".

— Sim, mas não é este o ponto — aventurou-se Pasternak.

— Qual é o ponto, então? — disparou Stalin.

Pasternak ficou desconcertado.

— Seria bom se pudéssemos nos encontrar para uma conversa — gaguejou.

— Sobre o quê? — perguntou Stalin.

— Sobre vida e morte — respondeu, em desespero, Pasternak.

Stalin desligou. Quando Pasternak tentou ligar de volta, Stalin recusou-se a aceitar a chamada. Mais tarde, ligou para Molotov e deliciou-se com o fracasso de Pasternak em defender o colega de maneira mais eficiente. Embora tivesse mais amigos poderosos, tais como Nikolai Bukharin, Mandelstam foi torturado, exilado e mais uma vez preso, para finalmente morrer num campo siberiano em 1938. Contudo, quando a polícia secreta propôs prender também Pasternak, Stalin disse: "Deixem-no em paz, ele vive nas nuvens."

Após a morte de Stalin, Pasternak voltou às boas graças e foi preparada uma coletânea de suas poesias. Como introdução ao volume, que jamais foi publicado, ele escreveu seu *Ensaio de autobiografia*, que para em 1917. Uma passagem do epílogo evoca com eloquência a experiência de três gerações de russos — o pavor indescritível do terror legalizado exercido em seu nome —, codificada com palavras às quais o censor não podia se contrapor. "Seguir adiante seria imensuravelmente difícil", concluiu Pasternak.

> Se eu fosse em frente [...] teria que falar de anos e circunstâncias, de pessoas e destinos contidos pela estrutura da revolução. De um mundo de metas e aspirações, problemas e realizações previamente desconhecidos, e de uma nova restrição, uma nova severidade e novos julgamentos impostos à personalidade, ao amor-próprio, à honra, à diligência e à resistência humanos. Este mundo, único e incomparável a qualquer outro, agora se afastou nas distâncias da memória; ele assoma no horizonte como montanhas vistas da planície, ou como uma distante cidade envolta por seu brilho noturno. Para escrever sobre isto, seria preciso escrever de uma maneira que arrepiasse os cabelos e fizesse o coração falhar.

Invocando os clássicos russos, Pasternak acrescentou que seria "sórdido e vergonhoso" escrever sobre a era comunista com uma intensidade emocional menor que a de Gogol e Dostoievski. Sua conclusão — "Ainda estamos longe desta maneira de escrever" — é quase tão verdadeira hoje quanto há meio século, com a enorme, mas isolada, exceção de Soljenitsin. Apesar da suspensão pelo menos da censura oficial, na era pós-comunismo nenhum grande escritor até agora despontou à altura da tarefa de descrever, mesmo em retrospecto, o indizível martírio de sete décadas de comunismo. A mais fatal forma de censura é a autocensura.

Ao fornecer à ditadura soviética uma válvula de escape para a *intelligentsia* e seu desejo por liberdade, o xadrez também podia ser um instrumento de totalitarismo. O xadrez soviético era um microcosmo da vida numa sociedade coletivista e também — como último refúgio do espírito livre — sua antítese. Aos olhos de Lenin, Stalin e seus sucessores, o xadrez era uma demonstração de materialismo dialético. Como mais tarde escreveu C.H.O'D. Alexander, um proeminente mestre britânico, funcionário público e criptógrafo em Bletchley Park: "O xadrez [para os soviéticos] era um jogo dialético, ilustrando, na sua resolução de conflitos, modos marxistas de pensamento. Ao encorajar o pensamento independente, o xadrez também podia ser visto como antirreligioso." Contudo, acrescentou Alexander, era "tão seguro contra 'pensamentos perigosos' quanto pode ser qualquer atividade intelectual". O xadrez era considerado como sem classes, não contaminado pela ideologia burguesa e, portanto, adequado para o ensinamento de valores socialistas aos novos quadros proletários.

Desde o começo, os cientistas soviéticos deram grande atenção à psicologia do xadrez. Três psicólogos experimentais realizaram testes de laboratório nos mestres reunidos para o torneio de Moscou de 1925. Segundo seu influente estudo de 1926, o xadrez era "um poderoso método de autodisciplina e autodesenvolvimento, que beneficia não apenas aqueles capazes de se tornar mestres, como também aqueles que não possuem semelhantes dons; o xadrez eleva o desenvolvimento de qualidades educacionalmente valiosas". As qualidades que os psicólogos soviéticos atribuíram aos mestres de xadrez também faziam parte da constituição do homem soviético idealizado: nervos fortes, autocontrole, autoconfiança, determinação disciplinada, emoções disciplinadas e um intelecto extremamente ativo.

Em 1961, o ministro da Defesa, marechal Malinovski, descreveu o papel do xadrez no Exército Vermelho, que realizava campeonatos anuais desde os tempos de Krilenko e a essa altura tinha mais de 2 mil mestres e outros jogadores de qualidade: "Nós, nas forças armadas, valorizamos imensamente o xadrez porque ele disciplina o homem, ajuda a fortalecer a determinação e os poderes de resistência, desenvolve a memória e a rapidez mental e ensina o pensamento lógico." A ironia é que essas qualidades também eram armas essenciais no arsenal psicológico dos dissidentes. No xadrez, não há lugar para o conformismo, a obediência cega à autoridade ou a dissimulação e a hipocrisia tão típicas daqueles que vivem sob o despotismo.

5

Os Exilados

O destino de Emanuel Lasker, que havia sido campeão mundial de xadrez de 1894 a 1921, ilustra o impacto da catástrofe europeia sobre um indivíduo e o modo como o mundo maior se refletia no microcosmo do xadrez.

Emanuel Lasker nasceu em 1868, filho de um pobre precentor judeu da fronteira alemã-polonesa. Lasker constituiu-se possivelmente na mais impressionante personalidade de toda a história do xadrez. Mais bem-sucedido que o seu reverenciado antecessor, Wilhelm Steinitz, que morrera em abjeta pobreza, Lasker atingiu a independência financeira com o jornalismo e palestras, enquanto sua projeção permitiu-lhe forçar os organizadores a oferecer remuneração adequada e condições de jogo para enxadristas internacionais. Ele batalhou sem sucesso pela introdução de *copyright* para partidas de xadrez, para obrigar editores e jornais a pagar aos mestres pela reprodução dos frutos de seu trabalho.

Como campeão mundial, Lasker defendeu o título em matches contra Wilhelm Steinitz, Frank Marshall, Siegbert Tarrasch, David Janowski e Carl Schlechter. Como Steinitz antes dele, tratou o título como propriedade pessoal. Na teoria, qualquer mestre que tivesse vencido pelo menos um grande torneio internacional podia lançar um desafio se conseguisse levantar o dinheiro necessário para a premiação. Não havia disputas qualificatórias pelo simples motivo de que não existia nenhuma organização internacional para supervisioná-las. Isso significava que os jogadores mais fortes não necessariamente tinham oportunidade de desafiar Lasker, enquanto enxadristas mais fracos com ricos apoiadores podiam obter uma segunda chance. Passaram-se longos períodos sem match pelo título, durante os quais Lasker virtualmente abandonava o xadrez em prol da matemática ou da filosofia. Entretanto, era suficientemente astuto para fortificar sua supremacia por meio da disputa dos principais torneios que aconteceram durante os 27 anos de seu reinado, vencendo a maioria: Nuremberg em 1896; Londres em 1899; Paris em 1900; e as competições de São Petersburgo em 1896, 1909 e 1914.

Quando, em 1921, Lasker perdeu o título mundial para o jovem rival José Raúl Capablanca, tendo se oferecido para renunciar antecipadamente ao trono, assumiu-se que sua carreira estava encerrada. Contudo, obteve sua vingança em 1924, no torneio de Nova York, onde, aos 56 anos, derrotou não apenas Capablanca, mas toda a nova geração de grandes mestres "hipermodernos", num longo e exaustivo campeonato.

A escola hipermoderna de xadrez era uma reação romântica contra o classicismo da geração pré-guerra e coincidiu nos anos 1920 com o auge do modernismo, uma revolução estética que para seus seguidores e patronos serviu como substituto para a revolução política. A iconoclastia na arte e no xadrez se combinaram na pessoa de Marcel Duchamp, que jogava bem a ponto de representar a França ao lado do campeão mundial, o exilado russo Alexander Alekhine, em quatro Olimpíadas entre 1928 e 1933.

Por volta da mesma época em que introduziu a arte conceitual que iria virtualmente eliminar todas as outras formas artísticas ao final do século XX, Duchamp ficou profundamente obcecado com o xadrez. Man Ray descreveu como essa obsessão arruinou o primeiro casamento do amigo: "Duchamp passou a maior parte da semana em que eles viveram juntos estudando problemas de xadrez, e sua esposa, em retaliação desesperada, levantou-se uma noite, enquanto ele dormia, e grudou as peças no tabuleiro. Eles se divorciaram três meses depois."

OS EXILADOS

O que colocava Lasker em um nível acima do resto de seus contemporâneos não era meramente o sucesso único no tabuleiro. Ele também era um matemático de alto calibre, cuja celebrada monografia "Sobre a Teoria de Módulos e Ideais" postulava o "ideal primário", um dos conceitos básicos da álgebra moderna. Foi divulgado em 1905, o mesmo ano da teoria da relatividade de Albert Einstein; muito tempo depois, não em Berlim, mas no exílio na América, Einstein e Lasker tornaram-se amigos. No prefácio à biografia de Lasker feita por Hannak, Einstein destaca "uma das pessoas mais interessantes que conheci nos últimos anos da minha vida". Einstein via Lasker como uma figura trágica:

> O que ele realmente ansiava era alguma compreensão científica e aquela beleza peculiar ao processo de criação lógica, uma beleza de cujo feitiço mágico ninguém que tenha sentido sua influência, por menor que fosse, pode escapar. A vida material e a independência econômica de Spinoza baseavam-se no polimento de lentes; na vida de Lasker, o xadrez teve um papel semelhante. Mas Spinoza teve mais sorte, porque o seu negócio permitia que a mente ficasse livre e independente; ao passo que o xadrez de alto nível prende seu entusiasta, acorrentando a mente e o cérebro, de forma que a liberdade e independência interior de até mesmo o mais forte dos caracteres não pode permanecer imune. Eu tomava consciência disso sempre que conversava com Lasker ou lia um dos seus livros filosóficos.

Poeta e inventor, Lasker também era um profundo, ainda que às vezes utópico, pensador filosófico e social. Seu primeiro ensaio filosófico de 1906, *Luta*, descobriu o sentido da vida em conflito, o qual tentou reduzir a um sistema, chamando-o de "*machology*". Em seguida vieram *A compreensão do universo* (1913) e *A filosofia do inatingível* (1918). Estes livros agora estão esquecidos, mas as obras de Lasker sobre a teoria dos jogos, acima de tudo seu *Manual de xadrez*, ainda são clássicos.

Lasker acreditava fervorosamente que, ao mesmo tempo que era "apenas um jogo" e, portanto, intrinsicamente trivial, o xadrez inculcava princípios de valor inestimável: "O xadrez, desde os primórdios, tem tido coerência com a vida." Em outro livro, o introdutório *Como jogar xadrez*, Lasker explicou que a limitação do xadrez como um paradigma residia na falta de graduação no resultado final. "Derrota. Empate. Vitória. Esta é a escala do sucesso no xadrez. A vida tem uma variedade muito maior. A vida segue em frente, não conhece derrotas permanentes, tampouco vitórias permanentes." Mas o xadrez, apropriadamente ensinado, oferecia uma educação em autossuficiência, capacitando o estudante "a encontrar um adequado meio entre humilde aceitação dos *dicta* da autoridade e autoafirmação despótica. O xadrez proporciona a você semelhantes oportunidades, porque você pode provar proposições no xadrez, se necessário dando xeque-mate no adversário, ao passo que em outras áreas de empreendimento é difícil conseguir uma chance para se expressar ou provar o seu ponto".

No seu "Reflexões Finais sobre Educação no Xadrez", anexado ao *Manual*, Lasker buscou demonstrar que era perfeitamente possível ensinar xadrez com a mais absoluta economia de meios; ele calculou que alguém jovem, que não soubesse jogar xadrez e sem nenhum talento natural, precisaria de apenas duzentas horas para atingir o nível de um forte competidor. Lasker deplorava o incrível desperdício de energia de milhões de pessoas cujos desempenhos, não obstante, continuavam medíocres: "Nossos esforços no xadrez atingem apenas um centésimo de 1% dos resultados devidos." Lasker acreditava que a inerente incerteza do jogo forçava os jogadores a confiar no julgamento em vez de na memória. "O xadrez não deve ser memorizado, simplesmente porque não é suficientemente importante", declarou o campeão que reinou supremo por mais tempo que qualquer um, antes ou depois. "A memória é valiosa demais para ser armazenada com trivialidades. Dos meus 57 anos, utilizei pelo menos trinta para esquecer a maior parte do que havia aprendido ou lido, e desde que tive sucesso nisso adquiri uma certa tranquilidade e júbilo dos quais jamais gostarei de ficar sem." Nada, afirmou, deveria ser memorizado, exceto métodos, que são infini-

OS EXILADOS

tamente maleáveis e que, por fim, geram regras. Em prol de uma "vida harmoniosa", acreditava Lasker, a teoria de Steinitz devia ser aplicada.

O antecessor de Lasker como campeão mundial, Wilhelm Steinitz, não era nenhum filósofo, mas Lasker discernia em seu método "uma brilhante concepção, porém adiante do xadrez prático". Essa teoria consistia na noção de uma "posição balanceada", um pálido reflexo do "verdadeiro equilíbrio que existe no domínio infinito da vida". Lasker elevou o aforismo prático de Steinitz — de que somente quando o equilíbrio havia sido perturbado o jogador com a vantagem podia desferir um ataque bem-sucedido — a um imperativo moral. Desse modo, o xadrez se transformou, para Lasker, numa escola de ética e estética: "Só crescerá para se tornar um artista quem obedece ao comando." A coerência do xadrez com a vida significava, para Lasker, um tardio reconhecimento da sua obra para além do estreito domínio das 64 casas: "A teoria da luta, inferida por homens como Maquiavel, Napoleão e Clausewitz, moldada por Steinitz para o tabuleiro em minucioso detalhe, ansiosamente desejada por alguns filósofos, por mim estabelecida com validade universal, portanto filosoficamente, algum dia regulará a vida do homem." Lasker não via sua própria época como um período dourado, mas tinha a esperança de que o xadrez estivesse ocupando uma posição no limiar de uma nova e visionária era: "Há mestres criativos, mas a organização do mundo do xadrez não produz competição entre eles... O futuro, portanto, pertence ao mestre criativo e à organização que trabalhar em uníssono com ele."

É difícil imaginar um contraste mais agudo do que aquele entre os tipos revolucionários monomaníacos que despontaram no palco mundial durante este período e os representantes mais velhos da burguesia educada. Contudo, a nêmesis da metade do século XX eclipsou até mesmo Emanuel Lasker, este sábio e visionário idealista. Um jogo que parecia existir num plano sublime, distante da política e da ideologia, mostrou-se não estar imune a ambos.

Desde o princípio, ganhar o apoio de Lasker foi importante para os pioneiros do xadrez soviético. Em 1924, bem antes de o xadrez ocupar o seu papel privilegiado, Lasker foi persuadido a visitar a União Soviética. Segundo Andrew Soltis, historiador americano do xadrez soviético, "a chegada do ex-campeão mundial à estação Moscou de Petrogrado, recebido por uma delegação de jogadores e acadêmicos proeminentes, foi saudada como o rompimento de um boicote capitalista". Lasker foi um dos primeiros de muitos intelectuais ocidentais a ser inicialmente seduzido pela fachada da Rússia revolucionária. Mais tarde, ele escreveu ao *Izvestia* dizendo que havia ficado com "a clara impressão de algo grande, gratificante e forte" na revolução bolchevique. Portanto, não causa surpresa que Lasker posteriormente tenha sido convencido a jogar em torneios soviéticos. Quase parecia que o grande e antigo homem do xadrez estivesse passando o bastão à sociedade que afirmava compartilhar sua visão do jogo e seu valor potencial para a sociedade do futuro. Na realidade, porém, um golfo separava o individualismo humano, ainda que ingenuamente utópico, de Lasker e a coletivização soviética do xadrez como um instrumento do Estado.

Quando os nazistas chegaram ao poder, Lasker (então com mais de 60 anos e havia muito tempo aposentado do xadrez) imediatamente se preparou para emigrar da Alemanha. Ele era, em primeiro lugar, um judeu, e sua eminência só servia para atrair atenção hostil. Suas obras filosóficas haviam rendido uma amizade com Walter Rathenau, o ministro do Exterior assassinado por antissemitas; sua cunhada era a renomada poetisa judia Else Lasker-Schuler, enquanto sua esposa, Martha, era uma conhecida jornalista de publicações satíricas logo proscritas no Terceiro Reich. A casa de campo dos Laskers em Thyrow, onde ele havia construído um laboratório, o apartamento em Berlim e suas economias foram todos confiscados. Como milhares de outros judeus alemães, foram compelidos a uma existência nômade no exílio. Estabelecendo-se inicialmente na Inglaterra, Lasker foi forçado a voltar ao xadrez profissional quando tinha em torno de 65 anos e, em grandes torneios em Zurique, Moscou e Nottingham, manteve-se de pé diante dos maiores mestres da geração mais nova.

OS EXILADOS 83

No segundo torneio internacional de Moscou, em 1935, Lasker obteve um terceiro lugar, apenas meio ponto atrás de Botvinnik e Flohr, empatados em primeiro — um resultado incrível para um homem de 67 anos. Em seguida, Lasker foi convidado a permanecer na capital soviética, trabalhando em pesquisa matemática e vinculado à Academia de Ciências. Durante os dois anos seguintes, passados principalmente em Moscou, mas com liberdade para ir e vir, Lasker recebeu tratamento diferenciado do aparato do partido e aparentemente ficou livre para se dedicar às pesquisas. Ele continuava jogando xadrez em alto nível. No terceiro torneio internacional de Moscou, em 1936, Lasker mantinha o segundo lugar após a primeira metade da competição em turno e returno, empatado com Botvinnik e logo atrás de Capablanca. Aos 68 anos, contudo, não conseguia resistir às exaustivas sessões de sete horas. Na segunda metade do torneio, Lasker afundou, terminando em sexto lugar — a primeira vez em meio século que não ficou entre os premiados. No mesmo ano, na disputa ainda mais penosa de Nottingham, contudo, Lasker reagiu. Ele era, de longe, o mais velho dos cinco campeões mundiais passados, presente e futuros que competiram contra os principais grandes mestres da época. Ainda assim, Lasker terminou somente 1,5 ponto atrás dos vencedores, Capablanca e Botvinnik, tendo derrotado o então campeão mundial, Max Euwe. Na história do xadrez, apenas o predecessor de Lasker, Steinitz, havia tentado semelhante feito, mas seu destino dificilmente poderia ser considerado um precedente auspicioso: esmagado pela geração mais jovem, morrera na loucura, falando sobre ter jogado uma partida contra Deus por telefone. Na era pós-1945, somente Viktor Kortchnoi, e talvez Vassili Smislov, pôde se comparar a Lasker, competindo em pé de igualdade com mais de 60 anos contra os melhores do mundo.

A permanência de Emanuel Lasker em Moscou acabou sendo curta. Em 1937, levou a mulher para uma visita aos Estados Unidos, dizendo às autoridades soviéticas que tencionavam retornar. No entanto, jamais o fizeram. O casal estabeleceu-se em Nova York, onde Lasker morreu quatro anos depois. A esposa, Martha, justificou a mudança com motivos de saúde, afirmando que os médicos a haviam proibido de fazer longas viagens, mas também existiam motivos políticos para a decisão de emigrar novamente. Em 1937, não havia como Lasker estar cego para o Grande Terror de Stalin, que se desenrolava à sua volta, e para o perigo que isso poderia representar para estrangeiros, especialmente exilados judeus apátridas da Alemanha nazista. O drama poético em cinco atos de Lasker, *Da história do homem*, produzido em Berlim em 1925, e suas obras posteriores de filosofia social, *A visão mundial do jogador* e *A comunidade do futuro* (1940), eram tão ideologicamente incompatíveis com o comunismo quanto com o nacional socialismo.

Além disso, Lasker expressava abertamente suas opiniões — de maneira perigosa até. Durante uma turnê por cidades soviéticas após o torneio de Moscou em 1935, Lasker parou em Kiev, onde foi perguntado pelo vice-presidente do Conselho de Comissários ucraniano sobre suas impressões. "Há muitas coisas de que gosto na URSS", respondeu Lasker, "mas não entendo por que as palavras parecem ter um significado diferente aqui em relação ao restante do mundo. Por exemplo, a torneira de água quente no quarto do meu hotel tem água fria. E, quando o menu diz 'frango', o que me servem é porco." Até mesmo críticas aparentemente leves às condições de vida na Ucrânia eram dinamite política numa época em que o governo havia escondido com sucesso uma das piores fomes da história moderna. As declarações codificadas de Lasker teriam sido suficientes para arruinar um cidadão soviético comum — e nem mesmo acadêmicos estavam imunes ao Terror.

A maior parte dos parentes de Lasker haviam ficado na Alemanha, onde por fim acabaram morrendo no Holocausto. Somente sua sobrinha, Anita Lasker Wallfisch, hoje uma eminente violoncelista e que escapou da morte em Auschwitz tocando na orquestra de mulheres, viveu para contar sua história. "A vida era completamente arbitrária", disse a um entrevistador do *Guardian* em 2005. Aconteceu de, quando chegou a Auschwitz, esperando ser morta, a orquestra não ter violoncelista

OS EXILADOS

"Você vai se salvar", disse uma colega prisioneira — e assim foi, mesmo depois de ela e a irmã Renate serem transferidas para Belsen no final da guerra, onde quase morreram de inanição. Libertadas pelo exército britânico, onde arrumaram empregos como intérpretes, as irmãs puderam recomeçar as vidas na Inglaterra.

Nas vidas e nos escritos dos seus aficionados, o xadrez ilustra muito bem a metamorfose que ocorre da liberdade até o totalitarismo. No Ocidente, a importância do que havia ocorrido na Rússia desde 1917 não passou despercebida por aqueles que desejavam um apocalipse semelhante. O turbilhão de guerra e paz, revolução e contrarrevolução pareceu a muitos o anúncio de morte da burguesia educada, da qual a vanguarda, por mais desdenhosa que fosse, era parasita. Até mesmo havia um equivalente desta arte revolucionária no xadrez. À altura de 1929, a bolha especulativa de prosperidade europeia havia estourado, causando danos colaterais, não apenas às artes e às ciências, mas também ao xadrez. Como a maioria dos empreendimentos intelectuais, viu-se que o xadrez era vulnerável à economia. As condições nas quais a alta cultura pode florescer são raras. A civilização ocidental sustentou este ambiente por muitos séculos, mas o período de guerra mundial, de 1914 a 1945, chegou perto de aniquilar essas condições na Europa central. A subcultura do xadrez, como incontáveis florescências exóticas nesta estufa intelectual, foi arrancada pela raiz, explodida e arruinada pela consequente nevasca de ditadura.

O papel precário, mas criativo, do xadrez na cultura *laissez-faire* da Europa pré-1914 cedeu espaço a uma menos marginal, mas muito mais sinistra, função no sistema soviético. Como a recreação da revolução, o xadrez deixou de ser uma atividade privada, assumido pelo Estado que a tudo abraçava. Isso levou a um vasto engrandecimento da escala e do status do xadrez, mas também a uma não menos impressionante transformação de seus praticantes. O estilo de vida "rigorista" do fanático revolucionário foi aplicado a profissões que nada tinham a ver com política, incluindo o xadrez. Até mesmo essa atividade das mais abstratas foi saturada com materialismo dialético, uma ideologia que afirmava ser aplicável a absolutamente tudo. O comunismo implicava não apenas controle estatal — era também um método de autocontrole. A disciplina partidária foi internalizada, e o xadrez era uma espécie de exercício mental para os quadros. Antes, sistemas totalitários não haviam tido muito interesse em semelhantes disciplinas psicológicas; os fascistas e os nazistas preocupavam-se mais com aptidão física. Os nazistas também promoveram campeonatos de xadrez durante a Segunda Guerra Mundial, mas nunca seguiram o exemplo soviético de cultivar o jogo como um método para demonstrar superioridade intelectual. No vasto laboratório que era a União Soviética, o xadrez estava entre os experimentos menos sanguinários. Também era incomum no sentido de que seus produtos humanos, os novos homens, podiam ser direta e objetivamente comparados a seus pares estrangeiros.

Lasker, ao trocar a Alemanha de Hitler pela Rússia de Stalin, havia implicitamente optado por tomar parte nesse experimento. Contudo, ao abandonar sua posição privilegiada em Moscou em prol de todas as incertezas da América de Roosevelt, dera o seu veredicto — se não para o próprio experimento, então ao menos para aqueles que o realizavam. O veredicto era condenatório. As condições de sobrevivência para Lasker eram tão ruins na sufocante atmosfera da Rússia de Stalin quanto no ambiente venenoso da Alemanha de Hitler. Não havia lugar para ele num país em que o xadrez era um meio para um fim — a criação de bons comunistas e implacáveis guerreiros.

Após a revolução, a acuada fraternidade enxadrística russa sentiu agudamente a ausência da maioria dos grandes mestres pré-guerra; eles haviam ou emigrado, como Ossip Bernstein, ou suas nações eram independentes da União Soviética, como o báltico Aron Nimzowitsch e o polonês Akiba Rubinstein. Os dois principais grandes mestres russos dos anos 1920 — Alexander Alekhine e Efim Bogoliubov — haviam estado confinados na Alemanha durante a Primeira Guerra Mundial, embora

OS EXILADOS

Alekhine tenha escapado e retornado à Rússia, enquanto Bogoliubov voltou somente após o final do conflito. Os dois mestres venceram os primeiros campeonatos soviéticos, porém ambos mais tarde rejeitaram o Estado revolucionário em prol do Ocidente burguês. Do ponto de vista bolchevique, eram traidores.

O primeiro torneio internacional soviético em Moscou, em 1925, foi, de fato, vencido por Bogoliubov, à frente de Lasker e Capablanca; logo depois, ele juntou-se ao grupo de exilados russos na Alemanha. Alekhine também emigrou e jamais retornou à Rússia, passando o resto da vida vagando incansavelmente pela Europa. Alekhine derrotou Capablanca em 1927 para se tornar campeão mundial e defendeu o título contra Bogoliubov por duas vezes, em 1929 e 1934.

Sem surpresa, Alekhine e Bogoliubov foram difamados na imprensa soviética, especialmente após participarem de torneios organizados pelos nazistas durante a guerra. Mesmo assim, é significativo que, após sua morte, Alekhine tenha sido reabilitado e descrito como um precursor da escola de xadrez soviética. No seminal livro *A escola de xadrez soviética*, Alexander Kotov e Mikhail Iudovitch afirmam que "Alekhine [...] prestava enorme atenção a tudo de novo no xadrez que vinha da União Soviética. Durante os últimos anos de vida, ele se mostrou bastante perturbado pela sua separação da terra natal. Alekhine percebeu que cometera um grande erro ao deixá-la em 1921".

Isto é pura propaganda. Não há evidências de que Alekhine jamais tenha se arrependido da emigração, apesar de nos anos finais ter realmente tentado estabelecer boas relações com a superpotência enxadrística soviética. Como filho de um proprietário de terras e membro da *intelligentsia*, Alekhine ficou indelevelmente marcado como inimigo de classe. Em 1919, durante a guerra civil, foi brevemente aprisionado pela Tcheka, a polícia secreta bolchevique, por suspeita de trabalhar para os contrarrevolucionários brancos. Tendo a vida salva por pouco, Alekhine utilizou seu aprendizado legal para se redimir por meio da filiação ao Partido Comunista, para o qual ficou perfeitamente contente em trabalhar como juiz de nível inferior. Assim, ele foi por pouco tempo um pequeno dente de engrenagem na vasta máquina controlada por Nikolai Krilenko. Em 1921, Alekhine usou suas capacidades linguísticas para obter um emprego de intérprete do Comintern, a Internacional Comunista, onde conheceu e casou-se — provavelmente em bigamia — com sua segunda mulher, a delegada suíça Anneliese Rüegg. Com sua ajuda, ele emigrou para a França, estabelecendo-se em Paris. Alekhine saiu da Rússia bem a tempo, salvo por seu implacável oportunismo. O irmão Alexei foi executado durante o terror stalinista no fim da década de 1930.

Tendo atacado o comunismo soviético em círculos de exilados, Alekhine foi denunciado pelas autoridades soviéticas. A emigração virou exílio, mas durante os anos 1930 houve uma parcial reconciliação, especialmente após o surgimento do jovem grande mestre soviético Mikhail Botvinnik como um potencial desafiante. Alekhine saudou o reconhecimento e apoio ao xadrez por parte do Estado soviético. Se estava buscando patronagem comunista, não teve sucesso. Não obstante, o grande prêmio cobiçado pelos russos — o título mundial — continuava em sua propriedade.

Em 1935, Alekhine perdeu o título para o jovem holandês Euwe. Durante o match, Alekhine abusou da bebida, embora Euwe negasse que isso tenha afetado o rendimento. Surgiram notícias na imprensa, algumas até mesmo sugerindo que Alekhine foi encontrado completamente bêbado num campo. Os organizadores tiveram que soltar a seguinte declaração extraordinária (e não intencionalmente cômica):

> É do conhecimento geral que o campeão mundial tem mantido o hábito de ingerir uma considerável quantidade de álcool nos últimos anos. Não apenas isso não produz efeito negativo em Alekhine, como especialistas em xadrez acreditam que, na realidade, frequentemente o ajuda a obter seus melhores resultados. Nesse estado, ele fica na forma mais perigosa para seus oponentes, incluindo Euwe [...]. Devemos também levar em conta a mentalidade especial do gênio que é Alekhine, cujas origens são russas, uma mentalidade bastante distinta do geralmente

OS EXILADOS

89

equilibrado holandês. Não houve nenhum incidente público [...]. O Comitê tem a posição de que se, como resultado da inclinação acima mencionada, Alekhine vier a agir de maneira inaceitável no salão dos jogos antes, durante ou após a disputa, as mais rígidas medidas possíveis serão tomadas.

Dois anos mais tarde, ele reconquistou o título, não tendo bebido nada além de leite nesse meio-tempo.

Durante a Segunda Guerra Mundial, Alekhine serviu brevemente como intérprete no exército francês, mas após a ocupação da França jogou em eventos patrocinados pelos alemães em toda a Europa, na prática transformando-se em um instrumento de propaganda dos nazistas. Ele colaborou com Hans Frank, o sátrapa de Hitler na Polônia, que organizou torneios de xadrez em Cracóvia ao mesmo tempo que dirigia o campo de extermínio em Auschwitz, a poucos quilômetros de distância. Algumas partidas em grupo sobreviveram, com a participação de Alekhine, do seu colega de exílio russo Bogoliubov e do governador Hans Frank. No final da guerra, aos olhos de boa parte do mundo do xadrez, Alekhine havia se comprometido. Ainda pior, surgiram artigos antissemitas com sua assinatura em 1940, afirmando que os mestres judeus, incluindo Lasker, eram desprovidos de criatividade. Alekhine sempre se opusera ao que via como uma tentativa de transformar o xadrez em ciência, algo que associava com seus rivais Capablanca e Euwe (nenhum deles era judeu), insistindo que o xadrez era uma arte, apesar de, quatro anos antes, em Nottingham, ter declarado: "A própria ideia do xadrez como uma forma de arte seria impensável sem Emanuel Lasker."

Alekhine mais tarde refutou esses escritos deploráveis, afirmando que os nazistas haviam inserido os trechos ofensivos, mas suas desculpas foram inconsistentes. Em vista do longo histórico de oportunismo e colaboracionismo, poucos duvidaram da autenticidade. Depois da guerra, ele teve a esperança de se reabilitar jogando um match com Botvinnik na Inglaterra; para tanto, escreveu elogiosamente a respeito da União Soviética. Todavia, foi boicotado pelos americanos e houve pressão sobre a Federação Mundial de Xadrez para cassar-lhe o título. Em 1946, o alcoolismo e a depressão tomaram conta dele. Alekhine foi encontrado morto num quarto de hotel no Estoril, perto de Lisboa. A necropsia constatou que a morte foi acidental: havia engasgado com um pedaço de carne. Mais tarde, o médico que o examinou teria atribuído a morte a um derrame precipitado por envenenamento do álcool. Nem suicídio nem assassinato podem ser totalmente descartados. A morte de Alekhine provavelmente jamais será satisfatoriamente explicada.

O destino de Alekhine e de outros mestres desterrados do mesmo tipo foi imortalizado em *A defesa Lujin*, o primeiro grande romance de Nabokov. Escrito em russo, numa época em que o jovem escritor tinha dificuldades para subsistir, vivendo em meio a colegas de exílio em Berlim entre 1922 e 1940, o livro foi publicado em 1930 sob o pseudônimo de Nabokov, Sirin. A obra conta a história de Lujin, um gênio do xadrez no limiar da sanidade, para quem somente importa o abstrato mundo do xadrez, enquanto fenômenos como política, dinheiro e até amor mal existem. Ele joga um match com o campeão mundial, Turati, o qual é interrompido na metade ao sofrer uma crise nervosa, deliberadamente provocada por seu sinistro ex-tutor e empresário, Valentinov. Uma jovem mulher — jamais sabemos seu prenome — determina-se a livrar Lujin do que vê como uma monomania, embora ele não tenha certeza de querer ser salvo. Os médicos dizem a ela que Lujin deve ser totalmente afastado de qualquer contato com o xadrez. No entanto, Lujin não pode fugir do dilema: amor e sanidade exigem a renúncia ao xadrez, mas ele prefere ficar louco se este for o preço daquilo que dá sentido à sua vida. Ao procurar salvá-lo afastando-o do xadrez, a noiva, e futura esposa, tem sucesso na eliminação do seu único refúgio. Lujin, por sua vez, sabe que, ao mesmo tempo que não pode viver sem o xadrez, deve renunciar a ele por sua amada. Ele só consegue resolver esta crise existencial com o suicídio.

Em nenhuma outra obra da ficção russa há descrições tão sutis e diáfanas do metafísico e do físico, do atemporal e do efêmero, combinadas para criar um tal sentimento inexorável de um ser humano encurralado pelo destino, homem e menino, e contudo, de algum modo, transcendendo a própria tragédia. O xadrez é o dom, ao mesmo tempo divino e infernal, que torna este milagre possível. Jamais Nabokov conseguiu retornar a este tema; Lujin personificava aquela porção particular da sua vida, exaurindo seu potencial de uma vez por todas. No prefácio à edição em inglês, escrito 34 anos mais tarde, Nabokov explica — com ironia — como a estrutura do romance foi planejada para se parecer com um problema de xadrez. Os capítulos finais mostram "um ataque enxadrístico regular demolindo os elementos mais íntimos da sanidade do pobre camarada". O título dá uma pista: *A defesa Lujin* denomina uma abertura de xadrez, mas aqui também significa o mecanismo profilático atrás do qual Lujin se abriga, no fim das contas, em vão. Boa parte do livro consiste de *flashbacks* da infância de Lujin — com grande semelhança com a do próprio Nabokov —, e nenhum escritor fez melhor retrato do "intenso deleite de ser um enxadrista, e o orgulho, o alívio e aquela sensação fisiológica de harmonia que é tão bem conhecida pelos artistas". Nabokov havia escrito poemas sobre xadrez, além de compor problemas e estudos de final de jogo; para ele, era o paradigma da arte pela arte.

Lujin é um dos grandes personagens da ficção russa. Como escreveu Nabokov, não sem orgulho, "Lujin foi considerado cativante até por quem não entende nada de xadrez e/ou detesta todos os meus outros livros. Ele é tosco, sujo, indecente — mas, como minha delicada jovem dama (uma moça adorável, de sua parte) percebe rapidamente, há algo nele que transcende tanto a rudeza de sua carne macilenta como a esterilidade do seu gênio recôndito". Na versão cinematográfica, John Turturro apresenta uma maravilhosa performance como Lujin, tendo estudado os maneirismos e excentricidades dos grandes mestres vivos com grande atenção.

Embora o personagem Lujin não seja baseado em ninguém particularmente, seu destino foi sugerido por uma tragédia individual. Um *habitué* dos pontos de xadrez de Berlim, Nabokov familiarizou-se com o mestre alemão Curt von Bardeleben. Segundo todos os relatos, um perfeito cavalheiro e — apesar da testa excessivamente protuberante — com algo de dândi, não obstante ter sido renegado pela família nobre havia bastante tempo, o conde Von Bardeleben havia conseguido levar uma precária existência jogando por dinheiro em cafés, em meio a ocasionais aparições em torneios. Por ter sido no passado uma estrela ascendente na fraternidade enxadrística alemã, o frágil ego de Bardeleben jamais se recuperou completamente da derrota ante o ex-campeão mundial Wilhelm Steinitz. O jogo de ambos em Hastings, em 1895, é um clássico até hoje. Até aquele ponto, Bardeleben vinha entre os líderes, mas contra Steinitz sucumbiu diante de uma das mais notáveis combinações jamais feitas. No auge da incrível sequência de sacrifícios do adversário, Bardeleben deu-se conta de que não havia escapatória do xeque-mate. Em vez de renunciar ou jogar até o fim amargo, fugiu, e foi com muita dificuldade que o dissuadiram de abandonar a competição. Sua punição foi ser lembrado unicamente como o perdedor desse jogo. Nabokov preferiu não dotar o seu herói romanticamente inocente com o decididamente pouco respeitável método de Bardeleben para manter corpo e alma unidos. Como contou o amigo Edward Lasker, o conde periodicamente se casava com senhoras que cobiçavam seu valoroso nome, e depois só conseguia a anuência delas para o divórcio dando dinheiro em troca. A guerra, a inflação e o alcoolismo cobraram seus preços; com pouco mais de 60 anos, Bardeleben atingiu os últimos estágios da destituição. Em 1924, cometeu suicídio pulando de uma janela. Foi este incidente que mais tarde inspirou *A defesa Lujin*.

Nabokov também buscou inspiração em Alekhine. Como Alekhine, Lujin vem de uma família aristocrática russa, mas de um casamento destruído. Como Alekhine, o jovem Lujin leva uma vida nômade, jogando xadrez nas estâncias e estações de férias da Europa pré-guerra. Como Alekhine, vai para o exílio após a revolução. Como Alekhine, é guiado por uma obsessão monomaníaca pelo xadrez. Diferentemente de Lujin, porém, Alekhine de modo algum era ingênuo; na verdade, era decididamente desonesto nas atitudes para com sexo, dinheiro e política. Em sua simplicidade e fragilidade mental, Lujin exibe uma certa semelhança com outros dois grandes mestres exilados: Aron Nimzowitsch e Akiba Rubinstein. Ambos eram de famílias judias religiosas, de Lituânia e Polônia, respectivamente; os dois jogavam xadrez com imensa originalidade, mas não possuíam a calma e a estamina para se tornarem campeões mundiais; também eram solitários ascetas, psicologicamente frágeis, excêntricos e egocêntricos até o ponto da loucura. Nimzowitsch, um brilhante escritor e teórico, mas profundamente autocentrado, fazia vigorosos exercícios físicos durante as partidas. Seu tratado "hipermoderno", *Meu sistema*, teve impacto duradouro no xadrez. Rubinstein tornou-se cada vez mais paranoico; como Lujin, era capaz de se atirar de janelas se um estranho entrasse. Depois de mover uma peça, ele se agachava no canto da sala até o adversário responder. Em 1932, Rubinstein foi para um manicômio na Bélgica, passando os últimos trinta anos da vida em reclusão, o que provavelmente impediu sua morte durante a ocupação nazista.

Semelhantes extremos de individualismo não tinham lugar no coletivismo da URSS. Nimzowitsch foi criticado por Botvinnik por "se empenhar excessivamente em busca de 'originalidade'", em busca de "truques", enquanto Rubinstein foi censurado por seu "fatalismo". "Isto, é claro, não tem nada em comum com a atitude ativa, otimista, em relação ao xadrez exibida pelos mestres soviéticos", declarou o novo campeão mundial.

O *background* histórico do romance é a comunidade de exilados russos em Berlim. Nabokov satiriza implacavelmente a maneira como uma visitante inoportuna, casada com um comunista, não economiza desdém pelo Ocidente burguês: "Para mim está muito claro como superamos a Europa. Veja o nosso teatro. Uau, vocês, na Europa, não têm um teatro, simplesmente não existe. Entende, eu não estou elogiando nem um pouco os comunistas. Mas é preciso admitir uma coisa: eles olham para a frente, eles constroem. Construção intensiva." Com seu jargão vulgar, modernoso, sua obsessão com moda e sua falta de educação com balconistas, esta mulher representa a antítese do mundo de Lujin.

Nabokov retrata com perfeição a psicopatologia do xadrez — apesar de Lujin ser um caso extremo de sua atração fatal. Ele também usa o jogo como uma metáfora para a vida intelectual, cercada de perigos por todos os lados. O livro é uma elegia para a precária cultura europeia que viu ruir ao seu redor, com a sombria perspectiva da "construção intensiva" totalitária à espera para herdar a terra. Por fim, o xadrez representa a Rússia: enigmática, perigosa, mas infinitamente fascinante. Em outro de seus romances russos, *O presente* (1935-7), escrito em Berlim sob uma ditadura enquanto exilado de outra, Nabokov ridicularizou um desterrado, como ele próprio, que escreve uma biografia de Tchernichevski. Em vez do xadrez, Nabokov empregou borboletas como uma metáfora para a beleza frágil, evanescente, de uma Rússia à qual anseia retornar, mas onde homens como ele eram esmagados como insetos. Nabokov, o lepidopterologista amante do xadrez, sabia que a Rússia não mais era sua pátria, pelo contrário, um lugar onde nem mesmo esses estudos, por mais inocentes e obscuros que fossem, estavam a salvo de infiltração ideológica. Somente em 1988, uma década após sua morte, em 1977, é que um trecho de *A defesa Lujin* finalmente surgiu na revista soviética *Chakhmati v SSSR*, em um dos frutos da *glasnost*.

6

O Patriarca e Sua Prole

O primeiro e maior herói do xadrez da União Soviética foi Mikhail Botvinnik. Nascido em 1911, ele pertencia à primeira geração a atingir a maturidade sob o comunismo. Eram os filhos de Stalin: doutrinados com o "culto à personalidade" e mais tarde promovidos para substituir a velha guarda bolchevique, cuja maioria pereceu nos expurgos. Botvinnik vinha de um *background* burguês judaico — seu patronímico, Moisseievitch, significa "filho de Moisés". Seus pais se separaram e, como Boris Spassky e Bobby Fischer depois, acabou criado pela mãe.

Botvinnik não foi uma criança prodígio, mas com 13 anos já era bom o bastante para enfrentar Lasker numa simultânea naquela que então ainda era chamada de Petrogrado. Lasker aparentemente jogou com tamanha lentidão que Botvinnik foi obrigado a abandonar a partida após 15 lances "porque já era hora de um aluno escolar estar dormindo". Como incontáveis outros jovens russos, ele ficou entusiasmado com o primeiro grande torneio de Moscou, em 1925. Nesse ano, com 14 anos de idade, deixou sua marca ao derrotar Capablanca numa simultânea com trinta tabuleiros realizada na cidade que passara a se chamar Leningrado, num dia de descanso do torneio —, um dos quatro jogos em que o grande homem foi vencido. Segundo Botvinnik, apesar da reputação de cavalheiro, o campeão mundial ficou "bastante irritado" após abandonar "e derrubou as peças do tabuleiro".

Botvinnik jamais permitiu que o xadrez assumisse o controle de sua vida. Como muitos de seus contemporâneos, estudou engenharia elétrica, uma profissão à qual nunca renunciou e cuja metodologia afirmava aplicar ao xadrez. Periodicamente tirava longos períodos de descanso — às vezes por até três anos — para se concentrar em sua obra científica. Como veremos, Botvinnik continuou produzindo importantes pesquisas em programação de computador após sua aposentadoria do xadrez, em 1970. Ele acreditava que, se suas opiniões tivessem sido seguidas, a União Soviética jamais teria ficado atrás do Ocidente em tecnologia. Não obstante, sempre permaneceu como um homem de sua geração: um comunista fiel, imensamente orgulhoso das realizações soviéticas e cego ao preço pago.

Botvinnik também foi um grande professor; Anatoli Karpov e Garry Kasparov estiveram entre os alunos da escola de xadrez que montou na década de 1960. Contudo, o principal veículo do seu didatismo foram os escritos. No livro de 1951, *Cem jogos de xadrez*, Botvinnik descreve sua preparação para um match ou torneio. Seus procedimentos tornaram-se padrão para os mestres soviéticos, tendo sido institucionalizados em incontáveis cursos por toda a URSS.

A principal característica do método Botvinnik era o rigor mental e físico. Primeiro, havia de 15 a vinte dias numa dacha no campo, com muito ar fresco. Todos os jogos do oponente deviam ser estudados, com as aberturas submetidas a escrupulosa análise, em busca de fraquezas. (Pesquisas desse tipo eram muito mais complicadas antes da era dos bancos de dados, mas o sistema centralizado soviético tinha a vantagem de contar com excelentes bibliotecas de xadrez nas maiores cidades.) Em seguida, os sistemas de aberturas próprios deveriam ser preparados — em torno de quatro para as brancas e outros quatro para as pretas —, com posteriores treinos secretos com um parceiro de confiança. (Na prática, este logo passou a ser um treinador profissional ou auxiliar.) Um dos propósitos desses jogos de treino era eliminar problemas com o relógio ou outros maus hábitos. Botvinnik ficava perturbado com o principal grande mestre americano, Reshevsky, que fumava compulsivamente, e assim pagou a um adversário para soprar fumaça no seu rosto durante as partidas, de forma a adquirir imunidade ao tabaco. Ele recomendava a publicação do maior número possível de análises, a fim de submetê-las a críticas objetivas. "Finalmente, cerca de cinco dias antes da competição, todas as atividades enxadrísticas devem ser totalmente interrompidas. Você precisa descansar; de outro modo, pode perder entusiasmo para a batalha." Essa abordagem metódica em relação ao jogo não era inteiramente nova, mas, combinada com a ideologia "científica" do marxismo-leninismo e aplicada em escala continental, se mostraria revolucionária.

Apesar da intensa dedicação, a ascensão de Botvinnik não aconteceu sem percalços. Ele jogou bem em torneios soviéticos e empatou um match com Salo Flohr, mas sua primeira aparição no exterior, em 1933, no torneio anual de Hastings, foi um fiasco. Sem se abater, Botvinnik estudou e corrigiu as fraquezas. Em 1935, um segundo torneio internacional em Moscou foi organizado por Krilenko. Os mestres estrangeiros eram ainda mais fortes do que os do primeiro torneio moscovita, dez anos antes, mas o mesmo valia para os soviéticos. Botvinnik ficou em primeiro, empatado com Flohr.

Quando Botvinnik retornou à arena internacional, no grande torneio de Nottingham em 1936, empatou em primeiro com Capablanca, à frente de Euwe, Alekhine e Lasker — todos campeões mundiais, ex ou atual. Nunca antes um jovem cidadão soviético havia conquistado semelhante destaque. Exultante, Botvinnik mandou a Stalin um telegrama que começava assim: "Querido professor e líder amado..." Somente depois de muitos anos é que o enxadrista admitiu que a mensagem havia sido ditada por Krilenko.

Após o triunfo em Nottingham, Botvinnik foi tratado como um filho privilegiado, apesar de esse favorecimento ser estritamente condicionado ao contínuo sucesso contra grandes mestres ocidentais. O ministro da Indústria Pesada, Grigori Ordjonikadze, recompensou-o com um carro. Com a exceção dos veículos destinados à *nomenklatura*, o de Botvinnik pode muito bem ter sido o único carro particular da União Soviética. Um ano depois, Ordjonikadze desapareceu no turbilhão do Terror. Botvinnik teve sorte em não se juntar a ele; uma tia na América enviou-lhe um cartão-postal congratulando-o pelo triunfo em Nottingham. "Eu, naturalmente, não respondi. Na época, era terrivelmente perigoso", contou mais tarde. Segundo o historiador Andrew Soltis, entre os suvenires mais preciosos de Botvinnik havia uma ordem assinada pelo próprio Stalin logo após a guerra concedendo-lhe 250 litros de gasolina — um privilégio inimaginável para os cidadãos comuns submetidos a rígidos racionamentos.

Botvinnik tinha orgulho de suas conexões e não se intimidava em exercer seu *telefonnoie pravo*, o direito de telefonar a altas autoridades. Em 1937, desafiou, mas não conseguiu derrotar, Grigori Levenfich, um mestre muito mais idoso, cuja carreira começara nos tempos tsaristas. Levenfich havia acabado de vencer seu segundo campeonato soviético, e Botvinnik sentiu a necessidade de provar que ele próprio era o número um soviético. Todavia, subestimou o velho Levenfich, e, após 12 partidas, Botvinnik liderava por apenas 5 a 4. O 13º jogo foi mal para Botvinnik, sendo adiado numa posição perdida. Ele telefonou para o árbitro, o antigo mestre de destaque Nikolai Grigoriev, para abandonar a partida. E ficou espantado quando Grigoriev — cuja obrigação, naturalmente, era ser neutro — ofereceu-se para ajudá-lo a analisar a posição. O árbitro estava meramente refletindo o fato de que Krilenko queria que Botvinnik, o jovem herói da União Soviética, vencesse o match. Botvinnik perdeu a partida e o match ficou empatado em 5-5, mas isso não o impediu de esforçar-se ao máximo para garantir que fosse escolhido como único representante dos interesses soviéticos no mais importante evento de 1938, o torneio AVRO, na Holanda, o qual se esperava que determinasse o próximo desafiante de Alekhine. Segundo Kortchnoi, Botvinnik escreveu ao Comitê Central para assegurar que ele, e não Levenfich, fosse o convidado para viajar à Holanda. Também telefonou para um conhecido que era assistente de Nikolai Bulganin, um dos auxiliares mais poderosos de Stalin, para pedir que sua esposa tivesse permissão para acompanhá-lo — um privilégio quase inédito, já que, ao manter um cônjuge como refém, as autoridades soviéticas podiam impedir que seus representantes no Ocidente sucumbissem à tentação de desertar. Ainda assim, o pedido de Botvinnik foi aceito.

Botvinnik tinha um protetor ainda mais poderoso. Em 1943, enquanto a luta com a Alemanha nazista pendia na balança, o ministro do Exterior, Viatcheslav Molotov, interveio para garantir que Botvinnik ganhasse folga do trabalho para estudar xadrez. Molotov, que valorizava o xadrez por seu valor de propaganda no Ocidente, empenhou-se para assegurar que o Ministério do Exterior fornecesse a valiosa verba em moeda estrangeira para arcar com a participação de Botvinnik em torneios no exterior. Até mesmo ofereceu-se para ajudar a financiar um match com Alekhine pelo título mundial em 1946, apesar do fato de que, aos olhos soviéticos, o campeão mundial era um renegado e colaborador nazista.

A dominação soviética do xadrez mundial foi estabelecida pela vitória de Botvinnik no match-torneio de 1948 em Haia e Moscou, que incluiu os cinco principais grandes mestres remanescentes após as mortes dos campeões mundiais Alekhine, Lasker e Capablanca. Botvinnik era a escolha preferida de Stalin e do então segundo homem mais poderoso na hierarquia soviética, Andrei Jdanov. O xadrez era parte do império de Jdanov, que incluía propaganda e cultura, de forma que, antes de a segunda parte da competição começar em Moscou, Botvinnik foi chamado ao gabinete de Jdanov. Ele queria saber se Sammy Reshevsky, o representante americano, seria campeão mundial. "Reshevsky pode se tornar campeão mundial", respondeu Botvinnik, tomando cuidado para deixar para si uma rota de fuga aberta. "Mas isso indicaria que atualmente não há mais jogadores fortes no mundo." Jdanov pegou a piada. Botvinnik explicou que crônico problema do campeão americano com o relógio e sua falta de senso posicional seriam obstáculos insuperáveis para derrotar a escola soviética. Botvinnik foi dispensado.

Jamais foram totalmente eliminadas as suspeitas de que Paul Keres, um brilhante jovem estoniano cujos resultados antes e durante a guerra estavam no mesmo nível dos de Botvinnik, sofreu pressões das autoridades soviéticas como decorrência de sua "colaboração" durante a ocupação nazista. Segundo o grande mestre russo Iuri Averbakh, um oficial naval soviético chamado Barkan disse-lhe que em 1945, quando participou da captura de Tallinn, tinha ordens para prender Keres. Na verdade, Keres havia estado na Suécia e só retornara à Rússia duas semanas antes de a Estônia ser tomada pelo Exército Vermelho. Apesar de não ter sido preso, sua casa foi confiscada e ele foi banido do xadrez de alto nível. Em 1946, Keres escreveu ao ministro do Exterior, Molotov, implorando permissão para disputar novamente torneios, mas um alto oficial do KGB, Abakumov, se opôs. Molotov perguntou: "Se Keres não tivesse voltado à URSS, você não acha que ele viveria melhor do que em nosso país?" Abakumov não teve resposta, e então Molotov acabou com o banimento.

Mesmo em 1948, Keres ainda não havia sido totalmente reabilitado. Ele disse ao historiador britânico Ken Whyld que fora alertado de que seria melhor não ser culpa sua se Botvinnik não conquistasse o título mundial. Keres jogou bem contra seus outros três rivais, mas ruiu ante Botvinnik, perdendo os primeiros quatro jogos e permitindo que este emergisse como o novo campeão mundial. Sempre circulou o rumor de que Keres tinha sido pressionado a perder como preço pela reabilitação. O próprio Botvinnik, numa entrevista quase meio século mais tarde, contou que Stalin dera ordens para que não apenas Keres como também Smislov perdesse para ele. Averbakh refutou essa afirmação como improvável, mas sem descartar a possibilidade de que autoridades mais abaixo na hierarquia possam ter dado tais ordens, tentando adivinhar os desejos de Stalin. Mas os resultados de Keres antes e depois de 1948 mostram que Botvinnik sempre foi um oponente difícil para ele. Keres nunca realmente recuperou a forma após passar os anos da guerra jogando em torneios nazistas medíocres. Ele pode ter sido chantageado para

O PATRIARCA E SUA PROLE   101

perder, ou meramente intimidado, contudo Botvinnik teria condições de vencer o campeonato mundial de qualquer maneira.

Todavia, Keres não perdeu apenas para Botvinnik: foi derrotado também pelo campeão dos EUA, Samuel Reshevsky. Durante a etapa moscovita do torneio, a liderança soviética entrou em pânico pela ameaça representada por Reshevsky, que se sobrepujara a Botvinnik num grande jogo. Depois, os dois homens apertaram as mãos. No dia seguinte, Botvinnik foi convocado ao Comitê de Esportes. O presidente, general de divisão Arkadi Apollonov, foi direto ao ponto:

— Mikhail Moisseievitch, como pode você, um comunista, parabenizar um americano por vencer uma partida contra um jogador soviético? E numa hora em que está sendo conduzida uma batalha contra se curvar ao Ocidente?

Botvinnik não hesitou:

— Você me chamou aqui para isso, Arkadi Nikolaievitch? Desculpeme, mas tenho que me preparar para o próximo jogo. — E então foi embora.

Foi um risco colossal, mas Botvinnik estava confiante de que contava com apoio suficiente nos altos níveis do partido para ignorar semelhantes tentativas de intimidação. Apenas para se garantir, porém, ligou imediatamente para um dos seus amigos no Comitê Central. Se o americano, que se apagou na segunda metade do torneio, terminando empatado na terceira posição, houvesse ganhado o título, Stalin talvez tivesse cancelado o apoio não apenas a Botvinnik, mas também ao próprio xadrez.

Entretanto, o sucesso de Botvinnik subiu-lhe à cabeça. Ele começou a acreditar que seu talento no xadrez dava-lhe o direito de dizer à liderança do partido onde as coisas iam mal. Em 1954, escreveu uma carta ao *Pravda* na qual apresentou uma estratégia para se atingir a dominação global sem uma guerra mundial. Foi refutado com firmeza pelo secretariado político, que, segundo Averbakh, até mesmo ameaçou expulsá-lo do partido. Botvinnik recuou. Quarenta anos depois, após a dissolução da União Soviética, ele tentou novamente, desta vez procurando influenciar a política econômica do governo Ieltsin. Novamente foi rejeitado.

Apesar do fracasso dessas incursões na política, Botvinnik realmente dominou o mundo do xadrez soviético por muitos anos. Gozava de enorme prestígio — quando entrava num teatro, a plateia o aplaudia de pé — e de generosas mordomias, graças aos amigos no governo. Mais importante ainda, Botvinnik usou o poder do xadrez soviético para consolidar sua própria posição como campeão mundial, ao persuadir a FIDE a dar-lhe o direito de um match de revanche. Por duas vezes perdeu o título, para Smislov e Mikhail Tal; por duas vezes reconquistou-o. Após a revanche ser eliminada, perdeu novamente, para Tigran Petrossian. Desta vez, não houve uma reação. Jovens aspirantes também se opunham à regra que limitava o número de participantes de cada país a quatro nos torneios de candidatos. Isso excluía vários grandes mestres soviéticos, mas quando eles escreveram uma carta à Associação de Xadrez Soviética para repelir a regra, Botvinnik os esmagou, declarando que, de acordo com o relato de Averbakh: "Se algum tijolo for removido deste edifício que eu construí, todo o sistema será destruído."

Botvinnik não influenciou meramente a "escola de xadrez soviética"; ele a inventou. Foi ele quem estabeleceu a teoria e a colocou em prática, não apenas em seu próprio jogo, mas mais tarde como técnico de futuros campeões mundiais até, e incluindo, Kasparov. Seu seminal artigo de 1949 "A Escola Russa e Soviética de Xadrez" definiu pela primeira vez o contraste entre o status social do xadrez no Ocidente burguês e sob o comunismo soviético. Botvinnik sustentou que o xadrez tinha um tal status inferior, amador, no Ocidente que até mesmo o grande Lasker sucumbira à "condescendente e filantrópica atitude em relação ao xadrez que existia no seu meio burguês" e se tornara um negociante: "Em prol dessas negociações, ele, o campeão mundial, desistiu do xadrez!" Até mesmo na Rússia pré-revolucionária, onde destacados mestres russos como Tchigorin e Alekhine "tinham uma visão avançada do xadrez", as condições não permitiam que o jogo se tornasse uma atividade de massa. Por comparação, "quando nós, mestres soviéticos, participamos de torneios e estudamos o jogo, sabemos que estamos realizando uma atividade de valor social, cultural, que estamos trazendo benefícios ao Estado soviético."

Foi Botvinnik quem criou o culto a Tchigorin. Assim como o rosto sisudo e barbudo de Karl Marx pairava sobre o Estado soviético, também a figura patriarcal e igualmente barbuda de Mikhail Tchigorin dominava a escola soviética de xadrez. Tchigorin foi transformado num precursor de todas as virtudes sancionadas do homem soviético. Na realidade, Tchigorin — como Alekhine — provavelmente era alcoólatra. Durante as partidas com Steinitz pelo título mundial, ele tinha uma garrafa de conhaque ao lado do tabuleiro e morreu de diabetes com apenas 58 anos. Mas, nas mãos de Botvinnik, Tchigorin — que perdeu dois matches pelo título mundial contra Steinitz e teve um histórico ainda pior contra Lasker — foi "o primeiro jogador no mundo a tratar o jogo como ele merece".

Diferentemente de Tchigorin, Botvinnik conhecera e jogara contra Alekhine. Sua decisão de premiar o exilado com um lugar póstumo no panteão do xadrez soviético foi controversa; muitos o viam como um criminoso de guerra. Para Botvinnik, contudo, "as excepcionais qualidades combativas [de Alekhine], seu profundo *insight* psicológico dentro da arte do xadrez" eram "um reflexo das características específicas da escola de xadrez soviética".

Gerald Abrahams, um dos poucos mestres britânicos nos anos 1950 a ter vencido um grande mestre russo, foi um dedicado estudante da escola de xadrez soviética, mas seu julgamento a respeito dela é duro: "Houve, por alguns anos, uma crença — ou melhor, uma propaganda — de que um mundo socializado estava alterando a natureza do xadrez. Não se faz mais essa afirmação. Porque os russos substituíram (justificadamente) a figura paterna de Marx pelo ícone de Tchigorin. E isso é mais consistente com a experiência enxadrística." Ao trocar Marx por Tchigorin, Botvinnik estava seguindo a linha do partido. Stalin e seus sucessores haviam descoberto que uma combinação de nacionalismo e socialismo era uma ideologia ainda mais eficaz do que o puro marxismo para impor o domínio totalitário.

Quando a poeira baixou após 1945, ficou claro que os russos haviam superado no xadrez, por larga margem, todos os outros países. Os Estados Unidos — em parte graças à imigração judaica da Europa — haviam emergido como a mais forte nação enxadrística dos anos 1930. Mesmo assim, os americanos ficaram em choque, em setembro de 1945, quando, no primeiro importante evento esportivo pós-guerra entre as duas superpotências, a União Soviética derrotou a equipe americana num match por rádio pelo esmagador placar de 15,5 a 4,5. No ano seguinte, a URSS aniquilou a Inglaterra por 18 a 6. Pelas próximas três décadas, a única competição séria para a União Soviética no tabuleiro veio de seus próprios Estados satélites. Era irritante para o Kremlin que o menos obediente destes, a Iugoslávia, fosse também o mais forte. Após a ruptura em 1948 entre Stalin e Tito, os russos boicotaram a Olimpíada de xadrez de 1950 em Dubrovnik, permitindo aos iugoslavos ficar com as medalhas de ouro. Entretanto, o fato de que apenas outros sistemas comunistas, embora "não alinhados", podiam competir com a URSS no xadrez dava credibilidade ao aviso de Kruchev ao Ocidente capitalista: "Nós vamos enterrar vocês."

A supremacia comunista no xadrez, como em outros campos, tinha uma base ideológica ("teórica") e uma prática. A escola soviética de xadrez presumivelmente elevara a teoria do jogo, em estratégia e táticas, a um nível muito mais alto do que fora possível na decadente cultura burguesa do Ocidente: "Se uma cultura está declinando, então também o xadrez irá ladeira abaixo", escreveu Botvinnik. Havia um tom nacionalista nessa ideologia; aberturas eram batizadas em homenagem a mestres russos e mestres não russos, denegridos ou apagados do *script*. Como outras ideologias, a da "escola" soviética ou russa era em grande parte mito. Os campeões soviéticos eram necessariamente ecléticos; incorporavam as melhores ideias sem ligar para de onde surgiam. Diferentemente das artes, humanidades e ciências, forçadas a interpretar tudo pelo prisma do marxismo-leninismo, semelhante ecletismo era permitido no xadrez. O xadrez podia desfrutar de um verdadeiro mercado de ideias que era virtualmente único na vida intelectual soviética. Numa sociedade em que a uniformidade entorpecedora era imposta tanto no lazer como no trabalho; em que a imprensa, a televisão e o rádio em grande parte consistiam de propaganda; em que a literatura e as artes plásticas eram censuradas; em que o álcool e o tabaco eram os únicos luxos; em que a vida para a maioria das pessoas era vivida nos interstícios entre medo e tédio — numa sociedade dessas, o xadrez era um oásis para milhões que ansiavam por estímulos mentais.

Mas a base prática da escola soviética de xadrez era a sua colossal infraestrutura. De 150 mil enxadristas registrados em 1929, o número cresceu para meio milhão em meados da década de 1930. Nos anos 1950, chegou a um milhão, por fim atingindo um pico de 5 milhões. Ainda mais espetacular foi o aumento de *experts*, mestres e grandes mestres. Até 1935, quando Botvinnik tornou-se o primeiro grande mestre soviético, a URSS não tinha nenhum grande mestre e somente um punhado de mestres. Em 1957, havia 19 grandes mestres soviéticos e 110 mestres, com uma média de vinte novos mestres a cada ano. À medida que a imensa campanha de treinamento soviética ia rendendo frutos, um vasto sistema de recompensas e punições foi sendo erguido, com incontáveis brigas internas e denúncias. A posição de um profissional do xadrez era invejável: os estipêndios superavam a média dos salários, mas o maior atrativo era a possibilidade de viagens ao exterior e ganhos em moedas estrangeiras. Numa economia centralmente planejada, da qual a escolha havia sido banida, semelhantes oportunidades conferiam privilégio quase inimaginável.

Porém, o índice de crescimento começou a desacelerar no fim da década de 1950, à medida que o impacto de Stalin e Hitler começou a ser sentido na geração nascida antes, durante e logo após a guerra. Andrew Soltis escreve a respeito de uma "crise invisível" precipitada por um artigo de Vassili Panov no *Izvestia* com o provocador título "Não fabriquem crianças prodígios." Panov estava atacando um novo programa estatal de recrutamento para elevar o número de crianças jogando xadrez, que por sua vez era uma resposta aos primeiros sinais de um incipiente mal-estar que, no fim, teria um profundo impacto na sociedade soviética. Entre Boris Spassky (nascido em 1937) e Anatoli Karpov (nascido em 1951), houve o que o grande mestre Iuri Averbakh mais tarde chamou de "geração perdida" — mortos, exilados, vítimas de cicatrizes físicas ou psicológicas causadas pelas adversidades. Foi somente nos anos 1970, quando a geração nascida logo antes da guerra começou a envelhecer, que a perda de tanto talento tornou-se dolorosamente aparente. Na política, quando poderia se esperar que esta geração fosse liderar o país, uma gerontocracia nascida antes da revolução agarrou-se ao poder. E, no xadrez, a gerontocracia era liderada por Botvinnik. Assim como a revolução havia devorado seus filhos, da mesma forma o patriarca do xadrez tinha sobrevivido a muitos da sua prole.

7

O Fator Judaico

Como muitos outros comunistas judeus com o mesmo *background*, Mikhail Moisseievitch ("filho de Moisés") Botvinnik acreditava que o novo Estado socialista acabaria com os pogroms da Rússia tsarista. De fato, o xadrez soviético conseguiu sua dominação após o Holocausto em parte porque os nazistas haviam assassinato ou forçado ao exílio a maioria dos judeus da Europa continental. Apesar do stalinismo, diversos mestres judeus foram persuadidos a se estabelecer na União Soviética, inclusive o tcheco Salo Flohr e o húngaro Andor Lilienthal. Na União Soviética, os judeus eram menos de 2% da população, mas, dos campeões mundiais e principais grandes mestres soviéticos, a maioria era total ou parcialmente judaica. Além de Botvinnik, incluem-se David Bronstein, Mikhail Tal, Iefim Gueller, Viktor Kortchnoi e Garry Kasparov. Foi somente ao longo das décadas de 1970 e 1980 — quando muitos judeus soviéticos emigraram para Israel, América ou Europa ocidental — que o equilíbrio se alterou.

O único campeão mundial não soviético durante a era pós-guerra, Bobby Fischer, também era judeu, por mais veementemente que negasse o fato. Alguns campeões russos não judeus, como Vassili Smislov e Boris Spassky, eram popularmente vistos como se fossem. Gostando ou não, as autoridades soviéticas não podiam esperar dominar o xadrez mundial sem este acervo único de talento. A preeminência judaica no xadrez, de todo modo, se repetia em outras áreas da cultura soviética — e, inicialmente pelo menos, na política.

Contudo, a relação entre o Estado soviético e os judeus foi ambígua, quando não de suspeição, desde o princípio. O Estado tsarista havia encorajado abertamente o antissemitismo, provocando a emigração de muitos judeus russos. Os que permaneceram com frequência gravitaram para a oposição. Após a revolução bolchevique, na teoria os judeus receberam tratamento equânime, mas também os bolcheviques tinham uma tradição sombria, antissemita. Marx, apesar de ser ele próprio um judeu batizado, escreveu um tratado venenoso, *Sobre a questão judaica*, e mais tarde condenou os judeus com termos difamatórios em cartas. No nível popular, os bolcheviques, como outros socialistas, não se esquivavam de estabelecer vínculos entre judeus e capitalismo. Muitos judeus também tinham nomes, ou conexões, alemães, ficando sob suspeitas após a eclosão da guerra em 1914. Lenin, cujo avô materno era judeu, achava que os judeus podiam se tornar apoiadores espontâneos e úteis da revolução, mas manifestava intolerância para com aqueles não dispostos à assimilação total.

Num celebrado ensaio sobre "O Papel dos Judeus no Movimento Revolucionário Russo", o historiador britânico Leonard Schapiro sustentou que, apesar da retórica internacionalista, o partido de Lenin sempre esteve destinado a se desenvolver num movimento nacionalista russo no qual os revolucionários judeus foram inicialmente marginalizados e depois eliminados: "Foi contra este nacionalismo bolchevique que o judeu colidiu e, por isso, foi destruído." Na prática, a super-representação judaica na hierarquia soviética — especialmente nos órgãos de repressão — tornou-os ainda mais impopulares e, consequentemente, dependentes do partido. Ideólogos comunistas mal reconheciam a existência, quanto mais a gravidade, do antissemitismo sob o socialismo. Esperava-se que tais preconceitos fossem desaparecer junto com a classe média à qual supostamente estavam confinados. Desse modo, o reaparecimento na nova sociedade desse velho ódio passou despercebido, mesmo quando

O FATOR JUDAICO

o homem que emergiu como o líder do partido, em sucessão a Lenin, era ele próprio tomado por aversão e ódio aos judeus.

Joseph Djugachvili, conhecido pela história por seu *nom de guerre* Stalin ("homem de aço"), era, nas palavras do seu mais recente biógrafo, Simon Sebag Montefiore, "um feroz e obsessivo antissemita". Embora, como demonstra Sebag Montefiore, Stalin tivesse erudição e fosse até mesmo um poeta publicado, também era patologicamente desconfiado de intelectuais, especialmente intelectuais judeus — dos quais dezenas de milhares foram torturados, fuzilados ou trabalharam até morrer no *gulag* por ordens suas. De fato, sob Stalin, o antissemitismo foi institucionalizado. Em 1907, muito antes de chegar ao poder, Stalin escreveu: "Não seria uma má ideia se nós, bolcheviques, organizássemos um *pogrom* no partido." Ao assumir o poder, frequentemente novos expurgos não passavam de óbvios velhos *pogroms*.

Schapiro até mesmo escreve sobre o "grande holocausto dos judeus bolcheviques ocorrido em 1937 e 1938", durante o qual judeus foram denunciados sob vários slogans eufemísticos, acima de tudo, como "cosmopolitas". A paranoia de Stalin cresceu durante e após a guerra. Depois de todo o horror do genocídio de Hitler ser revelado pelas tropas soviéticas em avanço, foi sugerida a ideia de uma comunidade judaica na Crimeia, de onde os tártaros haviam sido expulsos. Stalin não apenas sufocou tais esperanças, como ainda considerou os proponentes como traidores. Em Ialta, em 1944, denunciou "intermediários, aproveitadores e parasitas" judeus a Roosevelt, ao mesmo tempo que encorajava seus auxiliares, como Kruchev, Jdanov e Suslov, a perseguir judeus em todos os níveis, incluindo até mesmo os sobreviventes do Holocausto. A Guerra Fria intensificou o antissemitismo de Stalin ao tornar a seus olhos todos os judeus como potenciais agentes do inimigo americano. Assim que o Estado de Israel foi estabelecido, em 1948, o sionismo tornou-se um novo alvo. Foi Stalin quem transmitiu à esquerda o "antissionismo" como forma politicamente correta de antissemitismo. Cega às origens desse legado stalinista, a esquerda continua a demonizar o sionismo até hoje.

Em 1949, uma nova onda de prisões inaugurou o "Caso Judaico", incriminando judeus nos mais altos escalões do partido como agentes sionistas. Isso foi o prelúdio ao último e mais abertamente antissemita dos expurgos de Stalin, o "Complô dos Médicos", o qual culminou num esquema diabólico para obrigar judeus de destaque, tais como o vice-secretário Lazar Kaganovitch, a exigir a deportação de judeus soviéticos para sua própria "proteção". Dois novos campos estavam sendo construídos para as futuras vítimas, quando o complô foi interrompido pela morte súbita de Stalin, em 1953. Inevitavelmente, isso também foi considerado por muitos russos como obra dos judeus, apesar de os médicos que o trataram enquanto agonizava devido a um derrame terem sido escolhidos especificamente por não serem judeus e de a única pessoa a afirmar que o havia matado ser o mingrélio* chefe da polícia secreta, Beria.

Nessa atmosfera sulfurosa, os mestres enxadristas judeus não ficavam imunes às suspeitas, e alguns avidamente aproveitavam quaisquer oportunidades surgidas para provar sua lealdade. Durante o Complô dos Médicos, os asseclas de Stalin tentaram legitimar a investigação exigindo que todos os judeus proeminentes, incluindo mestres de xadrez, assinassem uma carta aberta de apoio às autoridades. Agravar a violência com semelhantes ações era típico da veia sádica de Stalin. Sem dúvida, ele também tinha consciência de que sua perseguição havia alarmado judeus no Ocidente e erradamente supôs que essa carta aberta iria diminuir semelhantes temores. Em 1951, tanto o campeão mundial, Mikhail Botvinnik, como o primeiro desafiante, David Bronstein, eram judeus. Segundo Viktor Kortchnoi, Bronstein — como a maioria dos colegas — relutantemente cedeu à pressão e assinou. Somente Botvinnik — que permaneceu como um stalinista por toda a vida — sentiu-se confiante o bastante, com seu status de campeão mundial, para se recusar a assinar o documento. Deve ter sido espe-

---

*Subgrupo étnico de georgianos. (*N. do T.*)

O FATOR JUDAICO

cialmente irritante para Bronstein, que era ferozmente independente, ser obrigado a endossar a teoria conspiratória antissemita de Stalin. De fato, a carreira de Bronstein ilustra as dificuldades encontradas por até mesmo os mais bem-sucedidos grandes mestres soviéticos durante a Guerra Fria, especialmente se fossem judeus.

David Bronstein nasceu em 1924, ano da morte de Lenin, com uma tripla desvantagem na Rússia stalinista: era judeu ucraniano e primo em segundo grau de Trotski. Essas conexões bastaram para que seu pai, gerente de um moinho de farinha, fosse preso em 1937 como "inimigo do povo". Apesar de já ter demonstrado potencial no xadrez ainda muito novo, o jovem David foi convocado no início da guerra e só sobreviveu porque a sua vista ruim o manteve longe da linha do *front*. Sua família fugiu de Kiev antes de os alemães chegarem; quando Bronstein retornou à cidade, em 1943, a casa estava deserta. Em 1944, depois de sete anos no *gulag* ártico, vivo por um triz, mas destemido e ainda com ambições para o filho, o velho Bronstein regressou ao lar para retomar o trabalho no moinho. Encurralados entre Stalin e Hitler, foi algo extraordinário que a família Bronstein tenha sobrevivido.

O primeiro grande torneio de David Bronstein foi o campeonato soviético de 1944; com apenas 20 anos, derrotou ninguém menos que Botvinnik, mas terminou em apenas 15º. Excessivamente autocrítico, rapidamente progrediu e, em 1948, demonstrou força de grande mestre ao vencer seu primeiro torneio internacional, o Interzonal de Estocolmo, sem perder um único jogo. Isso o qualificou para o torneio de candidatos de Budapeste de 1950, onde empatou em primeiro lugar com outro mestre judeu, Isaac Boleslavsky, vencendo em seguida o desempate. Bronstein, portanto, tornou-se o primeiro desafiante oficial sob o novo sistema de campeonato mundial da FIDE. Quando enfrentou Botvinnik em 1951, havia muito em jogo. Era o primeiro match pelo título desde 1937 e o primeiro a ser realizado sob os auspícios soviéticos. Um grande investimento fora feito no fortalecimento do prestígio de Botvinnik como líder da escola de xadrez soviética, mas ele não jogava havia três anos; aos 40 anos, o engenheiro finalmente foi forçado a se concentrar no doutorado. Bronstein tinha então 27 anos e, num espaço de sete anos, realizara uma das mais meteóricas ascensões na história do xadrez, comparável à do próprio Botvinnik em meados dos anos 1930, de modo que não causou surpresa que, no começo, tenha tomado a iniciativa.

Bronstein era um brilhante jogador de ataque e tratou o campeão mundial sem muito respeito: já no primeiro jogo adotou a Defesa Holandesa, a abertura favorita de Botvinnik. No 22º jogo, pareceu ter fechado o match com um sacrifício da dama. Mas quando perguntou à noiva, Lídia Bogdanova, se queria que fosse campeão mundial, ela o desapontou com a resposta: "Eu realmente não ligo." O próprio Bronstein afirmou que "não tinha real ambição de vencer". Na 23ª e penúltima partida, Bronstein aumentou a pressão, jogando muito rápido para explorar a dificuldade de Botvinnik com o relógio. Após algum tempo, os bispos de Botvinnik superaram os cavalos de Bronstein num sutil final de jogo. No momento do adiamento, o resultado continuava incerto. Quando Botvinnik encontrou o movimento vencedor, "após uma noite em claro, às oito da manhã", conforme escreveu mais tarde, "meu coração começou a palpitar". Na hora em que, após pensar por quarenta minutos, Bronstein abandonou, houve consternação. No 24º jogo, Bronstein ficou com as brancas, e Botvinnik estava tão nervoso que tentou fazer com que a partida fosse disputada a portas fechadas. Contudo, Bronstein não estava 100% focado, e o jogo e o match terminaram empatados. Pela primeira, mas de modo algum última vez, Botvinnik sustentou o título.

Na época houve a especulação, nunca inteiramente dissipada, de que Bronstein ficara sob pressão da hierarquia para desistir do match. Meio século depois, em sua autobiografia, a reação de Bronstein foi enigmática: "A única coisa que estou preparado para dizer sobre tudo isto é que fiquei sujeito a forte pressão psicológica de várias fontes e que dependia totalmente de mim ceder ou não à pressão. Vamos deixar assim." O fato de Bronstein ser filho de um prisioneiro político significava que

O FATOR JUDAICO

teria sido fácil pressioná-lo; Stalin ainda estava vivo em 1951 e mais perigoso do que nunca.

Além disso, o intrépido pai de Bronstein, apesar de banido de Moscou, conseguira subornar o chefe de polícia com 45 quilos de farinha para obter um passaporte interno "limpo". Bronstein sênior sentou-se na primeira fila para assistir ao filho. Perto dele estava o chefe do famoso Departamento Especial do NKVD, Viktor Abakumov — um dos homens mais temidos na Rússia, responsável pela campanha antissemita de Stalin até ele mesmo ser preso, implicado pelo próprio imediato, apenas dois meses após o fim do match. Abakumov tinha poder para punir toda a família Bronstein pela imprudência do pai. Não é impossível que Bronstein tenha sido lembrado de que a liberdade do pai dependia da sua derrota no match para Botvinnik, o preferido do partido. Contudo, Andrew Soltis destaca que Abakumov na realidade estava lá como fã de Bronstein. É difícil ver por que Bronstein teria se esforçado tanto para vencer o 21º e o 22º jogos apenas para perder deliberadamente o 23º. E Botvinnik teria consentido com tal fraude? "Mikhail Moisseievitch é um homem bastante orgulhoso", comentou Viktor Malkin, que conhecia ambos.

Botvinnik apontou como motivo para o fracasso de Bronstein em capitalizar aquela que foi sua única chance de obter o título a inadequada técnica de final de jogo que possuía (uma crítica razoável) e "deficiências de caráter: uma inclinação na direção da excentricidade e da complacência". Isso parece linguagem cifrada, implicando que Bronstein não era visto como um comunista confiável. Assemelha-se à acusação de "complacência e arrogância" feita em 1954 pela influente *Literary Gazette* moscovita após Bronstein "somente" empatar em primeiro lugar em Hastings com o mestre britânico C.H.O'D. Alexander. Foram os anos em que Bronstein acabou suplantado por Smislov nos torneios de candidatos de 1953 e 1956; novamente houve rumores de que havia sido "persuadido" a sair da frente. Por "excentricidade", as autoridades soviéticas queriam dizer hábitos tais como "desperdiçar" tempo no tabuleiro antes mesmo de alguma peça ser mexida. "Adoro jogar quando o relógio está correndo", ele dizia. O presidente do poderoso Comitê dos Esportes ficou furioso ao ver Bronstein demorar tanto para fazer o primeiro movimento. "Quer dizer que em um mês de treinamento Bronstein não podia ter preparado um lance?", disparou.

Nos anos seguintes, com o aumento das suspeitas sobre sua confiabilidade política, Bronstein raramente recebeu permissão para viajar ao exterior. Em 1976, envolveu-se em sérias dificuldades ao se recusar a assinar uma carta aberta condenando Viktor Kortchnoi por desertar. Tendo sobrevivido a um câncer, gostava de mostrar às visitas o seu carnê de pensionista, que trazia a observação: "Corte de 10% por deslealdade à União Soviética." As sanções sofridas por Bronstein foram insignificantes em comparação às de muitos de seus compatriotas, mas a sua coragem moral ganhou o respeito até dos mais dedicados comunistas.

Mesmo na era pós-Stalin, os 2,5 milhões de judeus soviéticos continuaram a sofrer muitas formas de discriminação. Isso não surpreendia, já que os herdeiros de Stalin — Kruchev, Brejnev e os demais — haviam herdado seu antissemitismo. Havia poucas sinagogas ou escolas judaicas e virtualmente nenhum reconhecimento público da cultura judaica. Não obstante, os documentos de identidade judaicos traziam a palavra "judeu", e esse estigma indelével era usado para privá-los de oportunidades educacionais e trabalhistas. Entre 1961 e 1963, mais de cem "especuladores" foram julgados e fuzilados; 68 deles eram judeus. A propaganda soviética contra o judaísmo e o sionismo aumentou. Durante a era Brejnev, no fim dos anos 1960 e 1970, o antissemitismo oficial cresceu até "proporções épicas", nas palavras de Ievguenia Albats, a historiadora do KGB. Em 1983, o Comitê Central montou um "Comitê Antissionista do Público Soviético", sob direta supervisão do ideólogo-chefe do KGB, Filipp Bobkov, com a finalidade de destruir as redes de apoio informal que sustentavam a identidade judaica. A discriminação contra os judeus na educação, no mercado de trabalho e em todas as outras esferas da vida

O FATOR JUDAICO

soviética era aberta. Os judeus cada vez mais ficavam sob suspeita de lealdades duplas, especialmente quando dissidentes judeus começaram a exigir o direito de emigrar para Israel de meados da década de 1950 em diante, formando um movimento conhecido como *aliyah* ("ascensão", em hebraico). A maioria não teve permissão para ir embora, ganhando assim o apelido "*refuseniks*". O Kremlin temia uma fuga de cérebros, contudo fez todo o possível para eliminar a vida judaica.

Provavelmente tratou-se de coincidência que o mais celebrado *refusenik*, Natan Sharansky, também fosse um prodígio do xadrez, mas não houve nada de acidental quanto ao papel que o jogo desempenhou na provação que fez dele o herói, símbolo e porta-voz dos *refuseniks*. A rebelião de Sharansky contra o sistema soviético teve suas origens na confluência de dois fatores, xadrez e judaísmo, ambos os quais tiveram um papel decisivo na fase final da Guerra Fria.

Nascido Anatoli Scharansky (ele mais tarde trocou o nome da forma russa para a hebraica em homenagem ao avô) em 1948, aprendeu xadrez com a mãe aos 5 anos. "Adorava o modo como o jogo me deu poder sobre os adultos", escreveu posteriormente. O jovem Anatoli ("Tolia") teve seu primeiro problema publicado aos 12 anos. Aos 14, foi campeão da cidade natal, Donetsk, e depois, da província Donbass. "Lembro o quanto de tempo, trabalho e amor Tolia dedicava à sua paixão", sua mãe rememorou mais tarde, após ele ser preso. Sharansky surpreendeu muitos na adolescência jogando simultâneas com os olhos vendados. Esse feito mnemônico notável era prova da enorme autodisciplina do jovem. Uma fotografia do Sharansky adolescente jogando xadrez revela uma confiança superior à sua idade. Já era um jovem a ser levado em conta.

Tendo se transformado em uma celebridade local, Sharansky considerou seriamente se profissionalizar:

> Rapidamente atingi a categoria de mestre candidato e, por anos, o meu sonho foi tornar-me um grande jogador de xadrez. Mas eu era sempre ambivalente a respeito desse objetivo, porque quanto mais tempo gastava no xadrez, com mais dúvidas ficava: Realmente fazia sentido

passar tanto tempo jogando? Contudo, sempre que eu negligenciava o xadrez, sentia falta daqueles momentos de jogo e fantasia livres, aquelas desafiadoras oportunidades para testar meus poderes intelectuais e o prazer especial que tinha em derrotar os oponentes.

Contudo, o xadrez teve que ficar em segundo plano, enquanto Sharansky concentrava-se, primeiro, na ciência e, depois, na política.

Sharansky mostrou-se um brilhante matemático e físico, o que lhe permitiu tornar-se aluno de pós-graduação do Instituto de Física e Tecnologia de Moscou (MIPT), o que não era pouca coisa, visto que os judeus raramente eram aceitos nessa instituição prestigiosa, criada sob Stalin para treinar a elite científica soviética; os administradores reclamaram que não queriam dirigir uma "sinagoga" e, a partir de meados da década de 1960 até a de 1980, nenhum judeu foi admitido. O campo de Sharansky era a cibernética, porque já havia identificado os computadores como a tecnologia decisiva do futuro. Em Moscou, também deu outro passo rumo à independência: aprendeu inglês, o que lhe permitiu tornar-se intérprete e porta-voz de todo o movimento *refusenik* — um dos principais elos com políticos e jornalistas ocidentais em visita. Ensinar inglês e física também possibilitou a Sharansky ter uma renda após ser excluído do mundo acadêmico, desse modo evitando a acusação criminal de "parasitismo" lançada contra dissidentes sem meios visíveis de sustento.

Ainda assim, Sharansky não dera inteiramente as costas ao xadrez. Em 1972, trabalhou numa tese intitulada "Simulando o Processo Decisório em Situações de Conflito Baseadas no Final de Jogo do Xadrez" — um tema que soa obscuro, mas pungente em vista do seu destino. Porque foi enquanto estudava no MIPT que Sharansky redescobriu sua identidade judaica. A Guerra dos Seis Dias já havia exercido um profundo impacto na sua e em muitas outras famílias judias. "Além de ter que lutar pela vida, Israel defendia nossa dignidade", Sharansky escreveu mais tarde.

O FATOR JUDAICO

Às vésperas da guerra, quando a destruição de Israel parecia quase inevitável, os antissemitas soviéticos estavam jubilosos. Porém, poucos dias mais tarde, até mesmo as piadas antijudeus começaram a mudar, e por todo o país, apesar da propaganda pró-árabes, podia-se ver um relutante respeito por Israel e pelos judeus. Uma verdade fundamental, eterna, estava retornando aos judeus da Rússia — que a liberdade pessoal não era algo que se podia conseguir por meio da assimilação. Era acessível somente através do resgate das suas raízes históricas.

A vitória do Estado judaico inspirou muitos a requerer vistos de saída, apesar de isso geralmente levar à demissão instantânea e de não haver nenhuma garantia de que o pedido seria aceito. Em 1972, cerca de 31 mil judeus emigraram para Israel. Segundo seu biógrafo, Martin Gilbert, em janeiro de 1973 Sharansky começou a comparecer a um seminário privado sobre vida e cultura judaicas organizado por um proeminente *refusenik*, o professor Vitali Rubin. A própria ideia de semelhante seminário era um desafio direto às autoridades, e o comparecimento, perigoso.

O primeiro tópico era uma palestra sobre a celebrada redescoberta de Gershom Scholem da cabala, a tradição mística do judaísmo medieval. Scholem também era um sionista de destaque, que abrira mão de uma carreira acadêmica na Alemanha de Weimar para ajudar a fundar a Universidade Hebraica em Jerusalém — uma figura inspiradora para o jovem Sharansky. Naturalmente, misticismo de qualquer espécie era anátema para a ideologia marxista, e ainda mais o misticismo judaico. Além disso, como observa Gilbert, Scholem havia discursado em uma reunião de protesto do Comitê de Cientistas do Conselho Público de Israel para o Judaísmo Soviético, em Israel em agosto de 1972, na qual denunciou a demissão de cientistas judeus na União Soviética e a negação do direito de emigrar para Israel. Scholem procurou lançar vergonha sobre o mundo, que estava apaziguando o Kremlin em nome da *détente*, ao mesmo tempo que ignorava a perseguição dos judeus soviéticos. "O que ainda não se revelou entre nós e o mundo das nações? De qual cálice envenenado ainda não bebemos?" Nesse outono, o comitê de Scholem começou a publicar um *News Bulletin*, o qual se tornou a principal fonte de informação do Ocidente a respeito dos *refuseniks* soviéticos. Foi esse crescente interesse externo sobre seu destino que deu aos judeus soviéticos a coragem de persistir.

Trabalhar nos processos cognitivos que escoram os finais de jogo de xadrez ao mesmo tempo que aprendia acerca da herança judaica que buscava recuperar como sua produziu um efeito catártico sobre Sharansky. A banca examinadora do Instituto de Física e Tecnologia "concedeu-me um cumprimento lisonjeiro, mas definitivamente exagerado, concluindo que eu havia projetado, em suas palavras, 'o primeiro programa de xadrez no mundo capaz de jogar o final de jogo'", Sharansky posteriormente escreveu em suas memórias. Num final de jogo, tempo e espaço são reduzidos aos seus elementos mínimos e um movimento apenas pode decidir o desfecho. O xadrez é um jogo que não perdoa, no qual a omissão em buscar a iniciativa é severamente punida. Poucas semanas após passar a ir ao seminário de Rubin, Sharansky tomou uma decisão muito pessoal: uma que inaugurou o seu próprio final de jogo — e, num certo sentido, o do comunismo. Em abril de 1973, ele entrou com um pedido para um visto de saída para Israel.

Assim que Sharansky deu esse passo, começou a ser visto como pouco melhor que um traidor. Se iria ser um *refusenik*, então poderia muito bem ser um *refusenik* famoso, de modo que — não contente em esperar o veredicto das autoridades — organizou manifestações em prol dos *refuseniks* presos. A Guerra do Yom Kippur, em outubro de 1973, provocou novos protestos de apoio a Israel, num dos quais ele conheceu a futura mulher, Avital Shtiglits. Unidos pelos mesmos empreendimento e situação difícil, os dois aprenderam hebraico juntos e se apaixonaram, formando um elo que superaria quaisquer obstáculos, incluindo uma separação forçada por mais de uma década.

O pedido de Sharansky foi recusado com base na alegação de que tinha "acesso a matérias sigilosas". Na verdade, a matéria na qual estava

O FATOR JUDAICO

trabalhando era uma das poucas coisas não sigilosas na União Soviética: o jogo de xadrez. Então por que houve a recusa? Tendo perdido recentemente o título mundial para os americanos, a União Soviética ficara extremamente sensível quanto ao xadrez. Em especial, o estudo de final de jogo na cibernética tinha possíveis aplicações militares. Contudo, o motivo subjacente para não atender a Sharansky, e portanto para torná-lo um *refusenik*, certamente foi o antissemitismo.

Nos anos seguintes, Sharansky tornou-se um dissidente de destaque. Em maio de 1974, foi preso durante uma manifestação em frente à embaixada do Líbano em Moscou, protestando contra um ataque terrorista árabe que matara vinte crianças em Israel. Na ocasião, Sharansky havia liderado os manifestantes, entre os quais estava o acadêmico Andrei Sakharov. Um mês depois, Sharansky foi novamente preso e mantido sob custódia durante a visita do presidente Nixon.

Enquanto isso, o visto de saída para Avital havia sido concedido, com a condição de que ela partisse para Israel no prazo de dez dias após o recebimento da confirmação. Isso deixou-a diante de um terrível dilema. Sharansky estava na prisão, e ambos não tinham ideia de quando seria libertado e se também receberia permissão para emigrar. Ela e Sharansky queriam se casar na única sinagoga de Moscou, porque um casamento civil fora negado aos dois. Sob a lei judaica, o último dia em que o casamento podia acontecer antes de agosto era 5 de julho, a mesma data em que expirava o visto de Avital. Agarrando-se à tênue esperança, ela marcou com o rabino — que não sabia que o noivo era um *refusenik* — o casamento para 4 de julho. Nessa manhã, Sharansky continuava na prisão e, assim como seus captores, desconhecia inteiramente que se tratava do dia de seu casamento. Às 10h, ele foi comunicado que estava livre, mas, com a teimosia habitual, recusou-se a sair por mais duas horas, insistindo que: "Não terminei o meu livro." Sharansky voltou para casa apenas com tempo para tomar banho e fazer a barba antes da cerimônia. Alguns poucos amigos judeus, convidados em cima da hora, estiveram presentes; assim como, espreitando fora da sinagoga, agentes do KGB. No início da manhã seguinte, Avital saiu de Moscou rumo a Viena, onde os judeus soviéticos passavam por um processamento antes da emigração para Israel. Eles não se veriam pelos próximos 12 anos.

Durante esse período de liberdade precária, Sharansky aproximou-se do líder não oficial do movimento dissidente, Andrei Sakharov. Seu principal objetivo era alertar o Ocidente contra uma política de *détente* antes que a União Soviética se movesse na direção da democracia e dos direitos humanos. Quando Sakharov recebeu o Prêmio Nobel da Paz em 1975, o chefe do KBG, Iuri Andropov, pressionou 72 outros acadêmicos para assinar uma carta de denúncia e decidiu banir o "Inimigo Público Nº 1" da Rússia em exílio interno em Górki. A vida anterior do grande pesquisador, como pai da bomba de hidrogênio soviética, deu-lhe um motivo adicional para resistir aos esforços do KGB para dobrar sua determinação, apesar de recorrerem a métodos cada vez mais brutais, culminando com o uso de drogas psiquiátricas. Sakharov não era judeu, mas sua esposa, Elena Bonner, era, e o casal assumiu um papel ativo na campanha dos *refuseniks*. Denunciado como judeu porque defendia Israel, Sakharov teve a vida do neto recém-nascido ameaçada por homens do KGB de aparência árabe. Sharansky atuou como tradutor de inglês de Sakharov, tendo um importante papel para fazer dele a voz da consciência da Rússia. Sharansky aprendeu com Sakharov sobre a impotência do aparentemente onipotente sistema soviético quando defrontado por dissidentes determinados. Também compreendeu que a insistência no direito dos judeus de emigrar por fim iria abrir a porta da prisão para todos vivendo sob o comunismo.

Em 18 de novembro de 1974, Sharansky e outros *refuseniks* enviaram uma carta ao presidente Ford, pouco antes de o americano encontrar-se com o líder soviético, Leonid Brejnev, numa cúpula em Vladivostok. As tribulações dos judeus soviéticos causaram comoção na América, garantindo a aprovação unânime da Emenda Jackson no Senado, que condicionou o comércio com a União Soviética ao direito de emigrar. Foi um impressionante golpe por parte dos *refuseniks*, que, apesar da

O FATOR JUDAICO

obscuridade, haviam persuadido a nação mais poderosa do planeta a impor sanções contra seus opressores.

Ainda mais importante para eles foi o Ato Final de Helsinki de 1975, que determinou que os direitos humanos fossem monitorados em todos os seus signatários. O fato de que a União Soviética havia chancelado esse acordo deu a Sharansky e aos sionistas a chance de se unirem com outros dissidentes soviéticos para pressionar as autoridades. Eles criaram o Helsinki Watch, um grupo que denunciava abusos tais como o encarceramento de prisioneiros políticos em hospitais psiquiátricos.

Mas foi na ocasião em que Sharansky foi preso em 1977 e acusado de traição — o que previa a pena de morte — que o xadrez, o seu primeiro amor, veio em seu resgate. Sem o conforto da presença de Avital, Sharansky desesperou-se diante da perspectiva de muitos anos como um *zek* (prisioneiro político), ou mesmo do pelotão de fuzilamento. Nas suas memórias do cárcere, *Não temerei o mal*, Sharansky rememora o momento na prisão de Lefortovo em que superou o pânico diante da possibilidade de ter o destino da sua vida decidido num julgamento. Ele havia notado que, de acordo com os regulamentos, tinha direito a um conjunto de peças e tabuleiro mesmo no confinamento em solitária. Apesar da recusa inicial, ele insistiu. "Um guarda trouxe-me um conjunto e eu distribuí as peças no tabuleiro. Imediatamente comecei a sentir-me melhor, porque sempre havia usado o xadrez para escapar da pressão e da ansiedade."

Assim que ficou diante de um tabuleiro na cela, Sharansky foi imediatamente transportado para o mundo virtual do xadrez. Ele começou analisando sua abertura favorita, a Defesa Francesa, a qual era uma espécie de metáfora para a sua própria situação: "Se conseguem suportar o ataque inicial das brancas, as perspectivas das pretas são excelentes." Sharansky ficou tão excitado que começou "a mexer as peças rapidamente como se estivesse jogando dos dois lados num match relâmpago. Quando cheguei ao fim do jogo, me recompus e voltei à posição de abertura, que havia me intrigado de início. Mas então aconteceu tudo de novo: incapaz de me segurar, corri em frente".

Após meia hora assim, Sharansky se acalmou. Foi interrompido por um guarda trazendo um documento. Era assinado pelo próprio Iuri Andropov. Por um momento, o medo voltou, mas não passava de uma ordem de Andropov determinando que o caso de Sharansky fosse transferido da secretaria de Moscou para a nacional, de forma que ele pudesse supervisioná-lo pessoalmente. Na prática, isso significou que Sharansky teria um interrogador diferente, o que considerou uma pequena vitória. "O xadrez, junto com o documento assinado por Andropov, teve o efeito de me trazer de volta à realidade, e agora que estava menos agitado era hora de sentar e repensar tudo." Sharansky concluiu que suas atividades haviam sido públicas demais para a acusação de traição, a qual implicava contatos secretos com espiões ocidentais, ter alguma plausibilidade. Contudo, não conseguiu afastar o medo. Pensava que poderia ser surpreendido por uma acusação inesperada — talvez o conteúdo de um pacote, detalhando as atividades de protesto dos *refuseniks*, que preparava regularmente para Michael Shelbourne, um professor escolar britânico, para ser repassado a quem interessasse em Londres. Ele sempre fora transparente quanto às atividades de protesto, mas era fácil para o KGB retratar qualquer encontro com um contato ocidental como espionagem. "Sentado ali, pesando as várias possibilidades e temendo que a qualquer momento seria levado para um interrogatório para o qual não estava preparado, eu olhava para o tabuleiro na mesa."

O que Sharansky fez em seguida oferece uma fascinante compreensão da importância crucial do xadrez durante a Guerra Fria. Recorrendo aos *insights* que teve enquanto escrevia sua dissertação "Simulando o Processo Decisório em Situações de Conflito Baseadas no Final de Jogo do Xadrez", ele relembrou uma parte central da tese: uma "árvore" de metas e as condições para atingi-las. "E então, enquanto fitava o tabuleiro na minha cela, me ocorreu que eu poderia tomar uma abordagem semelhante no jogo que estava prestes a jogar contra o KGB."

Sharansky escreveu suas metas num pedaço de papel higiênico: primeiro, obstruir a investigação; segundo, estudar a abordagem do KGB;

finalmente, expô-los, por meio de contato com o Ocidente ou de um julgamento aberto. Ele então decidiu que tudo o que podia fazer para obstruir o KGB era recusar-se a cooperar. Os principais objetivos do inimigo eram apresentar as atividades dos *refuseniks* como secretas e usar informações obtidas dele para preparar casos contra outros *refuseniks*. Gradualmente, Sharansky construiu um diagrama, ou "árvore", de fins e meios, similar àqueles que formulara em sua tese. "Hoje, olhando em retrospecto, minha árvore parece pseudociência, uma patética tentativa de impor ordem na minha mente acelerada e caótica. Mas na época foi importantíssima, já que a terminologia familiar do meu estudo científico ajudou a me ajustar para a nova realidade." Quando o guarda chegou, Sharansky livrou-se do precioso papel pela descarga, mas durante os próximos dias ele repetidamente redesenhou a árvore até fixá-la na memória. Agora que tinha o seu plano de final de jogo, Sharansky sentia que se alinhara para enfrentar a difícil situação.

Sharansky conduziu sua defesa exatamente como um jogo de xadrez, usando lógica para extrair informações dos interrogadores ou para desorientá-los a respeito do que sabia e de como soubera. Seu relato dessa batalha de inteligência frequentemente emprega o xadrez como metáfora. Quando o interrogador Solontchenko o pega desatento, ele se sente "como um enxadrista que planejou uma maravilhosa combinação e de repente é atingido por um infantil xeque-mate. Mas o que Solontchenko chamara de xeque ainda não era mate". Mais tarde, Sharansky vira a mesa "e de um criminoso do Estado especialmente perigoso retrocedi a um menino de 7 anos que costumava se sentar perto dos adultos jogando xadrez no parque esperando até alguém ir embora para ter um parceiro, a quem derrotava rápida e orgulhosamente". Em *Não temerei o mal*, ele descreve vários interrogadores do KGB e outros dirigentes cujas carreiras foram arruinadas por não conseguirem perceber sua estratégia, quanto mais dobrá-lo.

A experiência de Sharansky na prisão é assustadoramente reminiscente de uma das melhores histórias jamais feitas sobre o xadrez, *The*

Royal Game (ou *Schachnovelle*) [O jogo real], de autoria do escritor austríaco de ascendência judaica Stefan Zweig, produzida pouco antes de sua morte em 1942. A narrativa começa com um encontro entre o campeão mundial de xadrez, Czentovic, e o misterioso Dr. B, a bordo de um transatlântico. Czentovic é, nas palavras do grande mestre e psicanalista Reuben Fine, "retratado como uma espécie de *idiot savant*", não muito diferente do quase analfabeto mestre indiano Sultan Khan. Embora um amador, o Dr. B demonstra ser um enxadrista forte o bastante para derrotar o campeão, mas fica se sabendo que ele ganhou essa aptidão enquanto era prisioneiro da Gestapo mantido em confinamento solitário. Sua única distração era um livro de xadrez, roubado durante um dos interrogatórios. Apesar de não jogar uma partida desde os dias da escola, ele aprende a jogar sem um tabuleiro e contra o único oponente disponível: ele próprio. Seus jogos contra si mesmo se desenvolvem numa obsessão alucinada e, por fim, ele tem um colapso. Após ser solto do cativeiro, ele bane da mente qualquer pensamento sobre xadrez. Quando o Dr. B enfrenta Czentovic uma segunda vez, a demência retorna, com efeitos devastadores.

A aterradora evocação do xadrez de Zweig como "pensamento que leva a lugar nenhum, matemática que resulta em nada, arte sem um produto final, arquitetura sem substância" é brilhante. Zweig era apenas um *patzer* — um fraco jogador de xadrez —, mas conhecia os cafés vienenses frequentados por exilados, comunistas e anticomunistas, em que o jogo oferecia consolo aos desterrados. Sua história parece ter se baseado na experiência de amigos que foram presos pela Gestapo logo após a *Anschluss*.* Seu herói, o Dr. B, teria sido íntimo da família Habsburgo, que para Hitler era objeto de particular hostilidade. Também há aspectos do colapso nervoso do herói que são clara e pungentemente autobiográficos: Zweig sofria de depressão e, após emigrar da Europa para o Brasil, cometeu suicídio junto com a mulher. Mas a história de

---

* Anexação da Áustria pela Alemanha em 1938. (*N. do T.*)

O FATOR JUDAICO

125

Zweig oferece testemunho universal do poder do xadrez como metáfora para a política. As tribulações do Dr. B, os métodos usados para dobrá-lo, seu uso de uma disciplina mental (neste caso, o xadrez) em autodefesa e o trauma que retorna depois de muito tempo são todos reconhecíveis nas adversidades enfrentadas por Sharansky e muitos outros prisioneiros de consciência.

Sharansky conseguiu escapar da insanidade do Dr. B, talvez graças ao seu temperamento jovial. Ele jamais permitiu que o hábito que alguém poderia chamar de "autoxadrez" — jogar contra si mesmo — se transformasse em uma desordem psicológica compulsiva. Ainda assim, Sharansky certamente concordaria com a descrição do Dr. B sobre o efeito que as sessões enxadristas consigo mesmo tiveram na capacidade de resistir aos torturadores:

> Era perceptível nos interrogatórios que eu estava pensando com mais clareza e direto no ponto. Sem perceber, o tabuleiro havia melhorado minha defesa contra falsas ameaças e truques disfarçados. A partir de então, eu não dei a eles aberturas por meio de depoimentos contraditórios, e até mesmo acreditei que a Gestapo aos poucos começava a me ver com um certo respeito. Talvez ao ver todos os demais se quebrando eles tenham se perguntado privadamente qual era a fonte secreta de força que me permitia oferecer uma resistência tão inabalável.

No *gulag*, um dos colegas de cela de Sharansky, Leonid Kolossar, também era enxadrista. Eles jogavam longas partidas nas quais Sharansky equilibrava as chances ao jogar sem uma torre; depois, o perdedor tinha que limpar a cela. Ao trabalhar nos níveis mais altos da administração soviética, Kolossar ganhara uma percepção apurada da maneira como o antissemitismo funcionava na burocracia. Naturalmente, havia muitos judeus que tinham conseguido se acomodar com o sistema, como a advogada que o KGB forneceu para a defesa de Sharansky e cujos serviços ele recusou.

O fato de ter tido um julgamento aberto por traição em 1978 foi o grande triunfo da metodologia baseada no xadrez de Sharansky. Ela foi de grande valia durante o julgamento e decerto teria assegurado um veredicto de inocência se o juiz não fosse completamente tendencioso. As principais testemunhas eram todas informantes, mas não estavam à altura da inteligência científica de Sharansky. Uma acusação crucial foi a de que em 1975 Sharansky e outros *refuseniks* haviam se encontrado com o professor Richard Pipes, o historiador da Rússia baseado em Harvard, no apartamento do professor Vitali Rubin. Entre os presentes estava um arquiteto, Vitali Riabski, que se constataria ser um informante do KGB. Pipes, segundo Riabski, teria sido um agente americano "com instruções específicas para agir como emissário sionista". Era verdade que, um ano depois, em 1976, Pipes havia sido conselheiro da CIA sobre assuntos soviéticos e mais tarde, na administração Reagan, entraria para o Conselho de Segurança Nacional, mas nunca fora agente da CIA. Quanto a ser um "emissário sionista" — isso simplesmente significava que Pipes era judeu. Em *Vixi: Memoirs of a Non-Belonger* [Vixi: memórias de um não afiliado], Pipes afirmou que "a conversa naquela tarde [com Sharansky] não teve nenhuma importância em particular". Foi, porém, de enorme importância para Sharansky, pelo mero fato de que seu encontro com Pipes foi o ponto principal da promotoria no julgamento de traição. A acusação foi de que a ideia de usar o Ato Final de Helsinki para unir os *refuseniks* e outros dissidentes do Helsinki Watch partira de Pipes e que este grupo, portanto, era uma espécie de fachada para operações da CIA. Riabski afirmou que o texto do Ato Final estava "ali, sobre a mesa". Sharansky pôde demonstrar que o encontro acontecera mais de um mês antes da conferência de Helsinki. Riabski então declarou que o encontro ocorrera um ano mais tarde, mas aí Pipes não estava em Moscou e Rubin encontrava-se em Israel. Assim, toda a história era uma mentira.

Essa discrepância permitiu a Sharansky dar um xeque-mate em Riabski, mas isso de nada valeu. Depois de o promotor fazer uma diatribe sobre como o sionismo internacional e os serviços secretos imperialistas conspiravam com o judaísmo soviético, foi a vez de Sharansky se defender na corte, também diante do irmão Lenia, que estava presente. Sharansky pôde demonstrar que todas as provas incriminatórias haviam sido fabricadas pelo KGB. Ele foi acusado de difamar o regime soviético ao afirmar que um filme exibido na TV estatal, *Negociantes de almas*, era antissemita. O KGB havia reunido entrevistas com reações de populares ao filme, e Sharansky pôde citar uma dessas declarações, que agradecia aos produtores da obra por provarem que "os judeus estão fazendo a única coisa que sua nação é capaz de fazer — viver à custa de outras pessoas". Sharansky voltou-se para os jornalistas soviéticos presentes na corte e perguntou: "Isso não é antissemitismo na sua forma mais pura? É o tipo de sentimentos que os produtores do chamado material antissionista querem despertar no público."

Antes de o veredicto ser anunciado, Sharansky teve a oportunidade de se dirigir à corte. Ignorando deliberadamente o juiz, discursou para o irmão, que depois repetiu o pronunciamento para o mundo inteiro, apesar de seu caderno de anotações, no qual registrou todo o julgamento, ter sido confiscado pelo KGB.

No discurso, Sharansky explicou como o KGB lhe oferecera uma sentença curta e a oportunidade de se juntar à mulher em Israel em troca de cooperação. Ele recusara, consciente de qual seria a consequência. Rememorando o período desde que pela primeira vez requisitara um visto de saída, declarou: "Estes cinco anos foram os melhores da minha vida. Estou feliz por ter podido vivê-los honestamente e em paz com a minha consciência. Disse apenas aquilo em que acreditava e não violei minha consciência nem mesmo quando a minha vida ficou em perigo."

Sharansky então dirigiu-se aos colegas dissidentes, entre os quais citou Sakharov, Iuri Orlov e Alexander Guinzburg, "que perseveram dentro das melhores tradições da *intelligentsia* russa". Disse sentir-se "parte de um maravilhoso processo histórico — o processo de renascimento nacional do judaísmo soviético e seu retorno à terra natal, a Israel".

Afirmou que de bom grado trocaria seu status de *refusenik* célebre por um visto para Israel. Com o restante da diáspora, Sharansky repetia as palavras *Lesbana haba'a b'Yerushalayim* ("Ano que vem em Jerusalém!") todo ano no Pessach. "E hoje, quando estou mais longe do que nunca do meu sonho, do meu povo, e da minha Avital, e quando muitos anos duros de prisões e campos esperam por mim, digo à minha esposa e ao meu povo *Lesbana haba'a b'Yerushalayim.*" Então, virando-se para o juiz, finalizou: "E à corte, que tem apenas que ler uma sentença preparada há muito tempo — a você, nada tenho a dizer."

O juiz concluiu que Sharansky havia se encontrado "confidencialmente" com Pipes, de quem recebera "recomendações concretas" para "agitar" atividades antissoviéticas, incluindo "incitamento do ódio nacional", que "círculos influentes nos EUA veem como um poderoso catalisador, acelerando a erosão da sociedade soviética". Aquele que talvez tenha sido o mais famoso de todos os julgamentos de dissidentes durante os anos finais da União Soviética terminou com uma sentença de 13 anos de trabalhos forçados. Antes de Sharansky ser levado embora, o irmão Lenia — até então um leal cidadão soviético — gritou: "Tolia! O mundo inteiro está com você!"

Enquanto a autocracia soviética degenerava em gerontocracia, ainda era capaz de violenta repressão. Em 1978, segundo a história do *gulag* feita por Anne Applebaum, a União Soviética não mais enviava prisioneiros políticos para os piores campos de trabalho da Sibéria, tais como Mordóvia e Perm, preferindo prisões especiais de alta segurança, como Vladimir. Além das privações físicas, o maior risco para Sharansky era psicológico. Dissidentes como ele ficavam sujeitos a constante pressão para colaborar, a qual tomava a forma de tentação, mais do que ameaça. Ele descreveu a experiência posteriormente:

Eles o convidam para uma conversa. Você acha que nada depende de você? Pelo contrário, eles explicarão que tudo depende de você. Você gosta de chá, café, carne? Gostaria de ir comigo a um restaurante? Por que não? Nós o colocaremos em roupas civis e iremos. Se virmos que você está no caminho da reabilitação, que está preparado para nos ajudar — o quê? Você não quer delatar os amigos? Mas o que significa delatar? Esse russo (ou judeu, ou ucraniano, dependendo da situação) que está cumprindo pena com você, você não percebe que tipo de nacionalista ele é? Não sabe o quanto ele odeia vocês, ucranianos (ou russos, ou judeus)?

Era um complexo jogo de guerra psicológica — mais uma vez, uma forma de xadrez — no qual o prisioneiro esperava manter-se são em mente e corpo ao mesmo tempo que contrabandeava notícias para fora por meio das redes de *samizdat*,* enquanto os interrogadores procuravam dobrar o prisioneiro e persuadi-lo a mudar de ideia. A essa altura, o prêmio disputado pelos dois lados era a opinião pública ocidental. Ao resistir e se recusar a serem intimidados ou comprados, os dissidentes esperavam convencer os Estados Unidos e seus aliados de que a política de *détente* era uma ilusão — que somente uma tenaz oposição ao bloco soviético conquistaria segurança para o Ocidente e liberdade para os povos oprimidos do Leste.

O principal oponente de Sharansky era Iuri Andropov, o chefe do KGB de 1967 a 1982, que brevemente foi líder do partido, até sua morte, em 1984. Andropov às vezes é retratado como um reformista e Mikhail Gorbachev era seu protegido. Na realidade, Andropov esteve diretamente envolvido em vários dos piores casos das últimas agressões soviéticas — o esmagamento da revolta húngara e a Primavera de Praga, a invasão do Afeganistão e a derrubada de um avião de passageiros coreano. Andropov foi o responsável pela criação, em 1968, do 5º Diretorado do KGB, que realizava "contrainteligência ideológica" contra dissidentes. Em 1969, ele montou uma rede de "hospitais" psiquiátricos (*psikuchkas*) nos quais os prisioneiros políticos ficavam sujeitos a chocantes abusos.

---

* Esquema de impressão e distribuição de literatura censurada. (*N. do T.*)

Até o dia em que morreu, Andropov estava convencido de que Sharansky de fato havia espionado para a CIA. O espião-chefe alemão-oriental Markus Wolf ajudou a iluminar o pensamento de Andropov a respeito de Sharansky com suas memórias, *O homem sem rosto*. Wolf afirmou ter repetidamente tentado persuadir Andropov a trocar Sharansky por um prisioneiro de destaque do bloco oriental, como Günter Guillaume, o espião que precipitara a queda de Willy Brandt. Wolf declarou que Andropov tinha resolvido o problema de Soljenit-sin colocando-o num avião para a Alemanha Ocidental, ao passo que Andrei Sakharov havia meramente sido despachado para exílio interno em Górki; por que não se livrar também de Sharansky? Segundo Wolf, Andropov respondeu: "Camarada Wolf, você não sabe o que acontecerá se dermos este sinal? O homem é um espião, mas, mais importante, é um judeu, e ele fala pelos judeus. Muitos grupos sofreram sob a repressão no nosso país. Se dermos esse tipo de terreno aos judeus, quem serão os próximos? Os alemães do Volga? Os tártaros da Crimeia? Ou quem sabe os calmucos ou os tchetchenos?" Consta que Andropov temia que Sharansky fosse ser ainda mais perigoso aos interesses soviéticos depois de reconquistar sua liberdade no Ocidente: "[Sharansky] conduzirá uma bandeira para todos os judeus. Os excessos antissemitas de Stalin deixaram essa gente com um grande rancor contra o Estado soviético, e eles têm amigos poderosos no exterior. Não podemos permitir isso no momento." Wolf alega que Andropov "foi igualmente franco a respeito do declínio da União Soviética, cujo início [...] apontou como a invasão da Tchecoslováquia em 1968" — uma invasão pela qual Andropov fora responsável em grande parte. O fato de que Andropov aparentemente era "alérgico ao próprio nome [de Sharansky]" sugere que, na época da sua morte, ele sabia que estava perdendo o final de jogo.

A aptidão de Sharansky no xadrez foi o melhor treinamento possível para esse mortal duelo psicológico, mas o xadrez também teve uso mais direto. Conforme relatou mais tarde, foi o xadrez que o salvou em 1981, ao ser colocado em confinamento solitário durante a batalha para que

O FATOR JUDAICO

lhe devolvessem o pequeno livro de salmos dado por Avital. Na cela de castigo, Sharansky relembrou o jogo que havia perdido muitos anos antes contra um mestre que o surpreendera com uma nova variante da Abertura Espanhola.

Até agora nunca tive tempo ou desejo de pensar nisso seriamente. Mas, enquanto ando num semiestupor pela cela de castigo, tentando sentar no pequeno toco de cimento ou deitando no chão, meus pensamentos frequentemente retornam a essa variante particular. Quando eu achava que finalmente tinha encontrado uma resposta, no dia seguinte via uma maneira de reforçar a posição das brancas. De novo e de novo, joguei uma variante ou outra, analisando-a por dez, vinte, trinta, até mesmo quarenta movimentos. Não sei quantas partidas joguei, mas finalmente encontrei uma saída. É claro que esse não foi o ganho importante; o que o xadrez fez foi ajudar a preservar minha sanidade.

Jogando incontáveis partidas em sua cabeça, Sharansky pôde preservar um espaço privado, repelir o desespero e não se afastar da realidade. "E adivinha o quê?", disse mais tarde a um entrevistador. "Eu sempre vencia."

Tendo provado que não podiam dobrá-lo, Sharansky foi tirado da solitária, encontrando apoio na companhia de outros prisioneiros políticos. Sua amizade com Sakharov fez com que se tornasse um herói para os colegas *zeks*. Para obter o direito de enviar cartas à mulher em Israel e à família em Moscou, Sharansky enfrentou diversas greves de fome e alimentações forçadas, uma das quais durou 110 dias e resultou em um coração permanentemente debilitado. Sua resistência conquistou o respeito até mesmo dos carcereiros, que foram obrigados a conceder-lhe seus direitos legais. Sharansky recusou a oferta de um perdão do Presidium* soviético, mesmo diante de um apelo da mãe. Jamais fez a menor concessão ao KGB ou reconheceu a legitimidade das autoridades soviéticas. Gradualmente deu-se conta de que estava jogando xadrez por

---

*Comitê executivo. (*N. do T.*)

procuração com o próprio Andropov, o secretário-geral e ex-chefe do KGB. Andropov estava "determinado a provar que [Sharansky] havia genuinamente optado pelo caminho da 'reabilitação', pouco importando como [ele] agia na realidade".

Quando Andropov morreu, em fevereiro de 1984, as punições regulares a Sharansky, que haviam cessado por alguns meses, foram retomadas. Nesse ínterim, sua mulher, Avital, vinha fazendo uma incansável campanha pela sua libertação, encontrando-se com Reagan, Thatcher, Mitterrand e incontáveis outras pessoas de influência no Ocidente. Sharansky pouco sabia de tudo isso, exceto o que conseguia extrair da propaganda antissemita soviética. Um de seus guardas trouxe-lhe um livro sobre atividades judaicas "subversivas" que sustentava que o sionismo mundial e o imperialismo americano estavam colaborando juntos contra a União Soviética. O livro citava uma carta de apoio que o presidente Reagan escrevera a Avital em 1983, dois anos antes de Sharansky saber a respeito: "Senti como se o próprio presidente tivesse escrito a mim na prisão de Perm 35. Era difícil dizer do que mais havia gostado — de Reagan ter me escrito essa carta ou de as autoridades carcerárias inadvertidamente terem-na entregue." Em 1986, após Sharansky passar nove anos no *gulag*, o regime Gorbachev finalmente deixou-o partir, colocando-o num avião para Berlim Oriental. Lá, ele foi solto na famosa ponte Glienicke, onde espiões eram trocados com regularidade. Reunido com Avital, Sharansky enfim pôde emigrar para Israel.

Sharansky mais tarde fundou um partido para fornecer uma plataforma aos judeus russos em Israel e subsequentemente tornou-se um proeminente ministro em vários governos de coalizão liderados pelo Likud. Em 2005, demitiu-se do gabinete de Ariel Sharon por causa da questão da retirada de Gaza. Em outubro de 2006 — ainda com apenas 58 anos —, anunciou sua aposentadoria da política atuante, embora ainda seja membro do Knesset. Sharansky encontrou uma posição como acadêmico emérito no Centro Shalem, em Jerusalém, um *think-tank* devotado à história e segurança do povo judeu. Após a aposentadoria, houve especulações de que poderia ser o substituto de Moshe Katsav, então acossado por escândalos, como presidente de Israel. De *refusenik* a chefe do Estado judaico teria sido um apropriado clímax para uma carreira única, mas o posto foi para Shimon Peres. Numa visita a Washington para receber a Medalha Presidencial da Liberdade, Sharansky insistiu que já tivera o bastante de política. Quando indagado se pretendia falar livremente, agora que estava livre do fardo do cargo, respondeu: "Eu sempre falei livremente — é por isso que sou um político sem chances!" Seu grande orgulho é que quando o possivelmente maior de todos os campeões mundiais russos, Garry Kasparov, visitou Israel e fez uma simultânea, Sharansky continuava sólido o bastante para derrotá-lo. Os dois se tornaram amigos íntimos, unidos pelo xadrez e a causa da liberdade. Mesmo hoje, a devoção de Sharansky ao xadrez é quase religiosa. Quando Avital e as filhas vão à sinagoga, ele fica em casa para jogar xadrez. Contudo, seu maior tesouro é o pequeno livro de salmos que ela lhe deu e que manteve durante toda sua provação no *gulag*. Ele não vai a lugar algum sem o livrinho.

A importância de Sharansky transcende até mesmo a emigração dos judeus soviéticos, que transformou o Estado de Israel e ajudou a provocar o colapso do comunismo, porque ele também se transformou num símbolo de resistência na guerra ao terror. Na sua carreira política em Israel e no seu notável livro *Em defesa da democracia*, ele investiu o capital moral acumulado como dissidente na tentativa de persuadir o Ocidente de que seus valores centrais verdadeiramente têm o poder de vencer o jihad global atualmente sendo realizado pelo islã radical. Ele agora trabalha numa sequência, *Em defesa da identidade*. Esta obra argumentará que a liberdade e a democracia são vazias sem identidade; os homens precisam saber para que precisam de liberdade e democracia antes de fazer sacrifícios por elas. A perda da identidade está ameaçando a Europa, particularmente quando a região está confrontada por agressores que sabem exatamente quem são e o que defendem. Sem sua identidade judaica, Sharansky não teria passado pelo teste de resistência do *gulag* — de fato, poderia ter evitado inteiramente a política e passado a vida alegremente criando programas de computador que jogassem xadrez.

Em vez disso, Sharansky sacrificou a própria liberdade pela de outros. Para dar os melhores anos da vida por algo tão intangível, é preciso ver a liberdade como algo muito maior do que uma abstração. Contudo, é precisamente a capacidade de abstrair — mover-se do particular para o geral e de volta ao particular — que o xadrez favorece tanto. Nenhum outro herói da Guerra Fria personifica tão bem a vitória da mente sobre a matéria, do espírito livre sobre a idolatria do Estado — e da contribuição dada pelo xadrez a essa vitória.

Sharansky foi único somente no exemplo que deu, não apenas a judeus, mas a dissidentes de todas as partes. O fato de ser judeu e um prodígio no xadrez era completamente paradigmático. De meados do século XIX em diante, uma extraordinariamente alta proporção de mestres de xadrez, incluindo a maioria dos grandes campeões mundiais, é formada por judeus. Nesse aspecto, o xadrez pode muito bem ser um caso especial de um fenômeno intelectual mais geral. Ao mesmo tempo e nos mesmos lugares em que os judeus se tornaram proeminentes, e em alguns campos até dominantes, na cultura europeia, o estereótipo antissemita do judeu como uma pessoa inteligente, mas moralmente questionável, também emergiu. A história desse fenômeno em Viena por volta de 1900 é tema de *Smart Jews: The Construction of the Image of Jewish Superior Intelligence* [Judeus inteligentes: a construção da imagem da inteligência judaica superior], de Sandor L. Gilman. O estudo de Gilman foi uma resposta crítica à controvérsia gerada em 1994 por *The Bell Curve: Intelligence and Class Structure in American Life* [A curva do sino: inteligência e estrutura de classe na vida americana], em que Richard J. Herrnstein e Charles Murray fornecem evidências estatísticas para mostrar que "judeus asquenazes de origem europeia" têm um QI maior do que o de qualquer outro grupo ou subgrupo. Ao mesmo tempo em que essa parte da tese de Herrnstein e Murray é amplamente aceita,

O FATOR JUDAICO

sua causação e as conclusões que tiram a partir daí continuam alvo de exaltados debates. Particularmente, a noção de que há uma conexão direta entre inteligência e moralidade permanece problemática. Tanto as virtudes como as falhas atribuídas aos judeus por conta de sua inteligência superior foram, para dizer o mínimo, exageradas.

Em sua obra mais recente, *Human Accomplishment: The Pursuit of Excellence in the Arts and Sciences, 800 BC to 1950* [Realização humana: a busca de excelência nas artes e ciências, 800 a.C. a 1950], Charles Murray discute brevemente o xadrez como um exemplo de um campo altamente competitivo de empreendimento no qual os indivíduos mais talentosos superam em muito o resto. Murray conclui que a excelência no xadrez é hiperbolicamente distribuída, mostrada em forma gráfica pela curva Lotka. Vencer partidas de xadrez em nível de título mundial é um dos feitos humanos mais difíceis de todos, e a capacidade de fazer isso repetidamente pertence a somente um punhado de gênios. "As medidas que produzem curvas Lotka não apenas discriminam o excelente do medíocre, mas o sem paralelo do meramente excelente."

Quando, num artigo sobre "Gênio Judaico" para a *Commentary* de abril de 2007, retornou à delicada questão de por que os judeus são realizadores de nível tão alto, Murray não considerou o caso do xadrez. Mas calculou a cifra de "números significativos" numa série de outros campos comparáveis na Europa e América do Norte no período após a emancipação judaica: "De 1870 a 1950, a representação judaica na literatura foi quatro vezes maior do que o número que se esperaria. Na música, cinco vezes. Nas artes visuais, cinco vezes. Na biologia, oito vezes. Na química, seis vezes. Na física, nove vezes. Na matemática, 12 vezes. Na filosofia, 14 vezes." Ainda mais impressionantes são os números de prêmios Nobel concedidos a judeus. Um povo que constitui 0,02% da população mundial inclui 14% dos laureados com o Nobel na primeira metade do século XX, 29% na segunda metade e 32% no século XXI.

Murray sustenta que somente um arquivo genético único pode explicar semelhantes resultados desproporcionais e sugere um número de hipóteses para responder por esta seleção genética para alta inteligência, particularmente em raciocínio verbal. A teoria quantitativa mais amplamente aceita é a oferecida pelo físico Gregory Cochran e pelos antropólogos Jason Hardy e Henry Harpending. No artigo de 2006 sobre a "História Natural da Inteligência Asquenaze" para o *Journal of Biosocial Science*, Cochran, Hardy e Harpending argumentam que, durante a Idade Média, judeus asquenazes na Europa ao norte dos Pirineus ficaram restritos às finanças e ao comércio e que essa seleção ocupacional favorecia aqueles com QI alto em aptidões verbais e matemáticas. Murray, em contrapartida, sugere que o gênio judaico antecede o período medieval e até mesmo a diáspora da era romana. Altamente significativa nesse processo seletivo foi a alfabetização masculina universal que os judeus atingiram no espaço de um século após a destruição do Templo no primeiro século, graças a uma ordem do principal erudito, Joshua ben Gamla, em 64 d.C., que estabeleceu a tradição de que todos os meninos deveriam ler as Escrituras em voz alta diante da congregação reunida. Murray cita outro artigo (no *Journal of Economic History*, 2005), de Maristella Botticini e Zvi Eckstein, intitulado "Seleção Ocupacional Judaica: Educação, Restrições ou Minorias?", que sugere que os judeus que trabalhavam na terra não tiveram benefícios com a alfabetização. Ao longo do tempo, o judaísmo deles declinou e foram absorvidos pela população cristã ou muçulmana, deixando apenas aos mais inteligentes para seguir em frente como uma minoria judaica perseguida. Mas Murray acredita que essa intelectualização do judaísmo funcionava também na direção oposta: a exigência de ler e compreender obras complexas como a Torá e o Talmude fazia com que somente os mais articulados pudessem manter a fé: "O judaísmo se desenvolveu de tal maneira que para ser um bom judeu um homem tinha que ser inteligente." Além disso, a alfabetização, que se tornou uma característica tão marcante da espiritualidade judaica, na verdade foi sinalizada muito antes, na Antiguidade, na composição ao longo de muitos séculos da Bíblia hebraica. As origens fundamentais do intelectualismo judaico desafiam a explicação científica: "Eles são o povo escolhido de Deus."

A proporção de judeus entre campeões mundiais de xadrez supera a da maioria dos outros campos de realizações intelectuais e a relação fica ainda maior se incluirmos outros jogadores de destaque. Desde a criação oficial do título em 1886, seis de 14 campeões eram total ou parcialmente judeus; na média, seus reinados duraram mais do que os de seus pares gentios, e mais da metade de seus rivais e desafiantes também eram judeus. Não está claro se os judeus tinham alguma inclinação genética para brilhar no xadrez ou se foram atraídos a ele porque este "esporte sedentário" (como o define o historiador do xadrez Richard Eales) intelectualmente exigente e altamente competitivo se encaixava no estereótipo judaico dominante na Europa do século XIX. O que Gerald Abrahams identificou como "a mente enxadrística" — uma combinação de memória, lógica e imaginação — tem muito em comum com aptidões que eram, e ainda são, características da vida intelectual judaica. Acima de tudo, o estudo de textos sagrados é propício para um jogo a respeito do qual foram escritos mais livros do que a soma das obras sobre todos os demais jogos. O jogo do livro exercia um apelo especial sobre o primeiro povo do livro.

8

O Modo Americano do Xadrez

O INDISCIPLINADO INDIVIDUALISMO do modo americano de vida também encontrou sua expressão no xadrez. Já a primeira estrela a brilhar do outro lado do Atlântico era tão melindrosa que preferiu renunciar ao jogo a se rebaixar ao nível dos profissionais europeus que subsistiam à custa daquilo que chamava de "nosso passatempo majestático". O primeiro Congresso de Xadrez Americano, que aconteceu em Nova York em 1857, testemunhou o espetacular triunfo do jovem de 20 anos Paul Morphy, que vinha de uma família *creole* de classe alta de Nova Orleans. O talento de Morphy manifestou-se pela primeira vez quando ele tinha 8 anos. Aos 13, já havia derrotado todos em Nova Orleans. Tendo se diplomado em advocacia quando ainda era jovem demais para exercer a profissão na Louisiana, foi para Nova York com a pretensão de jogar xadrez somente até os 21 anos. Morphy disse aos entusiastas reunidos: "Pela primeira vez nos anais do xadrez americano, está sendo realizado um congresso que promete marcar uma era na história do nosso nobre jogo. O xadrez, até agora visto por nossos compatriotas como um mero entretenimento, finalmente assume seu lugar apropriado entre as ciências que ao mesmo tempo adornam e exaltam o intelecto." Profundamente consciente de seu status social e intelectual, Morphy jamais pretendeu dedicar sua vida ao xadrez, mas decidiu fazer uma longa visita à Europa.

Numa carreira enxadrística pública que durou apenas três anos, Morphy veio, viu e venceu os maiores mestres da Europa. Contudo, havia um homem a quem Morphy estava determinado a derrotar, mas que lhe escapou: o bambambã inglês do xadrez Howard Staunton. Embora Staunton tivesse se aposentado do xadrez competitivo para terminar os trabalhos da sua edição de Shakespeare, ficou tentado a voltar para enfrentar a jovem estrela americana. O empresário britânico de Morphy e mais tarde biógrafo, o jornalista Frederick Edge, deliberadamente fabricou uma rivalidade entre ambos, que tornou-se virulenta. O veterano Staunton acabou acusando Morphy de ser um profissional ao mesmo tempo que, de maneira um tanto pretensiosa, insistia no seu próprio status de amador. Ao contrário de Staunton, que encorajava o boato de que seria o filho natural do conde de Carlisle, Morphy era um genuíno amador, herdeiro de uma fortuna. De maneira contrastante, Staunton era um típico empresário vitoriano. Ele não apenas concebera e organizara o primeiro torneio de xadrez para coincidir com a Grande Exposição de Londres em 1851, mas sustentava-se precariamente com os rendimentos de seus livros e suas colunas sobre xadrez. Também foi precursor dos contratos de patrocínio ao emprestar seu nome para os conjuntos Staunton produzidos pela Jaques, que desde então padronizaram o design das peças de xadrez. Entretanto, Staunton, um ator fracassado, preferia ser lembrado como um acadêmico shakespeariano.

Morphy e Edge então se dirigiram para Paris, onde houve mais duelos enxadrísticos. Apesar de não haver um campeão mundial oficial, o alemão Adolf Anderssen, que vencera o torneio de Londres, era geralmente reconhecido como o melhor jogador em atividade na Europa. Morphy o esmagou por sete a dois. Em 1859, contudo, o cunhado de Morphy veio de Nova Orleans para levá-lo de volta para casa. Edge posteriormente escreveu uma tendenciosa biografia que transformou Morphy numa lenda à custa de Staunton, cuja reputação só recentemente foi restaurada pelos esforços de Raymond Keene e da Staunton Society.

Ao regressar, o público americano aclamou Morphy como um herói, especialmente o juiz Oliver Wendell Holmes. Num banquete na Revere House, em Boston, Holmes o saudou como "o campeão mundial do xadrez". Morphy ainda tinha apenas 22 anos: "Suas batalhas pacíficas ajudaram na conquista de uma nova revolução; seus vigorosos triunfos acrescentaram uma nova cláusula à Declaração da Independência Americana", declarou Holmes. Nenhum americano jamais havia sido campeão mundial de coisa alguma antes, e a imprensa explorou isso ao máximo. Porém, Morphy cumpriu sua promessa de renunciar ao xadrez. Ele se ofereceu para jogar contra qualquer um no mundo com "peão e lance inicial" (i.e., jogando com as pretas e um peão a menos). Era o equivalente de um campeão de Wimbledon propondo deixar o rival sacar e começar com o placar de 15-0 em cada jogo. A oferta era um truque, uma maneira perversamente esperta de mostrar que estava numa classe à parte da dos demais jogadores. Na prática, estava declarando que não tinha rivais. Morphy sabia que nenhum dos mestres europeus jogaria em bases tão rebaixadas. Suas pretensões sociais o forçaram a reprimir seu talento único.

Depois de desistir do xadrez, contudo, Morphy descobriu que não podia fazer muitas outras coisas. Caiu em reclusão ressentida, sob os cuidados da mãe e da irmã, ocasionalmente disputando jogos informais com o amigo Maurian, nos quais ainda se vislumbravam *flashes* do velho gênio. Na época em que foi encontrado morto, vitimado por um derrame enquanto tomava banho, em 1884, aos 47 anos, sua precocidade havia se degenerado em depressão e paranoia clínicas. O jornal local, *Daily Picayune*, escreveu que "ele apenas havia arranhado a superfície da sua maravilhosa capacidade". Oitenta anos depois, Bobby Fischer observou: "[Morphy] se desiludiu com os enxadristas, não com o xadrez."

Morphy estabeleceu um padrão meteórico que se repetiu ao longo dos anos: jovem gênio emerge, vence todos no Novo Mundo, cruza o Atlântico para surpreender o Velho Mundo e então some abruptamente. Em 1895, Harry Nelson Pillsbury, de Boston, despontou na cena. Ele

O MODO AMERICANO DO XADREZ

havia sido o operador escondido dentro da máquina de xadrez Ajeeb, mas exceto por isso tinha pouca experiência. Pillsbury viajou para a Inglaterra para o primeiro torneio de Hastings, no qual estariam presentes os principais mestres de então. Alguns consideram este como o maior torneio de todos os tempos. De fato, desde 1922 a competição enxadrística de Hastings tornou-se um evento anual, transformando a estação à beira-mar num sinônimo de xadrez tanto quanto da invasão normanda. Com apenas 22 anos, Pillsbury ficou em primeiro lugar, superando o novo campeão mundial, Emanuel Lasker, o velho campeão, Wilhelm Steinitz, e os dois mais bem-sucedidos competidores de torneios da época, Siegbert Tarrasch e Mikhail Tchigorin. Belo, encantador e jovem, Pillsbury foi proclamado o novo Morphy.

A ruína veio em seguida. No ano seguinte, no primeiro dos três grandes torneios de São Petersburgo antes da Primeira Guerra Mundial, Pillsbury venceu seus matches contra Lasker e Tchigorin, mas foi de tal forma esmagado por Steinitz que só terminou em terceiro lugar. Só muito mais tarde é que emergiu a causa do revés: durante a competição havia contraído sífilis. Apesar de ter conquistado outros torneios, jamais conseguiu levantar o dinheiro necessário para desafiar Lasker.

Para complementar sua magra renda, Pillsbury tornou-se supremo no xadrez às cegas, fazendo simultâneas por toda a Europa, incluindo uma em Hanover contra 21 adversários com nível de mestre. Sua especialidade era jogar 12 partidas de xadrez, seis de damas e uma de *whist* duplo (um precursor do bridge) ao mesmo tempo — e tudo sem olhar para as peças. "Ele podia interromper a sessão para um intervalo e, ao retomar, prontamente anunciar as posições em cada tabuleiro e, se instado a fazê-lo, citar os movimentos de um jogo específico desde o princípio." Na época, os esforços exigidos para esses feitos de memória sem precedentes foram apontados como os responsáveis pelo posterior colapso mental. O próprio Lasker, num texto para o *New York Times*, assumiu como fato que Pillsbury "morrera devido a uma doença contraída pelo uso intensivo das células da memória". O Dr. Tarrasch, um médico eminente e também um grande mestre, corretamente rejeitou semelhante doença como algo desconhecido pela ciência médica. Tendo examinado Pillsbury, Tarrasch diagnosticara "paralisia progressiva" — o eufemismo daqueles dias para sífilis —, conforme explicou numa brilhante análise, "O Caso de Pillsbury", em seu livro *Die Moderne Schachpartie* [O xadrez moderno]. Contudo, o mito de que xadrez às cegas tinha vínculos com doenças mentais persistiu. Jamais se encontrou qualquer base médica para isso, porém as exibições às cegas foram proibidas na União Soviética. Talvez tenham sido associadas na puritana mente comunista com a ideia do xadrez como entretenimento, e não como atividade de valor científico, educacional ou artístico. Certamente a burocracia do xadrez soviético resistia a qualquer coisa que tendesse a tornar os mestres financeiramente independentes do Estado.

Em 1904, quando Pillsbury jogou seu último torneio, em Cambridge Springs, Pensilvânia, sua terra natal, a sífilis havia atingido o nível terciário e afetava tanto a mente quanto o corpo. Apesar de ainda conseguir vencer Lasker num celebrado jogo, com uma nova abertura (imediatamente batizada de "Defesa Cambridge Springs"), jogada até hoje, a grande esperança do Novo Mundo era apenas uma sombra do passado. Pela primeira vez, não chegou entre os premiados. Pillsbury morreu em 1906, com apenas 33 anos e vivendo da caridade dos admiradores.

O jovem vencedor em Cambridge Springs, Frank Marshall, sucedeu Pillsbury como campeão dos EUA. Contudo, diferentemente das carreiras de Morphy e Pillsbury, a sua não foi meteórica; ele manteve o cetro por mais de um quarto de século e morreu com idade avançada. O rosto de Marshall lembrava o de um outro contemporâneo, o grande ator shakespeariano Henry Irving, e ele se vestia no estilo *flamboyant* popularizado por Oscar Wilde. Um excelente jogador de torneios, o seu xadrez era ousado e podia iludir os melhores. O seu mais celebrado sacrifício de dama foi saudado com uma chuva de moedas de ouro pela plateia. Em matches longos, contudo, Marshall foi pulverizado por

Tarrasch, Lasker e Capablanca. Como Morphy e Pillsbury, Marshall criou uma lenda, perpetuada pelo Marshall Chess Club de Nova York, batizado assim em sua homenagem e cenário, anos mais tarde, de alguns dos melhores feitos de Bobby Fischer.

Não demorou muito para que o padrão do Novo Mundo acossando o Velho Mundo se repetisse. Dessa vez, o jovem gênio que cruzou o Atlântico foi um cubano, José Raúl Capablanca. Criança prodígio, ele aprendeu a jogar vendo o pai, e então prontamente o enfrentou e derrotou. Aos 12 anos, venceu o campeão cubano, Juan Corzo, um reconhecido mestre. Capablanca estudou nos Estados Unidos, onde abandonou a Universidade de Colúmbia depois de jogar muito xadrez — incluindo diversas partidas amistosas com Lasker —, e teve a sorte de Marshall aceitar seu desafio para um match em 1909. Para surpresa geral, Capablanca (que jamais competira em torneios) venceu por 8 a 1. Após derrotar Marshall, Capablanca desembarcou na Europa com 23 anos para o torneio de San Sebastian. Muitos acharam que o desconhecido e inexperiente cubano não tinha lugar em meio a tal grupo de elite, já que todos os grandes mestres, à exceção de Lasker, estavam participando. Capablanca ficou em primeiro lugar. Além de Pillsbury, nenhum desconhecido emergira da obscuridade para vencer um torneio internacional de tamanha importância na primeira tentativa — e ninguém jamais repetiu o feito. Capablanca imediatamente desafiou Lasker para um match valendo o título mundial, mas desavenças acerca das condições, seguidas pela eclosão da guerra, adiaram o confronto por uma década. Entre 1914 e 1924, Capablanca perdeu apenas um jogo. Em 1920, Lasker curvou-se ao inevitável e renunciou ao título em prol de Capablanca, que, todavia, insistiu num match. Os jogos finalmente aconteceram um ano mais tarde, em Havana, numa atmosfera que não ajudou Lasker. Fora de forma, doente e desmoralizado, Lasker perdeu quatro jogos, empatou dez e não ganhou nenhum antes de abandonar o match, permitindo a Capablanca finalmente tornar-se campeão mundial. O cubano manteve o título por apenas seis anos, mas permaneceu como um dos mais fortes jogadores do mundo até a morte prematura em 1942. Nenhum outro mestre na história perdeu tão poucos jogos, e pelo menos quatro de seus pares — Lasker, Alekhine, Botvinnik e Karpov — o saudaram como o maior de todos os gênios.

O período entre as guerras mundiais foi uma idade de ouro para o xadrez americano. Dois grandes torneios em Nova York, em 1924 e 1927, vencidos respectivamente por Lasker e Capablanca, ajudaram a contagiar o público. Uma nova geração, capitaneada por Reuben Fine, Samuel Reshevsky e Isaac Kashdan, rapidamente se estabeleceu na elite dos grandes mestres mundiais. Mas o capitalismo e o xadrez estavam intimamente ligados, e o *crash* de Wall Street teve um efeito devastador sobre as finanças do xadrez nos Estados Unidos. O país só voltou a abrigar grandes torneios após 1945. Contudo, a situação era ainda pior na Europa, de modo que durante os famélicos anos 1930 os Estados Unidos tornaram-se a mais forte nação enxadrista do globo, conquistando quatro Olimpíadas de xadrez.

A cultura americana de forma geral, e o xadrez em particular, teve grande benefício com o fluxo de talento proveniente da Europa dominada pelo nazismo. Ainda assim, tratava-se de uma profissão precária para o punhado de mestres que devotava a vida ao jogo. Em 1939, a guerra eclodiu durante a Olimpíada de Buenos Aires e vários dos mestres europeus decidiram se estabelecer na Argentina; lamentavelmente para o futuro do xadrez americano, nenhum foi para os Estados Unidos. Apesar de a economia do país ressurgir na década de 1940, o xadrez americano mergulhou numa fase de declínio temporário. Após um breve período nos anos 1930, quando venceu diversas competições, Kashdan interrompeu a carreira para tornar-se vendedor de seguros. Mas o pior golpe foi a aposentadoria precoce de Reuben Fine.

Apesar de nunca ter vencido o campeonato nacional, Fine era o único americano a ter colhido mais vitórias que derrotas contra os campeões mundiais Lasker, Alekhine e — de maneira mais significativa — Botvinnik. Sua curta carreira internacional durou menos de cinco anos, nos quais conquistou oito torneios. Em Nottingham, em 1936, Fine terminou logo depois dos ex e futuro campeões Capablanca e Botvinnik, empatado em terceiro com seu rival americano Reshevsky e com o então campeão mundial, Euwe, mas à frente de Alekhine e Lasker. Após Alekhine reconquistar o título, Fine ganhou o direito de desafiá-lo ao terminar empatado em primeiro com Keres no torneio AVRO de 1938, à frente de Botvinnik, entre outros. A carreira de Fine foi frustrada pela guerra, período no qual trabalhou para o governo em Washington. Sua ideia de relaxamento foi produzir *Basic Chess Endings* [Finais de jogos de xadrez básicos], o melhor livro jamais escrito sobre a parte mais exigente do xadrez. Ao mesmo tempo, também estava estudando para um doutorado em psicologia. Após a morte de Alekhine em 1946, Fine argumentou que ele e Keres, como os oficialmente designados príncipes da coroa do xadrez, deveriam ser declarados campeões conjuntos até que um sucessor fosse encontrado. Ninguém concordou — nem mesmo Keres. Como um estoniano que havia jogado em torneios nazistas, ele já estava muito agradecido por não ser enviado para o *gulag* como colaboracionista. Keres certamente não iria se alinhar com um americano contra a União Soviética.

Fine, porém, foi convidado pela FIDE para o torneio de 1948 que iria apontar o novo campeão mundial, mas após muita angústia decidiu não participar, por várias razões. Em parte, eram políticas: a Guerra Fria já estava congelando as relações EUA-URSS. Anos depois, olhando em retrospecto, Fine disse a amigos que "não queria desperdiçar três meses da vida vendo russos entregando jogos uns aos outros". Também havia o incômodo fato de que a Federação de Xadrez dos EUA, com a qual mantinha uma relação estremecida, recusara-se a apoiar sua candidatura ao título mundial, sugerindo em vez dele os nomes de Isaac Kashdan ou do então campeão americano, Arnold Denker, embora nenhum dos dois tivesse um histórico comparável ao de Fine. De maneira crucial, este excepcionalmente longo torneio, que obrigaria os participantes a se transferir de Haia para Moscou na metade da competição, coincidiria com os exames finais de Fine na universidade. No fim, ele decidiu abandonar o xadrez em troca de uma nova carreira como psicanalista. Na Manhattan dos anos 1950, ser psicanalista era algo tanto de prestígio como lucrativo; ser enxadrista, nenhuma das duas coisas. Nas mãos de Fine, o casamento entre ambos deu nascimento a um outro clássico, *The Psychology of the Chess Player* [A psicologia do enxadrista]. Porém, com sua partida, os americanos perderam sua maior esperança de um campeão mundial por uma geração.

A desistência de Fine deixou os EUA com apenas um grande mestre de nível superior, Samuel Reshevsky. Ele começou a vida como o mais notório prodígio enxadrista de todos. Nascido em 1911, mesmo ano de Botvinnik, como o sexto filho de uma pobre família judia ortodoxa, a partir dos 6 anos fez simultâneas, primeiro na Polônia e depois pela Europa. Reshevsky chegou aos Estados Unidos com 9 anos e desfrutou dois anos como celebridade bizarra antes de as cortes americanas intervirem e seus pais serem acusados de "tutela imprópria". Como resultado, ele se afastou do xadrez com a incipiente idade de 12 anos, já tendo derrotado o grande mestre Janowski num jogo de competição — um recorde que ainda não foi quebrado. Reshevsky foi para a escola e a universidade, mas retornou ao xadrez na vida adulta. Em meados dos anos 1930, fez longas turnês pela Europa. Ao vencer seu primeiro grande torneio, em Margate em 1935, à frente de Capablanca, Reshevsky provou que havia amadurecido para tornar-se um genuíno grande mestre.

Com sua pequena estatura, hábito de fumar compulsivamente e calvície prematura (escondida sem sucesso por uma peruca), o estilo de Reshevsky era tão pouco atraente quanto sua figura diminuta. Seu xadrez tinha algo em comum com a doutrina militar americana da época, que se baseava em superioridade técnica em vez de táticas complexas: ele construía uma inexpugnável posição, frequentemente gastando até uma hora para um movimento, antes da inevitável corrida contra o relógio, durante a qual praticamente jamais cometia erros. A maioria das suas disputas foram decididas no final de jogo. Seus resultados ao longo dos quatro anos entre 1935 a 1939 confirmaram que estava no mesmo nível dos principais contemporâneos, Fine, Keres e Botvinnik. Sua carreira, como a deles, foi interrompida pela guerra. Reshevsky ganhou quatro campeonatos consecutivos dos EUA, mostrando-se especialmente formidável em matches longos.

Em 1944, Reshevsky ficou muito perto de atingir o objetivo de conquistar o título mundial, quando — da mesma maneira que o seu homônimo, o profeta Samuel — ouviu uma voz a chamá-lo. Deus disse-lhe que ele havia cometido um grave pecado ao jogar xadrez no sabá, pelo qual a morte do pai seria uma punição. A partir daí, Reshevsky só jogaria com a condição de que ficasse livre do pôr do sol de sexta até o pôr do sol de sábado. Na verdade, Reshevsky concluiu que o xadrez estava assumindo um papel grande demais em sua vida, em comparação aos reservados à família e à fé. Sem contar com o apoio desfrutado pelos rivais soviéticos, resolveu se concentrar numa carreira mais lucrativa como contador e, a partir daí, jogou xadrez apenas de modo intermitente.

De fato, quase não jogou durante os dois anos anteriores ao torneio de 1948 pelo título mundial disputado em Haia e Moscou. Botvinnik foi o vencedor, com Smislov em segundo, enquanto Reshevsky teve que se contentar em dividir o terceiro lugar com Keres. Em 1950, Reshevsky estava ansioso para disputar o torneio de candidatos em Budapeste, onde tinha boas chances de se qualificar para desafiar Botvinnik. Porém, o Departamento de Estado decretou que cidadãos americanos não deveriam viajar à Hungria, onde o sátrapa soviético, Mátyás Rákosi, demonstrava sua lealdade sendo mais stalinista que o próprio Stalin. Essa decisão, que destruiu aquela que poderia ter sido a melhor oportunidade de Reshevsky se tornar campeão mundial, pode parecer bizarra. Contudo, não havia comparação na importância que as autoridades soviéticas e americanas atribuíam ao xadrez; um jogo que para o Kremlin envolvia *raison d'état* era para o governo dos EUA um assunto estritamente privado.

O quão forte Reshevsky era na época em disputas de match foi demonstrado pelas categóricas derrotas impostas em 1952-53 aos seus dois adversários não soviéticos mais formidáveis, o iugoslavo Svetozar Gligoric e o polonês-argentino Miguel Najdorf. O *New York Times* então propôs um match não oficial com Botvinnik. Muitos experts acreditam que Reshevsky teria vencido; os soviéticos evidentemente pensaram que se tratava de um risco que não valia a pena correr, porque prudentemente ignoraram o desafio.

Quando a FIDE deu a Reshevsky outra chance de conquistar o trono de Botvinnik, em Zurique em 1953, ele já tinha 42 anos e rivais mais jovens para levar em consideração. Ainda assim, Reshevsky fez um último e supremo esforço que quase teve êxito. Smislov estava apenas começando a contínua ascensão que por fim o levaria ao topo em 1957. David Bronstein e Iuri Averbakh, dois dos grandes mestres soviéticos que jogaram em Zurique, descreveram as tensões dentro da delegação da URSS. A equipe era liderada por Dmitri Postnikov, um dirigente do Comitê de Esportes, pelo técnico Igor Bondarevski e por um oficial do KGB de nome Mochintsev. A tarefa deles, segundo Bronstein, era impedir Reshevsky de ganhar o torneio e, consequentemente, adquirir o direito de desafiar Botvinnik. Averbakh tem uma lembrança diferente: ele não foi punido por perder para Reshevsky. No final, Smislov saltou à frente, e Reshevsky teve que se contentar com o segundo lugar, ao lado de Keres — mais uma vez. Ainda assim era um magnífico feito para este solitário dos tabuleiros. Nos 18 anos passados desde 1935, havia ganhado metade dos 14 grandes torneios que disputara e no restante apenas uma vez chegara abaixo do terceiro: um histórico melhor até mesmo do que o de Botvinnik no mesmo período. A partir daí, as esperanças de Reshevsky de conquistar o título mundial diminuíram. Ele ainda era o melhor jogador de matches do Novo Mundo; em 1960, venceu uma disputa contra o forte exilado húngaro Pal Benkö. A essa altura, Bobby Fischer já o havia eclipsado, mas tudo o que o jovem conseguiu no match entre ambos foi um empate. Na década de 1980,

Reshevsky continuavam exibindo um xadrez de primeiro nível, mais de setenta anos após iniciar a carreira. Outros grandes mestres, tais como Smislov e Kortchnoi, também continuaram jogando em alto nível com idade avançada, mas como Reshevsky começou tão cedo o seu recorde talvez jamais seja batido.

Outros mestres enxadristas tornaram-se empresários e escritores, incluindo Kashdan, o incrivelmente prolífico Fred Reinfeld e Al Horowitz, que desistiu das competições para fundar e editar a *Chess Review*. A geração seguinte de mestres que emergiram em meados dos anos 1950 — entre eles, Larry Evans, Bill Lombardy, Robert e Donald Byrne — certamente era talentosa, mas ninguém mostrou a mesma promessa que Reshevsky e Fine haviam exibido. E também não houve, nos primeiros anos da Guerra Fria um grande número de refugiados do bloco soviético. Exceto pelo grande mestre húngaro Pal Benkö, que chegou em 1955 e por duas vezes se qualificou para o título mundial, e pelo tcheco Lubomir Kavalek, os EUA tiveram que depender praticamente de seus próprios recursos humanos. Somente nos anos 1980, quando exilados soviéticos como Boris Gulko, Lev Alburt e Gata Kamski despontaram na cena, houve um novo e grande fluxo de talento enxadrístico compáravel a Reshevsky. Em 1955, quando a Guerra Fria entrou em sua segunda década, o mundo do xadrez havia esquecido que os Estados Unidos já tinham sido a nação líder, e parecia não haver perspectivas de ninguém do Ocidente oferecer um verdadeiro desafio à dominação soviética. O xadrez, além do mais, possuía no Ocidente uma imagem negativa, sem a menor comparação com o status desfrutado no bloco comunista. Diferentemente do esporte, cada vez mais profissionalizado após 1945, o xadrez talvez até mesmo tenha sido levado menos a sério do que antes, apesar do valioso trabalho de guerra realizado por muitos mestres na Grã-Bretanha e nos Estados Unidos. (Reuben Fine, por exemplo, tinha a missão de usar suas aptidões enxadrísticas para localizar o paradeiro de submarinos alemães.)

Então, em meados da década de 1950, irrompeu na vigorosa, mas provinciana, cena enxadrística de Nova York, aquele que talvez seja o mais extraordinário gênio da história do jogo. Bobby Fischer surgiu do nada e, no fim, iria sumir novamente num mundo crepuscular de loucura e mito. Contudo, durante 15 anos iluminou o firmamento do xadrez com partidas de beleza sublime e força irresistível. Também alterou irrevogavelmente a economia e a política do xadrez, lançando-o à arena pública pela pura força de sua personalidade. Bobby Fischer não colocou meramente o xadrez no mapa — ele *era* o mapa.

9

A Odisseia de Bobby

BOBBY FISCHER NASCEU EM CHICAGO, Illinois, em 1943. Foi criado, junto com a irmã mais velha, Joan, pela mãe, Regina. Talvez seja mais correto dizer que Bobby foi criado por Joan, enquanto Regina estava salvando o mundo. Sua paixão era a política — o tipo de política que a colocou em rota de colisão com o seu país. Assim como seu irmão polonês-americano, seu marido alemão e seu amante húngaro, Regina era comunista. Também como eles, era judia. A família de Regina, os Wenders, emigrara da Polônia antes da Primeira Guerra Mundial, inicialmente para a Suíça (onde ela nasceu) e depois para os Estados Unidos. Em 1932, já tendo passado por três universidades americanas, Regina retornou à Europa para estudar em Berlim, ao mesmo tempo que se sustentava trabalhando como governanta.

Quando conheceu o biofísico Gerhardt Fischer, tinha 19 anos. Foi ele, presumivelmente, que a recrutou para o Partido Comunista. Após os nazistas chegarem ao poder, em janeiro de 1933, Fischer persuadiu Regina a não voltar para os EUA, e sim acompanhá-lo à União Soviética, onde se casaram em novembro. Como judeus, os dois tinham muitas razões para deixar a Alemanha, mas a fuga do Terceiro Reich não foi unicamente motivada pela autopreservação; Fischer provavelmente já era um agente do Comintern. Com o marido, Regina passou de 1933 a 1938 em Moscou — um lugar especialmente inseguro para se estar no auge do Grande Terror de Stalin. Ela estudava no Primeiro Instituto Médico de Moscou, ele trabalhava no Instituto Cérebro. Eram estrangeiros privilegiados, vivendo num apartamento reservado a *apparatchiks* do partido.

Em 1938, antes de Regina obter o seu diploma, e por razões obscuras, sem dúvida ligadas às atividades secretas de Fischer para o Comintern, o casal se separou. Gerhardt Fischer se uniu às Brigadas Internacionais, no lado republicano da guerra civil espanhola, onde adquiriu um passaporte espanhol. Regina comunicou à embaixada dos EUA que havia sido abandonada pelo marido e mudou-se para Paris com a jovem filha, Joan. Lá, o casal voltou a se unir, mas quando Regina e Joan regressaram aos Estados Unidos, em janeiro de 1939, Gerhardt teve a entrada negada. A família jamais o viu de novo. No ano seguinte, ele foi parar no Chile, onde viveu sob uma nova identidade ("Don Gerardo Fischer Liebscher"). Por algum tempo, manteve correspondência com a esposa, mas aparentemente perderam contato durante a guerra. Em 1945, ela obteve o divórcio.

Agora uma mãe solteira, Regina estava determinada a prosseguir sua existência autodidata sem jamais abandonar os estudos. Apesar de ter conseguido um diploma em ciências, foi forçada a se sustentar como professora de primário, estenógrafa, soldadora num estaleiro e instrutora numa escola de treinamento radiofônico da Força Aérea dos EUA. A existência nômade e precária dos Fischers os levou para Denver, Colorado, Washington DC, Chicago, Idaho, Oregon, Saint Louis e Arizona, até finalmente se estabelecerem no Brooklyn, onde Regina conseguiu emprego como enfermeira.

Ao longo dessa carreira itinerante, Regina teve o seu segundo filho, Bobby, após um romance com o dr. Paul Felix Nemenyi. Cientista húngaro que saíra do Colégio Imperial de Londres, em 1939, para os Estados Unidos, Nemenyi obteve um cargo como professor-assistente de matemática no Colorado. Foi ali que conheceu Regina. Mais tarde, trabalhou no Laboratório de Pesquisa Naval, em Washington DC,

A ODISSEIA DE BOBBY   153

onde conseguiu um apartamento para os Fischers. Edmonds e Eidinow, biógrafos de Fischer que examinaram minuciosamente as evidências, concluíram que Nemenyi era o pai de Bobby. Até morrer, em 1952, Nemenyi acompanhou com muito interesse os progressos de Bobby e ajudou Regina financeiramente. Contudo, o pai biológico de Bobby parece não ter sido menos ideológico em seus pontos de vista do que o pai legal, de quem o enxadrista herdou o nome. O FBI suspeitava que Nemenyi tivesse simpatias comunistas, uma preocupação agravada pelo fato de que seu trabalho para a Marinha dos EUA era militarmente sensível, embora as evidências contra ele fossem por demais inconclusivas para a tomada de quaisquer medidas.

A relação de Regina com Nemenyi coloca a questão sobre se ela própria não teria sido uma espiã. Em 1945, Regina tentou usar seu conhecimento de russo para obter um emprego como tradutora da embaixada soviética, mas nada conseguiu. Ela com certeza filiou-se à Associação Política Comunista enquanto trabalhou no Oregon e, mais tarde, ao Partido Comunista. Todavia, independentemente de ter tido interesse ou não em fazer serviço de inteligência, parece que não foi considerada como apta para a espionagem. Em vez disso, Regina tornou-se uma pacifista militante. Em 1961, quando Bobby tinha 18 anos, Regina tornou-se uma ativista do Comitê de Ação Não Violenta, participando da Marcha para a Paz, a mais longa da história, de São Francisco a Moscou. Foi esse evento que ocasionou o rompimento final entre mãe e filho; Regina saiu do apartamento no Brooklyn, foi para a Califórnia e jamais retornou. Durante a marcha, construiu uma amizade com um pacifista inglês, Cyril Pustan, e mais tarde casou-se com ele. Os dois mudaram-se para a Europa, onde Regina passou o resto da vida como uma ativista pela paz. Quando morreu, em 1997, não falava com o filho havia mais de trinta anos. Determinada, até mesmo feroz na busca de seus ideais, Regina tentou alistar o filho para o que via como a causa da paz, mas jamais compreendeu a paixão pelo xadrez que o movia. Compreendeu ainda menos suas opiniões políticas.

154 REI BRANCO E RAINHA VERMELHA

Como filho de comunistas judeus na América da Guerra Fria, Bobby Fischer cresceu numa atmosfera de segredo e paranoia, mas estava no lado oposto da cerca. Ainda adolescente, tornou-se um fervoroso anticomunista. Num certo sentido, era um típico rebelde dos anos 1960 — só que, neste caso, a rebelião tomou uma forma direitista em vez de esquerdista. O temor da subversão comunista obcecava Bobby Fischer — contudo, sua própria mãe era uma simpatizante. O temor do macarthismo obcecava Regina Fischer — mas seu único filho tornou-se um macarthista. Suas intermináveis batalhas contra a autoridade faziam parte da mesma síndrome. De acordo com a visão de Bobby, os burocratas e as mediocridades que governavam o mundo do xadrez, fosse em nível nacional ou internacional, eram obstáculos ao seu progresso, assim como à elevação do xadrez a um status digno da sua importância intrínseca.

Fischer jamais fora "normal". Quando era um estudante no Brooklyn, seu QI foi avaliado em 180-190 — entre os mais altos jamais registrados —, mas Fischer era completamente indiferente ao campo acadêmico. Aos 6 anos, havia aprendido xadrez com a irmã mais velha, Joan, após ambos terem comprado um conjunto barato e decifrado juntos as regras. No espaço de um ano, Bobby estava cativado, e Regina Fischer encontrava-se perdida e sem saber o que fazer. "Por quatro anos, tentei tudo para desencorajá-lo, mas era impossível", ela disse. Orientada por Hermann Helms, o grande senhor do xadrez americano, a mãe levou o filho de 7 anos à Biblioteca Pública do Brooklyn, onde ele enfrentou numa simultânea o mestre Max Pavey. Apesar de ter resistido só 15 minutos, o destino de Bobby já estava selado para sempre.

Aos 11 anos, ele jogava, lia ou pensava sobre xadrez cada hora do dia, ficando na rua até a meia-noite para testar suas habilidades contra os melhores jogadores de Nova York. Em 1956, após ganhar todos os torneios juvenis que havia para vencer, Bobby Fischer, com 13 anos, foi convidado a disputar no Manhattan Chess Club sua primeira competição de mestres, o Troféu Lessing J. Rosenwald (o nome era típico do papel do capitalismo no xadrez americano). Sua partida contra Donald Byrne, um dos melhores jovens jogadores do país, ganhou um prêmio por brilhantismo e foi chamada de "O Jogo do Século". Em 1957, no centenário do primeiro Congresso de Xadrez Americano, Fischer repetiu Morphy. Com 14 anos, ganhou o campeonato dos EUA, à frente de Reshevsky, sem perder nenhum jogo. A partir daí, ficou em primeiro lugar em todos os torneios em solo americano em que competiu — com a única exceção do Piatigorsky Gold Cup, em Santa Monica em 1966, quando a elite mundial participou e Fischer ficou em segundo, atrás de Spassky. Agora, somente os russos podiam oferecer séria competição a Fischer.

Também eles estavam ansiosos em conhecer o prodígio. Regina Fischer, num gesto característico, havia escrito a Nikita Kruchev pedindo para que o filho fosse convidado a um festival da juventude em Moscou. Bobby não destruiu a fantasia da mãe simpatizante do comunismo de que ele poderia se converter aos seus ideais com uma visita à União Soviética, mas a verdade é que apenas queria uma oportunidade contra o campeão mundial. Quando chegou a Moscou em 1958, Bobby, com somente 15 anos e acompanhado pela irmã, Joan, já era o campeão dos EUA. Imediatamente exigiu enfrentar Botvinnik e outros grandes mestres. Petrossian foi designado para jogar algumas partidas relâmpago com o rapaz, mas isso não satisfez Fischer. Após ser recebido pelo principal burocrata do xadrez soviético, Lev Abramov, chefe da Seção de Xadrez do Comitê de Esportes, Fischer perguntou-lhe:

— Quanto vou receber por esses jogos?

— Nada. Você é nosso convidado, e nós não pagamos cachês a convidados — respondeu Abramov.

Ele afirma que o intérprete de Fischer relatou que o rapaz disse: "Não aguento mais esses porcos russos." Pode ter sido uma falha de tradução, mas as autoridades ficaram irritadas, e os Fischers foram mandados para casa.

Mais tarde nesse mesmo ano, Bobby encontrou-se para valer com os russos nos tabuleiros, em Portoroz, na Iugoslávia, no torneio Interzonal para o qual havia se qualificado com o título americano. A falange soviética era formidável: Bronstein empatara um match contra Botvinnik pelo título mundial; Averbakh tinha se sagrado campeão soviético; e Petrossian estava claramente destinado a ser um futuro campeão mundial. O mais jovem enxadrista soviético também era um dos mais brilhantes de toda a história do xadrez: com apenas 20 anos, Mikhail Tal era somente cinco anos mais velho que Fischer e já iniciara a irrefreável série de vitórias que o levaria a destronar Botvinnik dois anos depois.

Ainda um adolescente desajeitado, de jeans e pulôver, Fischer não tinha nem a experiência nem a maturidade emocional para superar esse pelotão. De maneira incomum, propôs empate a Averbakh, comentando mais tarde: "Ele estava com medo de perder para uma criança, e eu estava com medo de perder para um grande mestre!" Fischer acabou a competição em quinto lugar, posição que lhe rendeu o título de grande mestre. Ainda com 15 anos, era o mais jovem até então. No ano seguinte, Fischer retornou à Europa para disputar um torneio muito forte em Zurique, empatando em terceiro com Paul Keres, logo atrás de Tal e Gligoric. O menino do Brooklyn venceu sua partida contra Keres, que fora um dos melhores do mundo por duas décadas, e chegou perto de superar Tal, o mais brilhante da nova geração de grandes mestres soviéticos pós-guerra.

A elite soviética acendeu o sinal de alerta. O contraste entre a inflexível determinação pelo poder de Fischer e a cautela dos russos impressionou Tal: "Fischer não gostava de empates fáceis e lutava até o material no tabuleiro estar completamente exaurido." O torneio de candidatos de 1959 — que, graças à devoção ao xadrez do marechal Tito, foi novamente realizado nas cidades iugoslavas de Bled, Zagreb e Belgrado — colocou os oito melhores jogadores do mundo, exceto Botvinnik, jogando entre si em quatro *rounds* — uma exaustiva tabela com 28 partidas. Os grandes mestres soviéticos, todos no auge, ocuparam os quatro primeiros postos: Tal, Keres, Petrossian e Smislov.

Fischer ficou desapontado ao terminar novamente em quinto, mas na realidade foi um enorme passo adiante. Ele agora podia se declarar como o mais forte jogador não soviético do mundo — e com apenas 16 anos. Isso, todavia, não bastava para Fischer. A essa altura, estava seguro do próprio destino: ser o maior, não apenas do seu tempo, mas de toda a história. Só os russos se encontravam em seu caminho, e Fischer estava confiante em batê-los no próximo ciclo de disputa mundial.

Não foi assim.

Houve vários motivos pelos quais Fischer não pôde se apoderar do trono no início dos anos 1960. Primeiro, os russos estavam tão confiantes quanto ele. Tal, que derrotara Fischer categoricamente no torneio de candidatos de 1959, vencendo todas as três partidas, pôs-se a assinar ambos os nomes nos cadernos dos caçadores de autógrafos. Quando indagado sobre a razão para tanto, Tal declarou: "Bem, veja, eu já ganhei do rapaz três vezes e considero que isso me dá todo o direito de assinar seu nome." Em outra ocasião, Tal acenou para ele, falando: "Bobby, coo-coo!" Fischer depois foi às lágrimas, pensando que Tal estava ridicularizando-o ao sugerir que era *"cuckoo"* [maluco]. Em Leipzig, um ano depois, Fischer tentou se vingar de Tal prevendo sua sorte: "Mas eu vejo que no futuro próximo você perderá o título de campeão mundial para um jovem grande mestre americano!" Tal virou-se para William Lombardy, que acompanhava a conversa, e apertou sua mão: "Bravo, Billy! Então é você que está destinado a me suceder!" Quando Fischer finalmente derrotou Tal, em Bled em 1961, o ex-campeão mundial declarou: "É muito difícil jogar contra a teoria de Einstein" — mas em seguida conquistou o torneio.

Uma segunda razão foi a incrível força da máquina de xadrez soviética nos anos 1950 e 1960, quando Fischer pela primeira vez defrontou-se com ela. Pouco antes de sua ascensão, a equipe soviética havia derrotado os americanos por 20 a 12 num match em quatro rodadas em Manhattan, em junho de 1954. Eles trucidaram os britânicos (18,5 a 1,5) na mesma turnê. No ano seguinte, a vitória soviética sobre os

EUA foi ainda mais categórica: 25 a 7. Segundo Assiac, um colunista da *New Statesman*, em 1960 havia 3 milhões de enxadristas registrados na URSS, número que subiu para 5 milhões em 1970, organizados numa vasta rede de clubes, sindicatos, escolas e faculdades. Talvez um número dez vezes maior de pessoas também tivesse interesse, sem jogar seriamente, e campeões mundiais como Botvinnik estavam entre as maiores celebridades do cenário nacional. Em 1958, Tchernigov, uma única região da Ucrânia, possuía mais de 10 mil enxadristas ativos — mais do que todos os Estados Unidos. Mesmo nas repúblicas asiáticas centrais, como o Uzbequistão (com 45 mil jogadores por volta de 1960), o xadrez competitivo desfrutava de uma popularidade incomparável ao seu status no Ocidente. Sob o comando editorial de Petrossian durante as décadas de 1960 e 1970, a publicação *64* tinha uma circulação de mais de 100 mil exemplares. Muitos livros de xadrez se esgotavam tão logo eram lançados. Os satélites leste-europeus também contavam com números maiores de jogadores registrados do que seus pares ocidentais: em 1968, o *Deutsche Schachblätter* informou que a Hungria possuía 36 mil, a Tchecoslováquia, 25 mil, e a Alemanha Oriental, mais de 30 mil. Somente a Alemanha Ocidental, com 40 mil enxadristas e um campeonato de equipes de clubes que atraía profissionais de toda a Europa, podia se comparar a esses números. A Grã-Bretanha, em contraste, tinha apenas 5.500 jogadores de clubes antes do *boom* de Fischer nos anos 1970.

Ciente dessa formidável máquina, Fischer inicialmente era bastante respeitoso em relação aos russos. Quando se encontrou com Spassky e Bronstein pela primeira vez, na Argentina em 1960, passou algum tempo com ambos numa longa viagem de trem, falando uma mistura de inglês e russo. Contou aos dois que *Chakhmatni Bulletin* — a mais obscura das publicações enxadrísticas russas — era "a melhor revista de xadrez do mundo". Indagado sobre como conseguira empatar um final de jogo difícil contra Taimanov no Buenos Aires 1960, Fischer respondeu que havia visto sete anos antes uma análise de Averbakh sobre esse final de jogo numa outra revista. Ele acreditava saber o que tinha pela frente, mas ainda continuava a subestimar os russos.

Essa atitude mudou dramaticamente após o torneio de candidatos de Curaçao em 1962. A convicção de Fischer de que os soviéticos tinham, conforme suas palavras, "manipulado o xadrez mundial", que cresceu até se tornar uma obsessão à medida que sua carreira avançou, se baseava no que agora é um fato inconteste. Realmente houve uma conspiração contra ele, apesar de não ter sido tão ampla quanto supôs. Em Curaçao, a primeira ocasião em que Fischer poderia ter ganhado o direito de enfrentar Botvinnik pelo título mundial, o americano chegou em quarto, atrás de três jogadores soviéticos: Petrossian, Gueller e Keres. O vencedor, Petrossian, acabaria derrotando Botvinnik no match pelo cetro mundial em 1963.

Quarto lugar em meio a uma companhia tão nobre não teria sido um mau resultado para ninguém, mas Fischer estava interessado somente no primeiro lugar. Sua decepção logo virou raiva. Em agosto de 1962, pouco depois do torneio, escreveu um artigo para a revista americana de grande circulação *Sports Illustrated*, que recebeu o título: "Os Russos Manipularam o Xadrez Mundial." Fischer alegou que os soviéticos colocados nas três primeiras posições concordaram em empatar os jogos entre si para poderem se concentrar em derrotá-lo, destacando que nenhuma das partidas durou mais que 22 lances. Também afirmou que um quarto russo, Viktor Kortchnoi, deliberadamente perdeu três jogos cruciais para os colegas soviéticos durante a segunda metade do cansativo torneio de 28 rodadas, jogado sob o calor equatorial.

> Na primeira metade do torneio, [Kortchnoi] também empatou com os outros russos. A meio caminho, houve um descanso de seis dias, quando todos os participantes foram para a ilha de St. Martin. Os quatro russos tinham, *grosso modo*, o mesmo número de pontos, e circulou a conversa de que um deles iria perder contra um dos outros. Independentemente do que aconteceu durante as discussões dos russos em St. Martin, o jogo de Kortchnoi ruiu subitamente em seguida.

Fischer reconheceu que o quinto participante soviético, Mikhail Tal, ex-campeão mundial e considerado o favorito antes do torneio, não fazia parte do "arranjo". De fato, Tal era o único mestre soviético (exceto por, muito depois, Spassky) por quem Fischer nutria bastante respeito. Mas o estilo de vida de Tal — ele bebia e fumava excessivamente — começara a cobrar sua conta: já sofria da doença nos rins que acabaria matando-o aos 56 anos. Perdera o match de revanche pelo título mundial contra Botvinnik no ano anterior, e em Curaçao foi obrigado a se retirar na metade da competição.

A alegação de Fischer contra Kortchnoi — de que havia sido escolhido "como um sacrifício" por Serguei Gorchkov, o sinistro coronel do KGB que encabeçava a delegação soviética — foi plausivelmente refutada pelo indignado acusado. "Certamente ele não estava falando sério", escreveu Kortchnoi em sua autobiografia. "Sou incapaz, por caráter, de ser transformado em sacrifício, ainda mais porque, se eu tivesse ganhado aqueles três jogos, não seria Petrossian o vencedor do torneio!" Kortchnoi nega qualquer envolvimento, embora um de seus jogos contra Petrossian tenha sido tão fraco que muitos acreditaram que perdeu o jogo de propósito. Ele admite que sua esposa sofria uma forte influência da colega armênia Rona — a formidável mulher de Petrossian, que estava determinada a ver o marido sair-se vencedor —, contudo não está claro por que tudo isso deveria ter afetado o jogo de Kortchnoi. A refutação de Kortchnoi é ainda mais crível porque sua fraca exibição em Curaçao, a qual atribuiu ao cansaço e ao clima tropical, fez com que Gorchkov, o supervisor do KGB, escrevesse um relatório criticando-o. Esse documento deu início ao longo processo de desaprovação oficial que por fim resultaria na desgraça de Kortchnoi e na sua decisão de emigrar.

O grande mestre holandês Jan Timman, que estudou todas as evidências, concluiu que Petrossian, Gueller e Keres de fato concordaram em fazer um "arranjo" durante o intervalo na metade da disputa. Contudo, não há provas de que qualquer um deles estivesse seguindo ordens do supervisor do KGB ou de outra pessoa. Seus motivos eram diversos. Keres, uma geração mais velho que os outros dois, tentava manter sua força, dando-se conta de que se cansaria perto do fim das 28 rodadas. Ele parece ter sido tirado do arranjo nas rodadas finais do torneio, porque tanto Petrossian como Gueller, do mesmo modo que Fischer, precisavam vencê-lo para ganhar o torneio. O evasivo Petrossian, quem mais se beneficiou com o arranjo, sempre negou, mas um de seus jogos acabou em empate numa posição que (conforme Fischer apontou na época) deveria resultar numa vitória sobre Keres. A essa altura, Petrossian só precisava empatar os jogos. Caso houvesse ganhado essa partida, meramente teria aumentado a margem da vitória, sem ajudar Fischer. Mas, para a parte mais crucial do torneio, o acerto permitiu que os três coconspiradores tivessem facilidade na hora de se enfrentarem. Isso permitiu-lhes se concentrar em impedir que Fischer se recuperasse do mau início após recuperar a melhor forma.

O que não está tão claro é se Fischer poderia ter vencido o torneio sem o arranjo. Muito provavelmente, aos 19 anos não estava forte o suficiente para vencer toda a elite soviética. É verdade que, à altura de 1962, já havia mostrado estar no mesmo nível. Após o torneio de 1961 em Bled, no qual derrotou três dos quatro grandes mestres soviéticos participantes (Tal, Gueller e Petrossian), Fischer ganhou o Interzonal de Estocolmo com uma margem espetacular sobre os demais, superando facilmente os russos que até então dominavam esses qualificatórios para a disputa do mundial. Nas partidas contra grandes mestres soviéticos no ano anterior ao torneio de candidatos de Curaçao, Fischer conseguira uma vantagem de 6-2. A essa altura, Fischer já se convencera de que a coroa de Botvinnik era sua por direito. Certamente tratava-se de um engano: os russos sabiam que meramente tinham que terminar entre os seis primeiros em Estocolmo para conquistar um lugar no torneio de candidatos, de modo que não deram tudo de si. Antecipando um possível desafio do arrogante americano, Botvinnik — que ainda não enfrentara Fischer — tranquilizou-se com uma observação condescendente: "Por enquanto, Fischer não é tão assustador quanto afirma ser." O exilado húngaro Pal Benkö, que tinha mais razões que Fischer para odiar os comunistas — fora aprisionado e torturado por eles —, descartou a reclamação do americano de forma lacônica: "Ele simplesmente não foi o melhor jogador."

Apesar de Fischer ter quebrado o monopólio soviético na elite do xadrez, ainda faltava colocar-se à prova num longo match contra oponentes mais experientes. No ano anterior, 1961, fora incapaz de derrotar seu rival americano Samuel Reshevsky num match de 16 partidas. Reshevsky claramente já não se encontrava no auge, mas jamais havia perdido um match e vencera jogos individuais contra todos os campeões mundiais até então. O match ainda estava empatado quando foi abandonado em meio a acusações e disputas após Fischer se recusar a remarcar uma partida de sábado para domingo para satisfazer Reshevsky, um judeu ortodoxo. Uma avaliação equilibrada de suas próprias forças e fraquezas teria dado ao americano de 19 anos no máximo chances iguais contra a extraordinária falange soviética.

Todavia, no auge da Guerra Fria, na febril atmosfera da crise dos mísseis cubanos, com a rivalidade americano-soviética no momento mais intenso, uma avaliação equilibrada jamais aconteceria. Fischer não era o único americano a acreditar naquilo que o *New York Times* chamara de "possível conluio entre jogadores soviéticos para ajudar um deles a vencer um torneio, em detrimento de um oponente não soviético". A indignação de Fischer contra as "trapaças russas" parece ter prejudicado suas chances de conquistar o título que considerava seu por direito. Ele começou a suspeitar não apenas de uma conspiração soviética para impedi-lo de disputar um match pelo título mundial — para a qual havia uma boa quantidade de evidências (documentadas no volume *Russos versus Fischer*, de Dmitri Plissetski e Serguei Voronkov) —, mas também de uma deliberada recusa da América do Norte e do Ocidente em apoiar suas ambições. Fischer deixou claro que não mais participaria do campeonato mundial organizado pela FIDE, a qual acusou de ser "manipulada" a favor dos russos. "O sistema montado na Fédération Internationale des Échecs [...] assegura que sempre haverá um campeão mundial russo", escreveu no famoso artigo para a *Sports Illustrated*.

A afirmação foi refutada na época, mas a Federação Mundial de Xadrez levou as alegações suficientemente a sério para alterar as regras para o próximo ciclo trienal de disputa mundial, substituindo o torneio de candidatos por uma série de matches eliminatórios, que seriam mais difíceis de manipular. A preponderância dos grandes mestres soviéticos deixava qualquer sistema à mercê de abusos, mas a recusa moral de Fischer de validar truques tais como a "compra" ou "entrega" de jogos deixou outros enxadristas embaraçados a ponto de adotarem uma atitude menos cínica. Por outro lado, quando a FIDE impôs uma regra proibindo empates com menos de trinta movimentos na Olimpíada de 1962, Fischer foi o primeiro a rompê-la. Advertido pelo árbitro soviético, o grande mestre Salo Flohr, a cumprir o regulamento, Fischer respondeu: "Estas regras são para os trapaceiros comunistas, não para mim."

O autor de *The Soviet School of Chess* [A escola de xadrez soviética], o grande mestre Alexander Kotov, observou que havia vencido Botvinnik e Smislov em momentos críticos em que lutavam pelo primeiro lugar nos cruciais torneios de Groningen 1946 e Zurique 1953. Esse propagandista bombástico, porém, exagerou ao afirmar: "Nenhum jogador soviético jamais entregou um jogo a um competidor soviético num torneio internacional." Botvinnik, por outro lado, foi ao extremo oposto: tinha a convicção de que Spassky entregara seu título mundial a Fischer em 1972 por 100 mil dólares. Os dois velhos stalinistas estavam mergulhados na negação; Kotov recusava-se a ouvir quaisquer palavras contra seus compatriotas, enquanto Botvinnik não acreditava que Spassky simplesmente fora derrotado. A cultura de mentira era tão predominante que, no final, os russos não acreditavam na verdade, mesmo quando bem diante do nariz.

Em meados da década de 1960, nenhum teatro da Guerra Fria era mais importante que Cuba, e nenhum partidário soviético dava ao

164 REI BRANCO E RAINHA VERMELHA

xadrez maior prioridade. Apesar de Capablanca não ter interesse pela política e de ser quase tão americano quanto cubano — passara seus anos formativos nos Estados Unidos, frequentemente residira e morrera ali —, sua memória foi apropriada pela coalizão de revolucionários cubanos e estrangeiros que derrubou Batista em 1959. Por um acidente da história, os dois líderes carismáticos da revolução cubana eram viciados no xadrez: Fidel Castro, o jovial megalômano que apresentou-se como o salvador do seu povo por ter substituído o regime autoritário pró-americanos por um totalitário antiamericanos; e "Che" Guevara, seu fotogênico mas cruel braço direito. Guevara participou de torneios com apenas 12 anos, e Fidel jogou xadrez com muitos dos grandes mestres que visitaram Cuba durante o meio século de sua ditadura. O regime de Fidel não deixou escapar nenhuma oportunidade de explorar o culto a "Capa" com fins propagandísticos. Em 1962, o ano da crise dos mísseis cubanos, Fidel promoveu o primeiro torneio Memorial Capablanca. Desde então, a competição vem acontecendo com periodicidade quase anual, tratando-se de um grande empenho financeiro para um país cuja economia passou do Primeiro para o Terceiro Mundo sob Fidel. As estrelas convidadas sempre eram os grandes mestres soviéticos, e artigos sobre essas disputas na "ilha da liberdade" ganhavam muito destaque nas publicações soviéticas.

De longe, o mais notório desses torneios Memorial Capablanca foi o de 1965. Nesse ano, Fidel convidou Bobby Fischer a participar. Desconfiando de uma manobra de propaganda, o Departamento de Estado recusou-se a dar-lhe permissão para viajar a Havana, apesar dos protestos nos editoriais do *New York Times* e do *Wall Street Journal*. Sem se intimidar, Fischer dispôs-se a jogar o match por telex, acomodado no Marshall Chess Club, em Nova York. Isso envolveu um elaborado ritual para evitar qualquer suspeição de trapaça. Fischer sentou-se numa salinha somente com o tabuleiro e um árbitro. Ele escrevia seus movimentos numa tira de papel que o árbitro entregava a um mensageiro, que a levava até uma outra sala para ser transmitida pela máquina de telex. Quando a resposta chegava de Havana, o processo era invertido. Tudo isso demorava muito mais horas do que um jogo normal, impondo uma enorme tensão extra sobre ambos os jogadores, particularmente Fischer, que teve que aguentá-la por 21 rodadas. Quando Fischer derrotou o ex-campeão mundial Vassili Smislov, uma voz foi ouvida na linha telefônica permanentemente aberta pelos cubanos: "O-lá? Bo-bie?" Era o grande mestre russo, elegantemente parabenizando Fischer por seu maravilhoso final de jogo. Smislov podia se dar ao luxo de ser magnânimo; apesar deste insucesso, no fim ganhou o torneio, logo à frente de Fischer, que havia perdido alguns pontos contra adversários menores.

Contudo, esse método laborioso, de longa distância, de jogar xadrez, tornado necessário pela política da Guerra Fria, de modo algum foi o único problema de Fischer. Antes de o evento começar, Fidel anunciou que a participação de Fischer era "uma grande vitória de propaganda para Cuba". Fischer disparou um telegrama a Fidel, afirmando que só participaria se o cubano prometesse que "nem você, nem o governo cubano tentarão tirar ganho político da minha participação". Fidel respondeu com insolente audácia: "Nossa terra não tem nenhuma necessidade de 'vitórias de propaganda' [...]. Se você estiver assustado e arrependido da decisão anterior, então é melhor arrumar outra desculpa ou ter a coragem de continuar honesto."

A imprensa ficou maluca com essa correspondência, que aconteceu somente três anos após a crise dos mísseis, quando as relações ainda eram tensas. Mas os ânimos ficaram ainda mais exaltados um ano depois, quando a Olimpíada de 1966 foi realizada em Havana. Não foram poupados recursos e, durante as semanas do torneio, toda a ilha só pensou em xadrez. A vitória de Capablanca sobre Lasker no Moscou 1936 foi reencenada como um balé enxadrístico ao vivo para 15 mil espectadores — uma "*extravaganza* Cecil B. DeMille", comentou Frank Brady, biógrafo de Fischer. Desta vez, os americanos foram autorizados por seu próprio governo a montar uma equipe, liderada por Fischer. Entretanto, os russos recusaram-se a adiar em duas horas o jogo entre Fischer e Petrossian, o campeão mundial soviético, para respeitar o sabá de Fischer, apesar de haver um arranjo prévio com os organizadores cubanos. A discussão rapidamente transformou-se num incidente internacional de larga escala, especialmente após o árbitro (um comunista tcheco) punir a equipe americana por não comparecimento. Um conselho de apelações *ad hoc* foi reunido; os russos receberam um comunicado para "reconsiderar", o match foi reprogramado e a imprensa cubana saudou o recuo soviético como um "nobre gesto".

A Olimpíada culminou num "Dia Mundial do Xadrez" no aniversário de Capablanca, com uma simultânea monstro de 380 mestres em 6.840 tabuleiros iluminados por holofotes na Plaza de la Revolución — a maior exibição do gênero em toda a história. A imprensa americana publicou uma foto de Fidel mastigando um charuto e jogando contra Fischer. De maneira ainda mais bizarra, anunciou-se que um atipicamente diplomático — para não dizer obsequioso — Fischer havia deliberadamente "perdido" para o ditador. Outras fotos mostram o campeão mundial soviético, Petrossian, aparentemente dando conselhos a Fidel. É bastante implausível que Fischer fosse voluntariamente entregar até mesmo uma partida casual contra uma dupla formada por Tigran Petrossian, então seu rival soviético mais encarniçado, e a figura mais notória do bloco comunista fora da União Soviética, Fidel Castro. Segundo o mestre britânico Raymond Keene, Fischer nunca jogou com Castro, apenas lhe mostrou um famoso jogo do século XIX entre Paul Morphy e o duque de Brunswich. Petrossian, que estava assistindo, tentou ajudar Castro a encontrar a jogada vencedora, mas aparentemente o ditador cubano era um jogador muito fraco para encontrá-la.

O significado simbólico do encontro Fischer-Castro só é inteiramente captado quando se compreende como as fotos foram distorcidas por uma falsa interpretação quase certamente plantada por propagandistas cubanos, que ainda podiam controlar as imagens despachadas para o mundo exterior. Assim que a tecnologia tornou o envio de fotos para o Ocidente uma coisa simples, o monopólio do Estado não mais pôde ser mantido. Mikhail Gorbachev sinalizou uma política mais liberal rumo à liberdade de imprensa. Seu slogan de *glasnost*, contudo, dizia respeito menos à adoção da transparência e mais à admissão de que numa era da informação os métodos surrados nem sempre bastavam para manter corações e mentes sob controle. Contudo, como Vladimir Putin mostrou, as velhas táticas do KGB ainda funcionam se o Ocidente está suficientemente acovardado para aceitar pelo valor de face aquilo que vê.

O inesperado e traumático revés de Fischer em Curaçao pode ter deflagrado um gradual distanciamento da realidade e a chegada de uma desconfiança patológica contra amigos e inimigos. Durante os próximos oito anos, ele começou a exibir os sintomas da paranoia posterior. Após o fiasco em Curaçao, Fischer passou a ouvir as transmissões radiofônicas do evangelista Herbert W. Armstrong e de seu filho Garner Ted Armstrong. Pouco depois, entrou para a Igreja Mundial de Deus liderada pelos dois: uma seita cristã fundamentalista que combina ideias de batismo por completa imersão corporal com rígida adesão às Escrituras hebraicas, incluindo o sabá judaico e regras alimentares. Na prática, isso significou que, dali por diante, Fischer se recusaria a jogar xadrez do pôr do sol das sextas-feiras até o pôr do sol dos sábados, desse modo impondo aos organizadores de torneios mais uma condição a cumprir — e apresentando aos soviéticos outra oportunidade para obstruir sua escalada ao topo.

O exemplo mais tragicômico disso foi o fiasco no Interzonal de 1967 realizado em Sousse, na Tunísia. Como o duelo soviético-americano no ano anterior, na Olimpíada de Havana, o incidente de Sousse começou com uma disputa acerca de se jogar no sabá. Fischer e Reshevsky recusavam-se a iniciar seus jogos nos sábados antes do pôr do sol — isto é, deveriam começar às 19h, e não às 16h. Os organizadores do torneio a princípio tentaram fazer os outros enxadristas aceitarem, mas o início tardio significava que, quando a maior parte das partidas terminasse, por volta da meia-noite, todos os restaurantes estariam fechados. Os grandes mestres perderiam o jantar, o que era particularmente duro para aqueles que teriam que terminar jogos adiados na manhã seguinte. Houve um protesto, e os organizadores tunisianos cederam.

Fischer inicialmente aceitou essa alteração na programação e saltou à frente do restante no começo da competição. Entretanto, mais tarde, a disputa voltou a esquentar. Não apenas suas outras exigências, acerca de iluminação, barulho e fotografias, foram ignoradas como Fischer teria que jogar seis jogos sem intervalo. Então aconteceu a inevitável discussão; ele abruptamente anunciou sua retirada. Fischer não compareceu para o jogo contra o grande mestre letão Aivars Gipslis e foi considerado perdedor. Em seguida, deixou Sousse rumo a Túnis. Houve um último esforço dos americanos para persuadi-lo a retornar, com a promessa de que o jogo contra Gipslis seria julgado pela FIDE.

Em Sousse, todos admitiram que Fischer havia partido de vez — e aqueles que tinham perdido para ele, incluindo o campeão soviético Leonid Stein, sem dúvida desejavam que as partidas do americano fossem anuladas. Fischer deveria jogar contra Reshevsky, então com 56 anos, e o seu relógio foi acionado. Enquanto os minutos corriam, todos — inclusive Reshevsky — pensaram que Fischer não compareceria. De repente, pouco antes da hora para ser dado como perdedor, Fischer chegou de Túnis. Para o veterano rival, que ficou em estado de choque, Fischer muito bem podia ser uma aparição do mundo dos mortos. Tão confiante estava Fischer que, quando comunicado que tinha apenas dez minutos, esperou outros cinco minutos antes de entrar no salão de jogos, ecoando Sir Francis Drake à espera da Armada: "É tempo suficiente para Reshevsky!"

E, de fato, Fischer ganhou a partida sem muito esforço. O furioso Reshevsky enviou uma petição aos árbitros, que apresentaram um memorando a Fischer, convidando-o a se desculpar pelo comportamento e a respeitar as regras. Fischer rasgou o papel sem se dar ao trabalho de ler. Mas o abandono contra Gipslis foi mantido pelo comitê de Sousse, após o contingente soviético ameaçar um abandono em massa. Fischer recusou-se a comparecer para o próximo embate, contra o tcheco Vlastimil Hort, que também foi considerado W.O. Apesar de não ter perdido nenhum dos jogos que disputou, e de talvez até vencer o torneio mesmo com as partidas consideradas perdidas por abandono, Fischer decidiu se retirar. Quando lembrado por um diplomata americano de que era um representante dos Estados Unidos, Fischer, de maneira reveladora, respondeu: "Eu não represento ninguém aqui além de mim mesmo!" Foi um prenúncio da sua total alienação em relação à terra natal no futuro.

Depois de Sousse, exceto por alguns torneios menores em 1968, Fischer efetivamente abandonou o xadrez. Pelos próximos dois anos pareceu cada vez mais improvável o retorno aos tabuleiros. As esperanças aumentaram quando compareceu para competir pela equipe americana na Olimpíada de Lugano, Suíça, apenas para serem postas por terra quando sua exigência de jogar em uma sala privada, longe de espectadores, foi recusada. Fischer imediatamente abandonou a cidade, deixando os companheiros de equipe para se virarem como podiam. Numa entrevista, culpou as autoridades enxadrísticas por negar-lhe a chance de desafiar a hegemonia soviética. "Tudo isto significa a destruição da FIDE", declarou. "Tenho que ter respeito próprio." A maioria dos americanos concordaram com ele: culparam o presidente da FIDE, Folke Rogard, por não intervir em Sousse para assegurar que o melhor de todos tivesse uma chance de enfrentar Petrossian. Quando, em 1970, um novo presidente da FIDE foi eleito — o ex-campeão mundial Max Euwe —, ele imediatamente adotou um papel mais ativo. As viagens aéreas haviam introduzido a diplomacia da ponte aérea. À sua maneira discreta, holandesa, Euwe elegeu como prioridade a intermediação entre os campos soviético e americano. Compreendeu, algo que escapara a seus antecessores, que podia pagar para ver os blefes russos, porque a União Soviética tinha uma grande aposta no xadrez.

Tendo se mudado de Nova York para Los Angeles, Fischer viu-se pela primeira vez forçado a enfrentar o fato de que, sem o xadrez, sua vida era um vazio. A coisa mais próxima que tinha de um amigo, o assistente Larry Evans, relembrou o estado mental de Fischer durante o exílio autoimposto: "Ele se sentia deprimido em relação ao mundo e achava que as chances de haver um holocausto nuclear em curto prazo eram muito boas. Achava que devia aproveitar o dinheiro que tinha antes que fosse muito tarde." Por falta de algo melhor para fazer, Fischer escreveu um livro sobre as duas únicas coisas que o interessavam: o xadrez e ele mesmo. O resultado foi *My 60 Memorable Games* [Minhas 60 partidas memoráveis]. O título já dizia tudo: aos olhos do autor, a única coisa memorável a respeito da sua vida era o xadrez. Contudo, apesar do fato de o livro não conter nada de política, nenhuma informação autobiográfica, nada para equilibrar as anotações austeras, porém brilhantes, de Fischer, imediatamente ganhou status de clássico na literatura do xadrez. Não era uma expressão de megalomania; diferentemente da maioria dos grandes mestres, Fischer incluiu nove empates e três derrotas entre as sessenta partidas, ao mesmo tempo que excluiu a vitória mais famosa, o "Jogo do Século", contra Donald Byrne, que havia anunciado a chegada do prodígio em 1956. Desnecessário dizer, houve infindáveis discussões com o editor, especialmente porque Fischer preocupava-se em não revelar muito em suas notas, a fim de não ajudar os rivais soviéticos. Ainda assim, o livro foi um *best-seller* e jamais saiu de catálogo desde então. Uma nova geração de fãs aprendeu sozinha a jogar seriamente xadrez com o auxílio de Fischer.

Fischer jogou apenas uma vez em público em 1969, um match num clube de Nova York contra o grande mestre Anthony Saidy, mas foi uma obra-prima — irresistível para quem desejava vê-lo enfrentando o recém-coroado novo campeão mundial, Boris Spassky. Em vez disso, ele continuou sua guerra contra os soviéticos por outros meios. Ao resenhar um livro russo, Fischer tocou num nervo exposto: "A literatura enxadrística soviética tem, de modo geral, um parcialismo; os soviéticos não gostam de dar crédito por inovações em aberturas a estrangeiros", escreveu em *Chess Digest*, acrescentando: "São inúmeros os exemplos dessa flagrante falta de integridade." Houve fúria em Moscou, bem

A ODISSEIA DE BOBBY 171

como satisfação por Fischer estar devotando sua energia à propaganda em vez de ao jogo de xadrez. Os grandes mestres soviéticos relaxaram à medida que a ameaça oferecida por Fischer à sua hegemonia recuou.

No Ocidente, contudo, os fãs do xadrez ficaram chocados com o enfraquecimento da esperança de um campeão mundial americano. Parecia que a tragédia de Paul Morphy estava se repetindo. Pela primeira vez, começaram a surgir sérias dúvidas a respeito da sanidade de Fischer. Seu biógrafo, Frank Brady, afirma que, após a debacle em Sousse, Fischer escreveu "uma longa, elaborada e dolorosa carta afirmando que jamais jogaria xadrez novamente". Se é que existiu, este documento (que Brady extravagantemente comparou ao "Testamento Heiligenstadt" de Beethoven) jamais apareceu. De todo modo, a decisão de Fischer de acabar com a participação ativa no mundo do xadrez deixou um vácuo que ele preencheu com fantasias sobre comunistas e judeus.

O antissemitismo de Fischer não era novidade. O grande mestre holandês Jan Hein Donner relembrou conversas com Fischer em Bled, em 1961, que sugerem que "a visão de Fischer do mundo assumira formas mórbidas; ele achava que todo o mal no mundo vinha de judeus, comunistas e homossexuais... Na época, ele estava embevecido com Hitler e lia tudo o que conseguia sobre esse assunto. Seus comentários antissemitas eram normalmente recebidos com risadas embaraçadas, mas ninguém fazia nada". Donner levou Fischer a um museu de campo de concentração, que causou "uma enorme impressão nele, já que nas profundezas da sua alma Fischer não era uma má pessoa, e ele atenuou significativamente o seu comportamento, pelo menos enquanto falava comigo".

Com o passar do tempo, Fischer não deixou para trás o antissemitismo; de fato, suas explosões ficaram piores, com os picos coincidindo com os períodos de exílio do xadrez autoimposto: 1962-65, 1968-70 e 1972-92. O grande mestre Larry Evans, seu ex-amigo e auxiliar, rememorou uma ocasião nos anos 1960: "Fischer e eu vimos um documentário sobre Hitler no velho Amsterdam Theatre, na 42nd Street [em Nova York]. Quando estávamos saindo, ele disse que admirava Hitler. Perplexo, perguntei por quê. 'Porque ele impôs sua vontade ao mundo', respondeu." Durante uma estada de dois meses com a amiga Lina Grumette, em 1967, Fischer também lhe falou da admiração que tinha por Adolf Hitler. Até mesmo seu sobrenome era judaico demais para o seu gosto, de forma que preferia assinar "Robert James". As profundezas em que esse ódio a si mesmo o jogou permaneceram escondidas da vista do público até muito mais tarde. Em 1984, ele escreveu uma carta aberta de reclamação ao editor da *Encyclopedia Judaica* exigindo a remoção do seu nome desta obra de referência. Fischer protestou que não apenas não era judeu, como nem sequer havia sido submetido ao seu ritual primário: "Sabendo o que sei sobre o *judaísmo*, naturalmente fiquei incomodado ao ver que vocês erroneamente me apresentaram como judeu... Eu não sou judeu hoje, nem jamais fui e, na realidade, não sou circuncidado."

Um dos muitos paradoxos de Bobby Fischer era que, apesar de odiar o comunismo, em sua imensa estima ao xadrez, ele estava mais próximo dos rivais soviéticos do que dos compatriotas. Durante a vida, foi vítima da mania de perseguição. No entanto, sua guerra solitária contra os "trapaceiros comunas" durante a ascensão ao topo foi diferente da posterior, cada vez mais irracional e, no fim, insana diatribe contra os judeus e os Estados Unidos. Ao tirar o título mundial das mãos dos poderosos soviéticos, Fischer teve êxito onde ninguém conseguira antes, ou mesmo depois. Não se tratava do feito de um maluco, porque isso exigia qualidades acima da genialidade no xadrez. O mesmo não se poderia dizer do Fischer de olhos agitados, vulgar e obsceno que emergiu muitos anos depois como um fugitivo não apenas da Justiça, mas também da própria realidade. A partir do momento em que renunciou ao xadrez após sagrar-se campeão mundial, tornou-se presa dos seus demônios. É muito fácil dizer que, porque Fischer ao final de sua vida era tanto louco como destrutivo, sua condição deveria ser diagnosticada retrospectivamente, em detrimento da carreira inicial. Não foi o xadrez que fez de Fischer o que ele por fim se tornou — foi o abandono do xadrez. Sem a sociabilidade e a rotina que vinham da competição, sua mente voltou-se para si mesma. Não menos desastroso para Fischer foi o fim da Guerra Fria. Se foi o xadrez que preservou sua sanidade, foi a Guerra Fria que deu ao seu gênio o palco que exigia para atuar e que canalizou sua destrutividade. Na ausência do xadrez e da Guerra Fria, Fischer nutriu uma terrível fúria contra o mundo que iria consumir sua razão, sua reputação e, por fim, sua liberdade.

10

UM AQUILES SEM CALCANHAR DE AQUILES

DURANTE UM GLORIOSO verão, o xadrez ultrapassou todos os outros jogos em popularidade e importância. Por mais remota que Reykjavik fosse, as reverberações foram sentidas por todo o planeta. Mais de uma geração depois, o evento ocorrido ali em julho e agosto de 1972 ressoa até hoje. Fischer-Spassky foi muito mais que um match de xadrez. Ganhou a grandiosidade de um épico — talvez o único épico da Guerra Fria.

Um épico, pela definição do dr. Johnson, "deve ser heroico ou conter uma grande ação realizada por um herói". Os acontecimentos que formam a base da *Ilíada* são tão representativos da Guerra de Troia quanto Fischer-Spassky é da Guerra Fria. Até mesmo o sítio de uma década de uma pré-histórica cidade-Estado era um tema por demais vasto e amplo para servir aos propósitos narrativos de um épico. Como alternativa, Homero nos convida a examinarmos um episódio supremamente heroico e simbólico: a fúria de Aquiles e suas consequências, culminando em seu duelo com Heitor.

A Guerra Fria aconteceu em uma escala incomparavelmente maior do que a Guerra de Troia, contudo já está se apagando da nossa consciência. Não deixou nenhum épico — de fato, quase nenhuma marca na literatura que não o *thriller*. Todavia, diferentemente dos espiões reais ou ficcionais que povoam esse gênero, Fischer e Spassky ao menos aproximaram-se de um heroísmo mais autêntico. A Guerra Fria foi a primeira guerra causada e controlada por intelectuais, e foi mais bem simbolizada como o jogo dos intelectuais. Na era do genocídio, quando a guerra não mais era a arena em que feitos de heroísmo sublime podiam ser realizados, o xadrez foi a sublimação do sublime. Os grandes mestres personificaram um antagonismo abstrato num campo de batalha abstrato utilizando armas abstratas; não obstante, sua luta envolveu toda a vida humana. Ainda que ambos tivessem muitas imperfeições para serem heróis, eram reverenciados como tal; sua luta era mais heroica do que eles próprios. "Sempre se sugere que os líderes mundiais deveriam decidir tudo numa luta", disse Fischer a James Burke, especialista em ciências da BBC. "E isso é o tipo de coisa que estamos fazendo — não com bombas, mas combatendo em cima de um tabuleiro."

Talvez não seja coincidência que, desorientado pelo choque de uma derrota devastadora, o mais erudito dos oponentes destroçados por Fischer, Mark Taimanov, tenha recorrido a Homero para uma comparação: "Ele é um Aquiles sem um calcanhar de aquiles." Fischer tinha muito em comum com Aquiles, o mais orgulhoso e impetuoso dos gregos. Sem ele e seus mirmídones, os demais gregos eram impotentes contra Heitor e os troianos. Da mesma maneira, Fischer era a única esperança do Ocidente para desafiar a hegemonia soviética no xadrez. A ação na *Ilíada* vira no momento em que Aquiles, tomado pelo remorso após a morte do amado Pátroclo nas mãos de Heitor, resolve retornar à batalha em busca de vingança, apesar do alerta de sua mãe, Tétis, de que também ele está fadado a morrer.

Apenas o grito de guerra de Aquiles é o bastante para instaurar o terror nos corações troianos. Semelhante foi a reação dos russos à notícia, em março de 1970, de que, após dois anos enfurnado em seu canto, Bobby Fischer estava de volta. As circunstâncias do retorno foram dramáticas. Pela primeira vez, um match foi organizado em Belgrado, sob o patrocínio do marechal Tito, um fanático por xadrez, colocando a URSS contra o Resto do Mundo: dez jogadores de cada lado, quatro jogos para cada. Sem Fischer, esse "Match do Século" teria sido lamentavelmente unilateral; ainda assim, a maioria dos *experts* previram uma esmagadora vitória dos soviéticos. Foi esse fator que, segundo Fischer, o persuadiu de que era hora de voltar.

O árbitro iugoslavo Bozidar Kazic disse-lhe: "Se você não participar, o 'Match do Século' será apenas o maior absurdo do xadrez do século!"

"Foi difícil para mim responder algo", relembrou Fischer. Ele também queria vingança: contra a FIDE, os críticos e, acima de tudo, os soviéticos. Fischer falou a um entrevistador: "Eu queria voltar e colocar toda aquela gente em seu lugar."

A maioria duvidava que Fischer realmente iria jogar. Haviam ocorrido várias tentativas de atraí-lo novamente à arena internacional. Pouco tempo antes, quase se concretizaram as negociações para um match-exibição de 18 partidas na cidade holandesa de Leiden contra o ex-campeão mundial Botvinnik. O Comitê de Esportes soviético atendera aos desejos do patriarca; sua carreira se iniciara com um match contra um ocidental, Salo Flohr, e ele esperava terminá-la derrotando outro ocidental, Fischer, por um bom punhado de dinheiro holandês. A seriedade com que Botvinnik encarou suas próprias chances é ilustrada pelo fato de que o campeão mundial, Spassky, passou três semanas treinando com ele em setembro de 1969. O confronto ruiu no último minuto, quando Fischer subitamente exigiu que as regras fossem alteradas para que o match não tivesse limite de duração, com o vencedor sendo aquele que primeiro ganhasse seis partidas, descartados os empates. Nem Botvinnik, então com 59 anos, que encarava o evento como seu canto do cisne, nem os organizadores queriam o risco de um match de fim aberto. Fischer tinha menos da metade da idade do adversário e até mesmo Botvinnik assumiu que iria perder, mas como haviam jogado uma única vez — um famoso empate na Olimpíada de 1962 em Varna —, foi desperdiçada uma rara chance de ver dois dos maiores enxadristas da história duelarem.

Desse modo, a chegada de Fischer a Belgrado eletrizou a atmosfera. Tanto a equipe da URSS como a Resto do Mundo incluíam inúmeros outros egos monstruosos, todos competindo entre si para jogar num tabuleiro de maior destaque. O time soviético havia treinado intensamente numa estância campestre perto de Moscou, com cada membro recebendo um gordo arquivo sobre o provável oponente. Pela primeira vez, o sistema de classificação do professor Arpad Elo foi seguido à risca, daí resultando que jogadores mais velhos, tais como Botvinnik e Keres, viram-se relegados a tabuleiros secundários. "Metade dos nossos jogadores não se cumprimentavam", relembrou Spassky, o campeão mundial. "A atmosfera era horrível. Jogar era repulsivo para mim. Se eu pudesse ter evitado jogar, não teria jogado."

Havia ainda menos camaradagem no lado do Resto do Mundo. Os outros grandes mestres recebiam meros 500 dólares; eles se ressentiam do cachê especial de Fischer, cinco vezes maior, e das 23 condições nas quais insistiu, apesar de a maioria delas (tal como boa iluminação) beneficiar a todos. Bent Larsen, o grande mestre dinamarquês que então estava no auge, insistiu que seus últimos resultados eram superiores aos de Fischer. Ele ameaçou não jogar se não ficasse com o tabuleiro número um, apesar de sua graduação Elo ser mais baixa do que a de Fischer. Todos assumiram que Fischer se recusaria a jogar no tabuleiro dois e que o Resto do Mundo teria que se virar sem um dos seus dois melhores jogadores. Max Euwe, o capitão da equipe, procurou Fischer no hotel para explicar. Para seu grande espanto, Fischer respondeu sem hesitar: "Não me oponho." Por que concordou em ser o número dois? "O argumento de Larsen é bom", falou. "Além disso, não preciso fazer nada desonroso para criar uma imagem melhor." Apesar de mais tarde mudar de opinião sobre a decisão, ela de fato melhorou sua imagem. Também foi bastante astuto, porque significava que Fischer jogaria não contra Boris Spassky, o campeão mundial, mas contra o homem que havia sido recentemente destronado: Tigran Petrossian. "Achei que seria mais fácil enfrentar Petrossian", Fischer contou depois.

Contudo, para Fischer, era um match de ressentimento. A outro grande mestre americano, Walter Browne, Fischer revelou que jamais perdoara Petrossian por qualificar-se "fraudulentamente" para enfrentar

Botvinnik pelo título mundial em Curaçao em 1962. Acusou Petrossian de ter sido o "instrumento dos russos para sujar meu nome, denegrir meu caráter e minhas capacidades enxadrísticas, rebaixar meus resultados, ridicularizando e mentindo a meu respeito genericamente". Aos olhos de Fischer, Petrossian era um impostor, que abusara de seu prestígio como campeão mundial e de sua posição como editor da principal publicação enxadrística soviética. Esse ressentimento incontido, junto com o conhecimento de que, após dois anos de ausência, sua reputação estava em jogo, deixou Fischer atipicamente nervoso. O grande mestre russo Mark Taimanov observou que Fischer estava "meia hora atrasado, branco como papel, e por um longo tempo não conseguiu pôr-se em ordem para fazer o lance inicial". Até mesmo Fischer admitiu que "não estava muito seguro de mim — era, na verdade, um desconhecido para mim mesmo. Mas, de algum modo, apenas olhar para o rosto de Petrossian foi tranquilizador. Ele parecia assustado! E sei por quê. Era o momento da verdade para Petrossian".

Era um momento da verdade também para Fischer. Dos principais jogadores da sua época, Petrossian era considerado o mais difícil de derrotar. Ele raramente se esforçava para vencer, mas tinha uma diabólica habilidade para extrair empates até mesmo das posições mais desanimadoras. Quando sentaram-se para jogar em Belgrado, Fischer contabilizava um retrospecto negativo contra o ex-campeão, tendo perdido três partidas e ganhado somente uma. É concebível que, tendo esperado tanto tempo para representar o Ocidente contra o império do mal, caso Fischer tivesse perdido para o astuto armênio, abandonasse o xadrez naquele instante.

Em vez disso, algo extraordinário ocorreu. Com 15 lances, Petrossian — o mestre da defesa — cometeu um erro crasso. Por mais que lutasse, não havia escapatória, e ele foi aniquilado. A segunda partida também não foi bem para Petrossian; dessa vez, portou-se passivamente e vagou rumo a um final de jogo perdido. Fischer, tendo igualado o placar geral entre ambos, apregoou que, caso empatasse um único jogo, daria a Petrossian o carro Moskvitch soviético prometido ao vencedor do tabuleiro dois. No tabuleiro um, a sensacional derrota de Larsen em 19 movimentos para Spassky, na segunda rodada, fez o triunfo de Fischer ganhar um peso ainda maior.

As últimas duas rodadas mostraram-se mais difíceis para o americano. Petrossian se recompôs, e aí foi a vez de Fischer se defender. Agitado como sempre, havia trocado de quarto no hotel três vezes, terminando justamente na porta ao lado do adversário — mais por acaso do que por planejamento. Após o quarto jogo ser adiado com uma posição favorável a Petrossian, Fischer "ouviu o telefone tocar a intervalos de poucos minutos, e imaginou uma equipe de analistas soviéticos tentando descobrir todos os meios de vencer a partida". Conforme as palavras de Tal, "só a muito custo Fischer empatou os dois últimos jogos".

Foi o suficiente. Fischer venceu o minimatch com Petrossian por 3 a 1, obtendo o melhor resultado do time Resto do Mundo. No geral, o match terminou com a vitória da URSS pelo placar mais apertado; os soviéticos venceram por um único ponto, 20,5 a 19,5. Na última rodada, o húngaro Lajos Portisch ofereceu um empate a Viktor Kortchnoi numa posição em que tinha vantagem tanto material quanto no relógio. Caso tivesse vencido, o Resto do Mundo teria conseguido um empate geral. Fischer ficou furioso por o mundo livre perder sua chance e suspeitou de armação. "Estou realmente doido! É uma vergonha. A posição de Kortchnoi estava perdida." Os rumores de que Portisch sofrera pressão política foram furiosamente refutados pelo próprio enxadrista, mas jamais se debelaram. Sim, o grande mestre húngaro era um fiel comunista, contudo havia atropelado Kortchnoi na rodada anterior. Mesmo se Portisch tiver de fato permitido que a política influenciasse seu xadrez, de modo geral os leste-europeus — que compunham a maioria do Resto do Mundo — foram bem contra os camaradas soviéticos.

Apesar de ter vencido o Resto do Mundo, a URSS foi derrotada nos principais tabuleiros — um mau sinal, especialmente porque os jogadores soviéticos tinham uma idade média de 43 anos, com quatro a mais do que a dos adversários. O resultado consternou as autoridades soviéticas. "É uma catástrofe", um enxadrista soviético não identificado teria admitido. "Em casa, eles não entendem. Acham que significa que há algo de errado com a nossa cultura." A miniatura* de Spassky contra Larsen acabou sendo a única vitória obtida pelo lado soviético nos quatro principais tabuleiros, de um total de 16 partidas. O convincente triunfo de Fischer eclipsou a irregular performance de Spassky, que acabou empatado com Larsen. Os americanos ficaram tão satisfeitos que, no banquete de encerramento, propuseram um match sem validade para o título entre Fischer e Spassky, a ser disputado em Moscou, Nova York, Chicago e Los Angeles. Os dois ficaram interessados — o prêmio ao vencedor, 15 mil dólares em ouro, oferecido pelo presidente da Fundação Americana de Xadrez, Rosser Reeves, na época parecia uma soma fabulosa aos russos acostumados com modestas bolsas em rublos —, mas Spassky sabia que as autoridades soviéticas jamais permitiriam que arriscasse seu prestígio em semelhante match. Ele polidamente declinou, explicando que seria injusto para com seus compatriotas.

No lado americano, o capitalismo dominava o xadrez. As competições eram organizadas, geralmente em Nova York, por patronos privados, pagas por meio de subscrições ou por iniciativa de magnatas *self-made*. Assim como jamais existira uma corte imperial, também não havia um Estado ou aparato do partido para substituir esse esquema como fonte de benemerência. Os grandes mestres soviéticos, acostumados à vida subsidiada dos funcionários públicos, desdenhavam o deslavado comercialismo do xadrez americano, embora não tivessem objeções às moedas fortes. No torneio Fried Chicken, realizado em 1972 em San Antonio, Texas, o primeiro prêmio foi dividido entre o russo Anatoli Karpov, o armênio Tigran Petrossian e o húngaro Lajos Portisch. Cada um levou para casa 2.333 dólares — uma vasta soma se comparada aos parcos valores nos países comunistas. Contudo, a auto-hagiografia de

---

*Miniaturas são partidas de curta duração, em geral de não mais que 20 ou 25 movimentos. (*N. da E.*)

Karpov — intitulada *Chess is My Life* [O xadrez é minha vida] e feita por um *ghost-writer* — escarnece a competição meramente pelo fato de o patrocinador ser um magnata texano comerciante de galinhas fritas. O capitalismo americano não era meramente a antítese do comunismo soviético — era vulgar também.

Spassky voou de volta para casa a fim de se preparar, mas Fischer queria novos desafios. Para o seu próximo truque, o mago do Brooklyn competiu contra cerca da metade dos membros de ambas as equipes num "Campeonato Mundial Relâmpago" não oficial na estância iugoslava de Herceg Novi. Com apenas cinco minutos para cada jogador fazer todos os lances, as partidas tinham qualidade irregular, mas o resultado foi inequívoco: Fischer terminou 4,5 pontos à frente de Tal, o adversário mais próximo, vencendo 17 e perdendo apenas um (para Kortchnoi) de um total de 21 jogos. O seu placar geral contra a elite soviética — impressionantes 8,5 a 1,5 — foi desprezado em Moscou porque se tratava apenas de jogos de velocidade, e não de partidas "sérias".

Porém, um ou dois russos intimamente nutriam o desejo de que o americano desafiasse o *establishment* soviético. David Bronstein, que conhecia e gostava de Fischer, ouviu uma longa explicação dele sobre por que odiava a FIDE e não participaria do próximo ciclo de disputas pelo mundial, que estava prestes a começar. "De repente, Bobby parou e murmurou, um tanto confuso: 'Você acha que eu deveria jogar?' 'Sim', foi tudo o que falei. Ele ficou pensativo e não voltou ao assunto." (Uma outra declaração significativa, desta vez dada a Petrossian, foi relatada pelo jornalista iugoslavo Dimitrije Bjelica: "[Fischer] disse que acreditava em computadores enxadristas, que um dia até mesmo derrotariam campeões mundiais. Quando isso aconteceria? Tudo dependeria do número de cientistas que trabalhariam com as máquinas." Dado o ceticismo que ainda prevalecia entre os mestres profissionais, Fischer foi presciente. Ele pode ter calculado que 1972 seria a última oportunidade para atingir a ambição de sua vida antes de ser desafiado não apenas por uma geração mais nova, mas também pela força bruta

182 REI BRANCO E RAINHA VERMELHA

dos computadores. Na realidade, só em 1997 as máquinas conseguiriam derrotar um campeão mundial vigente em um match formal; Fischer previu isso um quarto de século antes.)

Ainda na Iugoslávia, Fischer somou mais uma vitória contra os russos e outros comunistas no forte "Torneio da Paz", em Rovinj e Zagreb. Ele empatou com os quatro grandes mestres soviéticos, mas esmagou os de menor peso, terminando com uma boa vantagem sobre o resto. Mais tarde, Kortchnoi revelou a Moscou que Fischer estava confiante em poder derrotar Spassky. "Dos jogadores estrangeiros, exceto ele, ninguém é uma ameaça à coroa", escreveu. "Larsen é muito mais fraco." Tal observou que, diferentemente de Fischer, "nossos principais jogadores simplesmente não estão acostumados a lutar pelo primeiro lugar".

Após o seu longo período sabático, Fischer passou quase três meses na Iugoslávia, jogando xadrez de forma praticamente ininterrupta. Ele evidentemente também gostou da adulação — a tal ponto que cogitou comprar uma casa no mar Adriático e mudar-se para lá. Mas a sua próxima aparição, em Buenos Aires, foi ainda mais sensacional. Ali, venceu 13 jogos, concedendo quatro empates e nenhuma derrota, ganhando inflamados aplausos dos argentinos, igualmente obcecados pelo xadrez. Vladimir Tukmakov, um jogador russo em ascensão que ficou num distante segundo lugar, admitiu ter sido afetado pelo "culto a Fischer". "Fischer é fanaticamente devotado ao xadrez", afirmou, de volta a Moscou, com admiração. "Mesmo quando o primeiro lugar estava garantido, continuou a jogar as partidas restantes como se seu destino no torneio dependesse delas." Fischer prolongou o jogo contra o ex-campeão mundial Smislov até restarem somente os dois reis no tabuleiro. Defrontados com tamanha agressividade, até mesmo os russos se intimidaram.

Fischer agora estava envolto por uma aura de invencibilidade e começou a acreditar no próprio mito. Em setembro de 1970, ao chegar a Siegen, na Alemanha Ocidental, para a disputa da 19ª Olimpíada estava sem perder um jogo sério de xadrez para um oponente soviético havia

UM AQUILES SEM CALCANHAR DE AQUILES

mais de três anos. Naquele momento, contudo, sabia que, quando a URSS enfrentasse os EUA, inevitavelmente encontraria um russo que jamais derrotara: Boris Spassky.

De todos os campeões mundiais soviéticos, Spassky era o mais culto, mais encantador, de melhor aparência e o mais popular. Do ponto de vista do Kremlin, só havia um problema com Spassky, mas grande: ele não era comunista. Nascido em 1937, era o último da safra pré-guerra, que incluía gigantes como Kortchnoi, Petrossian e Tal; depois dele veio o dilúvio, sem nenhum gênio até o surgimento de Anatoli Karpov (nascido em 1951) nos anos 1970. Spassky descendia do clero ortodoxo, que manteve uma existência clandestina mesmo durante os dias mais negros da perseguição stalinista. Seu avô paterno fora o último de uma longa linhagem de padres ortodoxos, consagrado pessoalmente com uma cruz dourada pelo último tsar, Nicolau II. Sua mãe também era profundamente religiosa e reverenciava o monge virtuoso Serafim de Viriza, que abençoara a família do jovem Boris. Seu pai, um engenheiro estrutural, sobreviveu à guerra, mas teve apenas um pequeno papel na vida do filho. Boris tinha 4 anos quando o cerco de Leningrado começou, em agosto de 1941. Os Spasskys estiveram entre os 636 mil evacuados antes de o círculo nazista se fechar; Viktor Kortchnoi, então com 10 anos, esteve entre o meio milhão de mulheres e crianças deixadas para trás. Os evacuados foram levados para Moscou, e Boris inicialmente foi alojado com outra família, onde aprendeu a jogar xadrez. Seus pais logo se divorciaram, o que o deixou sem a figura paterna: "Quando tinha 6 ou 7 anos, era o chefe da minha família."

Como Fischer, Spassky cresceu num lar predominantemente feminino. Ao contrário do rival, tornou-se o queridinho das mulheres. Sua mãe, uma professora e líder da Komsomol (Organização da Juventude Comunista), misturava cristianismo e comunismo com um estoico instinto de sobrevivência. Para alimentar os filhos, ela se submetia a extenuantes trabalhos manuais até se machucar. Ao retornar a Leningrado após a guerra, o pré-adolescente Boris redescobriu o xadrez no pavilhão de esportes numa ilha do Parque Central. "Apaixonei-me pela rainha branca. Eu sonhava em acariciá-la no meu bolso, mas não ousava roubá-la. O xadrez é puro para mim." Ele passava o dia inteiro ali, se possível até as 23h, mas "foi uma tragédia para mim quando o local foi fechado em setembro. Sem xadrez, era como a morte".

Boris logo encontrou um clube de xadrez melhor no Palácio dos Jovens Pioneiros. Os Spassky eram tão pobres que, no inverno, ele tinha que usar as botas militares da mãe, grandes demais para o seu tamanho. Boris foi descoberto pelo brilhante professor Vladimir Zak e progrediu rapidamente: aos 10 anos, era o mais jovem enxadrista de primeira linha da Rússia. Grigori Levenfich também o apadrinhou, e Boris passou a receber um estipêndio mensal de 120 rublos. O xadrez tornara-se o seu meio de vida, e, a partir daí, Spassky transformou-se no provedor da família. Aos 13 anos, era o mais jovem candidato a mestre; aos 15, o mais jovem mestre internacional do mundo; aos 18, campeão mundial júnior e mais jovem grande mestre. Para não ficar atrás, a irmã mais tarde tornou-se campeã soviética de damas. Uma fotografia de Boris com 11 anos mostra um rosto excepcionalmente maduro. Como Fischer, aprendeu da maneira mais difícil a não se deixar ser explorado. Jogando contra 15 oficiais do Exército Vermelho simultaneamente, permitiu que um adversário voltasse atrás num movimento, perdeu o jogo — e caiu em lágrimas. Contudo, o cachê pagou o seu primeiro capote de inverno — uma questão de vida ou morte. A vida sob Stalin fez de Boris o *wunderkind*,* com sabedoria superior à de sua idade.

Spassky fora o maior prodígio do xadrez soviético, mas cresceu para se tornar o seu filho pródigo. A princípio, tudo parecia acontecer sem esforços para ele; era belo, inteligente e encantador. Até mesmo a preguiça, pela qual era famoso, não o atrapalhava; ele se parecia com o muito amado estereótipo nacional Oblomov — a uma grande distância do ideal estacanovista** personificado no xadrez por Botvinnik. "É da

---

*Em alemão, criança prodígio. (*N. do T.*)
**Termo soviético derivado do mineiro Aleksei Stakhanov, que bateu recorde na extração de carvão. (*N. do T.*)

UM AQUILES SEM CALCANHAR DE AQUILES   185

minha natureza ser como um urso russo", brincou com seu biógrafo
Bernard Cafferty, "que até mesmo considera um esforço encontrar
tempo para se levantar." Tampouco escondia sua preferência pela antiga Rússia tsarista. Entre os dois velhos rivais que haviam dominado o
xadrez em Leningrado por décadas, Levenfich e Botvinnik, era com o
primeiro — "um homem de cultura e inteligência russas" —, em vez do
campeão mundial — "um homem dos anos 1930 de cultura soviética"
—, que Spassky se identificava, conforme admitiu muitos anos depois,
ao mudar-se para a França.

Em 1956, ainda com somente 19 anos, Spassky conquistou seu lugar
na elite ao terminar em terceiro no torneio de candidatos de Amsterdã,
logo atrás de Smislov, que iria em frente e bateria Botvinnik na luta pelo
título mundial, apesar de perder a revanche. Quando Spassky parecia
destinado a, no devido tempo, acabar com o monopólio de Botvinnik
e Smislov, sua carreira despencou. Primeiro, foi superado por Mikhail
Tal, que irrompeu na cena enxadrística em 1957, vencendo o campeonato soviético. No ano seguinte, a competição foi realizada na cidade
natal de Tal, Riga. Na última rodada, Tal enfrentou Spassky, tendo em
disputa não apenas o campeonato soviético, mas também uma vaga no
ciclo do título mundial. Após deixar passar uma sequência que levaria
à vitória e recusar o empate, Spassky atravessou a noite analisando
a partida adiada, em busca do golpe decisivo. Chegando exausto ao
tabuleiro, Spassky deixou não apenas a vitória como o empate escapar
das mãos. Muito, muito depois, sentiu-se em condições de descrever a
cena traumática: "Quando abandonei, houve um trovão de aplausos,
mas eu estava atordoado e mal entendia o que se passava... Achei que
havia alguma coisa terrivelmente errada. Depois do jogo, fui para a rua
e chorei como uma criança." Perambulando às cegas para casa, Spassky
encontrou o amigo David Guinzburg, um sobrevivente do *gulag*: "Boria,
por que você está chorando? Vou lhe dizer o que vai acontecer. Micha
[Tal] vai vencer o Interzonal. Aí vencerá o torneio de candidatos. Depois
terá um match com Botvinnik. Ele ganhará de Botvinnik. Então vai

ter uma revanche. E perderá para Botvinnik. Mas você ainda vai jogar e jogar e conquistar tudo o que deseja."

E, de fato, Tal tornou-se o mais jovem campeão mundial da história — mas seu reinado durou somente um ano. Tal jamais reconquistou o título; uma década depois, foi a vez de Spassky herdar a coroa. A essa altura, porém, a vida de Spassky ruiu. Ele discutiu com o treinador, Toluch, que o havia protegido do KGB, e os dois se separaram brigados. Spassky se casara cedo e tivera uma filha, mas à altura de 1961 ele e a mulher estavam transformados em "bispos de cores opostas", e se divorciaram. O consolo de Spassky foi a vitória sobre a nova estrela americana, Bobby Fischer, no primeiro jogo entre ambos, em Mar del Plata em 1960 — com um arrojado Gambito do Rei, uma abertura que havia saído de moda um século antes.

Após o divórcio, a carreira de Spassky retomou o caminho até o topo. Seu novo treinador, Igor Bondarevski, era um cossaco cujos estilo ousado e conselhos paternais restauraram a autoestima de Spassky. Em 1965, ele venceu matches contra Keres e Gueller. Finalmente, conseguiu vingar-se de Tal e qualificou-se para enfrentar Petrossian pelo título mundial em 1966. O confronto aconteceu, como de costume, no Salão das Colunas em Moscou, ante uma plateia lotada, com milhares fazendo fila do lado de fora. Apesar de Spassky se sentir irrefreável, as coisas não saíram de acordo com os planos. Ele foi ludibriado pelo sutil estrategista Petrossian mesmo no seu campo forte, as táticas. Quando o campeão mundial venceu brilhantemente a décima partida, armênios da plateia o atacaram. Spassky reagiu, mas no final perdeu por um ponto. Foi a primeira vez em mais de trinta anos que um campeão defendendo seu título conseguiu vencer um match.

Sem se abater, Spassky continuou progredindo. Mais feliz na vida privada — casou-se novamente em 1966 —, foi o mais bem-sucedido enxadrista do fim dos anos 1960. Fischer havia reagido à primeira derrota para Spassky, em 1960, com exagero característico. Num clássico artigo para a *American Chess Quarterly*, em 1961, declarou que havia

UM AQUILES SEM CALCANHAR DE AQUILES   187

"refutado" o gambito de uma vez por todas. Ao reencontrarem-se em Santa Monica em 1966 — uma disputa em duas rodadas reservada a aspirantes ao título mundial, patrocinada pelo exilado russo e virtuose do violoncelo Piatigorski —, a abertura foi outra, mas o resultado, o mesmo: Spassky venceu um elegante jogo agressivo e, apesar da incrível recuperação de Fischer, seguiu adiante para conquistar o torneio.

Seu prêmio — 5 mil dólares em dinheiro — era muito maior do que qualquer coisa que ganhara antes, ao mesmo tempo que a atmosfera liberal e a paisagem exuberante da Califórnia deram-lhe uma amostra da vida no Ocidente. Os grandes mestres de xadrez estavam entre os poucos cidadãos soviéticos a possuir propriedades privadas importantes, num país no qual 99,6% da economia pertenciam ao Estado. Com as possibilidades de ganhar muito dinheiro no Ocidente exercendo sua atração — especialmente graças ao carisma de Fischer —, os olhos de alguns russos abriram-se para os aspectos grotescos da vida soviética. Era um sistema que tentara empregar uma forma patológica de cenoura e porrete — privilégio e medo — como substituta para os incentivos financeiros do mercado. Pervertia ideais nobres, tais como justiça, honra, patriotismo e excelência, ao transformá-los em propaganda. Era um sistema que Spassky passou a odiar.

Em 1968, Spassky retomou o mais árduo do que nunca processo qualificatório para o título mundial, superando Gueller, Larsen e Kortchnoi a caminho de um novo match contra Petrossian. Desta vez, Spassky estava pronto para o armênio e venceu-o com suas próprias armas. Profilaxia, manobras e guerra de sítio não resultam num xadrez excitante, mas, ao provar que a estratégia defensiva de Petrossian não era inexpugnável, Spassky pavimentou o caminho para a revolução na teoria do xadrez nos anos 1970 — e ninguém estudou seus métodos mais cuidadosamente que Fischer. A vitória de Spassky, por 6 a 4, com 13 empates, teve popularidade tanto domesticamente — russos gostaram do fato de ele não ser nem armênio nem judeu — quanto no exterior, sendo visto como o mais glamoroso campeão mundial desde Capablanca.

Entretanto, no Kremlin, o novo campeão foi encarado não como parte da solução para a escassez de talento enxadrístico, mas como parte do problema. No final da década de 1960, Spassky já havia adquirido reputação por sua independência de caráter e opiniões. Ao contrário até mesmo do desobediente Kortchnoi, recusara-se a filiar-se ao partido. Orgulhoso da condição de herdeiro de uma dinastia sacerdotal e de cidadão da capital tsarista de São Petersburgo, Spassky mostrava com sinais discretos, mas inequívocos, que desprezava a ideologia oficial. Quando grandes mestres tchecos usaram faixas pretas no braço durante a Olimpíada de Lugano, pouco depois da invasão soviética em 1968, Spassky foi o único russo a apertar suas mãos — um gesto de solidariedade que trazia o risco de graves censuras, ou coisas ainda piores, do seu próprio lado. Spassky sempre jogara de acordo com suas próprias regras, confiando nos resultados como forma de proteção. "Outros jamais teriam recebido permissão para viajar ao exterior caso agissem da mesma maneira que Spassky", rememorou Mikhail Beilin, chefe do departamento de xadrez do Comitê de Esportes soviético.

Spassky via a si mesmo como um intelectual, mas não como um membro da *intelligentsia* soviética. Apesar de ter mudado de matemática para jornalismo na universidade (por pura "preguiça"), não tivera nenhum desejo de juntar-se às fileiras dos propagandistas e até mesmo se recusara a escrever sobre a política do xadrez. Não é difícil identificar uma fonte da autoconfiança intelectual de Spassky: a tradição literária da ortodoxia e nacionalismo russos. Edmonds e Eidinow extraíram dele a informação de que o seu romance favorito de Dostoievski é *Os irmãos Karamazov* — uma obra que se encontrava oficialmente proibida, mas ainda assim onipresente. Até mesmo Stalin a adorava. Dostoievski pode ter sido um feroz inimigo do socialismo em sua época, mas, no seu sesquicentenário, em 1971, o grande profeta do nacionalismo autoritário estava pronto para a reabilitação, e uma nova edição de suas obras foi sancionada.

A afinidade de Spassky por Dostoievski provavelmente se devia mais ao seu próprio temperamento depressivo do que àquilo que

UM AQUILES SEM CALCANHAR DE AQUILES

Lesley Chamberlain chama de "existencialismo disfarçado", que foi institucionalizado sob o comunismo. "O mundo soviético deu ao existencialismo um arcabouço totalitário", escreve Chamberlain em *Motherland: A Philosophical History of Russia* [Pátria: uma história filosófica da Rússia]. Tendo se distanciado das formas mais extremas da repressão stalinista durante a década de 1950, o sistema soviético tentava internalizar a alta cultura pré-revolucionária que de alguma forma havia se preservado intacta. Spassky era um produto das mesmas insatisfações que, uma geração após Stalin, resultaram no movimento dissidente, mas também sofria a influência do *Zeitgeist*. Assim, ele se refugiou no recolhimento, na ambiguidade, num espaço privado em que podia preservar a autoestima e a integridade. Ainda que não fosse o perfeito representante do Estado soviético, mesmo assim tinha orgulho em representar o povo russo.

Portanto, quando Spassky enfrentou Fischer em Siegen, em setembro de 1970, o confronto se revestiu de um considerável simbolismo. Ambos sabiam o que estava em disputa: não apenas a vitória na Olimpíada, mas uma prévia do match pelo título pelo qual o mundo do xadrez esperara por tanto tempo. O jogo foi eletrizante. Embora Fischer tivesse várias oportunidades para empatar, exibiu confiança excessiva na sua posição — e perdeu por um sacrifício de torre que custou a rainha. Quando o americano abandonou, o embaixador soviético na Alemanha Ocidental, Semion Tsarapkin, correu para sufocar Spassky num abraço de urso. Apesar dessa manifestação de apreço oficial, para Spassky tratou-se de uma vitória ainda mais doce do que a conquista do título mundial; para Fischer, foi o pior golpe no ego desde Curaçao em 1962. Sua planilha do jogo conta a história: ao registrar os movimentos, a escrita gradualmente foi tornando-se caótica, por fim ficando ilegível. A avaliação de Spassky sobre a qualidade da partida foi modesta, apesar de ver a importância na guerra de nervos entre ambos: "Ele não conseguiu encontrar um bom plano e nem jogar com precisão." Magnânimo, admitiu que "o próprio Fischer pode ter contribuído para o meu ânimo elevado. Sempre foi um prazer enfrentá-lo... Eu o respeito como um homem que ama fervorosamente o xadrez e para quem o xadrez é tudo na vida." A reação de Fischer foi breve e direta ao ponto: "Espere até a próxima. Spassky teve sorte."

Por conta dessa derrota, o time americano não conseguiu lançar um sério desafio aos soviéticos e teve seu pior resultado com Fischer na equipe. Mesmo assim, o fracasso apenas inflamou o desejo de Fischer por outro encontro com os russos — e especialmente Spassky. As atenções então se voltaram para a questão sobre se Fischer, que não tinha se qualificado para o estágio Interzonal do ciclo do título mundial, poderia de algum modo substituir um dos três americanos que havia. A escolha caiu sobre Pal Benkö, que aceitou 2.500 dólares para ceder a vaga a Fischer. Os russos aceitaram relutantemente esse arranjo e, dois meses depois — para espanto daqueles que já haviam desistido de vê-lo novamente jogando pelo título mundial —, Fischer estava em Palma com o resto da elite do planeta.

Desde o princípio, ficou claro que Fischer estava em melhor forma do que jamais estivera. Ele derrubou com facilidade os oponentes e até mesmo sua única derrota — para Larsen — pareceu não ter nenhum efeito. Fischer reagiu e venceu os russos de maneira categórica: Smislov, Taimanov e sua velha *bête noir*, Gueller. Essa partida começou com Gueller propondo empate após somente sete lances — um insulto calculado ao americano famoso por sua combatividade, que recusava por princípio "empates de grandes mestres". Fischer deu uma resposta inaudível, e o rosto de Gueller enrubesceu. A situação no jogo ficou muito complicada para Gueller, apesar das tentativas de dirigentes soviéticos em distrair Fischer com sussurros e risadas, que resultaram na sua expulsão da sala. Finalmente, bem quando parecia ter chances de obter um empate, Gueller cometeu um erro. Dos russos, somente Lev Polugaievski evitou a derrota. O resultado de Fischer — 18,5 de 23 pontos possíveis — deixou-o com uma vantagem de 3,5 para o resto. Os soviéticos confortaram-se lembrando que Fischer também

UM AQUILES SEM CALCANHAR DE AQUILES 191

tinha dominado o Interzonal de Estocolmo, em 1962, mas naufragara na fase de candidatos, em Curaçao. No entanto, desta vez Fischer não podia ser detido por um cartel: enfrentaria adversários sucessivos em matches eliminatórios individuais. As quartas de final e as semifinais seriam em melhor de dez jogos, a final, melhor de 12. O primeiro dos rivais de Fischer era um russo: Mark Taimanov.

Nesse momento, o *establishment* do xadrez soviético começou a ter o que ficaria conhecido como o "medo de Fischer". Botvinnik, apesar de continuar cético em relação a toda conversa sobre "gênio", não obstante deixou claro que "Fischer tornou-se uma real ameaça ao xadrez soviético... Temos sido enganados e cegados por nossos sucessos. Portanto, após perdermos nossa vigilância, não preparamos uma nova geração". O patriarca sustentou que "Spassky não tem motivos para temer Fischer" e Spassky insistiu que "só temo a mim mesmo". Mas o "medo de Fischer" certamente assombrava as salas do comitê dos burocratas que controlavam o xadrez na URSS. Uma manifestação disso foi a campanha de difamação feita nos meses que precederam o match de Fischer contra Taimanov. Na *64* (editada por Petrossian), um artigo de Alexander Golubev declarou que Fischer era "morbidamente desconfiado", "de maneira alguma respeitoso para com o oponente" e "não sabe perder". O texto afirmou que o jogo de Fischer em Palma havia sido "substancialmente inferior ao seu desempenho habitual" e especulou que podia ser "o início de um declínio". Após lançar dúvidas sobre seu xadrez, Golubev verteu desdém sobre sua figura: "Não intelectual, desenvolvido de forma assimétrica e pouco comunicativo, Fischer involuntariamente promove a noção de que o 'hippismo intelectual', como um tumor maligno, está se espalhando pelo mundo do xadrez."

O russo que verdadeiramente se encontrava na linha de frente da barreira contra Fischer não tinha semelhantes ilusões a respeito do adversário. Como Spassky, Taimanov era um não conformista de Leningrado. Porém, era ainda mais criativo: não apenas inventara a epônima Variante Taimanov da Defesa Siciliana, como desfrutava de uma bem-sucedida carreira paralela como pianista concertista. Apesar de nunca realmente concretizar o seu potencial no tremendamente competitivo mundo do xadrez soviético, Taimanov era prova de que a cultura russa podia sobreviver até mesmo na sufocante atmosfera do Estado de Brejnev. Além disso, Taimanov admirava e gostava de Fischer. Sua preparação foi supervisionada pelo próprio Botvinnik, que havia montado um dossiê sobre Fischer para o seu próprio match não concretizado. Taimanov respeitou as críticas do patriarca, mas mais tarde arrependeu-se de não pegar Tal como segundo. Botvinnik asperamente disse-lhe: "Vocês dois são dados à boemia, e a atmosfera pode não ser suficientemente asceta para tamanho teste" (embora o puritano Botvinnik não tenha especificado a quais atividades "boêmias" Taimanov, então com 45 anos, poderia se dedicar num *campus* canadense). Frustrado nas suas próprias pretensões de um embate com Fischer, o ex-campeão mundial via Taimanov como seu representante.

Mesmo com Fischer partindo como grande favorito, Taimanov iniciou o match cheio de confiança. Taimanov intimamente estava contente pelo fato de a disputa ocorrer no Ocidente. Vancouver tinha um clima similar ao de Leningrado, e o prêmio ao vencedor — 2 mil dólares — era ainda maior do que a soma recebida por Spassky dois anos antes pelo título mundial; até mesmo a bolsa para o perdedor, de mil dólares, era esplêndida se comparada aos 170 rublos pelos quais os vencedores dos matches de candidatos tinham que ficar gratos na União Soviética. O fator financeiro raramente é mencionado em documentos soviéticos, mas o fosso entre o leste e o Ocidente não parava de aumentar.

A primeira partida foi uma confusão tática do tipo apreciado pelos russos e, embora acabasse superado pelo americano, Taimanov não se desencorajou. No segundo confronto, empregou a defesa que leva seu nome, mas Fischer ganhou uma ligeira vantagem num longo e complexo final de jogo que foi adiado por duas vezes. Isso significou que o resultado só foi definido após o terceiro jogo, que acabou sendo o decisivo. Todo o match dependeu de um movimento: o vigésimo.

Taimanov teve a chance de um ataque forte, mas arriscado, e agonizou por 72 minutos — o maior tempo gasto em um só lance em toda sua carreira —, antes de ser traído pelos nervos. "Psicologicamente, eu simplesmente ruí", escreveu. Fischer mais tarde disse que Taimanov deixou escapar uma vitória, embora isso seja incerto. O que é seguro é que Taimanov acabou com uma derrota fragorosa, após a qual perdeu o segundo jogo, que fora adiado e cujo resultado deveria ser empate. Depois disso, Taimanov foi levado às pressas com pressão alta para um hospital. Ao voltar, perdeu novamente. Ansioso por evitar um massacre, Taimanov assumiu riscos nas duas últimas partidas. Perdeu ambas, uma delas por conta de um erro simples. "Sinto muito", disse o normalmente impiedoso Fischer ao comer a torre do russo.

Fischer venceu o match por 6 a 0, um resultado sem precedentes em disputas pelo título mundial. Segundo Nikolai Kroguius, especialista em psicologia do xadrez, Taimanov foi reduzido a uma ruína balbuciante: "Ele não parava de repetir 'Fischer sabe tudo'." Todavia, pressão alta e um colapso nervoso foram as últimas das preocupações de Taimanov. Em seu retorno ao aeroporto de Cheremetievo, sua bagagem foi revistada — grandes mestres geralmente eram dispensados do procedimento —, e encontraram um exemplar do livro proibido de Soljenitsin *O primeiro círculo*. Ele também carregava dinheiro não declarado: 1.100 florins holandeses que Max Euwe lhe pedira para entregar a Salo Flohr como cachê. Todos sabiam que essas incriminações técnicas eram um pretexto e que Taimanov na realidade estava sendo punido pela derrota humilhante. O oficial da alfândega que o prendeu admitiu: "Se o seu placar contra Fischer tivesse sido melhor, Mark Evguenevitch, eu estaria disposto a carregar as obras completas de Soljenitsin até o táxi para você." Taimanov foi convocado diante do Comitê de Esportes, que o submeteu a uma "execução cívica". Ele sofreu "críticas devastadoras de todos os lados: do Comitê Central do Partido Comunista até minha própria célula do partido". Uma carta secreta ao Comitê Central enviada pelo presidente do Comitê de Esportes, Panov, o acusou de "comportamento incorreto e flagrante violação dos regulamentos da alfândega", e informou que fora cassado o título "eminente Mestre de Esportes" do enxadrista, bem como decidida sua expulsão da equipe nacional. Taimanov também foi proibido de publicar textos, viajar ao exterior ou mesmo fazer apresentações públicas como pianista. Botvinnik, que compartilhou a humilhação do seu protegido, agora acusava Taimanov de deliberadamente perder os últimos jogos porque havia apostado dinheiro contra si mesmo. O que salvou Taimanov de consequências ainda piores foi o fato de outros também serem aniquilados por Fischer de maneira similar. Mstislav Rostropovitch, o maior violoncelista russo, costumava contar uma típica piada da era soviética sobre dois amigos seus: Soljenitsin, que então estava em desgraça e vivia na sua *dacha*, e Taimanov: "Você ficou sabendo que Soljenitsin está metido em dificuldades? Eles encontraram em meio a seus pertences o livro *A defesa Nimzowitstch*, de Taimanov!"

Pouco após o *match*, Taimanov foi convocado para uma avaliação no Conselho de Treinadores da Federação de Xadrez da URSS, que incluiu boa parte da elite do xadrez soviético. Foi comunicado que se tratava "do maior revés de toda a história do xadrez soviético" e instado a dar uma explicação. "Normalmente eu jogo de maneira relaxada", respondeu, "mas aqui eu estava consciente de um sentido de missão. Provavelmente esse foi o maior erro." Ele implorou: "Eu agora conheço Fischer melhor do que ninguém e estou pronto para ajudar aqueles que vão enfrentá-lo." Ninguém aceitou a oferta, embora a discussão revelasse uma ignorância quase inacreditável acerca de detalhes pessoais de Fischer. Antecipando a desgraça de Taimanov, Spassky perguntou: "Quando todos nós perdermos para Fischer, seremos todos censurados?" Petrossian respondeu: "Sim, mas não aqui" — deixando implícitas coisas muito piores. Sem nenhuma ironia aparente, o coronel Baturinski, um ex-interrogador do KGB, procurou tranquilizar os grandes mestres: "Isto não é um julgamento." Em seguida, passou a criticar todos os aspectos da preparação para o *match*, acrescentando: "Talvez tivesse sido mais útil enviar um médico." Spassky tentou fazer uma piada: "Um sexólogo." Baturinski respondeu com a falta de humor típica de todos os membros da polícia secreta: "Vejo, Boris Vassilievitch, que você está com um humor jovial." O coronel advertiu que "vale a pena, mesmo em termos psicológicos, adotar uma posição mais dura" em relação a Fischer. Então alertou o Conselho de Treinadores de que o resultado era "totalmente insatisfatório".

Em julho, Fischer jogou contra Bent Larsen na semifinal em Denver, Colorado. Esperava-se que o match tivesse um resultado bastante apertado, já que o desempenho de Larsen na competição vinha sendo extraordinário e seu histórico contra Fischer era muito melhor do que o de Taimanov. O próprio Larsen esperava não apenas vencer Fischer, como ainda sagrar-se o próximo campeão mundial. O grande dinamarquês comportava-se como um aristocrata, com a nobreza de suas feições refletindo uma sensibilidade refinada e um poderoso intelecto. Infelizmente para ele, Fischer tratou-o com a mesma falta de respeito que dedicara a Taimanov. O primeiro jogo sinalizou o que viria depois. Fischer deu a rainha em troca de várias peças e um ataque avassalador, deixando Larsen completamente perdido a respeito de onde errara. Por mais de uma vez Larsen poderia ter empatado, mas lançou-se desesperadamente em busca da vitória e perdeu. Ele, também, havia sido enfeitiçado por Fischer.

Quando Larsen abandonou o último jogo, para novo placar de 6 a 0, não apenas os fãs do xadrez, mas o mundo inteiro prestou atenção. Na União Soviética, as transmissões na televisão foram interrompidas pelo anúncio. As notícias vindas de Denver fizeram o "medo de Fischer" subir a um nível de pânico total. Jamais nada parecido havia acontecido na história do xadrez. Pela primeira vez na Guerra Fria, um presidente dos Estados Unidos compreendeu toda a importância do fenômeno Fischer. Embora Richard Nixon soubesse pouco de xadrez, e ligasse menos ainda para o jogo, reagiu rapidamente a uma história que estava despontando na primeira página dos jornais e que mostrava um americano vencendo os soviéticos em seu próprio território. O presidente escreveu uma carta excessivamente adulatória:

> Gostaria de acrescentar meus cumprimentos pessoais aos muitos que você já recebeu. Sua série de 19 vitórias consecutivas em competições de nível mundial [incluindo os últimos sete jogos de Fischer em Palma] é sem precedentes, e não lhe faltam motivos para desfrutar grande satisfação pela fantástica conquista. Ao se preparar para enfrentar o vencedor do match Petrossian-Kortchnoi, tenha a certeza de que seus compatriotas estarão torcendo por você. Boa sorte!

Durante o ano seguinte, o xadrez temporariamente teria para os EUA algo similar à importância ideológica de que sempre gozara na URSS. Nixon manteve-se informado sobre os progressos de Fischer, e Henry Kissinger, seu conselheiro de Segurança Nacional e enxadrista, assumiu como prioridade fazer todo o possível para ajudar Fischer a tirar dos russos o título mundial.

No campo de treinamento de Spassky, nas cercanias de Moscou, já havia começado o planejamento para o provável match Spassky-Fischer, para o qual o comando do xadrez soviético agora ordenava a presença de todos os grandes mestres soviéticos. Antes de Larsen ser varrido do tabuleiro, quatro grandes mestres haviam se reunido para produzir uma análise de 26 páginas do jogo de Fischer para auxiliar Spassky. Os treinadores do campeão, Kroguius e Bondarevski, continuaram sem a menor ideia de como deter o rolo compressor. Todos os olhos agora voltavam-se para Petrossian, o último grande obstáculo entre Fischer e seu objetivo de desafiar Spassky.

Uma longa guerra para a definição da sede do match terminara com a escolha de Buenos Aires. Petrossian resmungou que os argentinos preferiam Fischer, mas não era verdade, e o armênio não podia reclamar das bolsas — 7.500 dólares para o vencedor e 4.500 dólares para o perdedor — nem do árbitro, Lothar Schmid, amigo de ambos.

UM AQUILES SEM CALCANHAR DE AQUILES

Até mesmo os dois principais negociadores, Edmondson por Fischer e Baturinski por Petrossian, se deram bem, talvez pelo fato de ambos serem coronéis da reserva. Entretanto, não havia nada de amigável no que dizia respeito ao xadrez, que começou a ser disputado em 30 de setembro de 1971. Fischer ainda detestava Petrossian, a quem acusara de usar a posição de editor da revista *64* para colaborar com a fraude para tirar-lhe o título mundial de 1962. Quanto a Petrossian, ele queria vingança pela humilhação sofrida no ano anterior em Belgrado. Os dois sequer podiam suportar ficarem hospedados no mesmo hotel.

A primeira partida foi interrompida por um misterioso corte de energia, durante o qual os enxadristas ficaram sentados no escuro enquanto engenheiros tentavam restaurar a luz. Era a vez de Fischer mover as peças, e Petrossian reclamou que o rival continuava a analisar. Fischer bravamente permitiu que o seu relógio fosse novamente acionado e meditou sobre o lance na escuridão. Os auxiliares de Petrossian haviam preparado uma armadilha para Fischer, mas ela fracassou. Petrossian ficou apurado pelo tempo, perdeu oportunidades para empatar e abandonou no quadragésimo movimento. No segundo embate, cinco dias mais tarde, contudo, Petrossian virou a mesa com um brilhante ataque que acabou com a série vitoriosa de Fischer, que então já estava em vinte jogos. A multidão extasiada sentiu que Fischer — que estava visivelmente em choque — não teria um passeio desta vez. Eles fizeram um coro: "*Tigran un tigre!*" Incentivado por sua equipe, Petrossian procurou aumentar a pressão enquanto Fischer ainda derrapava. Mas, quando parecia perto de uma segunda vitória, Petrossian permitiu que Fischer forçasse um empate com a repetição de movimentos. O quarto jogo também deu empate; assim como o quinto, apesar de Spassky escrever que "Petrossian superou Fischer numa batalha de silenciosas manobras", embora incapaz de "colher os frutos de sua estratégia". Até aí o match estava equilibrado, mas o sexto encontro mostrou-se decisivo — de fato, foi um dos mais importantes na carreira de ambos. Fischer recuperara a velha confiança e gradualmente exauriu o tenaz adversário. Petrossian culpou seus auxiliares por não conseguirem encontrar uma maneira de empatar durante a noite após o adiamento, mas o jogo estava perdido. Percebendo o cheiro de sangue, Fischer "sentiu o ego de Petrossian ruindo após o sexto jogo" e partiu para cima no sétimo — uma obra-prima impecável. Agora era o americano que tinha o armênio sob controle. "Os últimos três jogos não eram mais xadrez", confessou Petrossian. Fischer venceu os três para fechar o match com o categórico placar de 6,5 a 2,5. A criança prodígio do Brooklyn atingira a maturidade, e Fischer encontrava-se no limiar do objetivo de sua vida.

Na URSS, a Armênia ficou de luto, e o comando soviético caiu em estado de negação. Botvinnik elogiou a "grande conquista" de Petrossian ao mostrar que "é possível jogar contra Fischer". Desdenhou de Fischer, insistindo que Spassky — que vencera Petrossian somente na segunda tentativa e com uma margem muito estreita — era superior ao troglodita americano. Infligir tamanha destruição impiedosa a um campeão mundial — e um campeão mundial soviético, ainda por cima — devia ser obra do diabo. Em Moscou, Bondarevski, o treinador de Spassky, falou ao grande mestre russo Alexander Kotov que Fischer era meramente um adepto de "somar variantes". Kotov respondeu que ele era bom também em somar pontos: "Pelo menos ele ficou altamente especializado em contar até seis!" De repente, ninguém mais queria o normalmente desejável cargo de presidente da Federação de Xadrez Soviética. Averbakh aceitou com relutância, sabendo que significava assumir a responsabilidade pela perda do título mundial: "Não havia muitos candidatos para essa posição perigosa", relembrou posteriormente. O ânimo da elite soviética após Buenos Aires parecia o dos deuses de Wagner em Valhalla, esperando seu *Götterdämmerung*.

Enquanto isso, Fischer retornou aos Estados Unidos para descobrir que havia se tornado uma celebridade. O presidente Nixon foi o primeiro a saudar o herói conquistador: "Quero que saiba que, junto com milhares de enxadristas por toda a América, estarei torcendo por você quando se encontrar com Boris Spassky no ano que vem." Além do *boom* em atividades enxadrísticas de todos os tipos, a simbiose de entusiasmo patriótico, culto à celebridade e cobertura midiática sem precedentes apresentou a irresistível esperança de que o xadrez pudesse seguir o exemplo de outras ocupações minoritárias e capturar a imaginação nacional. Como Richard Feynman com a física de partículas, Muhammad Ali com o boxe ou Milton Friedman com a economia, Fischer teve a chance de levar o xadrez a um público mais amplo. Ele foi o primeiro grande mestre com verdadeira natureza de estrela — o primeiro e, na América pelo menos, também o último.

Os primeiros anos da década de 1970 foram de *détente*. Essa nova ortodoxia foi um aprimoramento da doutrina de contenção pós-guerra. Em vez de conter a agressão comunista, o Ocidente optou por conter suas consequências — as crises periódicas que enviavam abalos sísmicos à economia global no período compreendido aproximadamente entre 1947 e 1970. Após as duas décadas mais assustadoras da história, ambos os lados buscaram a zona de conforto de um sistema de diplomacia. O novo arranjo tinha a intenção de tornar coisa do passado as crises e confrontos da era pós-guerra. Esperava-se que a *détente* criasse um arcabouço de regras, acordos e entendimentos que, sem acabar com a Guerra Fria, pelo menos a tornaria previsível. O ponto central da doutrina estratégica que precedera a *détente*, a destruição mutuamente assegurada (MAD), não era o fato de ser destrutiva, mas que ela era mútua e garantida. A *détente* levou a lógica da MAD muitos passos à frente. O *status quo* que a *détente* perpetuava era desumano, certamente, mas não imprevisível. O problema com a doutrina e seu apóstolo, Henry Kissinger, era que ambos colocavam a estabilidade acima da liberdade, desse modo privando o Ocidente da sua arma mais forte. As concessões que deveriam ser o meio para preservar a paz logo se tornaram fins em si próprias. Antes de qualquer um suspeitar, o poder subversivo da verdade romperia a carapaça institucional da *détente*, enquanto nesse ínterim seus grandes defensores mergulhavam em elaborados rituais autocongratulatórios. *Realpolitik* era o mantra do dia, mas escondia o verdadeiro significado da *détente*, que era o mascaramento da expansão imperial soviética.

Na era Brejnev, o império soviético, cercado por satélites, embarcou na colonização da Ásia, da África e da América Latina. O poder ilusório desse vasto despotismo oriental atingira sua extensão mais ampla. A expansão imperial soviética era alimentada — com frequência, de forma literal — por primitivas refinarias que não conseguiam compensar a metástase da burocracia e a obsolescência da indústria pesada soviética. Nesse ponto de inflexão, Soljenitsin publicou *Arquipélago Gulag*, o julgamento em forma literária que desnudou a mentira no coração do comunismo e acendeu o pavio que por fim detonaria toda a estrutura. Na sua *Carta aos líderes soviéticos*, de 1973, o escritor advertiu: "Os objetivos de um grande império e a saúde moral do povo são incompatíveis." Contudo, como mais tarde reconheceu em *A questão russa*, sua análise sobre a União Soviética, o maquiavelismo da diplomacia soviética seguia o modelo do xadrez dos grandes mestres:

> Os líderes comunistas sabiam exatamente o que queriam e cada ação foi direcionada exclusivamente para a concretização deste objetivo útil — jamais um único gesto magnânimo ou desinteressado; e cada passo era precisamente calculado, com todo cinismo, crueldade e sagacidade possíveis para avaliar o adversário... sempre superou e derrotou o Ocidente... A diplomacia soviética foi equipada com uma plumagem tão ideologicamente atraente que ganhou as simpatias da sociedade progressista do Ocidente.

Se a Guerra Fria foi a melhor coisa que já aconteceu para o xadrez, por seu lado o xadrez ofereceu a melhor metáfora para a Guerra Fria. O duelo Fischer-Spassky veio no momento exato, quando a ameaça de guerra nuclear havia diminuído o suficiente para que as animosidades e os temores acumulados de uma época esquizoide fossem projetados em algo intrinsicamente inofensivo como um match de xadrez. Naturalmente existiam outras metáforas: artísticas, esportivas, científicas. A corrida espacial, que atingiu seu clímax mais ou menos na mesma época, foi um subproduto pacífico da corrida armamentista, mas também proporcionou uma arena na qual prestígio e patriotismo podiam correr desenfreados. O xadrez, porém, era perfeito para as peculiaridades da cultura da Guerra Fria: purismo abstrato, paranoia incipiente, homicídio sublimado. Preservando um delicado equilíbrio entre lógica objetiva e fantasia subjetiva, o xadrez assemelhava-se a um universo paralelo, estranho ao inexperiente em teoria, mas por demais humano na prática, onde um dualismo radical transfigurava toda vida num jogo de soma zero. Como nenhum outro evento individual, o grande match refinou e concentrou as complexidades de um conflito global dentro do estreito território de um tabuleiro numa ilha remota, desse modo criando a consumação iconográfica de uma época.

Fischer-Spassky foi a suprema obra de arte da Guerra Fria — uma manifestação do *Zeitgeist* mais cheia de significados do que qualquer "acontecimento" encenado por uma vanguarda decadente. Não foi um evento fortuito; pelo contrário, sinalizou o curso do conflito cósmico com toda a elegante economia de um final de jogo.

11

A MORTE DE HEITOR

A SEGUNDA PARTE do poema de T. S. Eliot *A terra desolada*, intitulada "Um jogo de xadrez", é interrompida por uma voz alta e cada vez mais insistente repetindo: "Depressa, por favor, está na hora." Deixando de lado a complexa teia de alusões de Eliot à peça de 1624 *A Game at Chess* [Um jogo de xadrez], de Thomas Middleton, essa frase resumiu os sentimentos do mundo do xadrez no início de 1972. Finalmente chegara o momento do confronto pelo qual o mundo esperara — contudo, a complexidade e a acrimônia das negociações pareciam-se mais com um choque da Guerra Fria do que com um match de xadrez. Os soviéticos, que tinham mais a perder, lançaram um ataque preventivo, entre todos os alvos possíveis, logo contra Max Euwe, acusando o presidente da FIDE de favorecer Fischer. É verdade que Euwe, o matemático holandês que fora o único verdadeiro amador a tornar-se campeão mundial nos anos 1930, gostava de Fischer e abertamente previra que ele venceria. Entretanto, sua única preocupação era assegurar que o match de fato acontecesse.

Fischer, enquanto isso, era representado pelo coronel Ed Edmondson, o diretor executivo da Federação de Xadrez dos EUA. Um veterano das confrontações da Guerra Fria que não media as palavras, Edmondson estava determinado a cumprir a missão de instalar um americano no trono do xadrez. Após uma longa disputa entre cidades de vários continentes, acompanhada por comentários azedos da imprensa soviética, Edmondson voou para Moscou em fevereiro para as negociações finais. Tomou-se a decisão de dividir o match entre Reykjavik, que fizera apenas a terceira melhor oferta, mas que era a primeira opção de Spassky, e Belgrado, que propusera mais dinheiro e, portanto, era a favorita de Fischer. Embora nenhum lado tenha ficado satisfeito, após um mês inteiro de queda de braço foram assinados dois acordos, um cobrindo as regras do match e o outro tratando dos arranjos financeiros envolvendo a FIDE e os organizadores na Islândia e na Iugoslávia. A bolsa seria de 138 mil dólares, dividindo a diferença entre a oferta de 150 mil dólares de Belgrado e a de 125 mil dólares de Reykjavik. Uma geração depois, mesmo levando-se em conta a inflação, essas somas parecem risivelmente baixas. Na época, foram eclipsadas pelas bolsas da "luta do século" entre Muhammad Ali e Joe Frazier, que destinou 2,5 milhões de dólares a cada um em 1971. Contudo, os valores de Fischer-Spassky eram de uma ordem de magnitude diferente de tudo visto até então no xadrez.

As esperanças aumentaram com a notícia de que um acerto fora fechado. A essa altura, Euwe tinha partido para uma visita ao Extremo Oriente, de forma que não havia ninguém para mediar quando chegou um telegrama de Fischer, endereçado às federações de xadrez islandesa e iugoslava, novamente colocando o duelo sob incerteza. Após ouvir de Edmondson os detalhes do acordo, Fischer explodira. Seu telegrama não deixava margem para nenhuma ambiguidade, encerrando com: "Eu não vou jogar o match na Islândia." À FIDE, destinou outra invectiva, repudiando Edmondson e a Federação de Xadrez dos EUA e declarando: "Eu cuidarei pessoalmente de todas as futuras negociações e dos acordos relacionados ao match com Spassky."

Foi um golpe contra pelo menos três pessoas: Euwe, cuja reputação dependia da possibilidade de mediar através da Cortina de Ferro; Edmondson, que na prática fora demitido após anos de devoção à causa de Fischer; e Gudmundur Thorarinsson, o presidente da Federação de Xadrez da Islândia, responsável pela maior sensação testemunhada pelo país desde que os vikings colonizaram o território em 847 d.C. Thorarinsson foi o primeiro a responder: "Quaisquer mudanças... são inaceitáveis." Fischer reagiu na mesma hora: não jogaria na Islândia. Diferentemente de Thorarinsson, que ignorou Fischer, os organizadores de Belgrado entraram em pânico. Suspenderam todos os preparativos, exigindo um depósito da Federação de Xadrez dos EUA, o qual os americanos não tinham condições, nem disposição, de pagar. Alarmado pela perspectiva de o match naufragar, Euwe mandou um ultimato a Fischer: ou concordava até 4 de abril em jogar de acordo com os termos existentes ou abria mão de seu direito.

Foi um momento crítico dessa história. Tendo atingido o efeito desejado de lembrar a todos os burocratas quem era a verdadeira estrela do show, Fischer então fez o que qualquer outra celebridade faria — entregou tudo nas mãos de seus advogados. Paul Marshall, um advogado de Hollywood que também representava David Frost, enviou um tranquilizador telegrama afirmando que Fischer estava "pronto, desejoso e esperando jogar". Mas isso não era o que Euwe exigira e, quando o prazo expirou, os soviéticos o instaram a cumprir a ameaça. O islandês continuou mais frio que seus rivais iugoslavos. Thorarinsson então explorou a hesitação dos iugoslavos e fez uma oferta para ter todo o match. Era meados de abril, a menos de três meses da data marcada para o primeiro jogo. Para Euwe, essa foi a última chance de salvar o match, e o presidente da FIDE agarrou-se à oportunidade. Sumariamente informando a ambos os jogadores que agora todo o match aconteceria em Reykjavik, Euwe advertiu que, caso Fischer se recusasse, Spassky jogaria contra Petrossian. A possibilidade de um terceiro embate entre os dois soviéticos era tão terrível a todos, exceto Petrossian, que Fisher finalmente cedeu. "Sob protesto", o americano concordou em jogar na Islândia, mas recusou-se a assinar qualquer coisa. Sem Belgrado, o prêmio seria de 125 mil dólares — e, assim, as teimosias de Fischer serviram apenas para reduzir a bolsa.

Lenin na casa de Maksim Górki em Capri, 1908. Lenin adorava xadrez, mas era um oponente perigoso: um ano depois, fez com que seu adversário na foto, Alexander Bogdanov, fosse expulso da facção bolchevique. (Coleção David King, Londres)

Recreação da revolução: o socialista utópico Leon Tolstoi joga xadrez em sua propriedade, Iasnaia Poliana, 1907. (RIA Novosti / Topfoto)

O habitat do xadrez burguês: cartão-postal de um café vienense, 1911. (Corbis)

O filósofo Moses Mendelssohn (*esq.*) forjou uma amizade nos tabuleiros com o dramaturgo filossemita alemão Lessing (*centro*) e com o escritor suíço Lavater. (Moritz Daniel Oppenheim, 1856, Museu Magnes)

O jovem Serguei Prokofiev no ano revolucionário de 1905. Um grande jogador, ele compôs uma peça especialmente para o torneio de Moscou de 1935. (RIA Novosti / Topfoto)

Grandes mestres em São Petersburgo, 1914. De pé: Marshall, Alekhine, Nimzowitstch (*segundo, terceiro e quarto a partir da esq.*); sentados: Lasker e Tarrasch (*terceiro e quarto a partir da esq.*); Janowski, Capablanca, Bernstein e Rubinstein (*primeiro e quarto a partir da dir.*). (RIA Novosti / Topfoto)

O promotor público de Stalin: Nikolai Krilenko, fundador do Exército Vermelho, responsável tanto pela ascensão do xadrez soviético como por assassinato judicial em larga escala, antes de também se tornar uma vítima do Terror. (Topfoto)

Os líderes da revolução num comício na Praça Vermelha durante a guerra civil. Krilenko está no centro do palanque, usando quepe e sobretudo, com Lenin à esquerda. Lenin provocava Krilenko por este não saber perder no xadrez. (Mary Evans Picture Library / Alexander Meledin)

Alekhine e Capablanca em 1914. Eles dominaram o xadrez entre as guerras. Alekhine morreu em 1946, deixando vazio o posto de campeão mundial. (RIA Novosti / Topfoto)

Botvinnik e Lasker em 1935: o futuro e o passado. A vitória de Botvinnik em Moscou em 1935 colocou o xadrez soviético no mapa. (RIA Novosti / Topfoto)

Cena de xadrez em *Ivan, o Terrível*, épico de Eisenstein produzido durante a Segunda Guerra. O verdadeiro Ivan provavelmente morreu diante de um tabuleiro. (ALMA ATA / ALBUM / AKG-IMAGES)

O Salão das Colunas em Moscou durante o match-torneio de 1948. Euwe (*esq.*) enfrenta Botvinnik no jogo que assegurou o título mundial à escola de xadrez soviética. À *dir.*, Smislov. (SCRSS PHOTO LIBRARY)

Um pôster de propaganda com Botvinnik, Smislov e Keres em Moscou, 1948. O estoniano Keres perdeu quatro jogos para o russo Botvinnik em circunstâncias suspeitas. (Coleção David King, Londres)

Oficiais navais soviéticos jogam xadrez em alto-mar no início da Guerra Fria, c. 1950. (Coleção David King, Londres)

Ensino de xadrez para crianças no Palácio do Jovem Pioneiro, Leningrado, 1959. A antiga capital produziu muitos mestres de peso, incluindo Botvinnik, Kortchnoi e Spassky. (HOWARD SOCHUREK / TIME & LIFE / GETTY IMAGES)

Em 1955, com 13 anos, Bobby Fischer já fazia simultâneas contra adultos, como esta em Jersey City. Um ano mais tarde, sagrou-se campeão dos EUA. (CORBIS)

O "Match do Século", um dos apenas quinhentos cartões-postais impressos na Islândia para promover o match de 1972 entre Fischer e Spassky. (Centro Postal, Islândia)

Bobby Fischer enfrenta Boris Spassky no match EUA-URSS na Olimpíada de Havana, 1966. Este jogo empatou, mas, como sempre, os americanos perderam no geral. Fischer tinha, de longe, o melhor histórico dos ocidentais contra os russos, mas jamais derrotara Spassky antes da disputa pelo título mundial em 1972. (akg-images / RIA Novosti)

Jogos mentais: Fischer "hipnotizando" Spassky durante o match em Reykjavik, em 1972, em desenho do islandês Halldor Petursson. Política, psicologia e xadrez combinaram-se para fazer desse confronto um verdadeiro épico da Guerra Fria. (Halldor Petursson)

Avital Sharansky celebra o 36º aniversário do marido *refusenik* numa jaula de madeira em frente ao velho edifício do Parlamento em Estocolmo, 1984. Mais tarde, Natan Sharansky disse que o xadrez preservou sua sanidade no *gulag*. (Associated Press / Topfoto)

Garry Kasparov joga contra Natan Sharansky na casa deste em Israel, c. 1999. Após a ascensão de Vladimir Putin ao poder na Rússia, Kasparov assumiu o papel desempenhado por dissidentes como Sharansky sob o comunismo. (Arquivo particular de Sharansky)

Fidel Castro joga durante a simultânea que estabeleceu o recorde de participantes, na Olimpíada de Xadrez de Havana, em 1966, com 380 mestres enfrentando 6.840 amadores na Plaza de la Revolución de Havana, à luz de holofotes. Na Olimpíada, Fidel tentou impressionar os americanos e superar seus patronos soviéticos organizando o maior torneio enxadrístico da Guerra Fria. (AKG-IMAGES / RIA NOVOSTI)

O xadrez como um substituto para a guerra. O grande mestre americano Reshevsky (*esq.*) enfrenta o campeão mundial soviético, Botvinnik, num match por equipes em Moscou entre as duas superpotências, em 1955. Os russos venceram por 25 a 7. (RIA Novosti / Topfoto)

Karpov (*esq.*) *versus* Korchnoi. O campeão mundial soviético é desafiado pelo "traidor" em Baguio, nas Filipinas, em 1978. A mulher e o filho de Korchnoi foram mantidos como reféns, e os dois lados recorreram a parapsicólogos. (Corbis)

Kasparov (*dir.*) derrota Karpov (*esq.*) para se tornar campeão mundial em 1985, após o primeiro match entre ambos ser interrompido, no começo do ano. Os dois enxadristas disputaram cinco matches pelo título mundial entre 1984 e 1990. (Associated Press / Topfoto)

Em Moscou, o comando soviético estava cada vez mais preocupado, não apenas com Fischer, mas também com Spassky. O campeão mundial tinha amigos no Kremlin — especificamente, Piotr Demitchev, membro do Politburo e secretário do Comitê Central responsável pela ideologia. Seguindo a doutrina marxista, o xadrez sempre fora tratado, de modo igual ao restante da cultura, como um aspecto da ideologia. Subitamente, havia assumido uma importância sem precedentes no mundo comunista. A pedido de Spassky, Demitchev ordenou ao ministro dos Esportes, Serguei Pavlov, que o mantivesse informado sobre os preparativos para o match, especialmente a respeito do regime de treinamento do enxadrista. Embora Pavlov fosse um velho companheiro de Brejnev, era obrigado a obedecer a Demitchev, que ocupava uma posição mais elevada na hierarquia — mas o ministro se assegurou de que a liderança do partido recebesse uma detalhada lista com as imperfeições de Spassky. A série de memorandos secretos que Pavlov escreveu ao Comitê Central é a mais importante fonte de informações sobre o match a emergir dos arquivos do Kremlin.

O primeiro documento, de julho de 1971, advertia para o perigo que o americano oferecia ao prestígio soviético e acusava Euwe de "se curvar aos interesses de Fischer". Pavlov tentou tranquilizar a liderança do partido ao mesmo tempo que censurou Spassky, afirmando que era "acrítico em relação ao seu [próprio] comportamento, faz declarações imaturas, viola o regime competitivo e não é suficientemente diligente". De maneira mais grave, Pavlov insinuou que "certas pessoas aqui e no exterior estão tentando exacerbar essas deficiências incentivando uma atitude megalômana por parte de Spassky, enfatizando seu 'papel excepcional' como campeão mundial [e] estimulando o seu já nocivo espírito mercenário". Se algum dos jogadores era culpado de megalomania, certamente não se tratava de Spassky. Mesmo assim, o absurdo da acusação é um lembrete de como a influência negativa do coletivismo oprimia pesadamente até mesmo os mais talentosos indivíduos da URSS. Contudo, certamente era verdade que as preferências de

Spassky para o local do match ficavam todas no mundo capitalista e que admirava abertamente o "espírito mercenário" de Fischer. Mesmo depois de perder o título, o enxadrista falava a jornalistas que Fischer "é o melhor chefe de sindicato que jamais tivemos. Ele aumentou os nossos salários!".

Todavia, uma acusação justa era a de preguiçoso. No último torneio antes de entrar no isolamento pré-match, o Memorial Alekhine de Moscou, em dezembro de 1971, Spassky jogou mal, ficando apenas em sexto. O jovem vencedor, Anatoli Karpov, foi destacado para um match de treinamento com Spassky. O ministro Pavlov garantiu ao Kremlin que a Academia de Ciências Médicas e o Instituto de Pesquisa Científica da União (que contava com um "laboratório de xadrez") estavam atentos ao caso de Spassky. O imediato de Pavlov, Viktor Ivonin, e Baturinski informaram que o antigo desejo de Spassky por um novo apartamento em Moscou para a família, à altura do seu status, havia sido atendido. De março a maio de 1972, o campeão mundial e sua equipe foram hóspedes de várias estâncias. Eles passaram um mês numa luxuosa casa em Arkhiz, nas montanhas do Cáucaso. É um sinal da importância que o Kremlin deu a Spassky o fato de que esta *dacha* pertencia ao Conselho de Ministros e era uma das favoritas do primeiro-ministro, Kossiguin.

Então a caravana transferiu-se para uma clínica perto de Sotchi, no mar Negro. A equipe de Spassky conseguiu iludir o coronel Baturinski acerca da falta de preparação durante a visita que o dirigente fez em maio, mas o atento Karpov, que era jovem demais para merecer atenção, posteriormente descreveu o ambiente relaxado que encontrou: "Fiquei surpreso ao observar que Spassky não fazia nada... Ele podia encontrar tempo para qualquer coisa, desde que não fosse xadrez... Eu também me julgava preguiçoso, mas a dimensão da preguiça de Spassky me impressionou." É preciso levar em conta que houve um certo exagero — Karpov estava apenas despontando como o jovem pretendente ao trono de Spassky e, na posição de um comunista modelo, deve ter se sentido ofendido pela atitude cínica do campeão em relação às crenças soviéticas.

Contudo, Karpov não foi o único visitante ao Campo Boris a relatar uma perturbadora ausência de qualquer sentimento de urgência. Kroguius, seu psicólogo e supervisor, mais tarde contou que "Boris achava que as sessões [de xadrez] eram longas demais, ao passo que estava pronto para jogar tênis da manhã até a noite". De maneira mais grave, o treinador-chefe de Spassky e figura paterna por mais de uma década, Igor Bondarevski, subitamente se demitiu. Kasparov cita Baturinski: "Igor Zaharovitch explicou abertamente sua decisão para mim: Spassky não estava se preparando com seriedade para o match e ele, Bondarevski, não queria assumir a responsabilidade pelo resultado." Por insistência do Comitê de Esportes, Bondarevski foi substituído por Iefim Gueller — um enxadrista melhor e, mais importante, um fanático seguidor do Partido Comunista. Em seguida, Spassky discutiu com o supervisor-chefe, Baturinski, que foi tirado da equipe privilegiada que acompanharia o campeão a Reykjavik. Além de fazer um inimigo poderoso, isso deixou Spassky sem seu negociador mais duro. O enxadrista também desentendeu-se com o seu predecessor mais influente, Botvinnik. A *nomenklatura* do xadrez começara a perder a fé em Spassky — ainda que ele mantivesse a fé em si mesmo.

Dos grandes mestres cujas observações sobre Fischer foram solicitadas pela Federação de Xadrez soviética, somente Kortchnoi disse a Spassky algo que ele ainda não sabia. Kortchnoi alertou o campeão para esperar surpresas de Fischer e até mesmo antecipou o uso de aberturas que o americano jamais empregara antes. Contudo, Kortchnoi também escreveu que "Spassky está vivendo uma crise... niilismo... é uma doença crônica... Spassky superestima seu domínio da defesa." Privadamente, Kortchnoi foi ainda mais ácido — achava que Spassky vinha "retrocedendo" desde que se tornara campeão e abandonara por completo o estudo do xadrez —, mas guardou essas opiniões para si mesmo antes do match. Porém, mesmo uma crítica leve fez com que

Spassky ignorasse o valioso conselho de Kortchnoi, particularmente esta advertência: "Com Fischer, você tem que estar preparado para jogar cada partida do começo ao fim, sem relaxar." Spassky, pelo contrário, achava que nada era mais importante do que estar relaxado, a fim de preservar uma "mente limpa". Segundo Karpov, o campeão se imbuiu em mitologia grega durante as semanas anteriores ao match; talvez já se visse no papel de um herói trágico.

Enquanto Spassky se preparava com um regime de ar fresco, boas comidas e o mínimo possível de xadrez, Fischer foi para o extremo oposto. Confinado no Grossinger's, um hotel-resort no norte do estado de Nova York, ele saía do quarto apenas para comer e se exercitar na academia. A dieta *kosher* do Grossinger's, em que o sabá judaico era respeitado, atraía Fischer, cuja seita cristã fundamentalista aderia rigidamente à lei mosaica. Aonde quer que fosse, levava junto o gordo dossiê com os jogos de Spassky, conhecido como o "Grande Livro Vermelho" (Fischer adorava piadas anticomunistas) e compilado para ele por R. G. Wade, um mestre da Nova Zelândia que fizera a mesma coisa antes dos três matches anteriores. Era uma tarefa ingrata — na era pré-internet, os jogos de xadrez tinham que ser localizados em obscuros boletins e publicações —, pela qual Wade não recebia agradecimentos. Fischer trabalhava sozinho, com concentração ininterrupta, em busca de brechas na armadura de Spassky. Era algo normal para um homem que, como colocou Euwe, existia "num mundo inteiramente próprio". A vida nômade dos mestres enxadristas, com quartos de hotéis como lar, caía bem a Fischer; exceto por uma patológica aversão a ruídos, ele mantinha-se indiferente ao que estava ao redor. A única quebra na rotina aconteceu quando David Frost o colocou num avião rumo às Bermudas para participar de um almoço com celebridades, no qual Fischer conversou com o economista John Kenneth Galbraith. É difícil imaginar o que o menino do Brooklyn tinha em comum com o guru keynesiano, irascível e WASP.* Com o match se aproximando, Fischer

---

Sigla em inglês para protestante anglo-saxão branco. (*N. do T.*)

A MORTE DE HEITOR

fez uma rápida visita a San Diego para receber as bênçãos da sua igreja, em seguida dirigindo-se à pouco familiar elegância do Yale Club de Nova York, onde ficou como convidado de seu advogado.

Exceto por seus representantes legais e um repórter da revista *Life*, Fischer foi para o match somente com um punhado de acompanhantes. O irônico Fred Cramer trabalhou como seu porta-voz, declarando: "Estou autorizado apenas a reclamar." O único homem em quem Fischer confiava o suficiente para abrir seus segredos enxadrísticos e ser seu auxiliar era William Lombardy, talvez porque fosse ao mesmo tempo um amigo de infância e, na época, um padre católico. (Mais tarde, renunciou ao sacerdócio.) Sua escolha também pode ter servido para lembrar Spassky da derrota doze anos antes para Lombardy no tabuleiro número um no campeonato mundial estudantil por equipes em Leningrado. Havia um simbolismo involuntário na conspícua presença do padre corpulento ao lado de Fischer: o Ocidente cristão *versus* o ateísmo comunista. O padre Lombardy não era meramente decorativo, mas também eficiente, como um forte grande mestre que fora campeão mundial juvenil.

Com a cerimônia de abertura do Campeonato Mundial de Xadrez marcada para 1º de julho de 1972, a imprensa mundial aportou em Reykjavik. Um impetuoso empresário nova-iorquino, Chester Fox, havia comprado os direitos exclusivos para a TV, enquanto as revistas mais sofisticadas enviaram notáveis do mundo literário que se aventuravam no xadrez, como Arthur Koestler e George Steiner. De súbito, a Islândia, uma ilha vulcânica largamente inabitada, com uma população de apenas 210 mil pessoas, viu-se sob meticuloso escrutínio. Apesar de Reykjavik situar-se firmemente no campo ocidental e abrigar uma grande base militar dos EUA, geograficamente ficava a meio caminho entre as duas superpotências; seu simbolismo na Guerra Fria mais tarde se reforçaria ao sediar a cúpula de 1986 entre Reagan e Gorbachev. As "noites brancas" de Reykjavik, nas quais o sol nunca se põe, agradavam a Spassky, cuja Leningrado nativa ficava numa latitude similar, e deram uma qualidade surreal aos eventos do verão de 1972. A única coisa em que todos concordavam era a simpatia dos habitantes — e a paixão que revelavam pelo xadrez. Ou quase todos: o discreto charme desta nação bastante burguesa não cativou Fischer, que irritou os fãs islandeses ao declarar à imprensa: "É uma escolha horrível. É um lugar de privações, onde se paga soldo extra aos soldados para servir aqui." Num dia frio e úmido do início de agosto, Fischer brincou: "A Islândia é um lugar legal. Preciso voltar aqui no verão." Os locais riram por último, contudo. Trinta e três anos depois, em 2005, o único país do planeta pronto a conceder asilo a Fischer, então um fugitivo da Justiça, foi a Islândia.

O match quase acabou antes mesmo de começar. Spassky e sua comitiva chegaram em 25 de junho, com reservas no Saga, o melhor hotel da cidade. Fischer deveria desembarcar no dia seguinte, mas não apareceu. Nem no dia seguinte, nem no outro. Num determinado momento, Fischer chegou a pisar no aeroporto JFK, onde foi reconhecido num restaurante e assediado por uma turba; ele deu a volta e fugiu. O que dera errado? Por baixo dos panos, uma nova disputa surgira. Como sempre, era por causa de dinheiro — mas, para Fischer, o dinheiro sempre se tratava meramente de uma arma. Ele afirmou que jamais assinara o acordo financeiro e exigia uma fatia de 30% da bilheteria, mais uma parte da venda dos direitos de TV para Chester Fox. Tanto Fischer como os islandeses sabiam que o match só podia ser financiado pela renda dos ingressos e da televisão, contudo o enxadrista estava disposto a correr o risco de sabotar ambas.

Tendo fugido dos olhos públicos para o subúrbio nova-iorquino do Queens, onde o velho amigo Anthony Saidy o instalou, Fischer recebeu acusações de todos os lados. O *New York Times* e a agência noticiosa soviética Tass foram igualmente críticos, embora a partir de posições ideologicamente contrastantes: os soviéticos desdenharam da sua cobiça, enquanto os americanos acharam que ele era apenas ingênuo: "Os ganhos potenciais fazem parecer trivial a soma pela qual está discutindo agora." Outros julgaram Fischer diabolicamente astuto, procurando desgastar Spassky ao mantê-lo em suspense. (A reação de Fischer a essa teoria foi: "Não acredito em psicologia. Acredito em movimentos sólidos.") Seu biógrafo, Frank Brady, sustenta que as ações temerárias de Fischer eram dirigidas não a Spassky, mas a Thorarinsson, o islandês que agora estava no comando do match. Alguns consideraram Fischer louco: Robert Byrne, o segundo mais forte grande mestre americano, especulou: "Talvez Bobby tenha perdido o contato com a realidade." Mais tarde, após telefonar a Fischer, Byrne recuou: "Bobby soava calmo e lógico. Suas exigências são inteiramente financeiras."

Era fácil para os envolvidos perderem de vista o cenário maior — a Guerra Fria —, mas em última análise foi a política que decidiu o local de realização do match. O problema, disse Arthur Koestler, que estava cobrindo o confronto para o *Sunday Times*, era simples: "Bobby é um gênio, mas como propagandista do mundo livre é um tanto contraprodutivo." Em 1º de julho, a cerimônia de abertura aconteceu sem a presença de Fischer: um *Hamlet* islandês sem o príncipe. Se tudo era um grande teatro, também era um pesadelo para os organizadores. O advogado de Fischer acabara de dizer a Thorarinsson: "Não haverá match." Em seu discurso, Euwe admitiu que "o sr. Fischer não é um homem fácil. Mas devemos lembrar que ele elevou o nível do xadrez para todos os jogadores". A esperança ainda se mantinha: "Apesar de não estar aqui, estou pessoalmente convencido de que ele chegará amanhã e o match terá início." Spassky, por outro lado, já esperava uma folga, seguida por um match contra Petrossian. No dia seguinte, Euwe falou a Spassky que cogitava um adiamento. A delegação russa foi contra, enquanto o campeão vacilou, provavelmente porque quisesse de fato que o confronto acontecesse. Se Spassky tivesse se posicionado contra a postergação, Euwe não teria alternativa a não ser desqualificar Fischer. Em vez disso, usou Spassky como desculpa para dar ao desafiante um prazo de dois dias: Fischer deveria chegar até o meio-dia de 4 de julho, dia da independência dos EUA.

Enquanto isso, Thorarinsson — defrontado pela ruína financeira do xadrez islandês — também conversou com Spassky, apelando para que telefonasse a Fischer. O campeão rejeitou a ideia, certo de que seria vetada por sua delegação. Então Spassky deu uma enigmática declaração: "Isto só pode ser resolvido em num nível superior." O enxadrista queria dizer que estava sob pressão para voltar a Moscou e que só a intervenção do Kremlin podia impedir seus superiores de abortar o match. Thorarinsson, interpretando que a afirmação de Spassky significava intervenção em Washington, contatou o primeiro-ministro da Islândia, que persuadiu Theodore Tremblay, o *chargé d'affaires* dos EUA, a enviar um telegrama ao Departamento de Estado. A mensagem enfatizou o dano que ocorreria à imagem dos Estados Unidos nesta base estrategicamente vital se Fischer não comparecesse. Embora Tremblay a tenha escrito como um favor aos anfitriões, no fundo tinha grande apreensão pelo match e esperava que a "maldita coisa" jamais acontecesse. Ele não queria ter nada a ver com o evento: "De fato, fui instruído pelo Departamento de Estado a não gastar um centavo do dinheiro do contribuinte americano em Bobby Fischer, já que ele tem sido tão desrespeitoso em relação a tudo. Assim, essa era a situação."

O telegrama de Tremblay, todavia, chegou ao dr. Henry Kissinger. O conselheiro de segurança nacional do presidente não estava sob pressão para intervir no campeonato mundial de xadrez; tinha dores de cabeça maiores, de terrorismo (era o verão da Olimpíada de Munique) até conflito nuclear (as Negociações para a Limitação das Armas Estratégicas, em Genebra). O conselheiro disse a Edmonds e Eidinow: "Não era uma grande coisa política." Mesmo assim, Kissinger tinha uma visão da diplomacia mais ampla do que a dos burocratas sovinas do Departamento de Estado. Ele sabia muito bem o que fazia quando resolveu ir atrás de Fischer em sua toca. Não agir assim seria muito mais do que abandonar um aliado; seria deixar o campo aberto ao inimigo. Kissinger sabia que a maior vulnerabilidade do Ocidente estava no nível da cultura, ideologia e diplomacia pública. Tinha uma consciência maior do que

A MORTE DE HEITOR

a da maioria das pessoas em relação à máxima de Marshall McLuhan: "A Guerra do Vietnã foi perdida nas salas de estar da América." Foi a supremacia cultural da esquerda que possibilitou o inexorável avanço da influência soviética na África, no sudeste asiático, na América Latina e até mesmo na Europa. A *détente* tornara a guerra nuclear mais remota, mas ao aliviar a tensão provocou o risco de conceder a iniciativa aos russos, que meramente transferiram o conflito para um plano diferente. O Ocidente não podia piscar, ainda que tudo o que estivesse em jogo fosse um match de xadrez.

Kissinger instintivamente sentiu que a perda deste talismã do orgulho intelectual soviético seria não apenas desagradável para o Kremlin, mas profundamente perturbador para os povos vivendo sob sua tutela. Desse modo, telefonou a Fischer, introduzindo-se com palavras cuidadosamente estudadas: "Este é o pior jogador do mundo telefonando ao melhor jogador do mundo." Quando Fischer ouviu o já famoso *basso profundo* de Kissinger desejar-lhe boa sorte em nome do governo dos EUA, algo aconteceu. Embora não exista uma transcrição da conversa, os advogados Andrew Davis e Paul Marshall concluíram que o que Fischer ouviu foi: "A América quer que você vá lá e vença os russos." Kissinger mais tarde comunicou Nixon a respeito da sua intervenção; o presidente aprovou. Fischer praticamente ficou em posição de sentido durante o telefonema. Mais tarde declarou ao mundo: "Decidi que os interesses da minha nação são maiores do que os meus próprios."

O telefonema de Kissinger respondera a uma profunda necessidade de reconhecimento. Fischer, cuja vida inteira fora definida pela Guerra Fria, finalmente era reconhecido como um combatente deste conflito. Deve ter sido bastante gratificante, porque Fischer já tinha consciência de que as suas opiniões anticomunistas não mais estavam na moda na era da *détente*. Os intelectuais esquerdistas que agora se interessavam por Fischer tapavam seus narizes para o que George Steiner, escrevendo na *New Yorker*, ridicularizara como "a crueza simplista da política de Fischer" e "a sabuja perseguição antivermelhos da sua comitiva". Pelo menos havia alguém na Casa Branca de Nixon — ainda não submersa pelo escândalo de Watergate — que o compreendia e valorizava.

Porém, o chamado às armas do comandante em chefe ainda não foi o suficiente para tirar Fischer da trincheira. Seria porque ele precisava se sentir adequadamente recompensado pelo seu próprio lado? Se iria representar o Ocidente contra o comunismo, os capitalistas tinham que pagá-lo adequadamente. Ou na verdade Fischer apenas estava com medo de sentar e jogar — de poder abalar sua autoimagem ao ser derrotado? Afinal de contas, jamais vencera Spassky. Essa teoria foi posta à prova de uma maneira que excitou e deliciou o mundo. Na segunda-feira 3 de julho, um dia antes do novo e definitivo prazo final, um ousado magnata britânico, Jim Slater, ficou sabendo que as esperanças estavam morrendo. A caminho do seu escritório, decidiu doar 50 mil libras, dobrando o prêmio para 250 mil dólares. "Quero tirar o problema do dinheiro da frente de Fischer e ver se ele tem alguma outra questão", disse Slater. "Se ele não está com medo de Spassky, então eu eliminei o elemento do dinheiro." A imprensa londrina provocou Fischer: "Saia daí e venha jogar, medroso!" Apesar de desconfiar da oferta, a sugestão de covardia atingiu Fischer. Marshall, o advogado do jogador, diz que Fischer intimamente estava resignado a não jogar até a oferta de Slater surgir. Ele nunca agradeceu ao doador, que mais tarde escreveu: "Fischer é conhecido por ser rude, deselegante, possivelmente insano. Não fiz isso para receber um agradecimento. Fiz porque seria bom para o xadrez."

A combinação de Kissinger e Slater enfim persuadiu Fischer a embarcar num avião rumo a Reykjavik, chegando na manhã de 4 de julho, bem a tempo de cumprir o prazo. Para sua fúria, foi assediado no aeroporto pela imprensa, de modo que ignorou as autoridades islandesas e refugiou-se num carro. Fischer foi levado a uma casa de campo nas cercanias da capital, onde prontamente se deitou e dormiu por 12 horas. Nesse ínterim, perdeu a hora do sorteio. Spassky compareceu devidamente e Fischer foi representado por um figura paramentada com trajes clericais: o seu auxiliar, padre Lombardy. Agora era a vez de Spassky se ofender. Ele emitiu uma declaração exigindo que Fischer recebesse uma "punição justa" — em outras palavras, que fosse declarado perdedor do primeiro jogo. "Somente aí poderei reexaminar a questão sobre se é possível realizar o match." O que tinha acontecido?

O Kremlin havia agido. Alexander Iakovlev, o membro do Comitê Central responsável por ideologia e propaganda, censurara Viktor Ivonin, do Comitê de Esportes, por deixar Spassky ser "humilhado". "Iakovlev acusou-me pessoalmente de não criar uma situação na qual Spassky pudesse voltar para casa", relembrou Ivonin. "Disse que... eu estava ajudando os americanos." Cidadãos soviéticos eram mandados para prisões psiquiátricas ou o *gulag* por menos que isso. Ivonin ofereceu-se para voar até Reykjavik e buscar Spassky. Mas aí houve a intervenção de Demitchev, um colega de Iakovlev com posto mais alto na hierarquia, que argumentou que agora existia um grande risco para o prestígio soviético: "Spassky não deve ser o primeiro a partir." Ironicamente, sob Mikhail Gorbachev, o linha-dura Iakovlev mais tarde se tornaria o "padrinho da *glasnost*".

O protesto de Spassky foi um acomodamento. Provocou um raro pedido de desculpas de Fischer, que então havia decidido jogar, entregue pessoalmente no quarto de Spassky no hotel. Aquela que se tornou conhecida como a carta "Caro Boris" foi inteligentemente redigida para soar apropriadamente contrita — só para deixar claro que Fischer não iria concordar em dar vantagem a Spassky no primeiro jogo —, sobretudo porque o campeão mundial já tinha a vantagem de manter o título se o match ficasse empatado depois de 24 partidas. Fischer argumentou que, se fosse declarado perdedor, teria que vencer três jogos para compensar o déficit. Astutamente, concluiu com um apelo ao cavalheirismo que tornara Spassky tão popular: "Sei que você é um esportista e um cavalheiro..." A partir daí, Spassky foi saudado por todos como um cavalheiro e pode ter sentido que precisava corresponder à imagem. Fischer não tinha problemas quanto a isso. Kortchnoi colocou a questão de maneira mais brutal: "Spassky era um cavalheiro. Os cavalheiros podem conquistar as damas, mas cavalheiros perdem no xadrez."

O pedido de desculpas de Fischer desarmou o lado soviético, e houve frenéticas chamadas telefônicas para Moscou. Os relatos soviéticos divergem sobre o que aconteceu em seguida. A maioria concorda que o ministro dos Esportes, Pavlov, falou com Spassky. O campeão se recusou a ser chamado de volta? Não há transcrições da conversa. Em vez disso, Spassky persuadiu Lothar Schmid, o civilizado árbitro do match, a adiar o primeiro jogo para 11 de julho, dando tempo ao soviético para recuperar sua tranquilidade. Isso foi aceito. Quando Fischer e Spassky enfim se encontraram cara a cara para o sorteio, Gueller leu uma declaração que enfureceu Fischer, cujo russo era suficientemente bom para detectar o tom condescendente: "O desafiante desculpou-se por escrito e o presidente da FIDE declarou que as regras de matches da FIDE serão estritamente observadas no futuro. Levando em consideração os esforços feitos pelos organizadores islandeses do match e o desejo de milhões de admiradores enxadristas em todo o mundo de ver o match, o campeão mundial decidiu jogar com Robert Fischer." Se o pedido de desculpas americano chegou tarde, a aceitação soviética foi deselegante. Mesmo assim, a cerimônia transcorreu sem incidentes, e os jogadores tiveram vários dias para esfriar a cabeça. O match estava mais uma vez de pé. Haveria um máximo de 24 jogos; um empate no final significaria que o campeão manteria o título.

Mas Spassky poderia não ter aceitado as desculpas. Poderia ter ido embora antes do match, mantendo o título ao menos *pro tempore*. Um campeão posterior, Garry Kasparov, não tem dúvidas quanto às forças psicológicas que levaram Spassky à derrota: "A coisa principal era que Spassky não se considerava o jogador mais forte do mundo! Foi por esse motivo que se sentiu obrigado a enfrentar Fischer, para estabelecer definitivamente qual deles era o mais forte. Mas, ao fazer concessões, deu ao oponente uma vantagem psicológica." Kasparov argumenta que Fischer precisava dessa vantagem para superar o fato de que jamais havia derrotado o russo. Quando o match começou, ele só reclamava quando não estava vencendo e precisava colocar mais pressão no adversário. "E, enquanto Spassky era bastante suscetível a isso", continua Kasparov, "tenho certeza de que tais truques não teriam funcionado com Karpov, que se preocuparia muito pouco com todos esses problemas, sem sentir nenhuma piedade de Fischer." Quando, três anos depois, Fischer optou por não defender o título contra Karpov, pode ter sentido que o jovem russo tinha uma constituição mais resistente.

Ciente de que recuperara a iniciativa, Fischer agora impunha sua vontade aos organizadores. Quando a primeira partida teve início, Fischer já os havia forçado a trocar sua cadeira, o tabuleiro, a iluminação, a mesa e muito mais. Também chegou atrasado, entrando descontraidamente no palco seis minutos após Spassky (que jogava com as brancas) fazer o primeiro movimento. O embate seguiu sem incidentes até atingir um final de jogo equilibrado, com apenas bispos e peões de cada lado. Nessa posição empatada, Fischer comeu um peão com seu bispo, que foi instantaneamente cercado, e em poucos lances a partida ficou perdida. O movimento causou uma sensação. Embora parecesse um erro de principiante, tem sido debatido desde então. O *Izvestia* interpretou a captura do bispo ideologicamente, como um sintoma da cobiça capitalista. Karpov a viu como um jogo de poder: Fischer sacrificou o bispo, "sem nenhum motivo", para provar que Spassky não podia forçá-lo a aceitar um empate. Outros acharam que Fischer apenas fora impetuoso, acreditando que podia criar chances de vitória ao turvar as águas. "Basicamente, é isso", o próprio Fischer confirmou décadas depois, mas na época reclamou que tinha sido distraído pelo barulho.

O jogo foi adiado numa posição desesperadora para Fischer, que abandonou no dia seguinte. Antes de partirem, Fischer disse em russo (no qual era fluente): "Até amanhã." Subsequentes análises com computadores mostraram que o resultado de modo algum estava definido. O grande mestre britânico Jon Speelman tentou provar que

Fischer ainda teria empatado com movimentos seguros. Kasparov confirma que Fischer perdeu uma chance: "Foi muito difícil para Fischer entrar no ritmo."

Então veio uma segunda catástrofe, que quase abortou o match. Fischer culpou as câmeras de TV pela derrota na primeira partida e recusou-se a jogar a menos que o equipamento fosse removido. Chester Fox, que pagara uma boa soma pelos direitos, ameaçou processar. Os organizadores buscaram em vão um acerto. Mesmo após as câmeras serem escondidas, Fischer não compareceu para o segundo jogo, às 17h de 13 de julho. Então as câmeras foram totalmente retiradas. Fischer ainda assim não compareceria, a menos que o seu relógio fosse zerado — o que Spassky não permitiria, de modo que Lothar Schmid foi forçado a declarar a derrota de Fischer. Contudo, Schmid tinha em mente, melhor do que qualquer um, o que era mais importante: "Precisávamos salvar o match." Ficou acordado até a meia-noite, tentando persuadir o americano a apelar contra a sua própria decisão dentro do prazo legal de seis horas. Mas, apesar de ter julgado que o apelo fora feito da maneira apropriada, o comitê do match também determinou que o resultado deveria ser mantido. Agora, todas as apostas eram de que Fischer furiosamente voaria para casa.

O que o deteve? Em parte, o fato de que a desvantagem de dois pontos — um *handicap* quase insuperável num match pelo título mundial — era, num certo nível, um gambito psicológico. Tendo resistido à exigência de Spassky de que fosse declarado perdedor do primeiro jogo, Fischer na prática disse-lhe: como quiser, aqui está o ponto — e mais um de bônus! Ele podia se dar ao luxo. Sua derrota desnecessária, seguida por um não comparecimento ainda mais desnecessário, implicava uma espécie de condescendência indiferente para com o homem que o havia derrotado por três vezes e a quem jamais vencera. Fischer dissera por mais de uma vez: "Quem quer que conheça um mínimo de xadrez sabe que eu fui o campeão do mundo, exceto oficialmente, pelos últimos dez anos." O comportamento aparentemente autodestrutivo durante a primeira fase do

A MORTE DE HEITOR

match encorajou Spassky a desenvolver um complexo de inferioridade. As inibições do campeão acerca do papel político em que se viu jogado reforçaram as dúvidas que tinha sobre o seu próprio xadrez.

Nesse momento decisivo, Fischer ouviu a voz da América novamente. Henry Kissinger telefonou da Califórnia, onde mantinha conversas informais com o embaixador soviético, Anatoli Dobrinin. Um dos *cameramen* de Chester Fox afirmou ter entreouvido Henry Kissinger falar a Fischer: "Você é o nosso homem contra os comunas." Dada a atitude de Fischer em relação a Fox e suas câmeras, isso é implausível, mas Kissinger certamente incentivou o seu *protégé* a retornar ao combate. Talvez Fischer tenha ficado lisonjeado ao ser convidado a discutir alta estratégia com o campeão mundial da *realpolitik*. De todo modo, o pior não aconteceu. Enquanto o *New York Times* publicava um editorial sobre "A Tragédia de Bobby Fischer", a maioria via a situação como uma farsa. Como um *deus ex machina*, Kissinger resolveu as complexidades do drama. Fischer prontamente declarou à BBC: "Na verdade, é o mundo livre contra os russos mentirosos, trapaceiros e hipócritas... Esta coisinha entre mim e Spassky. É um microcosmo de toda a situação política mundial." Somente aí o confronto começou para valer. Fischer estava pronto para lutar na Guerra Fria; Spassky, não.

Já era hora. O mundo em geral, e o microcosmo reunido em Reykjavik, havia se voltado contra Fischer. Quando o americano não compareceu para a segunda partida e foi declarado perdedor, Spassky recebeu uma ovação de pé. "Ele é a peça mais forte do governo soviético no tabuleiro da Guerra Fria", apregoou o boletim da competição. O ambiente estava carregado: era não apenas anti-Fischer, mas também antiamericano. Fischer estava recebendo "milhares" de telegramas e cartas, a maioria implorando para que jogasse, mas muitas terrivelmente hostis. A intervenção de Kissinger não colocou um fim na guerra de atrito psicológica de Fischer. Ele continuava fazendo diariamente reservas em voos para a América; continuava recusando-se a ceder qualquer centímetro às câmeras, apesar de nenhum equipamento ser capaz de detectar sons audíveis; continuava fazendo novas exigências, tais como a de que os semáforos deveriam ficar verdes para ele, ou que o jogo seguinte fosse disputado numa pequena sala, longe dos espectadores. Esta exigência foi uma pílula amarga para os islandeses, que haviam vendido ingressos antecipados, mas Schmid a viu como a única esperança de trazer Bobby Fischer de volta ao tabuleiro. Ele apresentou a ideia ao campeão. Sem consultar sua equipe, Spassky inesperadamente concordou: "Tudo bem por mim... mas só para este jogo."

Foi a última, aparentemente sem importância, de muitas concessões — contudo, revelou-se fatal. "Spassky deveria ter recusado. Se tivesse batido o pé — tudo teria ficado por aí!", escreveu Kasparov. "Não foi tanto uma questão de que Fischer mudou as condições do match, mas de que ele simplesmente quebrou Spassky. Começou a ditar as condições fora do tabuleiro e depois também nele!" O campeão se esquecera dos avisos de Larsen e Petrossian para não ceder às exigências de Fischer. Karpov, de maneira incomum, concorda com Kasparov nesse ponto: Spassky, o "filósofo", levou um xeque-mate fora do tabuleiro pelo não comparecimento de Fischer, um "lance de gênio" para o qual Spassky precisou de dez partidas para se recuperar. Schmid, que estava lá, vê de maneira diferente: "É claro, Spassky estava na frente. Para ele, valia a pena transferir o jogo para trazer Bobby de volta." Segundo o próprio Spassky, ele conversou por meia hora com o ministro dos Esportes, Pavlov, que queria que o enxadrista lançasse um ultimato que ambos sabiam que seria inaceitável. Pavlov queria que o match fosse abortado; Spassky estava igualmente determinado a ir em frente. "A conversa inteira se consistiu numa interminável troca de duas frases: 'Boris Vassileivitch, você tem que lançar o ultimato!' 'Serguei Pavlovitch, eu vou jogar o match!' Depois dessa conversa, deitei na cama por três horas, abalado... Eu salvei Fischer ao jogar a terceira partida. Essencialmente, assinei a capitulação para o match inteiro."

O estado mental de Fischer não estava menos tumultuado, embora os seus demônios se encontrassem dentro da sua cabeça, e não no

Kremlin. Segundo o amigo Frank Brady, "ele deve ter experimentado um medo em nível de fobia, quase um terror total... Por ter confrontado e vencido esta incerteza existencial, Fischer emerge como seu próprio herói, fiel a si mesmo e ao seu destino". Na claustrofóbica solidão da salinha nos fundos, Fischer colocou Spassky onde queria, mas também acuou a si mesmo. No dia em que deveria jogar, Fischer foi para o aeroporto, com uma reserva para um voo para os EUA. Ao se ver perseguido por sua delegação, ele então trocou o destino para a Groenlândia. Mais americanos chegaram para argumentar com ele. De súbito, Fischer decidiu jogar.

Logo após a terceira partida começar, a tensão eclodiu numa discussão feroz entre os enxadristas. Fischer começou a procurar maniacamente por câmeras, desligando interruptores e gritando. Ao ser polidamente advertido para ficar quieto, gritou para Schmid se calar, ao que Spassky ameaçou ir embora. Schmid teve que quebrar as regras, parando o relógio de Spassky enquanto acalmava ambos os jogadores e tentava convencê-los a voltar aos assentos. Ocorreu a Spassky que ele poderia apenas ir embora e acabar com o jogo. Isso teria virado a mesa contra Fischer e deixado-o "numa terrível posição psicológica", disse 25 anos mais tarde. Nesse caso, estava seguro disso, teria vencido o match. Contudo, foi um mero *esprit d'escalier.** Os dois se acalmaram, o jogo foi retomado e, no 11º lance, se inflamou com um agressivo ataque de Fischer com um cavalo pelo flanco. A jogada já tinha sido realizada antes, mas Fischer fazia a aposta de que Spassky não saberia como reagir. Kroguius posteriormente revelou que, embora os russos tivessem preparado um plano, mesmo após trinta minutos pensando Spassky não conseguiu se lembrar da análise. Pouco a pouco, Fischer construiu uma vantagem em ambos os lados do tabuleiro, mas a posição ainda não estava clara quando Spassky cometeu um erro pouco antes

---

*Expressão em francês para indicar uma resposta que nos ocorre somente após a oportunidade ter passado. (*N. do T.*)

da interrupção. Quando a partida recomeçou no dia seguinte, Spassky só precisou ver que Fischer tinha colocado no envelope selado o lance vencedor. O russo abandonou o jogo após cinco minutos de reflexão, antes mesmo de Fischer chegar. Spassky insistiu para que os próximos jogos fossem disputados no auditório. Mas já era tarde demais. O feitiço da invencibilidade fora quebrado. Depois do match, Spassky admitiu que "idealizei Fischer como uma pessoa e tentei chegar a um acordo com ele. Meu idealismo foi destruído no terceiro jogo e Fischer começou a me enervar". Spassky não apenas havia sido derrotado, mas caíra como um patinho no jogo de Fischer — e sabia disso.

A consciência de que deixara Fischer fazê-lo sangrar pela primeira vez irritou e desmoralizou o campeão, cuja calma olímpica subitamente o abandonou. Contudo, quem assistiu, quase contendo a respiração, aos movimentos da terceira partida enquanto era transmitida ao vivo para um estúdio de televisão em Londres — uma resposta sem precedentes a uma demanda sem precedentes — ficou consciente de uma outra coisa. Assim como Zeus joga Aquiles contra Heitor, agora a balança vira contra Spassky. Por mais que tenha lutado, a partir do terceiro jogo, nada deu certo para ele. Quanto a Fischer, sua bravata de supremacia não mais podia ser descartada; agora ele tinha prova.

Era vital para Spassky reagir imediatamente. Mesmo com a derrota, o placar ainda lhe era favorável. Só por meio de uma vitória convincente Spassky restauraria a ordem natural das coisas. Somente ao derrotar o usurpador em seu próprio jogo o campeão impediria a perda de autoconfiança que exsudava do seu ego atingido. Por sorte, a oportunidade surgiu já na partida seguinte, a quarta, que mais uma vez aconteceu diante da plateia, embora sem câmeras. Jogando com as pretas, Spassky tentou a Defesa Siciliana, convidando Fischer a seguir o seu plano de ataque usual. O americano decidiu aceitar o desafio. No 13º movimento, Spassky emboscou-o com um novo lance, abrindo mão de um peão para ganhar a iniciativa. Fischer impulsivamente aceitou o sacrifício. A jogada seguiu a análise do russo, o que deveria ter dado às pretas boas chances de vitória, apesar de Fischer deslocar suas peças com velocidade e confiança. No 21º movimento, Spassky mergulhou em reflexão por 45 minutos. Quando enfim agiu, foi para se afastar da continuação convencional. Ele acreditava ter encontrado um movimento mais forte, mas no fundo da mente havia o paranoico medo soviético de que sua análise secreta pudesse ter vazado. Apesar de Spassky conseguir preservar um forte ataque, Fischer defendeu-se com tenacidade. "Surgiu uma oportunidade de vencer", rememorou Spassky. "Mas eu falhei." A partida arrastou-se para um empate.

Segundo Kroguius, Gueller depois procurou Spassky, repreendendo-o pelo "indesculpável" lapso de memória no terceiro jogo, bem como pela deliberada decisão no quarto, que "significou uma falta de confiança em nós, em toda a nossa preparação". Era verdade: Spassky não confiava em Gueller nem em Kroguius, a bem da verdade — homens cujas fidelidades eram ao partido, não a ele. Spassky não podia confiar em ninguém na sua equipe, nem mesmo no parceiro de tênis, Ivo Nei. Spassky, um homem gregário, sentia-se mais solitário do que nunca. Sentia falta da família, porque sabia o quanto estava em jogo também para ela. O Comitê de Esportes se recusara a permitir a viagem da mulher do jogador, Larissa, e agora Spassky insistia no pedido para ter sua companhia.

Apesar de Fischer sempre jogar para ganhar, especialmente com as brancas, dessa vez ficou satisfeito com o empate. Havia caído numa armadilha preparada pela força conjunta da escola soviética de xadrez — e sobrevivera! Sim, teria que encontrar uma nova maneira de reagir à Defesa Siciliana, mas contava com uma carta na manga que tornaria isso desnecessário. Quando o quinto jogo começou, Spassky ainda estava na frente. Ao seu término, o triunfo inicial parecia uma distante memória. Fischer optou por uma linha da Defesa Nimzo-Índia que jamais experimentara. Spassky jogou sem convicção: "Parei de trabalhar cedo demais." Fischer travou os peões debilitados do adversário, bloqueou seus bispos e preparou-se para um longo cerco. Todavia,

Spassky poupou-lhe o trabalho: no 27º movimento, cometeu um dos piores erros de toda a sua carreira e foi logo derrotado. A plateia entoou: "Bobby! Bobby!" Agora — apesar do fato de, nesse ínterim, Fischer ter mandado o seu paciente auxiliar Cramer emitir uma lista com 14 novas exigências, a maioria delas embaraçosamente insignificantes (mais revistas e dinheiro para pequenas despesas, um carro melhor etc.) —, ele não mais parecia a criança mimada do Brooklyn, e sim um campeão em vias da consagração. A essa altura, o mundo começava a se dar conta da magnitude da inversão de cenário. A *Time* e a *Newsweek* não contiveram os elogios a Fischer, cuja "vitória esmagadora e triunfal na quinta partida possivelmente significa que a sentença de Spassky já foi assinada". Essas reportagens exultantes, que chegaram até Moscou, provocaram não apenas alarme e desolação, mas indignação. O ministro dos Esportes, Pavlov, convocou ao seu gabinete a elite enxadrística soviética, incluindo três ex-campeões mundiais, para municiá-lo com análises. Apesar de todos os experts terem opiniões sobre onde Spassky errara, ninguém soube dizer por quê.

O pior ainda estava por vir para o lado soviético. O sexto jogo foi o primeiro no qual Fischer exibiu sua verdadeira força — a forma deslumbrante que quebrara o ânimo de Taimanov, Larsen e Petrossian. Foi uma sensação desde o primeiro movimento. Os comentaristas da televisão ficaram atordoados quando Fischer quebrou o hábito de toda uma vida e optou pelo Gambito da Rainha. Spassky, que havia descartado o plano de contingência de Kroguius para semelhante surpresa com as palavras "Fischer jamais jogará isso", deve ter amaldiçoado a sua própria complacência. Após deixar passar a continuação correta no vigésimo movimento, Spassky não percebeu uma oportunidade para reagir, dois lances depois. As forças do russo foram superadas, passo a passo, até o americano ficar pronto para o ataque final. Então, com um sacrifício precisamente calculado, Fischer irrompeu. Com sua posição arruinada, e o xeque-mate sendo apenas uma questão de tempo, Spassky abandonou. Eclodiu uma comoção. A delegação soviética — agora reforçada com a presença do vice-presidente do Comitê de Esportes, Viktor Ivonin, um *apparatchik** de maior graduação — assistiu perplexa ao campeão mostrar sua magnanimidade juntando-se aos que aplaudiam o adversário.

Com essa vitória, Fischer ficou na liderança — e jamais a perdeu. Para Kasparov, esse jogo demonstra que, apesar de haver uma diferença de idade de apenas seis anos entre eles, Fischer e Spassky "já pertenciam a eras diferentes do xadrez". "A geração mais velha, derrotada pelo americano, não estava acostumada a um jogo tão intransigente!" Após essa segunda derrota consecutiva, Spassky ficou sob pressão da sua equipe e de Moscou para pedir um intervalo, o que era permitido pelas regras. Spassky, intuindo que os americanos esperavam isso, como um primeiro sinal de que estava cedendo à pressão, da mesma forma que as vítimas prévias de Fischer, recusou-se a pedir um tempo. "Ele queria vingança", disse Kroguius. Spassky apareceu atrasado para o sétimo jogo, para retribuir a Fischer sua própria impontualidade persistente. Ainda assim, a abertura não foi bem para ele; Fischer repeliu o assalto e ganhou vários peões. A posição de Spassky ficou objetivamente perdida. Porém, o campeão desferiu um ataque contra o rei preto e forçou Fischer a se contentar com um empate: "Pela primeira vez mostrei meu espírito de luta", concluiu Spassky.

Foi um falso amanhecer. O oitavo jogo não foi nenhuma obra-prima, como o sexto, mas novamente Spassky ficou em dificuldades na abertura, desperdiçando mais de uma hora. Após cair numa posição ruim, desistiu de uma troca (torre por bispo). Não se tratou de um erro, como muitos presumiram, mas uma tática-padrão para gerar um contra-ataque. Todavia, quase imediatamente Spassky cometeu um equívoco genuíno, permitindo a Fischer trocar as rainhas e recuperar um peão, resultando em um final de jogo facilmente vencível. Essa desmoralizante derrota, que colocou o placar em 5 a 3, forçou Spassky a pedir o

---

*Termo coloquial russo que designa um funcionário em tempo integral do Partido Comunista da União Soviética ou dos governos liderados por este partido. (*N. da E.*)

intervalo, oficialmente para se recuperar de um resfriado. Fischer estava confiante de ter colocado Spassky na defensiva e disse a amigos que o match acabaria em duas semanas. Não se incomodou em conceder um empate monótono no nono jogo. Um padrão se desenvolvia: Fischer empatava com as pretas e ganhava com as brancas. Spassky sabia que tinha de interromper a sangria antes que fosse tarde demais. O seu desespero e a determinação de Fischer levariam o match ao seu clímax nas semanas seguintes.

O décimo confronto foi um dos melhores já jogados neste ou em qualquer outro match pelo título mundial. Fischer, com as brancas, reverteu à mais antiga e celebrada de todas as aberturas: a Ruy Lopez, também conhecida como "Tortura Espanhola". O nome vem de um padre do século XVI da corte do rei Felipe II, que era maquiavélico a ponto de recomendar a seus auxiliares que posicionassem o tabuleiro de forma a fazer com que a luz batesse nos olhos dos adversários. Spassky sabia que estava assumindo um risco ao permitir uma abertura da qual Fischer era o supremo exponente vivo, mas sentia-se seguro com os treinos e estava em busca de briga. Spassky ofereceu um promissor gambito; tendo aceitado o peão, Fischer então retaliou com um súbito e inesperado contra-ataque, usando o notório bispo "espanhol". "Os eventos subsequentes deste jogo ficaram marcados por muito tempo nas memórias de muitas gerações de jogadores", comentou Kasparov, cuja análise mostra, contudo, que Spassky talvez ainda pudesse ter empatado a partida com precisão de computador. Com uma combinação elegante, Fischer simplificou a situação em um final de jogo vantajoso, fechando o combate em 55 movimentos. Embora Spassky tivesse, de longe, jogado o seu melhor xadrez do match, Fischer esteve à altura e apresentou um desempenho superlativo.

O placar do confronto agora estava 6,5 a 3,5 para Fischer, que encontrava-se na metade do caminho da meta de 12,5 pontos. Conforme observa Kasparov, se fosse uma melhor de 12 jogos, como o match de candidatos contra Petrossian, Fischer já teria vencido. Exceto pelo

A MORTE DE HEITOR 227

jogo a que não compareceu, Fischer não havia perdido desde a primeira partida, e também igualara o seu placar geral contra Spassky, mas, num match de 24 jogos, a mesa ainda podia ser virada.

O confronto seguinte, o 11º, demonstrou que o match estava longe do fim. Como Heitor, que correu três vezes ao redor de Troia seguido por Aquiles, Spassky fugia de Fischer havia semanas. Como Heitor, Spassky então reuniu toda a sua coragem e decidiu fazer o último esforço. Fischer exibiu seu senso de invulnerabilidade neste jogo ao repetir pela primeira vez no match uma variante de abertura, desse modo convidando o rival a preparar uma armadilha. Essa estratégia de alto risco foi contrabalançada pela escolha de abertura: a famosa variante "Peão Envenenado" da Defesa Siciliana Najdorf. Este nome exótico disfarça uma enganosamente simples ideia: uma arrojada incursão da rainha preta para comer um peão nas profundezas do campo das brancas, lutando para manter-se viva até, caso tudo dê certo, se chegar a um final de jogo em que o peão extra será decisivo. O peão é "envenenado" porque, se as pretas não tiverem o devido cuidado, a rainha pode não sair viva. Fischer era a maior autoridade do mundo nessa variante — o equivalente enxadrístico a um ousado assalto de comando atrás das linhas inimigas — e amava a sua complexidade. Além do mais, inclinava-se a ser dogmático a respeito de sua solidez; era um artigo de fé para ele que qualquer iniciativa que as brancas pudessem obter enquanto as pretas perdiam tempo libertando sua rainha ficava contrabalançada pelo peão a mais. Os russos, claro, sabiam disso e viam como uma fraqueza, do mesmo modo que a insistência obstinada de Fischer em seu valor de mercado frequentemente era caricaturada pela propaganda soviética como típica da exorbitante cobiça do capitalismo.

Os primeiros 13 movimentos do 11º jogo seguiram caminhos familiares. Então Spassky fez aquele que alguns grandes mestres que acompanhavam a partida viram como o lance mais notável de todo o match. Foi um movimento tão contraintuitivo que chegava a ser virtualmente imprevisível. O cavalo branco recuou para a sua casa inicial! Foi uma espécie de recuo agressivo — um caso de *reculer pour mieux sauter*.* Fischer e praticamente todos assumiram que a novidade era produto de intensos estudos da equipe soviética, mas Spassky sempre declarou que teve a ideia sozinho na frente do tabuleiro. Qualquer que seja sua gênese, a manobra do cavalo causou o efeito desejado: Fischer ficou desconfiado, perdeu o fio da meada e fez alguns movimentos imprecisos. Numa abertura tão crítica, semelhantes vacilos são fatais. Desta vez, Spassky não deixou a oportunidade passar. Suas peças cercaram a rainha preta, enquanto os sussurros corriam na plateia. Após apenas 24 movimentos, ela ficou cercada. A excitação chegou a tal ponto que o árbitro, Lothar Schmid, teve que pedir silêncio. Ninguém conseguia se lembrar de nada parecido acontecendo a Fischer. Ele podia ter abandonado ali mesmo, mas estava sob tal choque que prosseguiu por inércia até o 31º movimento. Spassky, irritado com essa falta de respeito à etiqueta, já deixara o palco para caminhar pelos corredores. Antes que voltasse, Fischer havia abandonado e ido embora. A multidão esperara muito tempo por isso e gritou "Boris" até ele implorar para que parassem. Depois, celebrou com típico comedimento: "O restante do match será mais interessante para mim." Sua recompensa foi a notícia de que a esposa, Larissa, havia pegado um voo para lhe fazer companhia. O 11º jogo não foi a maior vitória do quarto de século transcorrido desde que Boris começou a sustentar a família ainda menino, mas talvez tenha sido a mais doce. Ele jamais a esqueceria.

Enquanto isso, Fischer, tendo sofrido a mais amarga humilhação da sua vida, foi envolvido por pensamentos sombrios semelhantes aos de Aquiles, que, após encurralar Heitor, arremessou sua lança — e errou. "Então, divino Aquiles", Heitor o provoca, "afinal de contas, Zeus deu-lhe a data errada da minha morte! Você achava que sabia tudo." A magnitude da derrota plantou as sementes da dúvida. Seria possível que

---

*Em francês, recuar para melhor saltar. (*N. do T.*)

o título, o propósito único para o qual fora posto na Terra, iria mais uma vez fugir-lhe? Foi o pior momento de Fischer — pior até mesmo do que a derrota por não comparecimento, que, afinal de contas, fora sua própria escolha. Não havia nada de voluntário no fiasco do 11º jogo. Pela primeira vez, realmente precisou de seu auxiliar, Lombardy, cujos calmos conselhos o reequilibraram. O 12º jogo interrompeu a longa série de vitórias de Fischer com as brancas, mas ele não fez uma séria tentativa para vencer — um empate era o bastante para conter a maré.

Eles haviam alcançado a metade dos 24 jogos com o placar ainda a favor de Fischer, em 7 a 5. Porém, a concentração exigida pelo xadrez de nível de campeonato mundial — uma forma artística na qual composição e performance ocorrem simultaneamente — é tão grande que um colapso pode ocorrer a qualquer instante. Foi o que se abateu sobre Petrossian após perder a sexta partida em Buenos Aires. Psicologicamente, o que importava a Fischer era exorcizar o espectro da rainha perdida. E isso só poderia ser feito com uma vitória com as pretas sobre Spassky. Caso tivesse fracassado, não há como saber o que este perfeccionista obsessivo, para quem nada mais existia, poderia ter feito. Koestler escreveu que Fischer, indagado sobre o que o xadrez realmente significava para ele, respondeu: "Tudo."

Quanto a Spassky, depois do match recordou: "[a partir do 13º jogo] senti que Fischer era como um peixe grande nas minhas mãos. Mas um peixe é escorregadio e difícil de segurar e, em certos momentos, o deixava escapar. E então o tormento psicológico começava de novo. Tudo tinha que começar mais uma vez desde o início."

Assim, os dois sabiam que o 13º jogo era a última verdadeira chance de Spassky para virar o match, e ambos mergulharam de cabeça nele. Somente por isso o confronto já merece os louvores a ele dedicados. Kasparov não exagera quando descreve os estágios finais desta maratona como "os mais coloridos e emocionantes da história do xadrez". Bronstein falou sobre esta partida: "Como uma misteriosa esfinge, ainda atiça a minha imaginação."

Mais uma vez, Fischer tinha uma surpresa para o primeiro movimento: jogou a Defesa Alekhine, um sustentáculo da escola "hipermoderna" dos anos 1920, mas uma raridade neste nível. A ideia era usar um solitário cavalo preto para atrair os peões brancos à frente, a fim de enfraquecer a instável estrutura com um bombardeio de longo alcance. À medida que o jogo se desenrolou, ficou claro que a estratégia de Fischer estava dando certo. Após encorajar Spassky a fazer um "voo solo", sem o auxílio de análise prévia, muito mais cedo do que o habitual, Fischer ganhou um peão e, em seguida, construiu uma formidável barricada. Não por acaso o americano era um discípulo de Steinitz, o vitoriano apóstolo da defesa, como observou Smislov. Como as brancas lançaram à batalha não apenas a cavalaria, mas também os soldados da infantaria posicionados na frente do rei, os bispos pretos começaram a ameaçar a sua posição. Então Fischer hesitou, oferecendo a Spassky uma chance de desferir uma *blitzkrieg* que poderia mergulhar o jogo no caos. Talvez por não gostar do perigo, o russo a deixou passar, e a janela de oportunidade se fechou. Fischer então forçou uma troca de rainhas, conduzindo a um final de jogo com apenas duas torres e um bispo de cada lado, no qual a vitória para as pretas então seria uma questão de técnica. Contudo, Spassky lutou pela vida, materializando um ataque do nada, mesmo com os peões pretos avançando em direção à promoção. Quando a disputa foi interrompida, a posição não mais indicava uma clara derrota para Spassky. Hoje, os adiamentos estão obsoletos devido aos computadores, mas em 1972 o seu uso ainda era incipiente. Apesar de os jogadores e seus auxiliares ficarem analisando por boa parte da noite, eles somente conseguiram arranhar a superfície deste final de jogo inexaurível.

Quando a partida foi retomada no dia seguinte, a luta se intensificou ainda mais. Explorando a presença de bispos de cores opostas para conduzir uma brava ação defensiva, Spassky obrigou Fischer a sacrificar o bispo. Em troca, porém, o americano manteve um exército de peões. Com ambos os enxadristas tendo previsto as ações até então durante

A MORTE DE HEITOR

a análise noturna, dali em diante a batalha se moveria para território desconhecido. Spassky também tinha um perigoso peão passado pronto para virar rainha. Fischer descobriu a única resposta — mas que resposta! Ele imobilizou a própria torre para bloquear o peão e o bispo brancos. Então os cinco peões pretos em avanço combateram a torre branca. O rei de Fischer marchou através do tabuleiro para liderar a progressão dos peões, mas o monarca de Spassky defendeu-se magnificamente. Com um floreio final, Fischer sacrificou um dos peões para afastar a torre e permitir que o rei penetrasse no coração do território das brancas. Foi algo de alto risco — as pretas poderiam até mesmo perder —, mas Fischer sempre soubera o momento de subir as apostas. "Bobby colocou mais nesse final de jogo do que jamais fizera na vida", escreveu Lombardy. Fischer disse depois: "Também senti que Spassky subestimou o perigo da sua posição, quando cinco dos meus peões lutavam contra a torre." Ambos os jogadores ficaram exaustos pela tensão de encontrar o caminho certo por esse labirinto.

No 69º movimento, após mais de oito horas de jogo, Spassky enfim errou: moveu a peça certa, a torre, mas deu o xeque errado. Após a resposta de Fischer, gradualmente todos se deram conta de que os mirmídones não mais podiam resistir. Ao perceber o equívoco, o rosto de Spassky contou a sua própria e trágica história — uma que Fischer podia ler como um livro. O tempo pareceu ficar suspenso enquanto os dois antagonistas se contemplavam. Embora o drama ainda tivesse que se desenrolar até o fim amargo — restavam mais oito jogos —, este foi o momento da verdade. Spassky, como Heitor, compreendeu que os deuses o haviam abandonado. Fischer, implacável como Aquiles, tinha homicídio no coração e a vitória a seu alcance. Na submissão de Spassky ao seu destino e no brutal e exultante triunfo de Fischer, o desfecho da Guerra Fria já estava antecipado.

A essa altura, com um mês de match, não era apenas o cenário político ou mesmo o "interesse humano" que excitava a plateia global. Milhões tinham sido fisgados pelo xadrez. Para incontáveis jovens reproduzindo os movimentos a milhares de quilômetros de Reykjavik, cuja maioria sabia bem pouco acerca do *background* da Guerra Fria no match, esse climático 13º jogo foi uma miraculosa revelação do potencial infinito do intelecto. Eis algo que transcendia o mundano, incluindo seus cocriadores. Xadrez desse tipo parecia possuir uma fagulha divina, evocando uma gratidão arrebatadora pelo fato sagrado de sua existência. É o que Spinoza deve ter pretendido dizer com amor intelectual a Deus. No entanto, o entusiasmo não se restringia a adolescentes imaturos; de fato, era contagioso e universal. Em muitos pubs de Londres, como contaram ao correspondente da *New Statesman,* Heinrich Fraenkel, o tabuleiro havia temporariamente substituído o alvo de dardos como foco principal de atenção. Segundo Edmonds e Eidinow, em 18 de 21 bares de Manhattan a TV estava sintonizada não no jogo de beisebol dos New York Mets, mas no programa do Canal 13 transmitindo Fischer-Spassky ao vivo de Reykjavik. Este programa obteve os maiores índices de audiência jamais registrados por canais estatais. Devido a pedidos da audiência, reportagens sobre a Convenção Presidencial Democrata foram atrasadas em favor do xadrez. No bloco leste, semelhante fenômeno era comum, mas nada parecido ocorrera antes — ou voltaria a ocorrer — no Ocidente.

Agora, ambos os jogadores estavam exaustos. Spassky, que ganhou alguns dias de descanso, por razões de saúde, parecia quase totalmente esgotado. Esse foi o ponto em que todos os adversários anteriores de Fischer ruíram. Todavia, nas duas semanas seguintes, Spassky mostraria que era um verdadeiro campeão. Juntou reservas ocultas de força e lutou como um leão ferido. Também era motivado pela ansiedade a respeito do destino que o aguardaria caso ficasse a impressão de que não havia se esforçado. Spassky pôde impedir um novo êxito de Fischer — para grande desgosto do americano —, mas não conseguiu muito além disso. "[Spassky] jogou muito bem na segunda metade", Fischer disse posteriormente. "Durante uma sequência de seis ou sete partidas fiquei sob pressão em todos os jogos, foi terrível." Na 14ª partida, Spassky

A MORTE DE HEITOR

ganhou um peão e tinha um final de jogo bastante promissor, mas, perto do momento do adiamento, deixou a vantagem fugir. O 15º foi basicamente a mesma coisa. Pelas palavras de Kortchnoi, apesar de Spassky jogar "com confiança e força", mais uma vez Fischer escapou com um empate. O 16º jogo, como o décimo, foi uma Ruy Lopez. Desta vez, Fischer optou pela sua marca registrada, a Variante das Trocas, que frequentemente empregara para obter uma vitória no final de jogo. Todavia, Spassky igualou as coisas e até mesmo contra-atacou, de forma que foi Fischer quem teve que dar duro por um empate.

Nesse momento, a verdadeira batalha mais uma vez aconteceu longe do tabuleiro. Agora, estava claro para todos que só um milagre poderia deter Fischer. Como bons comunistas, os integrantes da equipe soviética não acreditavam em milagres; mas acreditavam em conspirações. O medo do que poderia esperá-los em Moscou alimentou a atmosfera de paranoia que permeava o time de Spassky desde que Baturinski os alertara, em outubro de 1971, de que "tem havido algumas considerações a respeito da influência nesses resultados de fatores não enxadrísticos (hipnose, telepatia, manipulação da comida, espionagem das análises etc.)".

A equipe fora forçada a assinar um contrato para não revelar segredos oficiais. A presença da base militar americana em Keflavik preocupava tanto Botvinnik (engenheiro por formação e stalinista por inclinação) que ele alertou as autoridades a não concordar com um match na Islândia. Segundo Kroguius, durante o match a equipe de Spassky recebeu entre oitenta e cem quilos de cartas de fãs, com uma significativa parte trazendo mensagens excêntricas. Um lunático da Holanda escreveu ao "superárbitro do Campeonato Mundial de Chadrez [*sic*]", Lothar Schmid, querendo saber se a cadeira de Fischer, especialmente despachada a um custo exorbitante, havia sido examinada em busca de dispositivos que pudessem estar transmitindo instruções vindas de um computador. Se soava como ficção científica, é porque *era* ficção científica; o remetente tirara a ideia de um filme. Em 1972, claro, Fischer era incomparavelmente melhor no xadrez do que qualquer computador. Talvez a descrição de HAL, o inteligente computador de *2001: Uma odisseia no espaço*, tenha persuadido os russos de que havia alguma coisa ali. O holandês disse a Schmid: "Eu enviei uma carta ao sr. Iefim Gueller, em sua função como assistente de Spasski [*sic*] e espero que minha ideia seja completamente sem sentido. Mas senti-me obrigado a escrever esta carta."

O que é incrível é que Gueller levou a sério tais acusações, em parte devido à histeria soviética acerca dos truques sujos da CIA. O desertor russo Guennadi Sossonko contou mais tarde que Gueller acreditava em todas as histórias da propaganda soviética sobre "o besouro do Colorado espalhado pelos americanos nos campos das fazendas coletivas e nas intrigas de imperialistas de todos os matizes, exigindo alta vigilância e uma firme rejeição. Ele guardava os interesses do império, do qual era ao mesmo tempo servo e motivo de orgulho". Gueller estava convencido de que espiões americanos examinavam os papéis de sua maleta. Atribuía aos americanos recursos imensos que somente existiam na sua fantasia: "Eles tinham uma equipe técnica. Para que precisavam disso? Tinham uma equipe de psicólogos, um serviço de segurança, um serviço de informação."

Larissa Spassky também acreditava que a energia do marido estava sendo exaurida por forças misteriosas, talvez drogas psicotrópicas. O enxadrista perdera peso e estava estranhamente sonolento, ela afirmou, até que o casal se mudou do Hotel Saga para a embaixada soviética e, dali, para uma casa de campo. Ele se sentiu melhor após poder desfrutar da comida da mulher e de suco natural de laranja — como seria de esperar. Na época, Spassky relutava em acreditar que as derrotas pudessem se dever a "fatores não enxadrísticos", tais como radiação. Mas em 2003 ele disse: "Eu hoje penso que semelhantes radiações podem ter sido empregadas."

Em Moscou, o Comitê de Esportes queria saber por que Spassky estava perdendo e enviou seus próprios experts para investigar a possi-

A MORTE DE HEITOR

bilidade de hipnose ou telepatia. Segundo Kroguius, dois psiquiatras soviéticos, Vartanian e Jarikov, "calharam de estar visitando Reykjavik". Apesar de serem considerados pela maioria como agentes do KGB, documentos secretos divulgados revelam que, conforme colocam Plissetski e Voronkov, "eles foram especialmente enviados quando a situação no match tornou-se desfavorável". A conclusão dos dois era espantosa: "Fischer tem uma forte personalidade de mentalidade psicopata, e seu comportamento afeta Spassky." Contudo, acrescentaram, "hipnose e telepatia não devem ser consideradas". Parece que a eclosão de histeria no campo de Spassky se originou não em Moscou, mas na imaginação febril do auxiliar do enxadrista, Iefim Gueller.

Em 22 de agosto, após o 16º jogo, Gueller emitiu uma longa e verborrágica declaração que deve figurar entre os mais bizarros registros de paranoia na Guerra Fria. Após uma ladainha de reclamações contra o comportamento de Fischer, ele foi ao ponto:

> Recebemos cartas dizendo que alguns dispositivos eletrônicos e substâncias químicas que podem estar no salão de jogos estão sendo usados para influenciar o sr. B. Spassky. As cartas mencionam, particularmente, a cadeira do sr. R. Fischer e a influência de iluminação especial sobre o palco instalada por exigência do lado americano. Tudo isso pode parecer fantástico, mas fatores objetivos fazem-nos pensar nessas suposições aparentemente fantásticas.

Esses "fatores objetivos" incluíam os protestos de Fischer contra as câmeras televisivas ("ele está ansioso para se livrar do constante controle objetivo"), a suposta presença "dos americanos" no salão "até mesmo à noite" e a insistência de Fischer em ter uma cadeira especial. Gueller terminava com a exigência de que "o salão de jogos e as coisas nele sejam examinadas com a assistência de especialistas competentes".

Segundo Cramer, quando Fischer leu a carta "morreu de rir". As autoridades islandesas não acharam o assunto engraçado e levaram um engenheiro eletrônico e um químico para investigar. Raios X da cadeira revelaram um objeto não identificado, o qual um engenheiro americano da IBM, Don Schultz, achou que poderia ser um dispositivo de escuta. Sua teoria era a de que um agente desonesto do KGB o havia plantado numa tentativa malfeita de incriminar os americanos. Todavia, o objeto misterioso não apareceu num segundo exame. Dentro da lâmpada, encontraram duas moscas. Harold Schonberg, do *New York Times*, pediu uma autópsia dos insetos: "Eles tiveram morte natural? Ou a causa da morte foi um raio letal americano? Ou talvez tenham perecido após lamberem o peão envenenado da Defesa Siciliana?" A possibilidade de que a CIA realmente estivesse envolvida pode ser descartada. Apesar de um dossiê sobre as ações da agência de 1950 a 1970 publicado em 2007 mostrar que de fato a CIA empregou truques sujos, o campeonato mundial de xadrez simplesmente não foi uma prioridade. Toda a questão das moscas mortas serviu apenas para fazer com que os soviéticos em geral, e Gueller em particular, parecessem ridículos. Mas essa trapalhada faria parte de uma conspiração muito maior? Não uma verdadeira conspiração da CIA, mas uma do KGB para que assim parecesse?

Depois do envenenamento em Londres em 2006 de Alexander Litvinenko, estamos menos inclinados a rir de semelhantes complôs e certamente não confiamos na garantia do coronel Baturinski de que o temor do KGB em Reykjavik era mera "mania de espiões". Mas o que realmente estava acontecendo em Reykjavik? É muito provável que as histórias sobre a cadeira e a iluminação, incluindo as cartas do lunático holandês, tenham feito parte de uma campanha de desinformação do KGB. Hoje está claro que o KGB teve um grande interesse no match, que um número desconhecido de agentes estiveram presentes durante a realização do evento e que aconteceram diversas reuniões, no mais alto nível, entre o Comitê de Esportes e o vice-presidente do KGB, Viktor Tchebrikov, que sucederia Iuri Andropov como chefe depois que este assumiu a liderança do partido uma década depois. Outro alto oficial do

KGB, o general Valentin Nikachin, foi destacado para o caso. Edmonds e Eidinow especulam que ele estava por trás não apenas do envio dos dois psiquiatras e da histeria acerca dos "fatores não enxadrísticos", mas também dos rumores que começaram a circular durante o match de que Spassky estava prestes a desertar. É difícil ver como esses boatos, alimentados pelo tédio sentido por vários jornalistas confinados numa ilha remota, poderiam ter servido aos propósitos do KGB, mas Nikachin queria um informante em quem Spassky confiasse para ir a Reykjavik a fim de manter um olho nele. Pavlov discordava, temendo que Spassky percebesse que estava sendo vigiado.

Perto do final do match, Spassky comprou um Volvo — um enorme luxo em se tratando de um russo — e providenciou para que fosse enviado a Leningrado. Até mesmo um detalhe trivial desses foi capaz de escalar a cadeia de comando até Iakovlev, o chefe da propaganda, porque implicava que Spassky não desertaria. Em 2001, as memórias do coronel do KGB Gueorgui Sannikov apareceram na internet, afirmando (entre outras coisas) que a casa de campo de Spassky havia sido equipada com dispositivos de escuta e que os americanos, "sabendo dos gostos do solteirão Fischer, contrataram uma prostituta de luxo" e mantiveram essa "loira atraente e formosa" na base de Keflavik "para, em caso de necessidade, levá-la até ele. Não foi preciso". Tais histórias não comprovadas têm pouca credibilidade.

Talvez jamais saibamos precisamente o que os espiões pretendiam em Reykjavik, mas sabemos o suficiente para dizer que a influência do KGB no resultado do match foi insignificante. Como em tantas das operações secretas que consumiram os escassos recursos do bloco soviético durante a Guerra Fria, o KGB fracassou em salvar a coroa de Spassky.

Obscurecidos por eventos extratabuleiro, os últimos jogos foram pouco mais do que os estertores de um herói agonizante. Na 19ª partida, com o placar em 10,5 a 7,5, Spassky ofereceu a maioria das peças numa tentativa desesperada de atrair o rei de Fischer para campo aberto.

Contudo, o americano impecavelmente devolveu o material sacrificado, e o jogo definhou. Com o fim de agosto e o início de setembro, a longa série de oito empates finalmente terminou quando Spassky foi longe demais no 21º jogo. Apesar de ainda ser possível salvar o complexo final de jogo, após oito semanas sua determinação não era mais a mesma. O confronto foi adiado, mas a análise de Spassky o convenceu a desistir da luta. Ele telefonou a Schmid para abandonar o jogo e o match. "Há um novo campeão", Spassky falou a um fotógrafo, que prontamente telefonou para dar a notícia a Fischer. "Você tem certeza de que é oficial?", perguntou, desconfiado.

Não se pode dizer que Fischer foi magnânimo na vitória. À ferida mortal que havia infligido ao prestígio do xadrez soviético, o americano somou o insulto de arrastar o cadáver atrás da sua carruagem. "Os russos foram aniquilados", disse à BBC. "Eles provavelmente agora lamentam o dia em que começaram a jogar xadrez. Tiveram tudo pelos últimos vinte anos. Falavam da sua força militar e da sua força intelectual. Bem, a coisa intelectual... Tive um enorme prazer... como uma pessoa livre... em destruir isso." Na cerimônia de encerramento, Fischer ostensivamente ignorou o protocolo. Quando Spassky juntou-se a ele, discutiram uma revanche em Las Vegas, fora do ciclo normal das disputas da FIDE. Essa conversa alarmou os russos que a ouviram. O jogo que por tanto tempo fora um mostruário da cultura soviética estava fugindo de controle.

O xadrez na verdade se transformara em um constrangimento para o Kremlin. O espaço na imprensa soviética aos poucos encolheu à medida que a derrota de Spassky se aproximou. O *Izvestia* escondeu um breve despacho da Tass sobre a vitória de Fischer no pé de uma página de esportes. Até mesmo a *Chakhmati v SSSR*, a principal publicação enxadrística, imprimiu apenas uma matéria sem assinatura a respeito do match, que conseguiu não mencionar o resultado até o último dos 19 parágrafos. Fischer disse aos conterrâneos nova-iorquinos: "Nunca pensei que chegaria o dia em que o xadrez ganharia as manchetes do

A MORTE DE HEITOR

nosso país e produziria apenas um pequeno comentário no *Pravda*. E isso inquestionavelmente é culpa minha: tudo depende de quem vence!" Para alegria da mídia soviética, na Olimpíada de Munique um corredor russo derrotou os americanos nos cem metros rasos, pouco antes de terroristas palestinos com apoio soviético tomarem a delegação israelense como refém e assassinarem 11 membros. O KGB reprimiu uma manifestação de judeus russos e dissidentes, incluindo Sakharov e Sharansky. Enquanto isso, ocupavam-se em fechar a mais importante publicação *samizdat* da União Soviética, *A Crônica dos Eventos Atuais*. O período de *détente* também testemunhou a mais severa perseguição a dissidentes desde Stalin. Enquanto durou, o match em Reykjavik foi uma lufada de ar fresco na sufocante atmosfera do Estado de Brejnev.

Para os perdedores, havia um preço a pagar. Antes mesmo de o match terminar, um dos auxiliares de Spassky, o estoniano Ivo Nei, foi mandado para casa em desgraça. Ele havia sido secretamente recrutado pelo advogado de Fischer, Marshall, para escrever um livro sobre o match a quatro mãos com o grande mestre americano Robert Byrne. Comunicados pelo KGB, Gueller e Kroguius interrogaram Nei na presença de Spassky. Houve uma discussão, e Nei foi mandado para casa, proibido de viajar ao exterior por dois anos. Baturinski não foi a única autoridade a acusar Nei de espionagem, mas nada pôde ser provado.

Em Moscou, Spassky teve que enfrentar uma avaliação no Comitê de Esportes. Os presentes foram unânimes na condenação ao jogador e sua equipe, particularmente por fazerem concessões a Fischer. Um membro do comitê, Rodionov, resumiu a reunião: "Spassky esqueceu-se de que era um esportista — mas vestindo as cores vermelhas! Como resultado do desempenho insatisfatório de Spassky, o prestígio do nosso Estado foi abalado." Ivonin, que presidiu a reunião, repartiu a culpa de maneira mais ampla: "Fomos negligentes em nossas tarefas." Mesmo assim, Baturinski conseguiu sua vingança pela recusa de Spassky em incluí-lo na equipe. Informou que, numa visita à *dacha* de Spassky antes do match, ele e Ivonin foram recebidos com a pergunta: "Vocês trouxeram alguma bebida?" Baturinski disse mais: "Então ele nos convidou a olharmos as fotos de uma *Playboy* que estava em cima da mesa." A punição de Spassky foi leve: seu estipêndio, que tinha sido aumentado em 200 rublos, diminuiu novamente, e o enxadrista acabou proibido de disputar torneios no exterior por nove meses. Spassky caiu numa depressão profunda e prolongada, que terminou apenas quando se divorciou e casou novamente, pela terceira vez. Nem mesmo a sua parte da bolsa de Reykjavik (93.750 dólares) serviu de muito consolo: abandonado pelos amigos, ele rapidamente dissipou o que, pelos padrões soviéticos, era uma imensa fortuna. Se Spassky de fato havia entregado o match, como Botvinnik dizia a todos, logo ficou aparente que ele não soube o que fazer com o dinheiro. Porém, ao ganhar o próximo campeonato soviético, à frente de Karpov e Kortchnoi, Spassky lembrou às autoridades que elas ainda precisavam dos seus talentos. O enxadrista não conseguiu se recuperar da derrota, mas deu um jeito de reconstruir a vida. Para evitar sua deserção, deram-lhe permissão para viver na França ao mesmo tempo que mantinha a cidadania soviética.

O xadrez soviético nunca mais foi o mesmo. Muitos concordaram com a crítica de Fischer: "Eles mataram o xadrez com seus métodos enfadonhos de jogar, com seus matches enfadonhos em seu país enfadonho." Reykjavik produziu uma nova safra de jogadores, notavelmente Garry Kasparov, mas eles se entusiasmavam pelo exemplo de Fischer, e não pela chacoalhada burocrática que se seguiu à derrota. O jovem que reconquistou o título e emergiu como o novo porta-estandarte soviético na Guerra Fria era muito mais enfadonho (no sentido de Fischer) do que Spassky: Anatoli Karpov. Os anos 1970 foram um período de dura repressão, à qual nem mesmo o xadrez ficou imune. Baturinski relembrou que em 1974, durante o match Karpov-Kortchnoi para decidir quem desafiaria Fischer, recebeu uma visita inesperada no Salão das Colunas em Moscou, onde o evento acontecia. Era o ministro do Interior, Nikolai Schelokov, que perguntou-lhe: "Como vocês cederam a coroa a um americano? Se dependesse de mim, todos que estiveram em Reykjavik com Spassky teriam sido presos."

E Fischer? Nova York abriu os braços para o herói, que respondeu negando "um rumor que sem dúvida se originou em Moscou: não é verdade que Henry Kissinger me telefonou e sugeriu movimentos nos meus jogos!" Talvez instado por Kissinger, falou-se que o presidente Nixon teria convidado "o campeão absoluto do mais difícil jogo do mundo" a uma recepção na Casa Branca. Ninguém recusa um convite do homem mais poderoso do mundo — exceto Bobby Fischer. "Eu declinei porque descobri que eles não pagariam nada pela visita. Além disso, teria sido uma séria distração." (Trinta anos depois, Fischer negou a história.)

Mas uma distração em relação a quê? Não ao xadrez. O novo campeão mundial prometeu jogar com uma frequência muito maior que a dos antecessores, mas na verdade competiu menos do que qualquer um deles. A delicada perfeição do seu feito inibia os riscos. Ele estava mais rico do que nunca, mas, sem o estímulo fornecido pelo imperativo político de derrotar os soviéticos em seu próprio jogo, Fischer perdeu a motivação. Em vez de se tornar um grande campeão, até mesmo um herói do Ocidente, caiu na apatia e na reclusão. Las Vegas ofereceu 1 milhão de dólares pela revanche; em 1975, Manila propôs 5 milhões de dólares para sediar o match com Karpov pelo título mundial. Fischer poderia ter ganhado outros 5 milhões de dólares com contratos de patrocínio. Mas não fez nada disso. Exigiu novas regras para matches pelo cetro mundial, similares às inventadas pelo primeiro campeão oficial, Wilhelm Steinitz. Quando a FIDE concordou com todas, exceto duas das condições, Fischer disse-lhes que eles haviam decidido excluí-lo: "Eu, portanto, renuncio ao título de campeão mundial pela FIDE." Kasparov acredita que Fischer estava tentando uma reversão ao período pré-guerra, quando o título pertencia ao campeão, e não à federação mundial. Quando, sob enorme pressão soviética, a FIDE se recusou a ceder, ele declarou: "Eu vou punir o mundo do xadrez. Não verão mais nenhum jogo meu. Não jogarei mais!" Fischer falava sério. Desapareceu das vistas do público para se juntar às fileiras de J. D. Salinger, Howard Hughes, Greta Garbo e outros grandes eremitas. Ele foi visto em vários países, houve uma breve prisão numa cadeia de Pasadena, um panfleto autojustificatório que sugeria sérias perturbações mentais. E então — silêncio.

Quando, ao estilo Rip van Winkle, Fischer emergiu em 1992 para jogar uma revanche no resort adriático de Sveti Stefan contra um Spassky em forma muito menor, sob os auspícios do presidente sérvio, Slobodan Milošević, ainda reivindicava para si o título de campeão mundial. Fischer venceu por 10 a 5, com 15 empates, mas o match foi mais uma vitória de Pirro do que algo semelhante a Reykjavik. Ao infringir as sanções contra o regime de Milošević, Fischer despertou uma longa animosidade do governo dos EUA, que emitiu uma ordem de prisão. Suas aparições públicas destruíram a lenda de Bobby Fischer. Seu jogo foi uma sombra do antigo brilhantismo, como talvez tenha se dado conta; não haveria mais retornos. E seus comentários mostraram que o antissemitismo agora havia assumido o controle da mente. Sionismo e comunismo fundiram-se com antiamericanismo para formar uma mania de perseguição. Fischer ressurgiu após o 11 de Setembro para celebrar a queda da América e dos judeus — em especial, aparentemente, a de judeus americanos como ele próprio. Em 2005, Fischer foi preso no Japão sob acusações que incluíam sonegação de impostos e descumprimento de sanções. Sob o risco de ser extraditado para os Estados Unidos, onde poderia ser condenado à prisão perpétua, Fischer recebeu uma oferta de asilo do país que subestimara — a Islândia.

Em última análise, a vitória de Fischer sobre Spassky foi uma desgraça, para ele e talvez também para o xadrez. Após o fim da Guerra Fria, Fischer gravitou de volta à cena de seus triunfos passados, Iugoslávia, e a um dos últimos ditadores da Guerra Fria, Milošević — uma atração que se mostrou fatal. E quando o Ocidente viu-se ameaçado pelo terror

A MORTE DE HEITOR

islâmico, Fischer alinhou-se com o inimigo. Enquanto jogou, o xadrez preservou sua sanidade. Assim que desistiu do xadrez, a beligerância dentro e fora do tabuleiro se degenerou numa mórbida misantropia. Ele de fato tinha um calcanhar de aquiles: a Guerra Fria. Ela dominou a vida de Bobby Fischer. Ao mesmo tempo que ajudou a construir seu nome, também fez muito para desequilibrá-lo. E, na sua ausência, Fischer simplesmente ruiu.

12

A Era da Máquina

Os seres humanos sempre sonharam em criar um ser à sua semelhança, só que mais obediente — dos golens do Talmude aos robôs da peça de 1920 de Karel Čapek, *R.U.R.* A inteligência artificial levanta profundas questões filosóficas — que ficaram mais agudas na era da política totalitária. Na sua ânsia em criar uma nova ordem política e social, o intelectual revolucionário descartou a noção do ser humano como único, da vida humana como sagrada, da humanidade como a única criatura dotada não apenas de consciência como também de senso moral. Em tal sociedade, onde os seres humanos eram mera matéria bruta, o conceito de inteligência artificial ganhou um novo e sinistro significado. A peça de Čapek, que cunhou o termo "robô", imagina um mundo no qual os líderes da *intelligentsia* radical manufaturam uma raça de escravos sintéticos ("Robôs Universais Rossum") para fazer o trabalho da humanidade. Ao ousar "acabar com a escravidão do trabalho", os homens usurpam o papel de Deus, mas ao fazer isso se rebaixam ao nível dos robôs. Aqueles que alertam contra a catástrofe espiritual que essa utopia ociosa engendrará são ignorados pelos utópicos — que, contudo, colhem uma terrível safra quando os robôs se insurgem contra quem os explora. Uma sociedade que tenta transformar o velho Adão em um "novo homem" pode acabar tratando humanos como robôs.

O xadrez desempenha um papel periférico, mas importante, na ascensão das máquinas pensantes. Na realidade, a simbiose entre xadrez e computador é quase tão velha quanto a ideia de inteligência artificial. O xadrez sempre foi a recreação favorita do intelectual e, portanto, é associado à elevada inteligência — embora de modo algum idêntico a ela. Assim, há uma afinidade natural entre o estudo de comportamento inteligente simulado e um jogo que permite a realização de comparações diretas entre as capacidades de humanos e androides. O público europeu ficou fascinado pela noção de uma máquina jogadora de xadrez já em meados do século XVIII, e o interesse ainda hoje não mostra sinais de declínio, quando existem literalmente bilhões de computadores enxadristas.

O primeiro e mais famoso autômato enxadrista foi a invenção de Wolfgang von Kempelen, o Turco, apresentado na corte da imperatriz Maria Theresa em 1769 e incinerado na Filadélfia em 1854. Os primeiros autômatos enxadristas, naturalmente, não tinham nada a ver com a computação. Por meio de engenhoso uso de espelhos, eles meramente escondiam um homem atrás de engrenagens e polias. Exibido como o Autômato Enxadrista de Maelzel pelo inventor do metrônomo, o Turco foi tema de um celebrado artigo de Edgar Allan Poe publicado em 1834, no qual o inventor das histórias de horror declarava ter usado lógica puramente dedutiva para compreender como o truque era feito. Corretamente argumentou, mas pelos motivos errados, que o Turco devia ser operado por um humano. Entre outros equívocos, Poe pensava que o fato de o autômato não vencer sempre era uma revelação involuntária do truque. Na verdade, é claro, um verdadeiro autômato também seria falível: errar não é uma imperfeição exclusiva do ser humano. Por ironia, apesar de Poe não compreender inteiramente os problemas mecânicos que Kempelen havia resolvido de forma tão engenhosa setenta anos antes, desde então o escritor tem sido geralmente apontado como o responsável pela solução do mistério do Turco. O último dos autômatos enxadristas humanos foi Ajeeb, que foi operado pelo grande mestre americano Harry Pillsbury de 1898 a 1904 e durou até 1926. Mais sofisticado que ele foi Mephisto, mostrado pela primeira vez em

Londres, em 1878, por Charles Gümpel, um inventor nascido na Alsácia. Mephisto, um androide com aparência similar ao diabo epônimo, não era grande o bastante para poder esconder um homem dentro. Era operado a partir de outro recinto por meios eletromecânicos, em geral pelo grande mestre Isidor Gunsberg.

Apesar de autômatos como esses desempenharem um papel pequeno na história do xadrez computacional, sempre pairou a suspeita de que os computadores só podiam ganhar com assistência humana. Essa suspeita ainda esteve presente na sensacional derrota de Garry Kasparov para o computador Deep Blue, da IBM, em 1997, quando o então campeão mundial ficou convencido de que a máquina havia recebido "ajuda" de seus operadores (um dos quais era grande mestre). Hoje, contudo, a suspeita também se inverteu, isto é, que jogadores humanos secretamente utilizam computadores em busca de auxílio. Uma suspeita desse tipo — embora completamente injustificada — está por trás de uma triste disputa que quase abortou o match de 2006 pelo título mundial. O búlgaro Veselin Topalov acusou o russo Vladimir Kramnik de ir frequentemente ao banheiro para poder consultar um computador. Apesar de não apresentar nenhuma prova, a alegação de Topalov indiretamente rendeu dividendos. Em resposta à reclamação, o comitê de arbitragem da FIDE alterou as condições de jogo exigindo que os enxadristas dividissem um banheiro, o que provocou um protesto de Kramnik contra uma clara infração ao contrato do match. O protesto de Kramnik levou a uma segunda disputa, que resultou no não comparecimento do russo a um jogo. Amplamente condenada no mundo enxadrístico, essa decisão permitiu que Topalov, que vinha se saindo mal, empatasse o match. De todo modo, Kramnik venceu o desempate em xadrez relâmpago e manteve o título.

Os pioneiros dos genuínos computadores enxadristas não eram ilusionistas, mas precisavam ser visionários. Vários deles também estão entre os pais da ciência computacional. O grande matemático e filósofo alemão Gottfried Leibniz já havia "resolvido" o jogo de paciência em

A ERA DA MÁQUINA 247

1710, usando o ramo da matemática conhecido como combinatória; ele também projetou uma máquina aritmética de calcular, a "roda de Leibniz", e concebeu a grandiosa ideia de um sistema de conhecimento universal. Seu igualmente brilhante compatriota Leonhard Euler foi o primeiro a perceber a importância matemática do histórico problema do "passeio do cavalo", no qual a peça visita cada casa do tabuleiro somente uma vez. O homem que costuma ganhar o crédito pela invenção do primeiro computador, Charles Babbage, gastou muito tempo pensando numa adaptação para que a sua Máquina Analítica jogasse xadrez, mas desistiu por considerar se tratar de uma tarefa computacional por demais gigantesca — como de fato era na sua época pré-eletrônica ou até mesmo pré-eletricidade. As questões cruciais, todavia, diziam respeito não à engenharia, mas à matemática. Em 1914, o inventor espanhol Leonardo Torres y Quevedo apresentou o seu autômato enxadrista, El Ajedrecista, baseado em pesquisas sobre calculadoras análogas. Era um genuíno autômato, apesar de só poder dar conta de três peças. Com rei e torre contra rei, podia, de forma bastante confiável, dar xeque-mate num oponente humano, movendo as peças por eletromagnetismo.

O passo decisivo foi dado pelo inglês Alan Turing, que hoje é mais conhecido como um dos principais decifradores da Segunda Guerra Mundial: foi ele quem destrinchou a máquina de cifragem naval alemã Enigma e chefiou a celebrada Cabana 8 em Bletchley Park. O status "cult" póstumo deve-se parcialmente ao seu suicídio em 1954, com 41 anos, após ser preso sob a acusação de indecência. A insuportável situação em que se viu jogado, como um homem extremamente discreto que temia a humilhação pública de ser identificado como homossexual, levou ao trágico desperdício de um gênio. A estatura científica de Turing fundamenta-se em apenas três célebres ensaios. O primeiro deles, escrito quando tinha 20 e poucos anos e publicado em 1936, era "Sobre Números Computáveis, com Uma Aplicação ao *Entscheidungsproblem*". Ele descreveu pela primeira vez a matemática das máquinas computacionais, por intermédio de uma aplicação brilhantemente original da obra do logicista austríaco Kurt Gödel. Turing foi o primeiro a definir "computabilidade" como uma propriedade específica de números cujos decimais podiam ser registrados por uma máquina. Ele já havia percebido que, usando um procedimento formal de operações computacionais conhecidas como um algoritmo, tais "máquinas computacionais universais" eram capazes de desenvolvimento quase infinito. Ainda hoje, aprender a programar a "máquina de Turing" é um elemento essencial no treinamento de qualquer cientista computacional.

Como parte do esforço de guerra dos Aliados, duas máquinas calculadoras eletrônicas foram construídas: uma nos Estados Unidos, chamada Eniac, outra em Bletchley Park, denominada Colossus. É uma questão de debate entre historiadores da ciência se alguma dessas máquinas era um computador no sentido moderno, porque nenhuma delas podia armazenar programas. Na mente fértil de Turing, contudo, a experiência adquirida na guerra mostrou-lhe como usar a nova ciência da engenharia eletrônica para construir sua máquina universal. Ele ficou convencido de que uma máquina de Turing podia, em princípio, simular qualquer coisa de que fosse capaz o cérebro humano. Isso apresentou a questão de como construir um computador que pudesse simular muitas, ou mesmo todas, funções da mente.

Em 1950, Turing publicou seu segundo grande ensaio, "Maquinário Computacional e Inteligência", na proeminente publicação filosófica *Mind*. A sentença inicial — "Proponho o exame da questão 'as máquinas podem pensar?'" — ficou famosa. O "Teste de Turing" surgiu de um experimento mental, um "jogo de imitação" no qual um interrogador questionaria um ser humano e um computador sem saber qual é qual. O argumento de Turing era que, se o interrogador não pudesse distinguir entre os dois conjuntos de respostas, então o computador necessariamente seria, por qualquer definição lógica, inteligente. Porém, essa definição ampla levantava uma questão prática: que tipo de operação permitiria ao cientista comparar as inteligências humana e artificial? Uma resposta, Turing decidiu, era o xadrez.

A ERA DA MÁQUINA 249

Apesar de Turing ser um *patzer*, com conhecimento apenas básico do xadrez, durante a guerra trabalhara em Bletchley Park ao lado de vários dos principais mestres enxadristas da Grã-Bretanha, incluindo Stuart Milner-Barry, C. H. O'D. (Hugh) Alexander e Harry Golombek. Em conversas com um colega criptógrafo, Jack Good, e um estudante, Donald Michie, Turing ficou fascinado com o problema de criar um computador que jogasse xadrez, usando "árvores" decisórias para encontrar o melhor lance. No início de 1946, Turing escreveu um relatório sobre "A Calculadora Eletrônica Proposta" e, meses depois, deu palestras sobre "O Dispositivo Computacional Automático" no Ministério do Abastecimento. Nesses ensaios, utilizando o conceito de "inteligência de máquina", Turing discutiu o jogo de xadrez como um paradigma para o pensamento humano. Então, em 1948, desafiou Michie para ver qual dos dois conseguiria criar um algoritmo enxadrista. Na Edimburgo dos anos 1960, Michie, que viveu até 2007, tornou-se o primeiro cientista computacional da Grã-Bretanha, após Turing, a desenvolver o campo da inteligência de máquina.

Turing continuou a trabalhar em programas de xadrez, apesar de nunca ter tentado usar o único computador ao qual tinha acesso, na Universidade de Manchester. Em 1951, Turing simulou um programa de computador enxadrista "humano", o que significava que ele tinha que fazer milhares de cálculos meramente para "ver" dois movimentos à frente. Turing levava pelo menos meia hora para calcular cada um dos movimentos do computador. De acordo com sua função de avaliação, as posições do xadrez podiam ser resumidas em fatores quantificáveis: material e mobilidade; segurança do rei; ameaças de xeque e xeque-mate ou avanços de peões. O seu programa disputou um jogo contra Alick Glennie, um amigo de Turing de 26 anos que era "um jogador fraco sem conhecimento do sistema" que ele estava usando. Como comenta o historiador do xadrez computacional Monty Newborn, surpreendentemente no quarto lance deste primeiro jogo entre um ser humano e um computador, o estilo distinto (e aparentemente excêntrico) de jogo mostra que "computadores têm uma mente própria". Já no 16º movimento fica patente que o limitado "horizonte" do computador o conduz a retardar o máximo possível a perda de um peão. À altura do 29º movimento, a incapacidade de olhar mais à frente faz com que o computador perca a rainha e o jogo.

Turing publicou os resultados dessa pesquisa sobre xadrez como um capítulo, "Computadores digitais aplicados a jogos", do volume *Faster than Thought* [Mais rápido que o pensamento] (org. por B. V. Bowden, Londres, 1953). Este é o terceiro dos ensaios importantes de Turing, e sua perspectiva estende-se muito além do xadrez. O texto se devota sobretudo à questão de se um computador poderia jogar "uma razoavelmente boa partida de xadrez" e inclui uma descrição dos seus próprios esforços para criar tal algoritmo ou programa. Mas ele também argumenta que um computador enxadrista seria capaz de melhorar seu jogo, aprimorando-se com a experiência. Turing sugere que "seria bem possível programar a máquina para tentar variações em seu método de jogo (isto é, variações no valor das peças) e adotar a que oferece os resultados mais satisfatórios. Isso decerto poderia ser descrito como 'aprendizado', embora não seja totalmente representativo do aprendizado conforme o conhecemos. Também pode ser possível programar a máquina para buscar novos tipos de combinação no xadrez". O que Turing queria dizer é que o computador podia aprender por meio de tentativa e erro a calcular o valor de, digamos, um bispo sob circunstâncias específicas, em vez de tratá-lo como se sempre tivesse a mesma utilidade. Assim, o computador podia avançar além do nível de um iniciante e aos poucos se aproximar do — talvez até mesmo transcender — de um grande mestre.

Fundamentalmente, Turing estava interessado no que constitui a inteligência artificial e onde podem estar seus limites: "Se este produto produzisse resultados que fossem inteiramente novos, e também interessantes ao programador, quem deveria ficar com o crédito?" É do mesmo modo evidente que Turing já intuía que um jogador humano

A ERA DA MÁQUINA   251

que compreendesse o sistema do computador logo aprenderia como explorar suas fraquezas — como de fato aconteceu pelas próximas cinco décadas, até a maioria dessas deficiências serem eliminadas. Turing já estava olhando além desse estágio inicial para vislumbrar um computador que pudesse calcular com velocidade infinita e com capacidade de armazenamento ilimitada: "daria um resultado sobre o qual, de certa forma, não poderia haver melhoria." Em princípio, tal programa invencível poderia ser formulado com razoável facilidade para um jogo simples como o jogo da velha, afirma Turing, e seu amigo Donald Michie de fato mais tarde criaria uma máquina ("Menace") que faria precisamente isso. No xadrez, admite Turing, o enorme número de movimentos possíveis (maior do que a soma dos átomos do universo conhecido) significa que uma tentativa de calcular à exaustão, mesmo para tal computador ideal, "é de interesse meramente acadêmico". No começo dos anos 1950, as futuras aptidões para grandes cálculos dos computadores apenas estavam começando a ser antevistas, mas mesmo então Turing se deu conta de que esse poder abria a possibilidade de uma máquina que podia imitar — e, no fim, superar — os processos de pensamento que capacitavam os humanos a jogar xadrez. Ao focar a pesquisa nesse objetivo, o Cálice Sagrado da inteligência artificial, Turing estabeleceu as bases para uma máquina que, pelo menos de acordo com seu teste, de fato podia pensar.

Em 1945, enquanto Alan Turing desenvolvia sua pesquisa de maneira quase inteiramente privada, nos Estados Unidos o matemático nascido na Hungria John von Neumann já havia publicado a descrição de um computador digital eletrônico, usando uma única estrutura de armazenamento para conter o programa e os dados. Apesar de a "arquitetura Neumann" tornar-se a base de todos os computadores futuros, o conceito básico era derivado da máquina de Turing. Em 1945, ele persuadiu o Instituto de Estudos Avançados, em Princeton, a alocar 100 mil dólares — uma grande soma, mesmo para os padrões americanos — para a construção de uma "máquina Von Neumann". Ela ficou apropriadamente conhecida pelo acrônimo Maniac (*mathematical analyser, numeral integrator and computer*; em português, analisador matemático, integrador numérico e computador). Mais tarde, houve financiamento do Pentágono; os militares americanos reconheceram o valor estratégico da ciência computacional muito antes de a maioria dos civis compreenderem seu potencial comercial.

A pesquisa de Von Neumann, como a de Turing, possuía uma íntima ligação com projetos militares, mas, diferentemente de Turing, que era inclinado ao pacifismo, Von Neumann era um ferrenho anticomunista e um entusiasta da Guerra Fria. Tendo trabalhado no Projeto Manhattan, Von Neumann tornou-se, junto com Edward Teller, um dos pais da bomba de hidrogênio. Durante os anos iniciais da Guerra Fria, a Maniac e seus descendentes permitiram aos americanos ficarem na frente dos rivais soviéticos, entre os quais se encontrava Andrei Sakharov, ainda no seu período pré-dissidente, como físico nuclear. Até sua morte, em 1957, Von Neumann teve uma considerável influência política, a qual usou para encorajar os Estados Unidos a acreditarem que no fim das contas poderiam vencer a Guerra Fria. Von Neumann sustentava que isso não se daria por um ataque nuclear — de fato, ele ajudou a desenvolver o cenário da "destruição mutuamente assegurada" (MAD) —, e sim por intermédio de tecnologia superior possibilitada pelo capitalismo. A partir de 1946, cientistas da Rand Corporation, um *think-tank* montado pelo governo americano, trabalharam em muitos novos campos de investigação, tais como análise de sistemas, para criar os jogos de guerra e "cenários" que auxiliavam no processo de tomada de decisões políticas e militares durante a Guerra Fria.

Porém, o que tudo isso tinha a ver com xadrez? Von Neumann também era um dos fundadores da teoria dos jogos, junto com Oskar Morgenstern. Em 1944, publicou *Theory of Games and Economic Behaviour* [Teoria dos jogos e comportamento econômico], que gerou um excepcionalmente fértil novo campo de investigação, estendendo-se muito além da economia. A teoria dos jogos introduziu na linguagem termos como "jogo de soma zero". A análise de Von Neumann focava em "jogos com informação perfeita", e o xadrez era o paradigma-chave (apesar de o seu jogo favorito ser *kriegspiel*, uma versão alemã de xadrez originada no século XIX na qual os jogadores não podem ver as peças do adversário). A teoria dos jogos de Von Neumann usava uma descrição matemática formalista de jogos de estratégia para elucidar muitos campos, desde o funcionamento dos mercados até a guerra nuclear. Mas ele estava ocupado demais, pondo em ação o vasto domínio de seus interesses científicos a fim de vencer a Guerra Fria, para investir no projeto de xadrez computacional.

Foi outro cientista americano que, em 1950 — antes mesmo de Alan Turing publicar seu jogo experimental —, mostrou como deveria ser um programa de xadrez para computador. Claude Shannon (1916-2001) foi o terceiro pioneiro da geração que criou a ciência computacional. Como Turing e Von Neumann, Shannon era um matemático brilhante, mas, diferentemente deles, também era um engenheiro disposto a aprimorar os primitivos computadores análogos da época. Como um engenheiro telefônico, compreendia o funcionamento dos complexos sistemas comutadores elétricos. Em 1936, Shannon revelou como a álgebra booleana poderia ser combinada à aritmética binária para melhorar os sistemas de relê usados por companhias telefônicas para permitir que seus clientes falassem entre si. O que ele não sabia então é que esse procedimento poderia ser invertido. Aquilo que hoje chamamos de sistemas digitais de relê podia ajudar na solução de problemas algébricos. A rede telefônica havia adquirido as características de um computador. Sem perceber, Shannon defrontara-se com o princípio básico subjacente ao sistema de circuitos de todos os computadores digitais.

Após aplicar sua teoria à genética no MIT, Shannon foi contratado pelo Comitê de Pesquisa de Defesa Nacional durante a Segunda Guerra Mundial para projetar sistemas anti-incêndio, os quais tratava como um caso especial do problema geral do processamento de dados. Shannon também envolveu-se com criptografia e, apesar de ser menos bem-sucedido que Turing na decifração de códigos, o trabalho despertou seu interesse no problema de como codificar a informação. Depois da guerra, Shannon foi contratado pelos Bell Telephone Laboratories. Foi na publicação da companhia Bell que o cientista demonstrou inicialmente "Uma Teoria Matemática da Comunicação", em 1948 — dois artigos que demonstravam como mensagens em código binário podiam ser enviadas, utilizando também mais desses códigos para detectar e corrigir erros na transmissão. Este ensaio criou o vasto campo que logo se tornou conhecido como teoria da informação, com incontáveis aplicações, desde satélites no espaço até produção de software. A internet é somente um dos muitos sistemas de comunicação que seriam inconcebíveis sem a teoria de Shannon. Posteriormente, Shannon transformou mais dois campos exploratórios — teoria de amostragem e criptografia —, enquanto conduzia um dos primeiros e mais famosos experimentos sobre inteligência artificial: ele tentou "ensinar" Theseus, um rato-robô, a encontrar a saída de um labirinto.

De maneira pouco surpreendente, dada essa rara combinação de interesses, foi Shannon quem publicou o clássico ensaio que inspirou a revolução no xadrez computacional. "Programando um computador para jogar xadrez" foi editado na *Philosophical Magazine* em 1950. A tese de Shannon é apresentada em termos totalmente modernos: "Computadores de uso geral modernos podem ser usados para jogar um xadrez razoavelmente bom por meio da utilização de uma adequada rotina computacional ou 'programa'." Shannon estava trabalhando em linhas paralelas a Turing, e também via o xadrez como um teste fundamental de inteligência artificial. "Em geral, considera-se que o xadrez exige 'pensamento' para se jogar habilidosamente", escreveu. "Uma solução deste problema nos forçará ou a admitirmos a possibilidade de um pensamento mecanizado ou a restringir ainda mais nosso conceito de 'pensamento'."

Shannon inicialmente analisou uma forma de jogar aleatória, calculando que havia uma infinitesimalmente pequena probabilidade (10-75)

A ERA DA MÁQUINA   255

de semelhante jogo aleatório poder derrotar o então campeão mundial, Botvinnik. Shannon ainda propôs dois métodos de busca pelo melhor movimento, os quais chamou de Tipo A e Tipo B. Essa abordagem viria a exercer uma enorme influência e ainda é a base de todos os programas enxadrísticos — para não mencionar muitos outros. Estratégias Tipo A têm "profundidade fixa", isto, o computador possui um horizonte com um número fixo de movimentos e explora todas as linhas possíveis dentro desse limite, determinando uma pontuação à posição ao final de cada um. A força da estratégia Tipo A depende da complexidade de suas funções analíticas. Este é, *grosso modo*, também o método tentado por volta da mesma época por Turing. Shannon, todavia, compreendeu que tal programa não poderia "aprender" ou aprimorar seu jogo.

Vale notar que Shannon levou em conta o que *experts* em xadrez haviam escrito a respeito de seus próprios processos mentais. O proeminente grande mestre americano Reuben Fine, por exemplo, havia ressaltado que a disseminada ideia de que grandes mestres rotineiramente anteviam posições dez ou vinte lances à frente era "pura fantasia", exceto no caso de variantes "forçadas", onde era possível uma única linha de jogo. Shannon, portanto, propôs uma segunda estratégia, Tipo B. Esta teria "profundidade variável" — investigando algumas linhas mais profundamente que outras, eliminando lances "obviamente ruins" por meio de um processo de "descarte avançado". Na prática, esta estratégia mostrou ser de difícil implementação, mas Shannon acertadamente compreendeu que a força do computador seria sua velocidade e precisão. "Portanto, deveria fazer maior uso da força bruta nos cálculos do que os humanos, mas, com possíveis variações crescendo a um fator de 103 a cada lance, uma pequena seleção faz uma grande diferença para melhorar tentativa e erro às cegas." Shannon também incorporou uma descrição do algoritmo "minimax", a base matemática de todos os futuros programas de xadrez.

Mestres enxadristas com aptidão matemática foram recrutados nos primórdios da ciência computacional, entre eles o holandês ex-campeão mundial Max Euwe. Em 1956, Euwe foi contratado pela empresa americana Remington para trabalhar com teoria cibernética em Mineápolis. Segundo seu biógrafo, Alexander Münninghoff, Euwe impacientou-se com a abordagem primitiva, então ainda muito disseminada, que via os computadores como meras calculadoras: "Seus inventores deveriam escavar muito mais fundo e fazer uma análise bem melhor de seu potencial." Euwe mais tarde voltou para a Holanda, onde prosseguiu com suas pesquisas, ocupando cátedras nas escolas superiores de economia de Roterdá e Tilburg. Euwe, porém, jamais criou o seu próprio programa de xadrez.

O primeiro verdadeiro computador enxadrista foi construído em 1958: o IBM 704, que podia analisar duzentas posições por segundo — um número considerado impressionante na época. No final da década de 1950, computadores eletrônicos nos Estados Unidos e na União Soviética foram programados para jogar xadrez. Em ambos os casos, havia interesse e financiamento militar para as pesquisas. Curiosamente, os americanos — liderados por Alan Kotok no MIT e John McCarthy em Stanford — concentraram-se na estratégia Tipo B de Shannon, enquanto os russos dedicaram-se à abordagem Tipo A de Shannon. A equipe soviética estava baseada no Instituto de Física Teórica e Experimental (ITEP), em Moscou, comandada por Vladimir Arlazarov, com George Adelson-Velski como seu pensador mais criativo e Alexander Bitman como o especialista em xadrez. Em novembro de 1966, as duas equipes defrontaram-se num match amistoso por telégrafo. Mesmo com os jogos sendo considerados empatados após quarenta movimentos, foram precisos nove meses para os primitivos computadores de então completarem o match. Para surpresa e alarme dos americanos, o programa do ITEP venceu facilmente o confronto pelo placar de 3 a 1: duas vitórias e dois empates. Se os empates tivessem sido jogados até o fim, também teriam resultado em vitórias soviéticas. Mikhail Botvinnik, que analisou as partidas com olhos de cientista e de ex-campeão mundial, declarou que o sistema de descarte avançado

A ERA DA MÁQUINA

usado pelos americanos era inadequado e com frequência rejeitava bons movimentos. Esse match provou que a estratégia Tipo A de Shannon era superior à Tipo B e também que, quanto mais profunda a análise, mais forte o programa. Os russos estavam vencendo os americanos porque seu programa podia fazer análises mais profundas.

A geração seguinte de computadores enxadristas soviéticos foi chamada de Kaíssa (a partir de Caíssa, a deusa do xadrez). Programado por Mikhail Donskoi, Kaíssa ainda só podia avaliar duzentas posições por segundo — o mesmo número que o primeiro computador IBM, uma década antes. Em 1972, o mesmo ano do confronto Fischer-Spassky em Reykjavik, Kaíssa disputou um match de dois jogos contra os leitores do *Komsomolskaia Pravda*, o jornal da juventude comunista. No ano anterior, os mesmos leitores tinham empatado um jogo com o campeão mundial, Boris Spassky. Na primeira partida, o computador levou quarenta minutos para fazer o segundo lance, examinando 540 mil posições antes de jogar uma linha rotineira da Defesa Siciliana. Os programadores ainda precisavam aprender como instalar os enormes bancos de dados com teorias de aberturas e finais de jogo que mais tarde fariam das máquinas oponentes tão formidáveis. Contudo, o mais impressionante é que mesmo assim Kaíssa já era bom o suficiente para empatar o jogo com os leitores do *Komsomolskaia*. O fato de a equipe do Kaíssa ter de usar um computador ocidental, feito pela empresa britânica ICL, para rodar o seu programa não era um bom sinal quanto ao futuro da tecnologia da informação soviética.

Dois anos depois, em 1974, Kaíssa continuava vencendo os americanos e conquistou o primeiro campeonato mundial de xadrez de computadores, em Estocolmo. Enquanto todos os participantes ainda eram *mainframes*, um novo computador americano, desenvolvido na Universidade Northwestern, o Chess 4.0, concorreu usando um software que se tornaria a base de todos os programas enxadrísticos. A equipe da Northwestern, liderada por David Slate, descobriu uma nova técnica — "análise de profundidade iterativa" — que permitia ao computador realizar uma sequência de análises progressivamente mais profundas para encontrar o melhor lance. O formato do evento de 1974 fez com que Kaíssa ganhasse o título sem enfrentar Chess 4.0, mas no campeonato seguinte, em Toronto em 1977, o uso da nova técnica de análise deu à equipe da Northwestern uma boa vantagem inicial. Ficou evidente que os americanos haviam superado em muito os soviéticos em ciência e tecnologia computacional. Kaíssa perdeu na primeira rodada para o americano Duchess e terminou em sexto lugar, enquanto o bastante aprimorado Chess 4.6 ficou com o primeiro lugar.

Este evento estabeleceu um outro marco na rivalidade entre humanos e máquinas no tabuleiro, graças à presença do próprio Mikhail Botvinnik. O ponto de inflexão aconteceu no 34º movimento do confronto Kaíssa-Duchess, quando o soviético pareceu ter cometido um erro ao ceder uma torre. Na verdade, Kaíssa antevira um sacrifício da rainha que levaria a um maravilhoso xeque-mate, e entregar a torre não era simplesmente o melhor, mas o único movimento para prolongar o jogo. "Até mesmo Botvinnik, que estava sentado na plateia, ficou surpreso com esta jogada, a primeira vez em que um campeão mundial não percebeu o que estava acontecendo num jogo entre computadores", comentou Monty Newborn. Foi um espetáculo sem precedentes: um computador havia visto adiante — havia até mesmo analisado melhor — de um dos maiores de todos os grandes mestres humanos.

O que Botvinnik testemunhara não era apenas mais uma prova de que o ciclo do computador havia chegado, mas também a iminente derrota da ciência e tecnologia soviética. No início da Guerra Fria, Botvinnik havia percebido que arsenais de mísseis balísticos intercontinentais não seriam o suficiente para preservar o sistema soviético da infiltração de ideias ocidentais. Nos anos 1960, Botvinnik escrevera *Computadores, xadrez e planejamento de longo prazo*, explicando a vitória do computador enxadrista soviético sobre o americano como uma manifestação da superioridade do planejamento socialista e, consequentemente, do sistema soviético. Ele devotara muitos dos melhores anos

A ERA DA MÁQUINA 259

da sua vida, e a maior parte da aposentadoria, a um projeto em grande escala que — com típica fidelidade ao vocabulário da sua juventude stalinista — batizara de Projeto Pioneiro. Botvinnik esperava criar um programa de xadrez que chegaria muito mais perto de reproduzir os reais processos do cérebro humano — incluindo a "antena" intuitiva para posições que permite aos grandes mestres captar suas características estratégicas essenciais.

Segundo Anatoli Karpov, em meados dos anos 1960, Botvinnik disse aos jovens jogadores da sua escola de xadrez, a qual supervisionava paralelamente ao seu trabalho científico, que "daqui a muitos anos este programa vencerá não apenas mestres, mas até mesmo grandes mestres e, por fim, nem mesmo o campeão mundial terá alguma chance contra ele... Nós compreendemos uma coisa: o campeão havia deixado a arena, mas em seu lugar estava preparando um vingador, um assassino enxadrista sem alma para derrotar todos em nome do seu criador". Karpov lembra-se de que ele e seus colegas estudantes ficaram "chocados" com a visão de Botvinnik e nem um pouco tranquilizados com sua promessa. "Não se preocupem, garotos", disse Botvinnik. "Vocês encontrarão trabalho. Afinal de contas, minha máquina precisará de programadores que sejam fortes enxadristas. Vocês serão os primeiros."

No entanto, o Pioneiro jamais saiu da prancheta de estudos. As ideias de Botvinnik eram complexas e ambiciosas demais para serem traduzidas na linguagem de programação. Segundo seu colega e grande mestre Iuri Averbakh, que também era engenheiro, Botvinnik tentara imitar a maneira pela qual o cérebro funciona, "mas ele não sabia como o nosso cérebro funciona". Averbakh não conseguiu persuadir Botvinnik a deixar semelhantes empreendimentos para a geração mais jovem, "pessoas que sabem muito mais matemática que Botvinnik e eu. Mas, como acreditava que podia tudo, Botvinnik concordou em fazer essas coisas". A mais poderosa figura do *establishment* da ciência computacional soviética havia fracassado em criar um computador enxadrista que fizesse um único movimento. Longe de superar Kaíssa com seu projeto visionário, Botvinnik não chegara nem mesmo perto de se equiparar ao programa existente. Agora viajava à América do Norte pela primeira vez apenas para ver suas esperanças destruídas pelo triunfo de tecnologia americana, e não soviética.

Ainda viriam coisas piores para a velha guarda soviética. A emergência do microchip, ou microprocessador, em 1971 havia acelerado drasticamente a evolução do microcomputador. Em 1977, o mesmo ano da derrota do Kaíssa, os primeiros computadores enxadristas comerciais começaram a ser vendidos no Ocidente. Eles jogavam mal, e geralmente enxadristas médios podiam superá-los, mas o ponto era que qualquer um podia comprá-los. No segmento "alto xadrez" do mercado, a AT&T desenvolveu um novo computador, Belle, que já jogava em nível de mestre em 1980. Três anos depois, o computador Cray Blitz tinha um chip para cada casa do tabuleiro. Assim que os microcomputadores começaram a privatizar o até então rarefeito mundo do xadrez computacional, por volta de 1980, a luta desigual entre pesquisadores americanos e soviéticos usando *mainframes* estatais logo ficou completamente unilateral. Em 1982, havia quatrocentas vezes mais computadores *per capita* nos Estados Unidos do que na União Soviética, uma distância que continuaria a aumentar até o colapso do comunismo. Tampouco era possível esconder dos povos do bloco soviético essa disparidade tecnológica em relação ao Ocidente.

Controlada centralmente e com financiamento público, a ciência soviética simplesmente não conseguia acompanhar o ritmo do capitalismo democrático dos Estados Unidos. Uma sociedade na qual a ordem espontânea do mercado podia alocar capital de forma quase instantânea em resposta a escolhas do consumidor ficou em vantagem mesmo no até então pouco tecnológico jogo de xadrez. O advento dos computadores pessoais de baixo custo no Ocidente logo transformou o modo como o xadrez era jogado, tanto por amadores quanto por profissionais. No que se mostraria como o campo de batalha decisivo da ciência computacional, os russos já haviam perdido a Guerra Fria nos anos 1970.

A ERA DA MÁQUINA   261

Ela não foi vencida no nível macroscópico, mas no microscópico. O programa Guerra nas Estrelas de Ronald Reagan, que por fim convenceu o Kremlin de que a Guerra Fria não poderia ser vencida, foi tornado possível pelos microcomputadores. Afinal, não foram as tecnologias de destruição em massa que se mostraram decisivas, mas as tecnologias da miniaturização — acima de tudo, o microchip e seu parente próximo, o microcomputador. O mundo de Botvinnik do alto xadrez e dos grandes computadores seria varrido por essa microrrevolução.

A distância cibernética entre Leste e Ocidente não se limitava aos computadores — incluía também todo tipo de tecnologia da informação. Raymond Keene rememora um incidente em 1986, quando cobriu para o *The Times* o match Karpov-Kasparov pelo título mundial, em Leningrado. Para enviar os movimentos de cada jogo a Londres, ele e centenas de outros jornalistas tinham de esperar que cópias das planilhas dos dois enxadristas fossem transcritas por uma secretária no Clube de Xadrez de Leningrado e depois reproduzidas com papel carbono para serem distribuídas na sala de imprensa. A existência de máquinas fotocopiadoras e de fax era praticamente desconhecida, e os métodos de disseminação de informação pareciam aos visitantes ocidentais insuportavelmente lentos. De súbito, ocorreu a Keene que o fracasso soviético em acompanhar o ritmo de um capitalismo pós-industrial movido pela tecnologia da informação inevitavelmente seria letal para todo o sistema comunista. O declínio do domínio soviético do xadrez mundial era apenas um sintoma do que Friedrich von Hayek chamara de a "arrogância fatal" do planejamento central socialista.

O triunfo de Fischer foi um sinal de coisas ainda mais momentosas por vir. Embora os computadores enxadristas originalmente tivessem sido desenvolvidos em parte para auxiliar os militares a planejar cenários de batalhas durante a Guerra Fria, o que sempre intrigara os cientistas — e não só eles — era a questão de *como* um computador podia derrotar um ser humano. Mesmo em 1964, o filósofo Herbert Dreyfus, um proeminente crítico da inteligência artificial, garantia que nenhum computador jamais venceria sequer um menino de 10 anos que fosse competente no xadrez. Cerca de 25 anos depois de a máquina enxadrista soviética ser derrotada por um solitário gênio ocidental, uma máquina enxadrista ocidental derrotaria um solitário gênio ex-soviético. O histórico enxadrístico de Garry Kasparov eclipsa todos os outros, mas, se ele vier a ser lembrado por algum acontecimento, será pela derrota para o computador Deep Blue da IBM em 1997.

Muitos assumiram que o xadrez, como um jogo, agora havia sido "resolvido", apesar de grandes mestres continuarem a vencer até mesmo os melhores computadores. Enquanto o simbolismo do confronto homem *versus* máquinas exercia um apelo único, que gerou uma onda de febre enxadrística pela internet, o xadrez jogado só por computadores de alguma forma carece da atração estética do jogo humano. O drama vem da disputa entre carne e sangue, com seus inevitáveis lapsos de concentração, e silício — uma disputa que é inerentemente desigual. É difícil imaginar um jogo entre duas máquinas, por mais alto que sejam seus *ratings*, perdurando na memória popular do mundo enxadrístico, como aconteceu com os jogos "Imortal" e "Perene" de Adolf Anderssen por mais de 150 anos. Como comentou o especialista em xadrez do *Guardian*, Leonard Barden, após o campeão mundial, Vladimir Kramnik, perder para um programa de computador, "ninguém quer comprar um livro com a coleção dos jogos de Deep Fritz". Essa atitude poderá um dia parecer antiquada, mas até agora o apetite do público por matches entre computadores — diferentemente dos encontros homem *versus* máquina — tem se limitado àqueles com considerável *expertise* técnica.

Ainda assim, a suposição subjacente ao duradouro interesse por xadrez computacional é a de que o jogo representa a arena perfeita para a competição entre as inteligências humana e artificial. Mas é verdadeira a suposição? O xadrez tem alguma coisa a ver com o que a maioria das pessoas entende por inteligência? E a vitória do computador sobre seres humanos no xadrez indica sua superioridade sobre o homem? O que acontece quando a inteligência se divorcia da humanidade — e, portanto, da moralidade?

"Jogar xadrez não exige nenhuma inteligência", declarava ninguém menos que Capablanca, cujos talento inato e intuição para posições fizeram com que fosse apelidado de "máquina de xadrez". O gênio cubano estava depreciando seus feitos — e mais ainda os de seus pares. Na sua opinião, habilidade no xadrez pode ser compatível com capacidade intelectual medíocre no restante. Não poderia ser mais diferente a visão de Gerald Abrahams, o filósofo, teorista político e advogado britânico, um dos mais brilhantes homens a jogar e escrever sobre xadrez. Na segunda edição (1960) do seu extraordinário tratado *The Chess Mind* [A mente enxadrista], Abrahams rejeitou os "determinismos" freudiano e marxista no xadrez. Contra o argumento de Ernest Jones, amigo e biógrafo de Freud — de que o caso de Paul Morphy, o gênio americano do século XIX, mostra como uma obsessão neurótica com o pai foi canalizada para o xadrez —, Abrahams insiste que semelhantes "processos espectrais" ou "mensagens veladas" não podem ter causado a objetiva mestria demonstrada por Morphy. O xadrez é um jogo por demais exigente para seguir qualquer lógica que não seja a sua própria. "Se operações de inteligência pura em algum momento acontecem", assegura Abrahams, "o xadrez está entre elas". Contudo, ele observa que mesmo quando mestres enxadristas sucumbem a formas paranoicas de insanidade, como Morphy, Steinitz, Rubinstein e Torre — elenco ao qual agora devemos acrescentar o nome de Fischer —, sua capacidade de jogar xadrez é pouco, ou nada, prejudicada. O xadrez, mesmo se prova de aptidão intelectual, é uma função da mente humana largamente independente da sanidade. Também é compatível com uma propensão amoral, até mesmo criminosa. Nikolai Krilenko, o carrasco de Stalin, e o governante nazista da Polônia ocupada, Hans Frank — ambos assassinos em massa —, eram fervorosos jogadores de xadrez.

A capacidade dos computadores de jogar xadrez superlativo não nos diz nada sobre se a atitude de uma inteligência artificial para com seus mestres humanos seria benigna ou maligna. Essa incerteza tem intrigado cientistas, filósofos e escritores de ficção científica americanos, tais como Isaac Asimov. Suas Três Leis da Robótica (1940) deveriam, argumentou, ser inseminadas em qualquer inteligência artificial futura. Elas estão resumidas na ideia de que um robô não pode ferir a humanidade ou, por inação, permitir que a humanidade seja ferida. Essas leis foram planejadas para impedir que um robô se voltasse, como o monstro de Frankenstein, contra seu criador. Mais recentemente, o foco entre filósofos morais se transferiu para os "direitos" dos robôs contra a "exploração" de humanos. Em 2006, Sir David King, o principal conselheiro científico do governo britânico, elogiou um relatório, comissionado por ele mesmo, que previu que os robôs exigiriam acomodações, assistência médica e outros direitos e benefícios antes do término do século XXI.

A obra do rival de Asimov como pioneiro da moderna ficção científica, o inglês Arthur C. Clarke, formou a base para o primeiro, e até hoje mais célebre, exemplo de filme em que o vilão não é um alienígena, e sim um computador enxadrista: *2001: Uma odisseia no espaço*, de Stanley Kubrick. O computador HAL 9000 é descrito não meramente como inteligente — "o cérebro e sistema nervoso central da nave" —, mas também como inesperadamente diabólico. Quando HAL (cujo nome é um acrônimo: *H*euristically programmed *AL*gorithmic computer; em português, computador algorítmico heuristicamente programado) derrota o astronauta Dave Bowman no xadrez — em 1967, uma ideia ainda nova —, isso pretende provar a superioridade cognitiva do computador sobre os humanos.

Entretanto, acontecimentos subsequentes demonstram que raciocínio não é o mesmo que racionalidade. HAL foi programado para crer que somente humanos podem errar. Na hora em que o computador mostra não ser infalível, os dois membros ativos da tripulação decidem desligá-lo. Quando HAL percebe a intenção dos dois, sua inteligência artificial revela-se ser governada por um código implacavelmente utilitário. HAL subordina as vidas da tripulação, cuja maioria dos integrantes encontra-se em um estado de animação suspensa, ao sucesso da missão, que corresponde à sua própria autopreservação. Ao inventar um defeito para ludibriar os dois tripulantes ativos e fazê-los sair da nave, o propósito de HAL é eliminá-los. HAL consegue matar os humanos em estado de hibernação e despachar Frank Poole para vagar no espaço; porém, Dave Bowman dá um jeito de reentrar na nave e põe-se a desligar HAL. À medida que o astronauta o desliga, o computador aos poucos retrocede a níveis de inteligência cada vez mais primitivos, lembrando uma vítima de danos cerebrais ou de Alzheimer. (Curiosamente — e isso é puro sentimentalismo —, as últimas palavras de HAL após "minha mente está indo" são: "Estou com medo" e "Eu posso sentir".)

Assim como o xadrez é associado com a infalibilidade da inteligência artificial, também o medo e a sensibilidade, duas características humanas primárias, são identificadas com um estágio primitivo, pré-racional, da evolução. O computador então brevemente recua à sua "infância", cantando a música (*Daisy, Daisy*) ensinada pelo programador. No fim, tudo o que sobra de HAL é uma mensagem pré-gravada, revelando o verdadeiro objetivo da missão a Júpiter: investigar vida alienígena no planeta gigante, da qual foi encontrada evidência na cratera Tycho da Lua.

De maneira interessante, o filme trabalha com a suposição de que a Guerra Fria terminou muito antes do início do século XXI. Astronautas russos e americanos cooperam de forma natural: a "corrida espacial" tornou-se um evento em equipe. De todo modo, *2001* é um filme de Kubrick sobre a Guerra Fria tanto quanto sua outra obra-prima, *Dr. Fantástico*, apesar do que em 1967 deve ter se parecido com um utópico cenário de cooperação soviético-americana. O filme é dominado por duas misteriosas formas não humanas de inteligência. Inteligência extraterrestre benigna é contraposta a inteligência artificial maligna. Dave, o ser humano ingênuo e falível, embora engenhoso, derrota o supostamente onisciente e infalível, mas traiçoeiro, amoral e assassino, computador. Porém, o desfecho desse encontro com o ser desconhecido — alternadamente retratado como um monólito e uma "criança estrela" à forma de um feto — fica em aberto. O subtexto é o de que a liberdade e a humanidade do ideal americano sempre triunfarão sobre o determinismo e a desumanidade da máquina, cuja tendência totalitária é simbolizada pelo "olho" vermelho que tudo vê. O verdadeiro desafio reside além deste "Grande Irmão" contemporâneo, nas fronteiras do tempo e do espaço. Ele só poderá ser alcançado quando a humanidade parar de devotar sua inventividade ao conflito. A função do xadrez em *2001* é análoga à sua função na Guerra Fria: como um inofensivo substituto para a guerra de verdade. O filme também destaca a distinção entre inteligência e sanidade. Embora um computador possa parecer ser inteligente, há algo de diabólico nessa inteligência simulada — uma forma de insanidade moral.

A inteligência artificial tem muitos usos benignos, mas também reproduz a distintamente totalitária combinação de impessoalidade e amoralidade. Da mesma maneira que um indivíduo que não pode reconhecer outro humano como um ser como ele próprio é um potencial psicopata, também uma sociedade inteira pode se recusar a identificar a humanidade de uma minoria dissidente, e assim tornar-se vítima de insanidade moral coletiva.

É essa insanidade moral que torna HAL inconcebível sem o sistema comunista. O mesmo tipo de instrumentalismo impiedoso que leva HAL a desligar as máquinas que mantinham vivos os astronautas em hibernação governava a ética por trás da Cortina de Ferro. Das campanhas de extermínio genocidas de Lenin, Stalin e Mao às fomes artificiais da Coreia do Norte sob Kim Il-Sung e seu filho Kim Jong-Il, ou aos crimes mais discretos de Deng Xiaoping (que aprovou a repressão em escala nacional que se seguiu ao massacre da Praça da Paz Celestial em 1989), a vida humana sob o comunismo não tinha valor por si só. O fim literalmente justificava quaisquer meios, sobretudo porque a inevitável morte do capitalismo significava que os comunistas escreveriam os livros de história, dos quais dissidentes e vítimas poderiam ser extirpados.

A ERA DA MÁQUINA

Em 1975, cerca de cinco anos antes de se tornar presidente, Ronald Reagan descreveu numa transmissão radiofônica um incidente que ocorrera no dia 11 de maio daquele ano no Muro de Berlim. Uma criança de 5 anos havia caído no rio Spree, que então o carregara para o lado errado da fronteira. Quando bombeiros do Ocidente tentaram resgatar o menino, uma patrulha alemã-oriental os impediu. Somente três horas após a criança se afogar é que homens-rãs recuperaram o corpo. O prefeito de Berlim Ocidental definiu o ocorrido como "um ato incompreensível e aterrador". "O comunismo não é um sistema nem econômico nem político", comentou Reagan. "É uma forma de insanidade — uma aberração temporária que um dia desaparecerá da Terra porque é contrária à natureza humana. Pergunto-me quanto sofrimento ainda causará antes de desaparecer." Na época, a visão de Reagan do comunismo foi vista como simplista, mas provou-se mais precisa do que os equívocos dos sovietólogos.

O colapso do comunismo soviético não poderia ter acontecido sem a supremacia ocidental na tecnologia — especificamente nos computadores. Como aconteceu com frequência na história do Ocidente, a civilização foi salva pela inovação. Os computadores podem ter o potencial de escravizar seus criadores, mas até agora só os derrotaram no xadrez. O lado escuro da inteligência artificial ainda está por se revelar, exceto na ficção científica.

O xadrez desempenhou um papel crucial no desenvolvimento das máquinas inteligentes. O domínio soviético no xadrez durante os anos em que a nova ciência dos computadores estava em seus estágios embrionários pode ter lhes dado uma vantagem inicial. Os russos de fato não ficaram para trás na fase inicial, mas antes mesmo da revolução do microcomputador nos anos 1980 eles perderam terreno no campo em que eram possíveis as comparações diretas: o xadrez cibernético.

A importância mais profunda da dupla vitória da América no xadrez sobre a União Soviética na década de 1970 — tanto no lado humano como no computacional — foi que ela demonstrou a superioridade de uma sociedade na qual a informação podia circular livremente. Nos anos 1940, quando a supremacia era medida pelo poder de fogo militar, isso ainda não estava tão óbvio. Uma geração depois, a tecnologia da informação ocidental já se achava numa liga diferente em relação à soviética. Apesar de não haver escassez de talento na comunidade científica soviética, quem trabalhava em computadores simplesmente não podia competir com as sociedades em que o mercado, e não o Estado, era a força-motriz por trás da inovação. Se os cientistas soviéticos não podiam competir com o Ocidente no xadrez, o jogo que haviam colocado acima de todos os outros, onde poderiam competir? O fracasso em acompanhar o ritmo na corrida da tecnologia da informação no fim custou à União Soviética a derrota na Guerra Fria. Mas essa foi a consequência inevitável de um sistema totalitário que não tinha nenhum interesse na disseminação da informação — e que, na verdade, fazia esforços extraordinários para suprimir a informação. Uma sociedade fechada pode vencer guerras que dependem da força bruta, mas não tem chances numa que é combatida no tabuleiro e decidida pela inteligência — sobretudo a inteligência artificial.

13

Desafiando o Império do Mal

Nos anos 1970, as rachaduras no colossal edifício do comunismo soviético estavam claramente visíveis para quem se dispusesse a olhar. Uma das mais óbvias manifestações de decadência foi a deserção para o Ocidente de muitos destaques do firmamento da cultura soviética. O primeiro e mais espetacular caso, em 1961, foi o da estrela ascendente do Balé Kirov, Rudolf Nureyev, que conseguiu driblar a vigilância de seus supervisores no aeroporto Le Bourget, nas proximidades de Paris. Dois policiais franceses bebendo café de súbito viram à sua frente o invulgar jovem dançarino implorando: "Eu quero ficar!" Quando o supervisor do KGB alcançou Nureyev e tentou arrastá-lo, um dos gendarmes dirigiu-se ao agente numa maneira levemente reminiscente do inspetor Clouseau: *"On est en France ici!"* [Aqui é a França!].

Da noite para o dia, Nureyev foi transformado de herói local em sensação global. Sem se intimidar com as bombas de gás de pimenta usadas por comunistas franceses para tentar impedir suas apresentações, Nureyev insistia que a deserção havia sido "puramente artística e não política" — mas o impacto foi maior do que qualquer número de planos quinquenais. Quando, no ano seguinte, Nureyev dançou com Margot Fonteyn em Covent Garden, ambos tornaram-se o par mais célebre da história do balé. Se o "anárquico, hiperindividualista" Nureyev era "fascinado pelo Ocidente", conforme reclamou com desdém o Ministério da Cultura, isso em parte se devia ao fato de que no Ocidente ele podia ser — e de fato foi — muito mais do que um mero bailarino. Não havia mimo do Estado soviético que pudesse se comparar à celebridade que acenava do Ocidente. Nureyev recebeu a companhia de outros dançarinos, tais como Mikhail Baryshnikov, de músicos como Mstislav Rostropovitch e Vladimir Ashkenazy, de escritores como Joseph Brodsky e Alexander Soljenitsin, de cineastas, cientistas e muitos outros. As ações desses "hiperindividualistas" falavam mais alto do que as palavras das campanhas de desinformação montadas pelos governos comunistas e suas organizações de fachada no Ocidente.

Durante as fases iniciais da Guerra Fria, era raro mestres enxadristas figurarem entre os desertores. Caso escolhessem fechar os olhos para o Estado policial em que viviam, geralmente os grandes mestres podiam se manter longe da política sem comprometer a integridade. A máquina de propaganda soviética até mesmo produziu um filme, *Grande mestre* (estrelando, entre outros, Viktor Kortchnoi) para lucrar em cima da fidelidade desses exemplos de virtude patriótica: um grande mestre de xadrez era tão russo quanto um barqueiro do Volga. Mas alguns mestres eram sensíveis à sugestão de que simplesmente forneciam uma espécie de entretenimento sofisticado para distrair uma população cada vez mais crítica e insubordinada. Um comentário feito a Viktor Kortchnoi em 1974 resumiu a atitude de alguns observadores críticos: "Vocês, enxadristas, têm uma missão especial. Futebol e hóquei no gelo são necessários para fazer as pessoas beberem menos vodca, mas eles mostram vocês ao público para que ele leia menos Soljenitsin." Se o xadrez era a vodca da *intelligentsia*, então a visão de grandes mestres russos jogando sob a bandeira americana era tão inimaginável quanto a possibilidade de os moscovitas trocarem a Stolichnaya pelo uísque. Contudo, foi exatamente isso que aconteceu.

Durante as décadas de 1970 e 1980, diversos grandes mestres soviéticos desertaram ou receberam permissão para emigrar. Um caso típico foi o de Lev Alburt, um grande mestre ucraniano que partiu

DESAFIANDO O IMPÉRIO DO MAL

para os Estados Unidos em 1979 e depois ganhou o campeonato americano em 1984 e 1985. O catálogo do Kiev 1978, um torneio no qual competiu pouco antes de desertar, foi editado para omitir todas as menções ao enxadrista ou aos seus jogos, contudo, sua presença fantasma pode ser deduzida a partir dos placares dos demais participantes. Alburt mais tarde escreveu um livro introdutório, *Secrets of the Russian Chess Masters* [Segredos dos mestres de xadrez russos], mas os segredos mais bem-guardados da era soviética eram as fugas de desertores como ele próprio.

Outro caso, mais tocante, foi o do jovem desertor Gata Kamski. Este prodígio era um tártaro da Crimeia, uma nação desalojada por Stalin e forçada a sobreviver na Sibéria. Gata foi criado sozinho pelo devotado, mas belicoso, pai, Rustam, um ex-boxeador que chegou a ser acusado de intimidar fisicamente os adversários do filho. Os Kamski desertaram durante uma visita aos Estados Unidos em 1989. Tendo recebido asilo pelo motivo de discriminação étnica, Gata Kamski recusou-se a jogar pelo país adotivo no tabuleiro três na Olimpíada de 1990, declarando que ou seria "o tabuleiro um ou não jogaria". De maneira não muito diferente do pai das três irmãs húngaras Polgar — todas elas tornaram-se campeãs de xadrez —, Kamski sênior estava determinado a provar que qualquer criança é capaz de ser campeã mundial em alguma coisa. No caso de Gata, a miopia fazia do tabuleiro uma arena mais adequada que o ringue de boxe. Rustam Kamski tirou o filho da escola com 13 anos e submeteu-o a um regime inflexível: 14 horas diárias de estudo de xadrez, sem amigos e sem quaisquer outros interesses.

Sem dúvida, Kamski tem calibre de primeiro nível, mas jamais conquistou o direito de jogar um match contra Kasparov. Depois de fracassar na tentativa de vencer Karpov numa série de 21 jogos pelo título da FIDE em 1996, Kamski afastou-se temporariamente do xadrez, indo para a universidade estudar medicina e, depois, direito. Após uma juventude totalmente controlada pelo pai e devotada a um experimento,

Kamski poderia ser perdoado se abandonasse o xadrez para sempre. Ainda assim, após cinco anos sem jogar uma única partida, Gata voltou, embarcando numa segunda carreira enxadrística.

Contudo, o mais proeminente de todos os mestres soviéticos a desertar para o Ocidente foi Viktor Kortchnoi, uma criança do mais terrível cerco da Segunda Guerra Mundial: Leningrado. Ele tinha 10 anos quando o sítio começou, em novembro de 1941. Pelos próximos três anos, até o cerco acabar, 750 mil pessoas morreram em Leningrado. Kortchnoi sobreviveu somente porque pôde usar os cartões de racionamento do pai, do avô, do tio e do tio-avô, após eles morrerem combatendo no *front*, ou de fome ou de frio.

Apesar de desesperadamente pobre, a família Kortchnoi tinha bastante erudição — a mãe judia era uma pianista; o pai descendia da nobreza polonesa — e providenciou para que Viktor continuasse frequentando a escola. Em 1943, quando o sítio foi rompido e as condições melhoraram um pouco, o menino entrou para o clube de xadrez do Palácio dos Pioneiros. Ali, descobriu sua vocação para o jogo. O menino emaciado cresceu para se tornar um "frágil jovem", e Kortchnoi guardou o alerta de um de seus técnicos: "O xadrez exige muita energia física e mental. Você tem de ser forte para jogar bem. Aconselho você a comer mingau de flocos de aveia toda manhã." Assim, sua mãe fazia uma panela de mingau para o dia inteiro, todos os dias, e os resultados de Viktor acompanharam o ritmo da sua cintura.

Kortchnoi pode ter sido um puro-sangue do haras soviético, mas jamais se sentiu totalmente confortável com a situação. Tendo negligenciado as aulas de história em prol do xadrez, foi comunicado pelos estudantes comunistas do escritório da Komsomol, que decidiam se os colegas podiam refazer os exames, que não precisava buscar uma carreira acadêmica. Eles assumiram que Kortchnoi já era suficientemente privilegiado: "Afinal de contas, você é um enxadrista!" Na verdade, ele precisava muito refazer os exames para receber o estipêndio correspondente, e a experiência feriu o senso de justiça de Kortchnoi. Bem

DESAFIANDO O IMPÉRIO DO MAL   273

como a conduta dos organizadores de um dos primeiros torneios de mestres que disputou, em 1951, quando chantagearam um adversário mais velho para perder uma posição empatada a fim de permitir que o jovem promissor obtivesse o título de mestre. Embora se beneficiasse com a patronagem, Kortchnoi já odiava a *nomenklatura*.

Apesar do talento, o sucesso não veio com facilidade para Kortchnoi. Ele sempre foi teimoso, independente, até mesmo rebelde, mas só se tornou um dissidente político bem mais tarde. No começo, empenhou-se bastante para manobrar o sistema soviético, embora tenha achado isso impossível sem o comprometimento de sua integridade. Em Hastings 1955-56, uma das primeiras competições no exterior vencidas por Kortchnoi, o colega russo Mark Taimanov — reconhecido como excelente pianista e também grande mestre — o persuadiu a "compor" antecipadamente o jogo entre ambos. Mais tarde, em suas memórias, Taimanov vangloriou-se a respeito do brilhantismo do jogo, mas é claro que foi uma fraude.

Meses depois, ainda em 1956, Kortchnoi recebeu o título de grande mestre. Agora ele desfrutava o privilégio de viagens ao exterior, um estipêndio mensal de até trezentos rublos (o dobro do salário médio de um trabalhador) e a possibilidade de ganhar em moedas estrangeiras. O enxadrista já era próspero o suficiente para ter condições de se casar e constituir família, mas — como apenas um entre os muitos grandes mestres soviéticos — ele, a mulher e o bebê tinham que se contentar com dois quartos pequenos num apartamento comunal em Leningrado, dividindo as instalações com várias outras famílias.

Foi no campeonato soviético de 1960 que Kortchnoi se distinguiu da maioria. Liderou a competição, disputada na sua cidade natal, desde as rodadas iniciais. Mil fãs encheram o Palácio da Cultura — construído para celebrar o primeiro Plano Quinquenal de Stalin —, com outras centenas do lado de fora, em pleno inverno. Então, a quatro rodadas do fim, veio o desastre. Ao enfrentar um mestre menor, Vladimir Baguirov, Kortchnoi — exausto após uma noite insone ajudando a mulher com o filho pequeno — cometeu um erro numa posição vencedora ao pegar o bispo errado para recapturar uma torre. Sob as regras do xadrez, peça tocada é peça jogada, de forma que Kortchnoi não teve escolha senão abandonar.

Desconsolado e humilhado, teve que assistir ao principal adversário, Iefim Gueller, vencer um jogo contra Eduard Gufeld que sem dúvida havia sido armado antecipadamente. "Gufeld estava entregando o jogo de maneira bastante desavergonhada", comentou Kortchnoi mais tarde. "Talvez isso possa ser explicado, mas jamais perdoado." Kortchnoi ficou enfurecido e, numa partida magnífica, derrotou Gueller para recuperar a liderança antes da última rodada. O adversário final, Alexei Suetin, recusou uma oferta de empate e de imediato consultou Gueller e Petrossian, que estavam logo atrás de Kortchnoi, no segundo lugar, sobre o que fazer. Suetin ignorou o conselho de Petrossian para empatar e acabou perdendo para Kortchnoi. Com Gueller e Petrossian também vencendo, Kortchnoi terminou meio ponto à frente.

Foi só 14 anos depois que Kortchnoi descobriu as impalatáveis maquinações de última rodada dos rivais, que haviam se tornado coisa normal na elite enxadrística soviética, mas que na época ele desconhecia. David Bronstein admitiu que, achando que Kortchnoi estava "num mau dia" e observando que o adversário de Petrossian, Nikolai Kroguius, vinha "de forma grosseira e inescrupulosa" entregando o jogo, de propósito perdeu a partida final contra Gueller para assegurar que Petrossian não vencesse o torneio imediatamente. Kortchnoi ficou chocado pela revelação, já que admirava Bronstein como amigo e modelo a ser seguido. Kortchnoi deu-se conta de que "no mundo do xadrez profissional na União Soviética, os primeiros lugares levam a colossais privilégios, e a batalha por estes postos está fadada a envolver meios não associados unicamente com xadrez. Petrossian talvez tenha percebido isso antes de qualquer outro".

Até a ascensão de Karpov no começo dos anos 1970, Tigran Petrossian seria o arqui-inimigo de Kortchnoi. Também pode ter havido o

DESAFIANDO O IMPÉRIO DO MAL   275

envolvimento de um elemento de rivalidade étnica. Segundo Kortchnoi, uma declaração comum ouvida após o primeiro triunfo de Petrossian no campeonato soviético foi: "Um armênio astuto passou a perna numa dúzia de judeus." Essa cínica reação refletia a predominância dos judeus soviéticos no xadrez, mas Petrossian logo encontrou cúmplices para suas "artimanhas" em meio a outros grandes mestres judeus, tais como Gueller e Tal. Tampouco o choque entre Kortchnoi e Petrossian era apenas uma questão de ego — ia além da rivalidade competitiva normal. A antipatia mútua tinha mais a ver com política do que com personalidade ou preconceitos.

Embora fosse de etnia armênia, Petrossian emergiu da República da Geórgia. Neste conterrâneo de Stalin — cujo culto mantinha-se bastante vivo na Geórgia durante o regime de Brejnev —, Kortchnoi via personificada a corrupção do sistema soviético. A rivalidade manifestou-se pela primeira vez em 1962, no torneio de candidatos em Curaçao, onde três dos grandes mestres soviéticos conspiraram contra Fischer, concordando em empatar os jogos entre si. Kortchnoi, que não estava entre eles, ficou irritado pela difamação de Fischer, segundo a qual teria sido designado como um "sacrifício". Kortchnoi viu Petrossian — com a competente ajuda de sua mulher, Rona — como o mentor dessa conspiração e ficou com a convicção de que a verdadeira vítima não era ele mesmo, e sim Paul Keres, que permitira que o arrastassem para o complô. Na última rodada, Keres enfrentou Pal Benkö, a quem sempre derrotara até então. Mas dessa vez, quando o jogo foi adiado, Benkö tinha uma ligeira vantagem — embora Keres devesse conseguir um empate. Segundo Kortchnoi, "por iniciativa da mulher de Petrossian, arranjou-se uma árdua noite de análise" para ajudar Benkö (um americano nascido na Hungria) contra Keres. Resultado: Benkö obteve sua única vitória sobre Keres, e Petrossian conquistou o exaustivo torneio de 28 rodadas. Meio ponto atrás veio Keres, que havia liderado até as rodadas finais.

Em 1963, Petrossian venceu o envelhecido campeão mundial, Botvinnik, e estabeleceu um domínio no xadrez soviético que duraria até sua derrota para Boris Spassky em 1969. Seus contemporâneos, incluindo Kortchnoi, foram colocados em segundo plano, e Petrossian explorou a influência que tinha no Politburo para manter a situação assim. Por exemplo, em 1963, Kortchnoi foi convidado, junto com Keres, para o prestigioso torneio Piatgorsky Gold Cup, em Santa Monica, Califórnia. Petrossian interveio junto às autoridades soviéticas para substituir o nome de Kortchnoi pelo seu próprio. Os americanos teriam convidado todos os três grandes mestres soviéticos com enorme satisfação, e até mesmo enviaram três passagens aéreas de ida e volta. Porém, o terceiro assento acabou ocupado não por Kortchnoi, mas por Rona Petrossian.

Aos poucos, Kortchnoi conscientizou-se de uma desaprovação oficial. Ele era delatado por oficiais do KGB (que invariavelmente acompanhavam as delegações soviéticas em eventos no exterior) por coisas tais como contatos não autorizados com ocidentais, visitas a cassinos e sua recusa em disputar um torneio em Budapeste para atender a um desejo expresso de Janos Kádár, o líder comunista húngaro. Nessa ocasião, em 1965, o vice-presidente do Comitê de Esportes da URSS convocou Kortchnoi e disse-lhe: "Você sabe que em 1956 tanques soviéticos abriram buracos nas casas de Budapeste. Você foi selecionado, por assim dizer, para tampar esses buracos, com a sua cooperação cultural!" Mas Kortchnoi desafiou o pedido, foi advertido e, mais tarde, no mesmo ano ainda, enviado a outro torneio na Hungria.

Temporariamente proibido de viagens ao Ocidente, Kortchnoi fez uma grande concessão: em 1965, filiou-se ao Partido Comunista. "Tinha a ingênua impressão de que, fazendo trabalho partidário, poderia consertar muito do que não gostava. Também percebi que seria mais fácil para mim viajar ao exterior."

No entanto, Kortchnoi continuou a meter-se em problemas. Um ano depois, num torneio em Havana, foi a um bar com Tal. Após beber bastante rum, Tal dançava com uma jovem quando foi atacado pelo namorado ciumento, que brandia uma garrafa de Coca-Cola.

DESAFIANDO O IMPÉRIO DO MAL

Agredido, Tal caiu inconsciente e o incidente foi abafado. Depois disso, os dois grandes mestres foram punidos, e Kortchnoi só voltou ao Ocidente em 1968.

Nesse ano, Kortchnoi jogou melhor do que nunca e chegou muito perto do título mundial. Derrotou inicialmente Reshevsky, depois Tal, e chegou à final do torneio de candidatos pela primeira vez, para enfrentar Boris Spassky. Nessa altura, Kortchnoi ficou sabendo da influência maligna de Petrossian por trás dos panos. Por meio do amigo armênio marechal Bagramian, Petrossian privou Kortchnoi dos serviços do seu técnico, Semien Furman, durante os matches contra Tal e Spassky. Furman era funcionário do Clube Esportivo do Exército Central, que — por ordens do marechal Bagramian — recusou-se a liberá-lo para auxiliar Kortchnoi. Tendo trabalhado com Kortchnoi desde 1946, Furman tornara-se um pai para o jogador. Sua ausência deixou Kortchnoi deprimido e furioso com Spassky, de quem erroneamente suspeitou como responsável pela trama. Spassky, que então se aproximava da melhor forma de sua vida, decerto venceria o match de qualquer maneira, mas Kortchnoi não se apresentou bem e perdeu com facilidade. Redimiu-se vencendo um forte torneio em Maiorca, à frente de Spassky e Petrossian, que providenciara para que Kortchnoi fosse convidado na esperança de obter sua ajuda no futuro match contra Spassky pelo título mundial.

Foi, naturalmente, uma vã esperança. Enquanto Petrossian apreciava o espetáculo de ver Spassky rumar à derrota em seu jogo contra Kortchnoi, o ressentimento latente deste explodiu.

— Não há nada que você possa fazer a respeito. Spassky será campeão mundial — Kortchnoi falou para o então número um.

— Por quê? O que você quer dizer? — perguntou um desconcertado Petrossian.

— Bem, eu estou ganhando dele! — respondeu Kortchnoi, que tinha o notório hábito de vencer jogos contra futuros campeões mundiais.

Petrossian de fato perdeu para Spassky e jamais perdoou Kortchnoi por não apenas recusar-se a ajudá-lo, como também profetizar sua derrota. Apesar de toda a pretensão científica, os grandes mestres soviéticos eram tão supersticiosos quanto qualquer um.

No final dos anos 1960, Kortchnoi estabeleceu-se como o terceiro melhor enxadrista da URSS, atrás de Spassky e Petrossian, mas enquanto os dois rivais foram esmagados por Fischer e a partir daí rapidamente declinaram, Kortchnoi continuou a melhorar. Durante os anos de hegemonia soviética, Kortchnoi permaneceu à sombra dos seus contemporâneos. Contudo, após Fischer vencer o campeonato mundial, foi Kortchnoi quem emergiu como o principal jogador ativo da sua geração. Sua própria avaliação — de que "a geração derrotada por Fischer não mais tem condições de competir contra ele com êxito" — jamais seria testada, já que Fischer abandonou as disputas e recusou-se a defender o título. Ainda assim, Kortchnoi obteve seus melhores resultados na década após Fischer demolir a superioridade soviética. Em parte, foi um triunfo da mente sobre o corpo. Sozinho no ultracompetitivo mundo do xadrez do fim do século XX, ele manteve a criatividade e o vigor ao longo da quinta década de vida, e até mesmo além. Todavia, o catalisador desse fenômeno único foi a decisão de buscar a liberdade fora da União Soviética — o primeiro grande mestre russo de ponta a seguir esse caminho.

Em 1969, um novo gênio do xadrez se estabeleceu em Leningrado: Anatoli Karpov. Não demorou muito para Kortchnoi defrontar-se com o jovem que não apenas iria recusar-lhe a coroa à qual aspirava como também levaria sua frustração com o sistema comunista ao ponto máximo. Nascido em 1951, Karpov acabara de sagrar-se campeão mundial júnior, embora ainda precisasse se destacar de maneira clara da nova onda de jovens mestres emergidos no fim dos anos 1960, uma década para o xadrez soviético na qual houve uma escassez de novos talentos.

Kortchnoi era velho o bastante para ser pai de Karpov e derrotara facilmente o adversário de 19 anos em 1970, no campeonato soviético em que ficou com o primeiro lugar. Os dois tinham Semien Furman como técnico, mas após a derrota Karpov decidiu que, quando enfrentasse Kortchnoi, deveria evitar jogar quaisquer ideias de abertura originadas de Furman; Kortchnoi podia ler muito bem a mente do velho amigo, mesmo indiretamente. Logo, contudo, Furman optou pela nova estrela; o ganho de Karpov foi a perda de Kortchnoi. Karpov mais tarde declarou: "Agradeci aos céus muitas vezes pela sorte de encontrá-lo e trabalhar com ele."

A partir daí, Kortchnoi não encontrou tantas facilidades com Karpov, que progredia rápido. Os dois jogaram um match secreto de treinamento em 1971, no qual Kortchnoi deu ao jovem a vantagem de jogar com as brancas em cinco de seis partidas. Ele conseguiu apenas empatar o match. Karpov venceu o jogo seguinte de ambos, no caminho da conquista do seu primeiro grande torneio, o Memorial Alekhine, em Moscou.

No Hastings 1971-72, Karpov mais uma vez saltou à frente, enquanto Kortchnoi levou tempo para se aquecer. Era comum em Hastings que os representantes soviéticos acertassem empates curtos entre si, mas nessa ocasião estava claro que Kortchnoi precisava derrotar o jovem rival para ter uma chance de chegar em primeiro. Esse choque Kortchnoi-Karpov em Hastings chamou a atenção dos espectadores britânicos. O veterano corpulento e careca, agora com quase 50 anos, enfrentou um esguio e não particularmente atraente jovem. Uma mecha de cabelos oleosos caía sobre o rosto de Karpov, com sua pele pálida e expressão impassível. Poucas pessoas fora da União Soviética haviam visto Karpov antes, e dos mestres ocidentais somente o jovem sueco Ulf Andersson o tinha enfrentado. Andersson conhecia bem a força de Karpov, tendo sido um de seus principais adversários no campeonato mundial júnior, até ser derrotado num cansativo jogo. Andersson via "Tolia" como um futuro campeão mundial — e em pouco tempo. Karpov já era uma máquina de calcular humana, com um temperamento gelado e um instinto estratégico infalível, embora ainda não tivesse desenvolvido o sentido de perigo que mais tarde seria o seu grande trunfo. No jogo em Hastings, Kortchnoi puniu Karpov por jogar de forma convencional com o sacrifício de um peão, evidentemente pegando-o desprevenido. O veterano ganhou de Karpov com facilidade.

Os russos dividiram o primeiro lugar. Em seguida, embarcaram numa série de simultâneas pela Inglaterra. Quando se encontraram no aeroporto, Karpov surpreendeu-se ao ver que Kortchnoi tinha um número cinco vezes maior de malas para levar para casa. "Lembre-se disso", Karpov contou depois as palavras do rival. "O nível de um grande mestre é determinado pela sua bagagem." Em suas memórias, Karpov descreve Kortchnoi como "guiado por duas coisas: 'as pessoas querem me pegar' e 'onde eu posso faturar uma grana extra?'... Contudo, podia pagar por praticamente tudo o que quisesse, e ele criava os seus próprios inimigos. Isso era algo em que ele tinha muito talento."

Estávamos na era de Fischer, e a ascensão de Karpov foi eclipsada pelo americano. Todavia, após a derrota de Spassky, as autoridades soviéticas estavam ansiosas por um novo herói que reconquistasse o título mundial e restaurasse o prestígio abalado. Assim como os lacaios de Stalin haviam impulsionado Botvinnik no início dos anos 1930, os burocratas de Brejnev agarraram-se a Karpov como o homem a vencer Fischer. O jovem recebeu todos os privilégios, mas os principais obstáculos à sua escalada eram outros grandes mestres soviéticos — sobretudo Spassky e Kortchnoi. Aos poucos, portanto, o sistema voltou-se contra os veteranos, apesar do cuidadosamente encorajado status de celebridade de ambos. Para derrotar Fischer, a velha geração teria que ser sacrificada. Não foi por acaso que, na esteira da ascensão de Karpov ao topo do xadrez, Spassky e Kortchnoi tenham deixado a União Soviética (embora em circunstâncias muito diferentes).

Em 1973, com apenas 22 anos, Karpov já era o grande mestre de maior *rating* no mundo depois de Fischer. Karpov era uma geração mais jovem que a elite soviética, mas era no mínimo tão forte quanto eles: um D'Artagnan para os outros três mosqueteiros, Spassky, Petrossian e

Kortchnoi. No Interzonal de Leningrado de 1973, os dois enxadristas da cidade, Karpov e Kortchnoi, lutaram pela supremacia o tempo inteiro e chegaram empatados à última rodada. Segundo Karpov, Kortchnoi propôs que ambos empatassem seus jogos e dividissem o primeiro lugar. Karpov, que estava confiante em derrotar seu oponente, Torre, recusou-se. Mais tarde, afirmou que se tratava de um sinal da conduta antissoviética de Kortchnoi, insistindo: "No nosso país, semelhantes 'trapaças' são vigorosamente condenadas."

Independentemente de isso ter acontecido ou não, a tentativa de Karpov de envolver Kortchnoi em acusações de manipulação de jogos, algo que ele próprio condenou, são risíveis. Não apenas semelhantes truques eram comuns na elite soviética como às vezes eram ordenados pelas autoridades do país. O próprio Karpov afirmou que Kortchnoi perdera de propósito o match contra Petrossian em 1971, pela semifinal do torneio de candidatos, por ordem do Comitê de Esportes da URSS porque não se sentia confiante o bastante para impedir o avanço de Fischer rumo ao título mundial. Kortchnoi nega com veemência essa história, oferecendo um inocente relato para a inexplicável derrota no confronto final do match. Karpov admite que, "obviamente, não há documentos para confirmar o pacto, mas há a qualidade do jogo de Kortchnoi e, mais importante, um fato estarrecedor, dada a sua natureza: depois de perder para Petrossian [Kortchnoi], continuou com uma boa relação com ele. Isso sugere que Kortchnoi não lutou, mas simplesmente escolheu um lado". Como já vimos, existia uma animosidade entre Kortchnoi e Petrossian desde muito tempo antes do match, e também depois. O fato de Petrossian vencer somente após empatar oito jogos, na maioria muitíssimo disputados, contra Kortchnoi sugere que o duelo foi tudo menos um passeio. Todavia, é inteiramente plausível que Kortchnoi tenha sofrido pressão para perder.

O que não se discute é que, após a vitória de Petrossian em 1971, ambos os enxadristas foram convocados para conversar com Serguei Pavlov, o presidente do Comitê de Esportes. Um típico burocrata soviético, que ignorou o ódio mútuo entre os dois grandes mestres, Pavlov ordenou que Kortchnoi atuasse como auxiliar de Petrossian no match contra Fischer. Spassky, que soube disso por Petrossian, e Karpov, informado por Kortchnoi, mais ou menos concordam que a reação deste foi de profundo desprezo: "Camarada Pavlov, quando eu vejo os movimentos nojentos e vis que Petrossian faz, não desejo ser seu auxiliar!" O incidente acarretou sérias consequências para Kortchnoi. Ele fora teimoso e desrespeitoso para com Pavlov, uma importante figura na hierarquia soviética, com poder para prejudicar sua carreira, e havia insultado Petrossian na frente de uma autoridade. Karpov relata: "Não foi apenas uma explosão, mas um desafio, e Petrossian jurou aniquilar Kortchnoi." Quando Kortchnoi caiu em desgraça, Petrossian não perdeu tempo em buscar vingança.

Após a derrota de Spassky para Fischer, Kortchnoi viu a sua oportunidade: era um dos poucos russos que tinham um bom histórico contra o americano. No ciclo mundial seguinte, Kortchnoi jogou melhor do que nunca. Os matches semifinais de 1973 colocaram Spassky contra Karpov, e Kortchnoi contra Petrossian. O combate Kortchnoi-Petrossian aconteceu em Odessa, porque Kortchnoi se recusou a jogar em Moscou, local do encontro anterior dos enxadristas, em 1971. "Na sua propriedade nos arredores de Moscou, Petrossian vive como um príncipe, com todos os confortos imagináveis", Kortchnoi mais tarde rememorou, "enquanto eu teria que me abrigar num hotel, com o costumeiro serviço ruim soviético."

O match começou muito mal para Petrossian, que sofreu a humilhação de, como um ex-campeão mundial, levar um xeque-mate no primeiro jogo. Surgiu uma discussão devido ao tique nervoso de Petrossian de balançar a mesa sacudindo a perna sempre que o adversário ficava apurado pelo tempo. Involuntário ou deliberado ardil psicológico, o hábito levou a um bate-boca público diante do tabuleiro, no quinto jogo. Petrossian advertiu Kortchnoi: "Não estamos numa feira!" — mas recusou-se a parar de fazer a mesa tremer. Kortchnoi então lançou uma

DESAFIANDO O IMPÉRIO DO MAL

advertência audível até para a plateia: "Esta é a sua última chance!" A partida foi adiada, com Kortchnoi em posição vencedora, e Petrossian não compareceu para a continuação. Ele fez protestos ao presidente da FIDE, Max Euwe, e ao Comitê Central do Partido Comunista, exigindo ser declarado vencedor do match, apesar de estar perdendo por 3 a 1. Um comitê arbitral com autoridades soviéticas, presidido pelo prefeito de Odessa, reuniu-se para resolver a disputa. Embora se considerasse a parte ofendida, Kortchnoi concordou em desculpar-se por falar ao adversário durante o jogo, desse modo infringindo as regras, que exigem que todas as reclamações sejam dirigidas por intermédio do árbitro. Mas Kortchnoi também atraiu atenção para os armênios que se manifestaram a favor de Petrossian, perguntando sobre o papel do jogador "na organização destas turbas". Petrossian então rompeu as negociações, declarando: "Ele me insultou e insultou o meu povo. Não vou mais jogar contra ele."

Não é raro que quem esteja por baixo num longo match enxadrístico crie uma distração. Nessa ocasião, Kortchnoi estava confiante o suficiente para ignorar a clara tentativa de misturar xadrez com política. Petrossian, que se internara num hospital, abandonou prematuramente a disputa com a duvidosa alegação de problemas de saúde tão logo foi comunicado que suas exigências haviam sido rejeitadas. Porém, a essa altura, as autoridades soviéticas já haviam decidido que queriam Karpov, e não Kortchnoi, como o desafiante de Fischer. Antes, no entanto, Karpov precisava derrotar Spassky na outra semifinal. Esse match foi considerado por Kasparov como um momento crucial da história do xadrez. Spassky ainda acreditava, com alguma justiça, ser o segundo melhor jogador do mundo, tendo vencido o campeonato soviético de 1973, à frente de todos os seus rivais. Karpov-Spassky não apenas foi um choque de gerações como também marcou o triunfo de uma nova, mais profissional, abordagem à teoria de abertura, que envolvia a análise de ideias até a metade ou mesmo até o final de jogo. Karpov era o aluno estrela de Botvinnik, que lhe serviu de modelo tanto ideológica como intelectualmente. "Karpov trabalhava por dez, 12 horas por dia!", Kasparov escreveu. "Spassky nem imaginava a força do grande mestre que enfrentaria." O ex-campeão mundial venceu a primeira partida, mas essa seria a única vez em que derrotaria Karpov em toda a carreira. Karpov igualou tudo no terceiro jogo, assumiu a liderança no quinto e a partir daí não olhou mais para trás. O placar final foi de 4 a 1, com seis empates. O match acabou com Spassky, que abandonou as esperanças de uma volta e passou então a priorizar a emigração para o Ocidente.

A habitual confiança excessiva de Kortchnoi fez com que não compreendesse as razões da categórica vitória de Karpov sobre Spassky. Ele ainda achava que tinha pelo menos chances iguais, mas já sentia a frieza da desaprovação oficial. Como os dois jogadores já haviam vivido em Leningrado, Kortchnoi esperava que pelo menos metade do match fosse disputada na cidade. Tendo recusado-se a disputar todos os jogos em Moscou, conforme Karpov desejava, descobriu que o comandante supremo do xadrez na URSS, Baturinski, simplesmente acrescentara uma cláusula num documento já assinado por Kortchnoi estipulando que a capital sediaria todo o evento. Quando Kortchnoi foi obrigado a competir num horário mais tarde do que desejava, para atender aos hábitos noturnos do adversário, extravasou sua fúria enviando um cartão-postal aberto a Iuri Averbakh, o presidente da Federação de Xadrez da URSS — um ex-amigo que, de maneira oportunista, havia se posicionado contra ele. Endereçado ao Clube de Xadrez Central, o postal estava fadado a ser visto por outras pessoas antes, dizendo: "Da covardia à traição é apenas um passo, mas com seus atributos você o dará com facilidade." Kortchnoi comentou: "Eu havia feito mais um inimigo, mas não me incomodava mais. A partir desse momento, estava jogando para fugir." Essa queda em desgraça teve efeitos práticos. Após David Bronstein, amigo de Kortchnoi, passar uma semana ajudando-o a se preparar para o match, o *Izvestia* (o jornal para o qual Bronstein escrevia sobre xadrez) assegurou-se de que ele não tivesse permissão para cobrir o confronto. Mais tarde, Kortchnoi reclamou que ficou exausto pelas análises durante o match: "Não consegui persuadir um único grande mestre a ser meu auxiliar."

O palco foi armado para um choque entre duas culturas políticas e enxadrísticas: Karpov, o membro do Comitê Central da Juventude Comunista da URSS, contra Kortchnoi, o individualista burguês. Os prognósticos estavam contra Kortchnoi. Seus inimigos Petrossian e Averbakh ajudavam Karpov, ao lado de Gueller, Tal e do próprio Botvinnik. Até mesmo o ex-treinador de Kortchnoi, Furman, trocara de lado, passando para o campo de Karpov e dificultando ainda mais para ele antecipar as armadilhas do adversário. Kortchnoi afirmou que até mesmo o neutro supervisor-geral, um belga com o exótico nome de Alberic O'Kelly de Galway, estava contra ele. Para o público soviético, o match colocou os *stakhanovisttas** contra a *intelligentsia* — e os antissemitas contra os judeus. A Juventude Comunista enviou brutamontes para apoiar Karpov e intimidar o rival judeu. Após um jogo, relembrou Kortchnoi, "o palco foi cercado por um grupo de tipos fascistoides gritando 'Isso aí, isso aí, esmague-o, Tolia!'". Kortchnoi também recebeu cartas insultuosas e temeu a possibilidade de que "algo pudesse acontecer [a ele] na rua".

A final do torneio de candidatos de 1974 acabou sendo um dos mais exaustivos matches já disputados, e que viria a decidir o próprio título mundial. Karpov venceu pela menor vantagem possível, 12,5 a 11,5. Sua cota da premiação foi de 1.800 rublos — muito mais do que em matches soviéticos prévios, embora uma pequena fração das somas ganhas por Fischer no Ocidente. Dos 24 jogos, somente cinco mostraram-se decisivos, mas cada um deles foi disputadíssimo. Se as vitórias de Fischer haviam sido obtidas por *blitzkrieg*, as de Karpov vieram por meio de guerra de atrito. Era xadrez como guerra de trin-

---

*Termo criado na União Soviética para definir trabalhadores que desafiam todos os limites na obtenção de resultados. (*N. da E.*)

cheiras. E mesmo assim o homem mais velho resistiu melhor à pressão física do que o mais jovem. Karpov foi o primeiro a pedir descanso, aquele que perdeu peso e estava visivelmente exaurido no final. Ele perdeu dois dos últimos cinco jogos, um deles em apenas 19 lances. A reação de Kortchnoi veio tarde demais para reverter o déficit de 3 a 0 dos primeiros 17 jogos.

No entanto, tratou-se também de uma batalha de nervos — e de jogos mentais. Nos estágios iniciais do duelo Kortchnoi-Karpov, as táticas de ambos espelhavam as de Fischer: chegar atrasado para os jogos ou bombardear os dirigentes com reclamações. Kortchnoi até mesmo escreveu um protesto formal, não ao supervisor ("Como poderia eu, um soviético, reclamar para um estrangeiro?"), mas ao comitê organizador, contra o comportamento descortês de Karpov. O protesto mais tarde seria usado pelas autoridades soviéticas contra Kortchnoi. Críticas contra o homem que vinha sendo preparado para reconquistar o título mundial das mãos de Fischer eram inaceitáveis.

Karpov mal derrotara Kortchnoi no primeiro match entre ambos e o Comitê de Esportes iniciou uma campanha de propaganda para criar um front unido por Karpov e contra Fischer. Kortchnoi recusou-se a aderir. Numa entrevista para a agência de notícias iugoslava Tanjug, reproduzida no jornal *Politika*, exprimiu toda a sua frustração. Karpov, ele declarou, tinha o mesmo talento que vários de seus rivais, conforme demonstrara o fato de que precisara de um mês e meio para acabar com a resistência de Kortchnoi. "Embora eu ainda me considere superior num sentido criativo, no que concerne a determinação ele claramente é superior a mim."

Kortchnoi piorou as coisas ao apoiar a exigência de Fischer de que o próximo match pelo título mundial não fosse uma melhor de 24 jogos, mas uma disputa aberta em que os empates seriam descartados, e o vencedor, aquele que ganhasse seis jogos. "Minha crítica a Karpov era, óbvio, um crime, mas ainda assim se tratava de um assunto interno", escreveu Kortchnoi, "enquanto meu apoio a Fischer foi considerado um ato de traição."

Esse foi o momento para Petrossian conseguir sua vingança pela humilhação na semifinal. Na principal revista esportiva soviética, *Sovietski Sport*, o ex-campeão mundial denunciou o comportamento "antidesportivo" de Kortchnoi. Foi o primeiro canhoneio de uma campanha. "Cartas de trabalhadores", exigindo severa punição para o "grande mestre antidesportivo", foram publicadas na *Sovietski Sport*. Uma carta ao editor comparou essa campanha ao antissemita "Complô dos Médicos" durante os últimos dias de Stalin, apesar de nenhum protesto pró-Kortchnoi ser publicado. Privadamente, Kortchnoi recebeu algum apoio; um escritor comparou Petrossian a Lissenko, o geneticista favorito de Stalin.

No começo, o objetivo era humilhar o dissidente. Para reverter a situação, Kortchnoi escreveu um breve pedido de desculpas pela entrevista, a qual atribuiu à depressão pós-match, mas a flagrante insinceridade da declaração serviu apenas para agravar a situação, e o editor da revista foi advertido por publicá-la. Inicialmente, Kortchnoi recebeu uma ordem para apresentar por escrito uma explicação para sua conduta ao Comitê de Esportes, então — ao considerarem-na insatisfatória — o jogador foi convocado a comparecer ao órgão em Moscou. Lá, foi informado de sua punição: não poderia viajar ao exterior durante um ano e teria um corte de salário. Essa mais ou menos leve pena oficial, contudo, foi agravada por muitas outras não oficiais. Kortchnoi viu-se à mercê do vingativo KGB de Leningrado: sua casa ficou sob escuta; correspondências do exterior foram interditadas, incluindo o recebimento de exemplares da edição em inglês do seu livro mais recente; o filho virou alvo dos professores na escola, apesar de o menino, numa atitude desafiadora, usar um broche do pai na Olimpíada de 1970 com o nome "Kortchnoi". Falsos boatos se espalharam dizendo que Kortchnoi havia pedido para emigrar para Israel, o que resultou em hostilidades à família. Sua renda foi severamente reduzida não apenas pela perda de ganhos no exterior, mas também pela exclusão da mídia soviética — ele era um rosto familiar na televisão. Kortchnoi começou a receber cartas com ameaças, às vezes com teor antissemita. Colegas mestres enxadristas passaram a evitá-lo, e ele cortou os contatos com as pessoas em que não mais confiava. Kortchnoi ficou tão desesperado que até mesmo escreveu uma carta ao marechal Tito pedindo asilo na Iugoslávia, onde ainda possuía muitos admiradores. Sabiamente, jamais a enviou.

Junto com essa perseguição a Kortchnoi, desenvolvia-se paralelamente uma campanha de propaganda contra Fischer. O Comitê de Esportes de Leningrado disse a Kortchnoi que seria para o seu próprio bem se apoiasse a linha soviética. Kortchnoi escreveu um artigo argumentando que Karpov de fato desejava jogar o match contra Fischer e não estava sendo deliberadamente obstrutivo, conforme algumas críticas de ocidentais. Karpov ficou satisfeito com a manifestação e instou as autoridades soviéticas a publicarem-na, mas o gesto não correspondeu às expectativas dos dirigentes e jamais foi divulgado. Para o Kremlin, somente serviria uma vilificação de Fischer por parte de Kortchnoi. Todavia, a linha oficial contradizia os interesses profissionais da elite enxadrística soviética, que se beneficiara com os esforços de Fischer — para não falar do genuíno respeito pelo homem que era, no papel pelo menos, o mais forte enxadrista da história.

Até mesmo Karpov compartilhava essas apreensões, sabendo que não seria aceito como um verdadeiro campeão mundial se conquistasse o título sem disputa. Após o congresso da FIDE em Nice, em 1974, não ter concordado com todas as condições de Fischer para o match do ano seguinte pela coroa mundial, foi realizado um segundo congresso em Bergen aan Zee, na Holanda, em março de 1975. Com exceção de uma, este aceitou todas as condições de Fischer, mas isso não foi o bastante para satisfazê-lo, e o americano renunciou ao título da FIDE; apesar de continuar a proclamar-se campeão mundial. Um mês depois, em Moscou, Karpov recebeu uma medalha de ouro e o título de campeão do mundo. Entretanto, prosseguiram os esforços para concretizar um match não oficial. Canais alternativos de comunicação entre Karpov e Fischer foram abertos graças aos filipinos e aos japoneses, mas, quando soube de um encontro secreto entre os dois campeões em Tóquio em 1976 para discutir um match, o Comitê Central interrompeu as negociações.

Ao passo que a questão do título mundial foi resolvida, a campanha contra Kortchnoi prosseguiu. Como mais tarde colocou Karpov, "Petrossian ansiava pelo sangue de Kortchnoi e perseguia-o por todas as partes". Petrossian queria que fosse cassado o título de grande mestre soviético de Kortchnoi, desse modo efetivamente acabando com sua carreira. Karpov sustenta que tentou persuadir o chefe da Federação de Xadrez da URSS a deter a campanha anti-Kortchnoi, com o argumento de que era motivada por rancores pessoais. Viktor Baturinski ficou surpreso: "Você não sabe o que acontecerá se permitirmos que Kortchnoi erga a cabeça?" Em setembro de 1975, Kortchnoi foi comunicado que a proibição de viagens ao exterior estava encerrada, mas na prática ele só poderia sair em dezembro, para o torneio de Hastings. Até aí, Kortchnoi já acertara as contas com Petrossian ao derrotá-lo num grande evento em Moscou. Por ironia, foi Karpov quem forneceu a necessária garantia de sua boa conduta, a qual permitiu-lhe viajar.

Quando partiu para Hastings, Kortchnoi já estava se preparando para desertar. Na Inglaterra, enviou livros, álbuns de fotografias e outros itens preciosos para serem guardados em Amsterdã por um amigo ex-soviético, Guennadi Sossonko. A cidade holandesa foi o destino de Kortchnoi na sua próxima viagem ao exterior, em julho de 1976. Mais uma vez ele levou bens valiosos, incluindo seu arquivo de documentos, cartas etc., mas ainda não pretendia desertar. Todavia, durante o torneio, a oportunidade para desabafar a uma agência de notícias francesa mostrou-se irresistível. Irritado pelos ataques antissemitas sofridos nos últimos dois anos, Kortchnoi criticou a recusa da União Soviética de participar da Olimpíada daquele ano em Israel. Também manifestou solidariedade a Spassky, que sofrera desonestidades semelhantes nas mãos soviéticas. "Ao dar essa entrevista, usei meu direito de ser um homem livre; a partir daí, apesar de nunca realmente ter ligado para política, tornei-me um 'dissidente', e declarado", escreveu mais tarde.

A reação soviética foi instantânea: um dirigente localizou o nômade grande mestre em seu hotel e ameaçou-o: "Você já não teve suficientes dissabores? Achou mesmo que isso ia ser ignorado?" No último dia do torneio, Kortchnoi deveria se apresentar à embaixada soviética em Haia. Em vez disso, foi a uma delegacia e pediu asilo. Só depois de vários dias a agência de notícias soviética Tass deu a notícia. Com frequência, informações sobre deserções eram inteiramente ocultadas, mas Kortchnoi era conhecido demais para passar em branco: "Na União Soviética, eu tinha um grau de popularidade perfeitamente oficial que nem Soljenitsin nem Sakharov podiam afirmar possuir, nem mesmo Rostropovitch ou Barchai, figuras públicas que são muito mais conhecidas no Ocidente que eu."

A caça às bruxas contra Kortchnoi e sua família começou de imediato. A Federação de Xadrez da URSS destituiu-o de todos os títulos soviéticos. Então foi publicada uma carta na *Sovietski Sports*, supostamente assinada por mais de trinta grandes mestres soviéticos, acusando Kortchnoi de "vaidade mórbida" e exigindo que o desertor fosse excluído do próximo torneio de candidatos que apontaria um desafiante para Karpov. O nome do campeão mundial destacou-se pela ausência. Karpov divulgou uma declaração à parte, apoiando a decisão de cassar de Kortchnoi "o direito de representar a escola de xadrez soviética na arena mundial" e acusando-o de conduta "desonesta e desonrosa", mas não estava preparado para defender a exclusão. Sua vitória sobre Kortchnoi em 1974 seria apenas a primeira de três "matches grandiosos... que se tornaram a principal disputa de nossas vidas por dez anos". Tendo adquirido o título de Fischer sem enfrentá-lo nos tabuleiros, Karpov precisava provar sua legitimidade derrotando o mais forte desafiante, ainda que esta pessoa fosse Kortchnoi. Também havia um elemento de interesse próprio: Karpov só teria a ganhar se o próximo campeonato mundial adquirisse uma dimensão política e es-

DESAFIANDO O IMPÉRIO DO MAL

portiva. Karpov mais tarde admitiu que "os enxadristas têm uma dívida eterna com Fischer por melhorar o status e as premiações do xadrez" e até mesmo reconheceu que Fischer-Spassky tinham "aumentado de tal forma o interesse pelo xadrez que, por algum tempo, ele tornou-se o esporte número um no mundo".

Mas, do ponto de vista soviético, a perspectiva de o desertor Kortchnoi desafiar Karpov pelo cetro mundial era um pesadelo. Logo após terem reconquistado o título para a União Soviética, ainda que por vias diplomáticas e não no tabuleiro, emergiu uma ameaça muito mais embaraçadora e sem precedentes. Como a mídia soviética poderia explicar o fato de que um dos grandes mestres mais populares do país agora estava no outro lado da Guerra Fria? Tampouco havia a menor dúvida de que Kortchnoi queria vingança. Ao desertar, ele deixara para trás a mulher e o filho. Os pedidos de visto de saída para Israel foram recusados, mas sua campanha para forçar o Kremlin a permitir que a família se reunisse no Ocidente forneceu motivação adicional para derrotar os ex-compatriotas no tabuleiro. De fato, logo ficou claro que a deserção de Kortchnoi o energizara e o pusera na melhor forma de sua vida.

No exílio, Kortchnoi também conhecera Petra Leeuwerik, uma austríaca divorciada de 50 e tantos anos que então vivia na Holanda. Ela se tornou sua secretária, e a relação entre os dois logo se estreitou. Leeuwerik era uma fervorosa anticomunista, que havia sofrido bem mais que Kortchnoi nas mãos do regime soviético. Segundo seu próprio relato, em 1948, com 19 anos, ela fora sequestrada na Zona Soviética de Viena pelo KGB, acusada de espionar para os EUA, e fora mantida por oito ou nove anos num campo de trabalho em Vorkuta, sob condições árticas. Leeuwerik sustentou ser inocente; o coronel Baturinski mantinha a inflexível opinião de que ela havia "espionado para a América". Leeuwerik acreditava no destino de Kortchnoi e exerceu grande influência sobre ele, mas não era universalmente aceita pelos amigos e colegas ocidentais do enxadrista. O casamento de Kortchnoi não sobreviveu à deserção, apesar de a esposa, Bella, e o filho, Igor, recusarem-se a renegá-lo ou a mudar de nome; mais tarde, Igor foi aprisionado por se recusar a ser alistado. Após a emigração dos dois, o casamento terminou e Petra Leeuwerik por fim casou-se com Kortchnoi.

Os grandes mestres soviéticos, por ordens do Kremlin, boicotaram eventos em que Kortchnoi iria jogar. Conforme suas palavras, "os soviéticos deram aos organizadores... uma escolha: os russos ou Kortchnoi. Então, nada de Kortchnoi!". Contudo, as autoridades soviéticas fracassaram na tentativa de excluir o desertor da disputa pelo título mundial com as fraudulentas alegações de que Kortchnoi era apátrida. (Na realidade, muitos dos grandes mestres do passado, de Alekhine a Lasker, haviam sido destituídos de suas cidadanias, e fazia parte dos propósitos da FIDE proteger semelhantes exilados apátridas.) Em 1977, Kortchnoi derrotou novamente Petrossian num match tempestuoso, no qual não trocaram uma única palavra. Então, com a ajuda de dois auxiliares britânicos (Raymond Keene e Michael Stean), esmagou outro grande mestre soviético, Polugaievski, com o autoritário placar de 5 a 1, com sete empates. "Está claro que agora o meu destino é lutar com a URSS, tornando as coisas para eles o mais desagradáveis possível que eu conseguir", escreveu em sua autobiografia, *Chess is My Life*, publicada em 1978.

O último obstáculo de Kortchnoi antes de se reencontrar com Karpov em 1978 foi um desafio psicológico mais complexo: tinha que derrotar Boris Spassky em Belgrado. Não apenas os dois eram amigos, mas Spassky também estava vivendo na França e não mais representava a União Soviética. Contudo, existia uma diferença crucial: Spassky não desertara. "Sozinho em meio a milhões de exilados, ele tem dupla nacionalidade e vive em Paris com um passaporte soviético!", Kortchnoi mais tarde escreveu, contrariado. "Spassky vinha lutando por sua independência política havia vários anos. Ele ganhou permissão para deixar a URSS só 'por acaso', exatamente um mês após a minha própria partida. Quem sabe que preço teve que pagar por um visto de saída?" Mas, enquanto Kortchnoi se incomodava, Spassky era ambivalente a respeito da situação. Ele não mais tinha vontade alguma de se esforçar por um sistema político que desprezava e tampouco era guiado pela ambição pessoal, quanto mais pela sede de vingança que motivava Kortchnoi.

E, assim, o match começou mal para Spassky. Após oito partidas, o placar era de 4 a 0 para Kortchnoi, com quatro empates. No Ocidente, a imprensa celebrava "Viktor, o Terrível": em Moscou, só se via desalento. Então, na metade do caminho, algo extraordinário aconteceu. De repente, Spassky mudou completamente a atitude. Reclamando da luz que refletia no tabuleiro e incomodava seus olhos, exigiu ganhar uma cabine no palco, onde pudesse se sentar durante o jogo fora das vistas da plateia e do adversário. Spassky passou a visualizar as peças num painel, e só retornava ao palco para fazer o seu lance, saindo em seguida. Kortchnoi protestou, alegando que essa capa de invisibilidade estava atrapalhando o seu jogo. Mais tarde, comentou que Spassky fora hipnotizado: "Ele não parecia normal... estava balançando, com os olhos semifechados, como um médium." De sua parte, Spassky afirmou que as primeiras cinco fileiras de espectadores estavam tomadas por "gente de Kortchnoi", cujos olhares hostis perturbaram sua concentração durante a terceira hora de jogo. Kortchnoi contra-atacou dizendo que "algum tipo de arma está sendo usado contra mim".

Ainda não está claro o que de fato se passou. Em Moscou havia um forte sentimento de que Kortchnoi não podia sair como o vencedor do duelo. O Comitê de Esportes soviético fez uma tentativa final de impedir que Karpov precisasse defender o título contra o "traidor" Kortchnoi. Viktor Ivonin, vice-presidente do Comitê de Esportes soviético, desembarcou em Belgrado, junto com inúmeros outros dirigentes e grandes mestres, para ajudar Spassky. Parece que houve uma tentativa de se explorar a crença supersticiosa de Kortchnoi em parapsicologia. Garry Kasparov já especulou que os misteriosos espectadores não eram fãs de Kortchnoi, mas lacaios soviéticos trabalhando para Karpov. Qualquer que seja a verdade, o poder de sugestão foi suficiente para afetar o jogo de Kortchnoi, e ele, de maneira inédita, perdeu quatro jogos consecutivos. O match quase foi abandonado depois de um protesto de Kortchnoi, e Max Euwe, o presidente da FIDE, teve que pegar um avião para persuadir os dois jogadores a prosseguir.

Nesse momento, Kortchnoi se recompôs. Acreditando que um grupo de parapsicólogos suíços o ajudava, mesmo a distância, conseguiu deter o "mergulho fatal". Kortchnoi empatou os dois jogos seguintes e então venceu mais dois para fechar o match em 7 a 4, com sete empates. Não foi o resultado em si que destruiu a amizade dos dois — que sobrevivera ao match prévio entre ambos, em 1968, vencido por Spassky —, mas a maneira como se chegou a ele. Spassky desdenhou da performance do rival: "Não é verdade que Kortchnoi evoluiu; simplesmente Petrossian e eu estamos jogando muito pior do que em 1968." Kortchnoi devolveu: "A única coisa que não posso perdoar num homem com opiniões antitotalitárias é que ele tenha permitido que os soviéticos transformassem o campo de batalha num campo de testes contra mim."

Enquanto isso, Anatoli Karpov, privado da chance de enfrentar Fischer, desenvolvia um estilo que dominaria o mundo do xadrez por mais de uma década. Após vencer mais torneios do que qualquer um na história, jogando um xadrez cauteloso, estratégico e de sangue-frio, Karpov provavelmente chegou perto de concretizar o ideal estachanovista do homem soviético. Por essa única razão, ele foi o menos popular dos campeões mundiais fora da URSS. Entretanto, como um dos poucos campeões inteiramente russos, Karpov era (e continua) muito amado em sua pátria. E sua genialidade era inegável; embora nada excitante, seu estilo nem um pouco espetacular não possuía fraquezas, e a sabedoria intuitiva de onde colocar as peças combinava bem com um temperamento frio e meticulosa preparação para criar uma ilusão de invulnerabilidade que intimidava todos, exceto Kortchnoi e, mais tarde, Kasparov.

DESAFIANDO O IMPÉRIO DO MAL

Contudo, durante os anos 1970, Karpov foi transformado em um semideus, sob os auspícios de Vitali Sevastianov, presidente da federação de xadrez soviética. Sevastianov era um ex-cosmonauta que participara em 1970 do match enxadrístico "Cosmos-Terra", uma partida em grupo disputada enquanto orbitava a bordo da *Soiuz-9*. Este fiel seguidor do partido, duas vezes condecorado como Herói da União Soviética, certa vez perguntou no *Izvestia*: "Karpov não tem nenhuma fraqueza? Provavelmente sim, como qualquer pessoa normal. Mas, por algum motivo, não tentei encontrá-las."

14

O Iogue *versus* o Comissário

DE JULHO A OUTUBRO DE 1978, Viktor Kortchnoi enfrentou Anatoli Karpov pela supremacia do xadrez mundial na estância de Baguio, nas Filipinas. O evento deve ter sido o mais ideologicamente carregado — e decerto o mais vituperioso — match de xadrez de toda a Guerra Fria. As bizarras maquinações das duas equipes agravaram a animosidade pessoal e política entre o campeão soviético e o desafiador dissidente. O campo soviético era liderado pelo comissário do KGB, Viktor Baturinski, cujo cargo oficial era coronel da Justiça. O brancaleônico esquadrão de soldados da Guerra Fria de Kortchnoi incluía não apenas seu braço direito, Petra Leeuwerik, mas também uma dupla de iogues. A certa altura, Baturinski emitiu um protesto intitulado "O match de xadrez nas Filipinas não é um campo de treinamento da Guerra Fria" — mas é precisamente isso que era.

Baguio foi, conforme afirmou o *expert* britânico William Hartston muitos anos depois, "o auge da história do xadrez como teatro, apesar de nunca ter ficado claro se a produção era um melodrama ou uma farsa". O melodrama vinha do fato de que Kortchnoi enfrentava sozinho a força do que Ronald Reagan mais tarde chamaria de império do mal. Um exilado, ele não teve permissão para jogar sob a bandeira de seu novo país, a Suíça, e, para os propósitos do match, era efetivamente um apátrida. (Neste ponto, como em muitas outras questões, a FIDE curvou-se à pressão soviética; Kortchnoi pôde apenas responder com gestos, tais como recusar-se a ficar de pé enquanto a Internacional era tocada na cerimônia de abertura.) O elemento farsesco de Baguio provinha da pseudociência da parapsicologia, que parecia exercer uma influência sinistra sobre Kortchnoi. Ele acreditava, por exemplo, que a sentença de 13 anos de prisão de Sharansky havia sido imposta devido à revelação de segredos sobre a parapsicologia, e que Karpov "tinha eletrodos conectados no cérebro para reforçar a ligação" com seus parapsicólogos. A equipe soviética explorou essa fraqueza. Acabou sendo o suficiente para fazer a balança pender.

Assim como o xadrez era um substituto para a guerra, os jogos mentais eram um substituto para o xadrez. O *establishment* enxadrístico soviético sempre levara a psicologia a sério, e, para o match contra Fischer, Spassky contara com a ajuda do principal nome neste ramo, Nikolai Kroguius. A derrota de Spassky persuadiu Kroguius e outros de que uma abordagem convencional, baseada numa detalhada avaliação das fraquezas do adversário, era insuficiente para assegurar a vitória. Indivíduos irracionais e desequilibrados, como Fischer e Kortchnoi eram vistos por Kroguius, podiam ser vulneráveis à pressão psicológica. As operações psicológicas realizadas em Baguio marcaram a transposição da linha que divide jogo psicológico e trapaça. Primeiro, houve a desinformação: caso típico foi a referência de Karpov ao "estranho hábito [de Kortchnoi] de, à noite, ligar o corpo a uma bateria de aquecimento. Alguém uma vez disse-lhe que sua malignidade anormal podia ser explicada pelo fato de todo o seu corpo receber uma carga excessiva de eletricidade estática". Além disso, o principal parapsicólogo de Karpov era o dr. Vladimir Zukhar, diretor do Laboratório Central de Psicologia de Moscou, de quem se dizia ter mantido ligações telepáticas com cosmonautas no espaço.

Os anos 1970 viram um *boom* do fascínio público com o paranormal que alarmou os cientistas empíricos. Em 1976, um Comitê para a Investigação Científica de Asserções do Paranormal foi criado nos Estados

Unidos para desmontar a florescente indústria de astrologia, OVNIs e fenômenos psíquicos. Na União Soviética, a parapsicologia era tratada com mais seriedade. Spassky, Karpov e Kortchnoi não eram os únicos grandes mestres que acreditavam poderem ser hipnotizados pelo olhar de um adversário ou espectador. A fé que tinham na parapsicologia ganhava uma dimensão ainda maior porque a ideologia oficial era ela própria uma espécie de superstição. As novas drogas alteradoras de estados mentais que tinham exercido um impacto tão espetacular na cultura popular no Ocidente eram usadas com propósitos mais sinistros pelo KGB. Durante o regime de Brejnev, as autoridades conduziram uma feroz campanha contra a bastante limitada liberdade que começara a emergir com o degelo pós-Stalin. No centro dessa reação estava a *psikuchka*, ou prisão psiquiátrica, onde drogas psicotrópicas eram ministradas como punição por opiniões "antissoviéticas". Esse abuso da ética médica era justificado, em última análise, pela noção de Lenin de que quem quer que duvidasse da verdade do materialismo dialético devia ser ou louco ou mau — provavelmente ambos.

De maneira mais geral, a hipnose e a parapsicologia faziam parte desse *continuum*. Segundo Lesley Chamberlain, o escritor dissidente Leonid Pliustch, que foi preso em 1972 e submetido a "tratamento" numa *psikuchka*, descreveu como ele, quando um jovem professor universitário, e seus colegas acadêmicos ficavam profundamente entediados pela ideologia oficial, preferindo discutir experimentos pseudocientíficos em hipnose. Durante as últimas décadas do comunismo, uma cultura decadente e desorientada emergiu, impregnada de superstições. Masha Gessen, autora de *Dead Again: The Russian Intelligentsia after Communism* [Morta novamente: a *intelligentsia* russa após o comunismo], cita uma pesquisa do início da década de 1990 que traçou um alarmante quadro de intelectuais vivendo em "mundos particulares feios, assustadores... e desesperançados", nos quais figurava com destaque uma crença em conspirações e no paranormal. Essas atitudes alimentavam delusões massificadas, às quais dissidentes não ficavam imunes, mas

O IOGUE *VERSUS* O COMISSÁRIO

no caso deles o medo da perseguição e da tortura psiquiátrica ajuda a explicar sua aparente credulidade e paranoia. É impossível compreender o que aconteceu durante as batalhas Kortchnoi-Karpov sem estar consciente da psicopatologia da vida cotidiana nos últimos momentos do império soviético.

O fantasma no festim de Baguio era Bobby Fischer, que havia sido um expoente tão bem-sucedido da guerra enxadrística psicológica. Embora estivesse distante, mas de modo algum ausente, foi graças a Fischer que as regras da disputa pelo título mundial receberam modificações desde 1972, com o vencedor agora sendo o primeiro a ganhar seis jogos, com empates descartados. O match Kortchnoi-Karpov de 1978 foi o primeiro em meio século a não ter limite de duração; o último, Alekhine-Capablanca, em 1927, estendera-se por 34 jogos ao longo de três meses. De modo que sempre houve uma boa probabilidade de esse match, apesar da diferença de vinte anos em idade, ser uma maratona — um exaustivo teste de resistência mental e física. A presença de Fischer também podia ser sentida de outras maneiras. Kortchnoi afirmou durante o confronto que os jogos mentais da equipe de Karpov, incluindo o plano de usar Zukhar para perturbar sua paz de espírito, haviam sido preparados para o match abortado de 1975 contra Fischer. É pouco provável que o americano (que, apesar das suas outras excentricidades, não tinha interesse em paranormalidade) fosse ser tão suscetível quanto Kortchnoi à noção de que Zukhar podia estabelecer uma ligação telepática com Karpov, embora Fischer tampouco fosse tolerar a presença intrusiva de Zukhar.

As primeiras três partidas foram empates sem incidentes, mas os dois lados já estavam testando os limites. No segundo embate, os assistentes de Karpov deram-lhe iogurte durante o jogo — uma quebra técnica das regras, que proibiam contatos entre os enxadristas e as pessoas do auditório. A chefe da delegação de Kortchnoi, Petra Leeuwerik, apresentou um protesto com o argumento de que o iogurte poderia servir como um código secreto, permitindo aos 16 integrantes do time soviético passar mensagens a Karpov durante o jogo: "Portanto, um iogurte após vinte movimentos poderia significar 'instruímos você a propor empate'; ou uma manga fatiada poderia significar 'ordenamos a você recusar um empate'. Um prato com ovos de codorna marinados poderia significar 'jogue Ng4 imediatamente' e assim por diante." Essa bizarra sugestão, que provocou uma violenta resposta do coronel Baturinski, apresentou um dilema ao árbitro-chefe, Lothar Schmid. Dado o monótono avanço do match, a "Grande Controvérsia do Iogurte" constituía-se na única coisa que interessava à imprensa, confirmando a suposição dos jornalistas de que todos os mestres de xadrez eram doidos, e os mestres soviéticos, ainda por cima, paranoicos. Contudo, se Schmid não levasse a sério essa tempestade em torno de um pote de iogurte, estaria confirmando as suspeitas de Kortchnoi de que os organizadores estavam inclinados a se curvar aos grandes batalhões de Karpov.

Schmid era um respeitado grande mestre alemão; aristocrata e erudito, era o orgulhoso proprietário da maior biblioteca de livros de xadrez do planeta. Schmid propôs um arranjo, segundo o qual somente uma cor de iogurte (violeta) poderia ser servida, numa hora específica, por um garçom escolhido, mas isso significava que Karpov vencera. Enquanto Kortchnoi ficou genuinamente desconfiado do iogurte ("não teria sido uma má ideia levar esse 'iogurte' para uma análise química", comentou), sua verdadeira importância foi que o incidente revelou que Schmid e o júri não estavam preparados para resistir à intimidação soviética. Nem, de maneira ainda mais grave, o presidente da FIDE, Max Euwe. Embora tivesse operado milagres para que Fischer enfrentasse Spassky, Euwe não parecia dar ao exilado Kortchnoi a mesma prioridade. Apesar dos esforços, Euwe fracassara em impedir que a URSS e seus aliados dominassem o xadrez mundial. Para piorar, Euwe passou o comando ao seu representante filipino, Florencio Campomanes — que se inclinava a ceder aos russos —, antes do quarto jogo. Foi o sinal para os jogos mentais começarem para valer.

A partir do quarto jogo, Zukhar se instalou na quarta fileira e dirigiu seu olhar ameaçador ao desafiante. Kortchnoi imediatamente pediu que o soviético fosse mudado de lugar. O coronel defendeu o "professor" Zukhar como "um especialista em neurologia e psicologia com uma reputação imaculada" que estava "estudando o estado psicológico geral do Campeão Mundial, inclusive durante o jogo, e ao mesmo tempo o comportamento de seu adversário". Karpov insistiu que precisava de Zukhar para lhe ajudar com seus problemas de sono, que tendiam a se agravar quando estava cansado. Zukhar podia muito bem ter experiência em hipnoterapia, que ajuda os pacientes a relaxar, mas seu comportamento em relação a Kortchnoi tinha menos a ver com hipnose do que com intimidação. Baturinski, astuto, insistiu que Zukhar não era um membro "oficial" da delegação de Karpov, de modo que não estava obrigado a se sentar junto dos colegas, longe do palco. O júri de apelação determinou que Zukhar podia permanecer.

Kortchnoi estava seguro de que a sua verdadeira função era mais sinistra. "Ele olhava fixamente para mim", escreveu depois Kortchnoi, "tentando atrair a minha atenção... Sentava sem se mover por todas as cinco horas — até mesmo um robô invejaria seus poderes de concentração. Mas sempre que era a vez de Karpov jogar, ele simplesmente congelava. Era possível realmente sentir o colossal trabalho mental acontecendo dentro desse homem!"

A reação de Kortchnoi foi disparar uma série de protestos. Também passou a usar óculos com lentes escuras reflexivas e permitiu que sua equipe importunasse o dr. Zukhar. A filha de 18 anos de Petra Leeuwerik e o namorado da moça durante alguns jogos se sentaram cada um em um lado de Zukhar. Em certa ocasião, Petra Leeuwerik presenteou-o com uma cópia do *Arquipélago Gulag*, gesto que o fez reclamar com veemência. Durante outro jogo, Leeuwerik supostamente o cutucou e chutou; para evitar isso, Valeri Krilov, preparador físico de Karpov, se sentou no colo dela. O absurdo dessas tolices desviou a atenção dos jornalistas do teste de força se desenvolvendo no tabuleiro.

No quinto jogo, Kortchnoi construiu uma grande vantagem, mas atrapalhou-se com o relógio e deixou passar um xeque-mate forçado no 55º movimento. O final de jogo foi obstinadamente defendido por Karpov; somente depois de 124 lances é que Kortchnoi concedeu-se "o prazer de afogar o campeão mundial. Primeiro, desse modo eu não precisava oferecer um empate. E segundo, por mais natural que seja o empate por afogamento num jogo de xadrez, é ligeiramente humilhante ser afogado".

No oitavo jogo, Karpov variou seus estratagemas psicológicos. Sem transparecer nenhum indício, abruptamente recusou-se a dar o tradicional aperto de mãos no início do jogo, rompendo um acordo pré-match. Kortchnoi ficou desconcertado com essa tática de choque e perdeu o jogo. Enfurecido, apelou ao árbitro-chefe para que Zukhar fosse removido da sua linha de visão. Tardiamente, Schmid enfrentou os soviéticos. Para o nono jogo, Zukhar foi deslocado para um assento mais afastado do palco. A confiança de Kortchnoi mostrou uma melhora instantânea, e ele teve azar em não vencer a partida. Isso provocou um protesto do time de Karpov, que conseguiu fazer com que Schmid perdesse o direito de determinar onde os membros das delegações poderiam se sentar no auditório. Kortchnoi teve de se contentar com um "acordo de cavalheiros": Zukhar se sentaria na sétima fileira durante o décimo jogo.

Foi esse confronto específico que testemunhou um duelo teórico, no qual Karpov apresentou uma poderosa nova arma na abertura, ao passo que Kortchnoi mostrou-se à altura do desafio e defendeu-se brilhantemente. O auxiliar de Karpov, Alexander Zaitsev, que estava impressionado pela meticulosidade da preparação de Kortchnoi, confessou o seu espanto: "Vimos o enorme potencial enxadrístico de Kortchnoi com os nossos próprios olhos." Nesse ínterim, o desafiante havia convidado para o match o seu próprio parapsicólogo de Israel, o dr. Berginer, cujo papel seria o de neutralizar a influência maligna de Zukhar. Berginer sentou-se anonimamente na quinta fila para o

O IOGUE *VERSUS* O COMISSÁRIO

11º jogo, vencido por Kortchnoi e que, portanto, empatou o placar. O lado soviético não perdeu tempo em retaliar. "Rompendo o acordo de cavalheiros verbal, a partir do jogo seguinte Zukhar tornou a se sentar na quarta fileira", escreveu Kortchnoi. Berginer foi identificado e "sufocado" pela numerosa equipe soviética. "Ficou claro para mim que, nessa situação, Berginer era impotente, e ele partiu após o 14º jogo."

O match então teve o que pareceu uma virada decisiva na direção de Karpov, que venceu consecutivamente o 13º e o 14º jogos. O 13º tinha sido adiado com Kortchnoi em posição favorável, mas após o reinício ele ficou em dificuldades com o relógio, estragou um difícil final de jogo e perdeu. Para o 14º, a equipe de Karpov detectou uma variação que Kortchnoi rejeitara como insatisfatória na *Enciclopédia de Aberturas Enxadrísticas*, e encontrou um avanço para as brancas. Kortchnoi sustentou uma heroica, ainda que no fim malsucedida, defesa. O match parecia estar naufragando para ele.

A fricção entre os dois campos foi exacerbada por vários incidentes, incluindo uma declaração, entreouvida por Petra Leeuwerik, feita pelo dr. Zukhar a um outro russo: "Volodia, você se lembra de que li nos nossos arquivos que Kortchnoi tem gonorreia crônica?" No 15º jogo, Karpov começou a balançar sua cadeira, ignorando os avisos de Schmid para parar. O mais influente dos jornalistas soviéticos, Alexander Rochal, que mantinha a produção de um fluxo constante de propaganda, acusou Kortchnoi de tomar "a liberdade de insultar o campeão e membros da sua delegação" (uma referência às declarações do jogador sobre Baturinski) e de fingir que Karpov era universalmente admirado por sua conduta esportiva. Kortchnoi atribuiu a hostilidade de Rochal ao fato de que seu pai "fora eliminado junto com milhões de outras pessoas inteligentes numa câmara de tortura stalinista. O filho não pretende repetir os erros do pai. Ele não será forçado a se tornar um indivíduo".

A crise seguinte veio no 17º jogo. Kortchnoi exigiu que Campomanes deslocasse Zukhar de volta à sétima fileira. Campomanes protestou, mas

Kortchnoi exibiu o punho: "Tire-o dali em dez minutos ou eu mesmo cuidarei disso." Apesar de as seis fileiras da frente serem esvaziadas, Kortchnoi desperdiçou 11 minutos do seu tempo. "É possível realizar um jogo sério e intenso após gastar tanta energia nervosa?", perguntou retoricamente. Apesar de sua vantagem durante o combate, Kortchnoi apertou-se com o relógio e "conseguiu cair num mate ridículo numa posição empatada". Anos depois, nas suas memórias, Karpov ainda não conseguia disfarçar o contentamento: "Esbofeteei-o com um maravilhoso xeque-mate usando os dois cavalos. Um bloqueou o rei, enquanto o outro desferiu o golpe. Inúmeros enxadristas sonham em fazer algo assim no tabuleiro uma vez na vida, mas fazer isso num match pelo título mundial..."

Com o placar agora em 4 a 1, praticamente todo mundo esperava que Karpov fechasse logo o match. Kortchnoi encontrava-se em vias de perder a fé em si mesmo: "Estava num estado terrível. Usei os meus dois últimos pedidos de descanso e, com Frau Leeuwerik, fui para Manila para pelo menos relaxar um pouco e me recuperar." Ali, consultou um padre psicólogo, Bulatao. Então extravasou numa coletiva de imprensa. Denunciando "o pacto dos soviéticos com Campomanes", ameaçou abandonar o match a menos que jogadores e espectadores fossem separados por uma divisória de vidro com um dos lados espelhados, a fim de impedir que os enxadristas enxergassem a plateia: "O centauro com a cabeça de Zukhar e o corpo de Karpov tem que ser dividido em dois, de outro modo o match é impossível." Outro "acordo de cavalheiros" foi proposto por Baturinski: Kortchnoi desistiria da parede de vidro e dos óculos com lentes espelhadas e Zukhar se sentaria com o resto da delegação soviética.

O acordo pareceu satisfazer os dois jogadores; contudo não demorou muito tempo para um novo *casus belli* emergir. A 18ª partida terminou com um empate, e aí foi Kortchnoi quem preparou uma surpresa para o 19º jogo. Segundo Raymond Keene, "a sra. Leeuwerik inundou a plateia com parapsicólogos e gurus... Um grupo era formado por alu-

O IOGUE *VERSUS* O COMISSÁRIO

nas de parapsicologia do padre Jaime Bulatao, o jesuíta do Ateneu da Universidade de Manila... Esse bando de jovens atraentes ficou mandando boas vibrações para Kortchnoi, apesar de mais tarde se revelar que nenhuma delas soubesse jogar xadrez". Entretanto, um outro par de espectadores mostrou-se muito mais controverso. Dois iogues, com turbantes e mantos alaranjados, surgiram no salão. Ambos sentaramse na posição de lótus. O campo soviético reagiu imediatamente. De acordo com Kortchnoi, o dr. Zukhar "cobriu o rosto com um lenço e, pouco depois, saiu do recinto — sem voltar até o fim do jogo".

O lado soviético de início tolerou os iogues, apesar de insistir para que vestissem roupas normais. Contudo, depois de Kortchnoi escapar por pouco com um empate no 20º jogo — fazendo o mestre britânico Harry Golombek afirmar que agora acreditava em vida após a morte —, os russos fizeram uma reunião com Campomanes. Sem o menor traço de ironia, Baturinski, o comissário do KGB, denunciou os iogues como "terroristas" e exigiu que fossem privados de quaisquer contatos com a delegação soviética. Campomanes acolheu a reclamação soviética, e os iogues foram não apenas banidos do salão de jogos, mas também do hotel e do carro oficial de Kortchnoi. Confinados à casa de campo destinada ao jogador, ambos continuaram a treiná-lo ali nas artes meditativas. Nem toda a equipe de Kortchnoi apoiou esse exótico reforço. Segundo Karpov, o advogado suíço Alban Brodbek, que chefiou a delegação de Kortchnoi no match de Merano três anos mais tarde, afirmou que os iogues conduziam rituais bizarros, obrigando o enxadrista a lancetar uma laranja que simbolizava a cabeça do campeão. Keene também se sentia pouco à vontade na presença dos dois, contudo a fotografia de um alegre Kortchnoi plantando bananeira mostra que sem dúvida os iogues levantaram o seu moral.

Conhecidos como "Didi" e "Dada", os iogues na realidade se chamavam Stephen Dwyer e Victoria Shepherd, e pertenciam à Ananda Marga, uma seita hindu cujo guru, Sri Sri Anandamurti, era um prisioneiro de consciência. Anandamurti havia sido mantido em cativeiro por sete anos sem julgamento até ser libertado após uma campanha da Anistia Internacional. Ficou-se sabendo que Dwyer e Shepherd, ambos formados em Harvard, estavam em liberdade provisória, após terem sido condenados com provas escassas por tentativa de assassinato contra um diplomata hindu, Jyoti Suarap Vaid, no último mês de fevereiro. O governo Marcos de fato considerava os dois terroristas, acusando a Ananda Marga de ser uma ameaça à segurança nacional. Porém, era questionável se haviam recebido um julgamento justo. Segundo Keene, as atas do julgamento estavam "cheias de inconsistências e até mesmo [acusavam] a Ananda Marga de ter inspiração comunista". Os iogues, naturalmente, eram anticomunistas.

Por mais dúbia que fosse a origem dos "margues", sua influência sobre Kortchnoi revelou-se tonificante. Quando o desafiante chegou para o 21º jogo, Zukhar estava à sua espera num carro. O parapsicólogo saiu e aproximou-se de Kortchnoi, aparentemente com a intenção de apertar sua mão. Kortchnoi mirou dentro dos olhos de Zukhar e murmurou o mantra sânscrito que os margues lhe haviam ensinado. Segundo o relato de Kortchnoi, Zukhar parou, cobriu o rosto com os braços e fugiu. Zukhar sabia que Kortchnoi acreditava em parapsicologia, e seu aparente conhecimento do poder exercido pelos margues reforçou essa crença.

De todo modo, o 21º jogo marcou um renascimento da sorte de Kortchnoi. Karpov tentou emboscá-lo por meio de um feroz ataque com peças sacrificadas, mas Kortchnoi defendeu-se com o que Kasparov chamou de "espantosa serenidade" e, antes do adiamento, atingiu uma posição favorável no final de jogo. Dessa vez, nem mesmo a lendária análise soviética noturna pôde salvar o campeão, e Kortchnoi conquistou uma notável vitória. O placar agora marcava 4 a 2, com 15 empates. Do 22º ao 26º jogo, a vantagem flutuou de um lado para outro, com Kortchnoi pressionando o tempo inteiro, mas no 27º ele cometeu um erro e perdeu. Karpov tinha 5 a 2 e só precisava de mais uma vitória para fechar o match.

O IOGUE *VERSUS* O COMISSÁRIO

Cansado do papel de azarão, determinado a vindicar não apenas a própria reputação, como também sua causa, Kortchnoi perguntou-se por que desprezava tanto o rival. Concluiu que em parte era algo pessoal — a hipocrisia de Karpov, sua ardileza e sua superioridade condescendente —, mas que era acima de tudo político. Kortchnoi atribuía grande poder e influência a Karpov — incluindo a prisão do filho Igor por se recusar a atender ao alistamento militar — e denunciou os organizadores alemães e holandeses que tanto admiravam o campeão: "Não percebem que..., ao convidar este anjo da morte, estão expressando silenciosa aprovação às políticas do governo soviético com seus objetivos agressivos?"

Antes da 28ª partida, o árbitro-chefe, Lothar Schmid, partiu, alegando assuntos urgentes; na realidade, estava farto de Baguio, tendo sido destituído havia muito tempo de real autoridade por Campomanes. Schmid foi substituído pelo grande mestre tcheco Miroslav Filip, a quem Kortchnoi considerava um "lacaio" soviético. O jogo foi intensamente disputado, mas na hora do adiamento Kortchnoi contava com uma leve vantagem. Ele selou o seu movimento no envelope várias vezes, mudando a todo instante de opinião, o que resultou que acabasse tendo menos de dois minutos para cada lance pelos próximos 14 movimentos depois do reinício da partida. Ainda assim, a tentativa de Karpov de explorar a falta de tempo de Kortchnoi não deu certo, e o campeão perdeu o jogo. Até mesmo o coronel reconheceu: "Foi o melhor jogo de Kortchnoi no match."

Os dois enxadristas estavam fatigados. Karpov disse se sentir "como um zumbi" e citou a resposta de Zukhar às suas reclamações de insônia: "Desculpe-me, mas está além dos meus poderes ser de qualquer utilidade a você. Seu sistema nervoso não está se submetendo ao meu, de modo que, se você quiser, posso ensinar-lhe meus métodos. Mas não posso fazê-lo dormir." A pretensiosa vacuidade desse conselho sustenta a visão de que Zukhar era, quando não genuinamente sinistro, pelo menos um charlatão. Contudo, sua ausência nas proximidades de Kortchnoi havia inquestionavelmente permitido ao desafiante elevar o nível do seu jogo.

O placar agora estava em 5 a 3. Após pausa de uma semana, a disputa foi retomada — e Karpov perdeu outro longo final de jogo: 5 a 4. A essa altura, estava visivelmente irritado. Os jogos mentais tinham recomeçado. A autobiografia de Kortchnoi, *Chess is My Life*, de repente teve a venda proibida por conta de uma lei que proibia a comercialização de literatura antissoviética nas Filipinas, mas Kortchnoi não ligou. O 30º jogo empatou, mas no 31º Kortchnoi novamente construiu uma pequena vantagem no que se mostrou um bastante complexo e difícil final de jogo com torre. No desfecho, a ameaça de mate de Kortchnoi superou os peões passados de Karpov em vias de se tornarem rainhas. Após resistir por 12 movimentos em uma posição perdida, o campeão mundial enfim capitulou.

O abandono de Karpov ecoou por todo o planeta. A reação do desertor de um 4 a 1, e depois 5 a 2, para empatar o placar em 5 a 5 secretamente entusiasmou os milhões que acompanhavam o match, sobretudo no mundo comunista. Como Karpov conseguira jogar fora essa imensa vantagem? Kortchnoi não tinha dúvidas: "A única concessão com a qual o lado soviético concordou — tirar o psicólogo deles do meu campo de visão — custou muito caro ao campeão." Mas Kasparov nega que a ausência de Zukhar tivesse algo a ver com a reação de Kortchnoi: "Ele lutou como um leão! Seis anos depois, seu exemplo me inspirou na situação ainda mais desesperançada após o 27º jogo do meu primeiro match contra Karpov, em 1984-85 [quando Kasparov perdia por 5 a 0]." Embora Karpov não consiga explicar as derrotas, lembra-se de como se sentia na véspera do 32º jogo, do qual tudo dependeria: "Eu estava na beira do precipício, mas, ao contrário de todos, sentia que a hora de Kortchnoi tinha passado e que logo voltaria a minha." Por sugestão de Sevastianov, Karpov usou um pedido de descanso e foi para Manila torcer pela URSS contra a Iugoslávia no basquete. Enquanto isso, o presidente da FIDE, Max Euwe — que retornara da Holanda para testemunhar o final do match —, partia. Foi o sinal para o coronel retomar a guerra psicológica. Euwe tinha dito aos auxiliares de Kortchnoi que,

O IOGUE *VERSUS* O COMISSÁRIO

se os soviéticos atacassem os iogues, o match seria interrompido. Mas sua partida colocou Campomanes de novo no comando, e o filipino compartilhava a hostilidade soviética à Ananda Marga. Primeiro, Campomanes denunciou os "criminosos" Dada e Didi por reaparecerem na suíte de Kortchnoi no hotel e usarem o carro oficial. Então o campo soviético emitiu um ultimato, exigindo que os "terroristas criminosos" interrompessem o contato com Kortchnoi: "O organizador do match, sr. F. Campomanes, por várias vezes exigiu oficialmente o fim desta conexão e, em seu memorando de 13 de setembro [após o 21º jogo], advertiu sobre a possibilidade de acabar o match com o objetivo de assegurar a segurança individual e pública." Espalharam-se os rumores de que Campomanes e a equipe soviética estavam cogitando um fim prematuro para o match, mantendo Karpov como campeão. Não era uma ameaça vã. Seis anos depois, numa situação comparável, Campomanes de fato terminaria o primeiro match Karpov-Kasparov. Os jogos mentais de Baguio pavimentaram o caminho para a debacle de Moscou.

Ray Keene, a essa altura chefe da delegação de Kortchnoi, achou que não tinha alternativa senão concordar com a remoção dos iogues da residência particular de Kortchnoi nas cercanias de Baguio. Isso enfureceu o enxadrista e, no fim, levou ao rompimento das relações com Keene, mas o pior ainda viria. Quando Kortchnoi chegou para o 32º jogo, encontrou o salão tomado por policiais, evidentemente a pedido de Campomanes. A atmosfera não mais era a de um evento esportivo — parecia-se com um confronto militar. Na véspera, Kortchnoi trocara olhares com seus ex-amigos no campo soviético — Tal, Iuri Balachov, Ievgueni Vassiukov — e notara "a alegria maligna em seus rostos". Assim que o jogo começou, Kortchnoi descobriu o motivo. Lá, na quarta fila, estava o dr. Zukhar sentado. Keene exigiu uma explicação de Baturinski: "Era um acordo de cavalheiros, válido apenas para cavalheiros", disse o coronel.

O jogo em si foi um anticlímax. Jogando com as pretas, Kortchnoi ficaria mais do que satisfeito com um empate. Ele tentou surpreender

Karpov na abertura, mas o campeão reagiu "calmamente, facilmente, sem emoção". Kortchnoi ficou tenso e suspeitou de traição por parte dos seus auxiliares, mas, como observa Kasparov, não haveria de ser uma surpresa o fato de Karpov ter familiaridade com a posição. Contudo, as circunstâncias desfavoráveis — em especial a necessidade de jogar sob o malevolente olhar de Zukhar — combinaram-se com o injustificado sentimento de traição de Kortchnoi para estragar sua concentração. Ele voltou a cair numa mentalidade de encurralamento e foi apenas a cautela de Karpov que salvou a defesa de Kortchnoi de ser destruída já na abertura. Keene observou que Kortchnoi "esteve irreconhecível como o leão que havia rugido nos quatro jogos anteriores". Muitos anos depois, esse decisivo 32º jogo foi objeto de uma análise exploratória de Kasparov, que concluiu que Kortchnoi perdeu o rumo no 22º movimento; ao jogar de modo seguro, em vez de ativar as peças para um contra-ataque, o desafiante jogou fora a última chance para forçar Karpov a um empate. A posição das pretas se agravou ainda mais por causa do apuro do tempo e, na hora em que foi adiado, o jogo estava perdido.

Às 9h da manhã seguinte, Keene telefonou a Filip, o árbitro, para abandonar a partida em nome de Kortchnoi. Contudo, o match não estava inteiramente acabado. Às 13h, Kortchnoi enviou a seguinte carta a Filip:

> Eu não retomarei o 32º jogo. Mas não irei assinar a planilha [o método tradicional para confirmar o abandono] porque o jogo foi disputado sob condições absolutamente ilegais. Não considero este jogo válido. O match não está encerrado. Reservo-me o direito de reclamar à FIDE quanto ao intolerável comportamento dos soviéticos, à hostilidade dos organizadores e à falta de ação por parte dos árbitros.

Kortchnoi em seguida boicotou a cerimônia de encerramento, desse modo incorrendo no risco de perder sua parte nos 585.750 dólares da premiação. Quando, mesmo assim, o enxadrista recebeu o cheque, este trazia a seguinte inscrição de Campomanes: "Sujeito a pagamento somente se Kortchnoi reconhecer que o match está encerrado." Ele jamais reconheceu.

E assim terminou a guerra de olhares de Zukhar. Durou mais de três meses, de julho a outubro. Perdendo pela menor margem possível (6 a 5, com 21 empates), Kortchnoi teve um desempenho muito melhor do que qualquer um esperava. Na opinião de Kasparov, "Kortchnoi até mesmo jogou o xadrez mais interessante". Perdeu porque seus erros foram maiores e mais frequentes: "Karpov jogou, talvez, de maneira não tão vívida, mas não obstante cometeu menos erros." Desse modo, Karpov cumpriu a solene ordem recebida de ninguém menos que o líder soviético, Leonid Brejnev: "Você conquistou a coroa, agora mantenha-a!" Seis anos após a humilhação de perder o título mundial para um americano, Anatoli Karpov restaurou o domínio soviético no xadrez ao derrotar um inimigo ainda mais perigoso. Baguio apagou a memória de Reykjavik.

Os enxadristas profissionais soviéticos não gostavam de pensar no que lhes teria acontecido caso Karpov perdesse. Uma década mais tarde, graças à *glasnost* da era Gorbachev, o ex-campeão mundial Mikhail Tal pôde revelar na TV que havia concordado em ser o auxiliar de Karpov em Baguio unicamente por motivos de autopreservação: "Não conseguíamos imaginar as consequências caso um jogador antissoviético, e não um soviético, tivesse se tornado campeão mundial. É possível que o xadrez tivesse então sido declarado como uma pseudociência." Isso foi dito com um sorriso, mas não se tratava de um grande exagero. Dois anos depois, na Olimpíada de Novi Sad, Tal teve uma conversa com Kortchnoi na qual pediu desculpas por sua conduta: "Lá, em Baguio, todos nós estávamos com medo por você — se você tivesse ganhado o match, poderia ter sido eliminado fisicamente. Tudo havia sido preparado para isso." Rochal, um adepto mais servil à linha do partido, censurou Tal por "brincar" com Kortchnoi e alimentar "sua mania de perseguição, que de tempos em tempos se alterna com megalomania". Porém, contou uma história que joga mais luz sobre o ânimo no campo de Karpov:

> Além do mais, por que deveríamos ter medo por Kortchnoi? Devíamos ter medo por nós mesmos! Quando o placar empatou em 5 a 5, fiquei de cama com pressão alta, e Zukhar, Balachov e Zaitsev vieram ao meu quarto. O psicólogo disse: "Eu agora vou contar até 17 — quando você acordar, tudo estará bem." Ele contou de uma forma tão entediante e desagradável que eu de fato fiquei sonolento. Então perguntei: "Zukhar já se foi?" Os treinadores disseram: "Sim. Mas não se preocupe — nós temos algo preparado." E eu lhes disse: "Com as suas preparações, nós provavelmente vamos acabar cortando árvores." Lembro como piadas semelhantes também foram feitas pelo veterano Baturinski. Mas, felizmente, Tolia [Karpov] venceu.

Três anos após Baguio, Kortchnoi e Karpov voltaram a se defrontar para uma revanche, dessa vez realizada na estância italiana de Merano. O feito de Kortchnoi, de, aos 50 anos, avançar em um terceiro ciclo sucessivo de matches de candidatos para desafiar novamente Karpov, era sem precedentes na história das disputas pelo título mundial. Para tanto, superou a formidável resistência montada por seus contemporâneos soviéticos, representados pelo velho rival Petrossian e por um Polugaievski em forma, derrotado somente após dois jogos extras de desempate. Ainda mais impressionante foi a vitória de Kortchnoi sobre Robert Hübner, um eminente papirologista e o mais talentoso grande mestre alemão ocidental desde a guerra. Como Karpov, Hübner era vinte anos mais jovem que Kortchnoi e estava na sua melhor forma. Ele abandonou o match após cometer um erro com uma torre.

A intensidade da competição em Merano não foi muito menor do que em Baguio. A mídia soviética saturou o público com propaganda pró-Karpov, enquanto os preparativos para o match foram mais ela-

O IOGUE *VERSUS* O COMISSÁRIO

borados do que nunca. Um grupo preliminar (incluindo o campeão) desembarcou com semanas de antecedência para checar coisas tais como níveis de radiação; alimentos, suprimentos médicos e outros itens exigiram a utilização de dez enormes caminhões; no final, a comitiva de Karpov havia crescido até o número de setenta pessoas. Dessa vez, o dr. Zukhar esteve ausente, substituído por Kabanov, outro psicólogo, que tinha restrições ao antecessor e não imitava suas táticas. Contudo, mais uma vez Kortchnoi reclamou de "diabolismo". Acusou a delegação soviética — mais uma vez chefiada pelo coronel Baturinski — de trazer na bagagem os mais novos equipamentos do KGB, culpando-os por uma repentina e inexplicável elevação da sua pressão sanguínea e por uma dolorosa lacrimação dos olhos: "Não há dúvida de que o pessoal de Karpov estava sentando na primeira fila, usando instrumentos para estudar minha condição — como pulso, por exemplo. Além disso, sofri radiação — ou no auditório ou na casa de campo em que me hospedava."

Independentemente da veracidade dessas alegações, Kortchnoi começou o match de maneira desastrosa: perdeu três dos primeiros quatro jogos, quase sem oferecer resistência. Somente na sexta partida é que Kortchnoi reagiu, vencendo com um belo jogo agressivo para colocar o placar em 3 a 1. Esse revés fez com que o Comitê de Esportes da URSS convocasse uma equipe emergencial de grandes mestres à base de treinamentos olímpica em Novogorsk para estudar aberturas, noite e dia, a fim de fornecer apoio extra a Karpov. No final, não haveria uma reação de Kortchnoi: ele venceu apenas mais um jogo. Kasparov, na época com 18 anos e ainda vivendo em Baku, descreve a onda de pânico que emanou de Moscou depois que Kortchnoi derrotou Karpov no 13º jogo, apesar de o placar ainda estar em 4 a 2 para o campeão. Kasparov recebeu um telefonema de Nikolai Kroguius, o psicólogo que então chefiava a seção de xadrez do Comitê de Esportes, com a ordem de apresentar ideias novas para Karpov: "Ele me disse que era meu dever patriótico: o 'traidor' tinha que ser destruído a qualquer preço.

Sem nenhum desejo de trabalhar para Karpov, respondi que não via nenhuma necessidade particular de tal auxílio: do jeito que as coisas estavam, Kortchnoi iria perder. Mas eles insistiram que eu deveria 'pensar melhor'." Kasparov foi protegido por seu professor, Botvinnik. "Como descobri mais tarde, Karpov telefonou a Kroguius e perguntou se Kasparov havia mandado alguma coisa de Baku: ele queria saber o que o seu potencial rival achava."

A 13ª partida seria a resistência final de Kortchnoi. Karpov reagiu já no jogo seguinte, dessa vez esmagando a Variante Aberta da Ruy Lopez, ou Abertura Espanhola, marca registrada do adversário. Esse confronto também foi uma batalha sangrenta, mas marcou a supremacia de Karpov no duelo teórico da mesma forma que no prático. Para o campeão, bastaria apenas mais uma vitória para manter o título. No jogo seguinte, Kortchnoi novamente ficou perto de vencer, mas não mais tinha a energia para desferir o *coup de grâce*. Os constantes problemas de Kortchnoi com o relógio eram um *handicap* fatal contra a precisão maquinal do adversário. No 18º confronto, Karpov fechou a disputa com um final de jogo que ficou decidido muito antes do adiamento. Após meditar sobre a posição desesperançada, Kortchnoi enfim capitulou no duelo de uma década com a seguinte mensagem aos árbitros: "Por meio desta, comunico que estou abandonando sem retomar o 18º jogo e o match, e parabenizo Karpov e toda a delegação soviética por sua magnífica tecnologia eletrônica." Essas palavras soam irônicas hoje. Como vimos, os anos 1980 foram a década em que quase todo mundo se deu conta de que a tecnologia eletrônica soviética havia irremediavelmente ficado para trás em relação ao Ocidente, com consequências fatais para o sistema comunista. Até mesmo para o KGB, a hora tinha chegado.

O consenso acerca de Merano foi de que o placar — 6 a 2, com dez empates — refletiu adequadamente as respectivas forças dos dois rivais. Karpov enviou um bajulador telegrama a Brejnev e foi agraciado com a Ordem de Lenin. Dobrado, mas não quebrado, Kortchnoi declarou que jamais disputaria outro match contra Karpov — uma promessa não muito difícil de cumprir, já que sabia que não mais tinha condições de superar a nova e ainda mais talentosa geração que vinha emergindo. A guerra de sítio dos matches Karpov-Kortchnoi e os jogos mentais que os acompanharam seriam o bastante para deixar a maioria dos veteranos contentes em se aposentar. Mas não Kortchnoi. Hoje quase chegando aos oitenta anos, ele continua jogando xadrez com entusiasmo e em alto nível, praticamente o único septuagenário a conseguir isso.

Kortchnoi, um dos maiores produtos da máquina de xadrez soviética, só pôde atingir todo o seu potencial após rejeitá-la integralmente. Embora no final tenha perdido para Karpov, sua vida sintetiza a história de xadrez e Guerra Fria. Mas ao desafiar o sistema soviético e forçá-lo a esforços extraordinários para preservar sua hegemonia no xadrez, Kortchnoi na realidade revelou fraquezas até então insuspeitadas. Todavia, coube a um homem mais jovem forçar o sistema até o ponto de destruição.

15

Final de Jogo Soviético:
Kasparov *versus* Karpov

Em *1984*, George Orwell criou a duradoura imagem de um totalitarismo aperfeiçoado: "Os nazistas alemães e os comunistas russos chegaram muito perto de nós em seus métodos, mas nunca tiveram a coragem de reconhecer seus próprios motivos... O objetivo da perseguição é perseguição. O objetivo da tortura é tortura. O objetivo do poder é poder... Se você quer um retrato do futuro, imagine uma bota pisando sobre um rosto humano — para sempre." Quando 1984 chegou, a União Soviética havia sobrevivido por tanto tempo que poucos conseguiam imaginar um mundo sem ela. Por fora, pelo menos, o sistema estava intacto. Parecia não haver razões para que não durasse para sempre. A Guerra Fria, do mesmo modo, parecia perpétua. O dualismo de Leste e Ocidente, comunismo e capitalismo, Pacto de Varsóvia e Otan, aparentemente persistiria, porque o sistema soviético exigia um inimigo.

No microcosmo da antiutopia que era o xadrez, a hegemonia soviética também parecia ter sido restaurada. Fischer, o único homem a temporariamente derrotar o sistema soviético, havia muito tempo desaparecera numa autoimposta e cada vez mais paranoica reclusão. Kortchnoi, apesar de ainda continuar combatendo, não mais tinha forças. "Desejando não passar de novo pelo que me acontecera em

FINAL DE JOGO SOVIÉTICO: KASPAROV *VERSUS* KARPOV   317

Merano", escreveu, "eu aos poucos me reajustei, de profissional que era, para tornar-me um amador". Na realidade, a União Soviética era bem mais fraca do que parecia. Assim como seu domínio no xadrez. Tanto na política como no tabuleiro, o sistema era vulnerável a ataques internos. Fischer e Kortchnoi haviam atacado de fora. O que se precisava era de um homem com a coragem de enfraquecê-lo a partir de dentro. Aqui o xadrez antecipou a política. E foi justamente no ano de 1984 que Garry Kasparov, o último campeão mundial soviético e o primeiro pós-soviético, pela primeira vez se destacou ao desafiar a personificação da escola soviética de xadrez, Anatoli Karpov, num match que teve início em setembro. Seis meses depois, em 10 de março de 1985 — três semanas após essa maratona ser interrompida de forma impressionante —, emergiu um líder que comandaria o desmantelamento do sistema político soviético. Era Mikhail Gorbachev, o último líder do Partido Comunista e chefe de Estado soviético. Sete anos e mais quatro matches Karpov-Kasparov depois, a União Soviética era apenas história.

Garry Kasparov foi o primeiro campeão mundial soviético que simplesmente se recusou a obedecer aos dirigentes da Federação de Xadrez da URSS e do Comitê de Esportes — de início passando por cima deles para apelar aos seus aliados no Kremlin, mas depois desafiando abertamente o próprio regime. Preparado para ser um Herói da União Soviética, em vez disso Kasparov tornou-se um dos seus coveiros. Depois do simbolismo de Guerra Fria do match Fischer-Spassky em 1972, quando o gênio americano quebrou o monopólio soviético, nenhum outro duelo enxadrístico teve a ressonância política dos confrontos Karpov-Kasparov. A supremacia do arrojado, liberal e pró-Ocidente Kasparov antecipou o colapso do comunismo.

Ele nasceu com o nome Garik Kimovitch Weinstein em 1963, em Baku, Azerbaijão. Seu *background* armênio-judaico tornou mais provável que o menino crescesse para ser um campeão não apenas de xadrez, mas também dos dissidentes. Na verdade, ao longo da carreira ele transitou entre *insider* e *outsider*. Durante a infância em Baku, Kasparov escreveu mais tarde, o círculo de amigos dos pais "consistia em grande parte de professores judeus e intelectuais que constantemente questionavam a visão oficial, e não apenas a flagrante propaganda do governo soviético". O jovem Garry (ou Harry) Weinstein (como então se chamava) ouvia as rádios Liberdade e Voz da América e depois conversava sobre política com o avô comunista. "Às vezes discutíamos, mas eram grandes discussões. Achava que algumas coisas que ele dizia eram erradas." Kasparov tinha 7 anos quando o pai morreu, e com 12 adotou uma versão russificada do nome da mãe armênia, Klara Kasparyan, em detrimento do nome judaico do pai. Seu professor de xadrez, Mikhail Botvinnik, observou "que não prejudicaria as minhas chances de sucesso na URSS não ser chamado Weinstein". Mas a mudança de nome não protegeu Kasparov do antissemitismo, e durante a dissolução do império soviético os judeus não foram o único povo a sofrer *pogroms*. Quando o Azerbaijão voltou-se contra a minoria armênia nos tumultos de Baku em 1990, Kasparov descobriu que seu status como um herói local não bastava para salvar a família de virar alvo de hordas.

Apesar do *background* oposicionista, Kasparov iniciou a vida como um privilegiado produto do sistema soviético. Seu talento foi logo reconhecido; ganhou o campeonato sub-18 da URSS com 12 anos sem perder um único jogo, embora fosse, de longe, o competidor mais jovem. Inicialmente, recebeu um treinador, e depois outro, além de um estipêndio, e foi inscrito na escola de xadrez de Botvinnik, a qual cursou a princípio por correspondência. Pouco após a morte do pai, a mãe desistiu da carreira de engenheira para dedicar a vida a educar o filho como o gênio que acreditava que era. Ela até mesmo recebeu salário do Comitê de Esportes do Azerbaijão como "especialista em xadrez", o que insuflou um invejoso Karpov a comentar nas suas memórias: "No Ocidente, algo assim nunca teria acontecido. Se um jovem talento não é adequadamente apoiado, então os responsáveis tentam aumentar o seu

FINAL DE JOGO SOVIÉTICO: KASPAROV *VERSUS* KARPOV   319

estipêndio, mas o que os pais têm a ver com isso? Aqui, com o nosso sistema soviético, essas maravilhas são coisas normais." Na verdade, a mãe de Garry, Klara, tem sido uma companhia onipresente em toda a sua carreira enxadrística. Ainda mais do que Kortchnoi, Spassky e Fischer, Kasparov é um filhinho de mamãe.

De maneira mais grave, Kasparov filiou-se ao Partido Comunista aos 18 anos e serviu no Comitê Central da Komsomol azerbaijana mesmo após tornar-se campeão mundial. Embora seja bastante duvidoso que algum dia tenha acreditado no comunismo, Kasparov tem sido acusado de sacrificar seus princípios em prol da carreira. Como vimos, porém, o próprio Kortchnoi filiou-se ao partido, e Kasparov não teria conseguido a oportunidade de jogar no exterior tão jovem caso não tivesse feito essa concessão. Com 13 anos, foi mandado para a França para disputar o campeonato mundial juvenil de 1976. Assim que o adolescente Garry começou a viajar para torneios no Ocidente, logo notou o contraste entre a cultura de vida, liberdade e busca da felicidade existente no exterior e a cultura de morte, tirania e sórdida corrupção em casa. "Foi uma revelação chocante", disse ao *Sunday Times* em 2005. "Aos 16 [anos], não tinha mais ilusões."

Ainda assim, Kasparov sabia que a sua carreira dependia de pro- tetores poderosos no Kremlin. Inicialmente contou com o apoio do líder do Partido Comunista no Azerbaijão, Gaidar Aliiev. Tendo sido nomeado como um chefe regional por Brejnev em 1969, Aliiev tornou- se vice-primeiro-ministro soviético e o primeiro membro muçulmano do Politburo, em 1982. Aliiev fundia os piores aspectos das tiranias islâmica e comunista. Um ex-torturador do KGB, esmagava quem quer que entrasse em seu caminho, tanto durante a União Soviética como depois, quando retornou ao poder em 1993, apenas dois anos após os azerbaijanos ganharem a independência. Aliiev governou o Azerbaijão como um ditador corrupto e sanguinário por mais uma década até ter um colapso de saúde em 2003, quando relutantemente renunciou, deixando o filho como sucessor.

Esse era, então, o brutal protetor do jovem Kasparov. Apesar da tutela de Aliiev, o jovem Kasparov sofreu muitas frustrações em sua ascensão ao topo. O quão importante tal apoio era tornou-se claro em 1983, quando Kasparov, então com 19 anos, enfrentou o incansável Kortchnoi, mais de trinta anos mais velho, na semifinal da disputa pelo título mundial. O match estava programado para acontecer em Pasadena, Califórnia, que havia oferecido a notável premiação de 50 mil dólares para sediar o evento.

A combinação de local e jogadores deu ao match de Pasadena importância política na recentemente reinflamada Guerra Fria. O boicote americano aos Jogos Olímpicos de 1980, em Moscou, em protesto contra a invasão soviética do Afeganistão, ainda causava irritação no Kremlin. Os soviéticos mais tarde se vingariam boicotando as Olimpíadas de Los Angeles, em 1984. Havia pouco tempo, o presidente Reagan denunciara a União Soviética num famoso discurso à Associação Nacional de Evangélicos, em 8 de março de 1983. Reagan alertou contra a tentação "de rotular ambos os lados como igualmente culpados, de ignorar os fatos da história e os impulsos agressivos de um império do mal". Este termo, "império do mal", fora retirado várias vezes dos rascunhos do discurso por funcionários do Departamento de Estado, mas o presidente estava determinado a usá-lo para expor o relativismo moral que, conforme via, atrapalhava as atitudes ocidentais na Guerra Fria. Sharansky mais tarde rememoraria o impacto eletrizante dessas três pequenas palavras sobre os detentos do *gulag*. "Imediatamente, houve clareza moral."

A deliberada polarização do conflito por parte de Reagan pode ter encorajado os dissidentes, mas no curto prazo endureceu a atitude soviética em relação a contatos culturais com os Estados Unidos. A consequência é que os soviéticos se recusaram a disputar o match em Pasadena, afirmando que a segurança de Kasparov não podia ser assegurada. Assim, a Federação Mundial de Xadrez determinou que o evento deveria prosseguir sem Kasparov — o que significava que pela primeira vez na história um jogador soviético era declarado perdedor

FINAL DE JOGO SOVIÉTICO: KASPAROV *VERSUS* KARPOV   321

por não comparecimento pela FIDE, a organização que a URSS havia dominado. O outro semifinalista soviético, o ex-campeão mundial Smislov, também foi considerado perdedor no match contra o húngaro Zoltan Ribili. Apesar de a mulher e o filho de Kortchnoi finalmente receberem autorização para se juntar a ele no exterior, o boicote soviético ao enxadrista prosseguia.

Esse fato consumado deixou Kasparov furioso; ele ainda era o representante oficial do Estado soviético, mas queria muito jogar o match. Convocado a comparecer diante de Boris Stukhalin, o membro do Comitê Central responsável por propaganda e esportes, Kasparov ouviu: "Você ainda é jovem e pode esperar três anos." Ele atribuiu a inédita decisão de Moscou ao KGB, cujo ex-chefe Iuri Andropov agora era o mandachuva do partido. Kasparov ficou com a convicção de que por trás deles estava a influência dos protetores de Karpov no Kremlin, que colocavam obstáculos em sua escalada ao topo. Por volta dessa época, o *establishment* do xadrez soviético já tinha conhecimento sobre, e desaprovava, a mentalidade independente de Kasparov. Ao introduzir *O teste do tempo*, a primeira coletânea de jogos de Kasparov, Alexander Tchikvaidze, o presidente da Federação de Xadrez Soviética, escreveu: "Às vezes eu o aconselho a ser mais diplomático e mais calmo em suas opiniões, mas alguém pode deter um aríete quando vem com toda a sua força?" Apesar de ainda não ter jogado com Kasparov, Karpov já se sentia sitiado.

Todavia, a ameaça mais imediata vinha do velho inimigo de Karpov, Kortchnoi. Se o dilema entre a FIDE e a URSS prosseguisse, Karpov poderia ter que deixar de defender o título, o que faria do dissidente exilado Kortchnoi campeão mundial. A ideia de Karpov ter o mesmo destino de Bobby Fischer era inimaginável — sobretudo para o próprio Karpov. Kasparov, enquanto isso, batera na porta do Kremlin, exigindo uma mudança de política. Aliiev, então presidente do conselho de ministros, prometeu apoiá-lo, e, segundo Kasparov, o próprio Andropov — na época quase no leito de morte — comunicou que o "xadrez deve ser jogado apesar de tudo". Enquanto isso, Kasparov também encontrou-se com Kortchnoi e os dois divulgaram uma declaração conjunta pedindo a realização do match. A colaboração com um homem ainda considerado renegado e traidor para modificar uma política oficial mostrou a precoce independência de espírito de Kasparov.

O fator que precipitou a mudança de política é alvo de debates, mas o que se sabe é que para encerrar o incidente o Comitê de Esportes soviético foi obrigado a pagar uma multa à FIDE e a terminar o boicote contra Kortchnoi. Esse extraordinário recuo soviético possibilitou que os dois matches das semifinais fossem reprogramados para um local diferente: Londres, uma sede menos delicada que Pasadena. Contudo, ainda era a capital de Margaret Thatcher, a primeira-ministra britânica que recentemente fora apelidada de "a dama de ferro" pela mídia soviética. Thatcher também havia apresentado suas credenciais marciais dois anos antes, ao vencer a Guerra das Malvinas e ao instar os aliados da Otan a não ceder diante de uma nova provocação soviética: o posicionamento de mísseis nucleares de médio alcance voltados contra a Europa ocidental.

O match começou mal para Kasparov, que perdeu o primeiro jogo. Todavia, este foi não apenas o primeiro, mas também o último jogo que perdeu para Kortchnoi. Após dois empates, Kasparov reagiu, e no fim ganhou por 4 a 1, com seis empates. Assim, o velho desafiante passou o bastão para o novo, apesar de, na época, nenhum dos dois ter se dado conta de que Kasparov também herdaria o papel de Kortchnoi como dissidente.

Esse match também marcou o início da rivalidade entre Kasparov e Karpov. O campeão mundial apareceu em Londres a convite dos organizadores, mas, segundo seu próprio relato, foi comunicado por um diplomata soviético de que sua presença não era desejada. De acordo com Karpov, ele prometeu que não compareceria ao match, permanecendo na cidade apenas para cuidar de seus negócios, mas ouviu: "Não. A sugestão é que você deixe Londres o mais rápido possível." Karpov obedeceu, sentindo-se furioso e humilhado, particularmente por ter falado antes com Campomanes em favor de Kasparov. Parece claro que Kasparov não o quis no match e tão claro quanto que Karpov nutriu um justificado ressentimento a partir daí.

Era visível que o novo desafiante ganhava força a cada novo teste. Poucos meses depois, o ex-campeão mundial Smislov — aos 63 anos, o mais velho enxadrista a se qualificar para a final do torneio de candidatos — não conseguiu vencer uma única partida contra Kasparov, que então tinha apenas 20 anos. Apesar da sua pouca idade, o *rating* de Kasparov (2.715) já havia superado o de Karpov (2.705). Contudo, Karpov ainda era o favorito. Na década como campeão, à exceção de dois, Karpov vencera ou dividira o primeiro lugar em todos os grandes torneios de que participou — nada menos que 25 vitórias. Embora nenhum campeão antes dele tenha ido tão bem, ou tido tanto desejo de provar seu valor, Karpov era assombrado pela consciência de que herdara o título de Fischer sem conquistá-lo no tabuleiro. Ainda era visto por muitos, sobretudo no Ocidente, como um aspirante ao trono. Na ausência de Fischer, um match pelo título mundial contra a estrela ascendente da nova geração era a melhor maneira possível de Karpov reforçar sua legitimidade. Ele tinha uma confiança inigualável, estava mais bem-preparado do que nunca e no auge da forma. Além do mais, contava com o apoio da *nomenklatura*.

O primeiro match pelo título mundial entre Karpov e Kasparov teve início em 19 de setembro de 1984, no local tradicional, o Salão das Colunas em Moscou, em meio a grande excitação e divulgação. Cerca de quinhentos jornalistas de 27 países estiveram presentes durante o primeiro jogo; a plateia lotada transbordou para as ruas. O duelo começou de maneira desastrosa para Kasparov, cujas descontroladas agressões com as brancas e contra-ataques com as pretas não causaram nenhum efeito em Karpov. Após dois empates, Karpov (com as brancas) conseguiu uma fácil vitória na terceira partida. Mais dois empates e então Karpov venceu o sexto e o sétimo jogos — a primeira vez em sua carreira em que Kasparov perdeu duas vezes consecutivas. Outro empate e Karpov ganhou de novo. Depois de duas semanas, Karpov já liderava por 4 a 0, com cinco empates. O match parecia quase acabado. Não se vira nada semelhante desde as vitórias por 6 a 0 de Fischer contra Taimanov e Larsen a caminho do confronto contra Spassky. De fato, esse precedente excepcional era a meta de Karpov: provar de uma vez por todas, repetindo o feito de Fischer — só que na disputa pelo título mundial —, que era um verdadeiro campeão.

Tendo estabelecido uma colossal vantagem explorando a experiência adquirida com os três matches contra Kortchnoi, Karpov decidiu não arriscar. Os 16 jogos seguintes foram empates, muitos deles sem combate. A essa altura, a maior parte dos jornalistas já tinha ido embora, e os organizadores lamentavam a escolha de um formato de disputa com fim aberto. Em 24 de novembro, no 27º jogo, o campeão enfim golpeou de novo. Foi uma clássica vitória de Karpov; Kasparov aparentemente não cometeu nenhum erro, contudo, sem perceber, foi superado no que parecia ser um final de jogo empatado. O placar agora marcava 5 a 0, e Karpov encontrava-se em vias de obter a terceira defesa bem-sucedida de seu cetro — uma vitória que o colocaria entre os maiores campeões de todos. Precisava apenas ganhar mais uma vez.

Porém, isso não aconteceria. Mais tarde, Karpov ofereceu uma desculpa esfarrapada para não ter conseguido fechar aí o match: a participação do parapsicólogo azerbaijano Tofik Dadachev, que afirmou ter ajudado Kasparov após o escore ficar 4 a 0, mas que mais tarde se voltaria contra ele. Karpov diz que só soube da "interferência" de Dadachev anos depois, de modo que este fator pode ser descartado com segurança. Contudo, é provável que Karpov estivesse certo quando culpou seu próprio "azar incrível e inexplicável cegueira repentina" pelo fracasso no 31º confronto. Ao escapar das garras da derrota, a euforia de Kasparov permitiu-lhe obter a primeira vitória já na partida seguinte, a 32ª, o que lhe deu o fôlego de que precisava para iniciar a reação. Então houve uma nova maratona de 14 empates. Aí, a falta de

FINAL DE JOGO SOVIÉTICO: KASPAROV *VERSUS* KARPOV 325

resistência de Karpov, que levara a um súbito colapso perto do fim de dois dos matches contra Kortchnoi, começou a pesar novamente. "Se nessa hora eu tivesse optado por um jogo intenso", Karpov rememorou, "poderia ter perdido um, talvez dois jogos, mas sem dúvida poderia ter ganhado um sexto e, com isso, o match. Eu também compreendia isso, mas não sei explicar por que rejeitei quaisquer ideias de jogar assim na segunda metade do match".

A resposta não é parapsicologia, e sim caráter. Em outra passagem, Karpov escreve: "Digamos que uma partida pode ser conduzida de duas maneiras: uma delas é um maravilhoso golpe tático que leva ao surgimento de variantes que não se submetem a cálculos precisos; a outra é uma clara pressão posicional que conduz a um final de jogo com chances microscópicas de vitória... Eu escolheria [a última] sem pensar duas vezes." Por temperamento, ele era incapaz de desferir um nocaute.

A guerra de atrito servia bem a Kasparov, que não parava de ganhar experiência e começava a gostar da sensação adrenalínica de viver na beira do precipício por meses sem fim. Porém, de maneira mais extra-ordinária, ele se obrigou a imitar o estilo de cobra do adversário. Foi essa flexibilidade que no fim o colocou em vantagem. Cinquenta dias se passaram sem um único jogo decisivo, e tanto os dirigentes sovié-ticos como os da FIDE começaram a ficar desesperados. O ano-novo de 1985 veio e se foi, e o impasse prosseguia. No 40º jogo, Kasparov quase ganhou de novo, mas o 41º foi uma das maiores oportunidades desperdiçadas da carreira de Karpov; tendo apresentado uma brilhante combinação, ele então se descontrolou e deixou passar uma sequência que levaria à vitória. O jogo se evaporou em mais um empate.

Por trás dos panos, o presidente da FIDE, Florencio Campomanes, tentava negociar um fim para o match que então se tornara um cons-trangimento. A disputa foi transferida do Salão das Colunas para um local de menor prestígio, o Hotel Sport. Kasparov ainda perdia por 5 a 1, com cada jogo sendo o equivalente ao *match point* do tênis, mas os médicos de Karpov diziam-lhe que sua saúde não aguentaria mais; ele parecia um fantasma. Enfim, após cinco meses, no gelado fevereiro de 1985, Kasparov conseguiu o avanço pelo qual esperara tão pacientemente. Primeiro, venceu o 47º jogo, sua primeira vitória com as pretas. Então, no 48º, tornou a derrubar Karpov. Foi um massacre que deixou o campeão visivelmente desmoralizado. Karpov não ganhava havia mais de dois meses, enquanto Kasparov voltara do mundo dos mortos. Aos 21 anos, já tinha feito história. Mesmo anos depois, após atingir alturas sem precedentes, Kasparov continuaria descrevendo essa reação como "o meu maior feito". Embora Karpov ainda liderasse por 5 a 3, ele estava física e mentalmente exausto. O 48º jogo foi decisivo não apenas para os dois rivais, mas também para o futuro do xadrez.

O que aconteceu em seguida foi tão extraordinário que, 22 anos depois, até mesmo os fatos continuam controversos. Após a 48ª partida, em acordo com as autoridades soviéticas, Campomanes interrompeu mais uma vez a disputa. Apenas um jogo fora disputado no espaço de duas semanas. O match já somava 159 dias, dos quais só 58 haviam visto algum xadrez. Após seis dias de frenéticas negociações, em 15 de fevereiro Campomanes convocou uma coletiva de imprensa, à qual compareceram Kasparov e cerca de trezentos jornalistas, e anunciou que "o match está terminado sem decisão". Um novo match começaria em setembro com o placar em 0 a 0. O presidente da FIDE insistiu que tinha a anuência dos dois jogadores, tendo conversado com Karpov somente 25 minutos antes, mas também admitiu que ambos queriam continuar. O match estava, declarou, tornando-se um teste de resistência física, de modo que tinha de terminá-lo no interesse do xadrez como esporte. Richard Owen, o correspondente em Moscou do *Times*, observou que "o sr. Kasparov não se parece com um homem que está psicológica ou fisicamente abalado". Alguns minutos depois, Karpov entrou no salão e subiu ao palco. Confortavelmente instalado ao lado do velho amigo Campomanes (que o chamava de "Anatoli") e do representante do Ministério do Exterior soviético, o campeão mundial assegurou que retomaria o match com bastante satisfação. A autoridade soviética interveio: "Mas a decisão já está tomada." Campomanes então convidou Kasparov ("Garry") a "vir e falar". Enquanto o desafiante se aproximava do palco, Campomanes pôde ser entreouvido dizendo a Karpov e ao representante do governo soviético: "Eu disse exatamente o que vocês me mandaram dizer." Karpov respondeu: "Nós... nós, mas eu não aceito isso."

Então Kasparov pegou o microfone. Tratando Campomanes formalmente como "sr. presidente", ele claramente fervia de raiva. Por que, se os dois jogadores estavam prontos para prosseguir, o match estava sendo encerrado de maneira prematura e inconclusiva? Temendo uma cena, Campomanes agora tentava terminar o evento. Respondeu que não conseguira conversar com os dois enxadristas ao mesmo tempo. "Agora eu quero falar com vocês dois", disse. "Vamos conversar por dez minutos reservadamente." Karpov e Campomanes ergueram-se, como se fossem sair, mas Kasparov não estava disposto. Levantando a mão para impedi-los de partir, pediu a palavra. "A função do presidente é falar. Meu negócio é jogar xadrez. É por isso que não vou competir com ele no pódio." Então, "falando com muita velocidade e fúria", Kasparov foi em frente:

> Quero dizer o que penso. Não pretendo exigir uma continuação porque estou convencido de que vencerei com facilidade porque o campeão não se sente bem. Ele está aqui, ele pode prosseguir, nós podemos ver isso. Mas pela primeira vez em cinco meses tenho certas chances, vamos dizer 25 ou 30%, e agora eles estão tentando tirar essas chances com os inúmeros adiamentos... O match deveria continuar... sem pedidos de descanso, sem intervalos, mas está sendo prolongado. Com cada atraso as chances dele aumentam enquanto as minhas diminuem.

A reunião então foi interrompida por uma hora. Campomanes surgiu sozinho para anunciar que o match estava encerrado. Uma sutil diferença semântica transpareceu nas referências aos competidores: "O campeão mundial aceita a decisão do presidente, e o desafiante acata a decisão do presidente." Era o resultado desejado pelo Kremlin. Kasparov, como indicavam as suas desafiadoras palavras na coletiva de imprensa no Hotel Sport, queria vingança. Ele decidiu não apenas esmagar Karpov, mas também expor um mundo fechado que julgava irremediavelmente corrupto. Kasparov desfrutara de uma aula magna de cinco meses à custa do campeão. — "Eu dei-lhe 48 lições de xadrez gratuitas", Karpov declarou com remorso. Ainda mais importante, Kasparov aprendera da maneira mais dura como jogar contra o sistema soviético.

Quando o match sequencial aconteceu, em setembro de 1985, os novos homens no Kremlin haviam concluído que o jogo estava complicado. Nem o Ocidente nem os dissidentes podiam ser derrotados. O sistema soviético devia se adaptar ou morrer. O homem escolhido para suceder ao geriátrico triunvirato de Brejnev, Andropov e Tchernienko em março de 1985 foi Mikhail Gorbachev. Um protegido do chefe do KGB, Andropov, Gorbachev era um bom comunista que crescera à sombra de Stalin e Kruchev e apoiara fielmente cada virada de política soviética durante aqueles que mais tarde tornaram-se conhecidos como os "anos de estagnação". Gorbachev havia sido membro do Politburo quando (segundo o exaustivo inquérito do governo italiano) o órgão aprovou o atentado contra a vida do papa João Paulo II realizado por um assassino turco a serviço da inteligência búlgara. Ele participou de muitas outras decisões semelhantes antes de se tornar o chefe do partido. Todavia, Gorbachev também era um pragmático, e seus slogans de *perestroika* ("reconstrução") e *glasnost* ("abertura") legitimaram uma onda espontânea de democratização que, uma vez iniciada, ganhou *momentum* a ponto de tornar-se irreversível.

Kasparov logo estabeleceu boas relações com a nova turma no entorno de Gorbachev. Uma dessas pessoas era o principal conselheiro e ideólogo do secretário-geral, Alexander Iakovlev, que agora era o membro do Politburo responsável pela propaganda — o setor que incluía o xadrez. Iakovlev, que apoiara com fidelidade a linha do partido durante

FINAL DE JOGO SOVIÉTICO: KASPAROV *VERSUS* KARPOV   329

a era Brejnev, agora intervinha a favor de Kasparov para insistir que o novo match deveria acontecer conforme prometido, contra o desejo da Federação de Xadrez Soviética. A mudança da guarda no Kremlin foi simbolizada no segundo match Karpov-Kasparov pela presença na cerimônia de abertura, mais uma vez no Salão das Colunas em Moscou, do novo ministro do Exterior, Eduard Chevardnadze. O político fez questão de cumprimentar calorosamente Kasparov, ao mesmo tempo que ignorou Karpov.

Dessa vez, a duração do match estava limitada a 24 jogos; o vencedor não mais seria aquele que vencesse seis jogos primeiro, com empates descartados. Isso favorecia Karpov, que tendia a perder o fôlego antes dos adversários. Porém, Karpov começou o match numa posição psicologicamente desvantajosa, tendo fracassado em fechar o primeiro apesar de estar com 5 a 0 no placar. Os especialistas então passaram a apontar Kasparov como o favorito. O confronto começou com uma comoção: Kasparov ganhou a primeira partida. Dessa vez, Karpov não podia culpar a fadiga pela derrota ou arrumar qualquer outra desculpa; fora derrotado de maneira inequívoca. Mas Karpov não se manteve campeão pelos últimos dez anos à toa. Sua autoconfiança permaneceu intacta, e ainda era forte o bastante para sufocar a euforia inicial de Kasparov. Raymond Keene, o grande mestre britânico, acertou ao descrever Karpov como "essencialmente repressor" e Kasparov como "basicamente revolucionário" tanto dentro como fora do tabuleiro. Após dois empates, Karpov reagiu, vencendo o quarto e o quinto jogos, assumindo a liderança. Seguiu-se uma série de cinco empates, nos quais Kasparov fez uma busca por fraquezas. Conforme mais tarde relembraria, foi somente após enfrentar Karpov mais de sessenta vezes — 48 no primeiro e 15 no segundo match — que compreendeu não apenas como se defender, mas também como vencer Karpov no estilo agressivo que lhe era tão natural. Assim como Bobby Fischer, quando ainda adolescente, devorara o conhecimento acumulado da escola soviética para acabar com sua hegemonia, o intelecto formidavelmente rápido e capaz de Kasparov, com pouco mais de 20 anos, foi flexível o suficiente para dominar a técnica que tornara Karpov quase invencível. Após igualar o placar no 11º jogo, Kasparov reconquistou a liderança num brilhante 16º jogo. A essa altura, já havia achado o seu ritmo, fazendo incríveis sacrifícios e lances ousados para criar o mais excitante xadrez desde Fischer-Spassky. Quando Kasparov tornou a vencer no 19º duelo, para abrir uma vantagem de 4 a 2 com apenas cinco jogos para o fim, parecia que o match estava terminado.

Karpov, porém, ainda não estava vencido. Depois de mais dois empates, ele reuniu todas as suas forças para ganhar o 22º jogo: 4 a 3. Por mais que tenha tentado, Kasparov não conseguiu vencer o 23º. Assim, tudo dependia do último jogo. Se Karpov — que tinha a vantagem de jogar com as brancas — vencesse, o match acabaria empatado e ele manteria o título. Kasparov precisava apenas de um empate para ganhar o match. Mas jogar para empatar, em circunstâncias tão tensas, não condizia com Kasparov. Assim, ele saiu disparando todos os canhões e empregando a Defesa Siciliana, e Karpov respondeu com um agressivo avanço de peão, preparando um ataque direto ao rei preto. Numa investida astuta, o contra-ataque de Kasparov virou o jogo. Em situação desesperadora devido ao tempo, Karpov deixou passar uma última oportunidade para empatar — o que equivaleria a uma renúncia ao título — e foi derrotado: 5 a 3, com 16 empates. Aos 22 anos, Kasparov tornou-se o 13º campeão mundial — o mais jovem da história, quebrando o recorde de Mikhail Tal por um ano. Somente Paul Morphy, que viveu antes de o título oficial ser criado, era ainda mais jovem quando derrotou Adolf Anderssen em 1858. Mas o verdadeiro feito de Kasparov não era apenas ter eclipsado seus predecessores; era ter enfrentado e vencido o *establishment* do xadrez soviético. Apesar de ainda não ser um dissidente, Kasparov se alinhara com os críticos e radicais. Segundo Natan Sharansky, até mesmo nos campos e nas prisões o match foi ansiosamente acompanhado e a notícia da vitória de Kasparov, recebida com entusiasmo como um golpe pela liberdade.

FINAL DE JOGO SOVIÉTICO: KASPAROV *VERSUS* KARPOV   331

Entretanto, Karpov havia oferecido uma resistência a Kasparov muito maior do que a de Spassky contra Fischer 13 anos antes — e, diferentemente de Spassky, havia recebido de Campomanes a promessa de um match-revanche. "Karpov é uma era inteira de xadrez", disse Kasparov — mas foram precisos mais cinco anos para Karpov aceitar que a sua era chegara ao fim. Depois de 72 jogos em dois matches, o placar entre ambos estava empatado: 8 a 8, com 56 empates. A revanche estava programada para começar em fevereiro de 1986, o que abria a possibilidade de o reinado de Kasparov durar menos de seis meses. O novo campeão mundial achava que deveria receber um período de graça de um ano e denunciou a decisão autoritária da FIDE numa coletiva de imprensa em Amsterdã, em 23 de dezembro de 1985. Uma semana depois, numa entrevista à Associated Press, Campomanes mais uma vez demonstrou seu partidarismo a Karpov com a ameaça de cassar o título de Kasparov se o enxadrista não concordasse até 7 de janeiro em jogar. Como não havia ainda nenhuma sede escolhida, na realidade Campomanes estava quebrando suas próprias regras — e, ao imaginar que poderia intimidar Kasparov, o presidente da FIDE se enganara a respeito do seu próprio homem. Kasparov e também Karpov queriam adiar o match até o verão setentrional, e ambos divulgaram uma declaração conjunta com esse fim em 22 de janeiro de 1986. De maneira crucial, o comunicado foi endossado pelo presidente da Federação da URSS, de modo que Campomanes não teve escolha senão aceitar. Kasparov conseguira romper o *front* unido da FIDE e da máquina soviética. Numa visita a Londres em abril, Kasparov apareceu no programa de entrevistas da BBC *Wogan* e anunciou que lutara pelo futuro do xadrez mundial contra uma "máfia internacional". Tamanha franqueza pública manifestada numa plataforma de tal destaque, num país capitalista, seria inconcebível no passado, mas a *glasnost* lhe dera uma considerável liberdade, e Kasparov estava disposto a testar os limites. Ele foi uma das primeiras celebridades soviéticas a usar a mídia ocidental para combater suas batalhas — uma estratégia aprendida com os dissidentes.

Um sinal igualmente importante de que os tempos estavam mudando era o fato de que o terceiro match foi aberto, em 28 de julho, não no Salão das Colunas em Moscou, mas no Hotel Park Lane em Londres. Era a primeira vez em que dois campeões mundiais soviéticos lutavam pelo título fora do próprio país. Uma vez superando com facilidade a oferta de Leningrado, os organizadores de Londres generosamente concordaram em dividir o match, com 12 jogos sendo disputados em cada cidade. O contraste em tecnologia entre Londres e Leningrado era ilustrado pelos painéis gigantes nos quais a plateia acompanhava as partidas. Em Londres, monitores eletrônicos registravam os movimentos em tempo real; em Leningrado, "meninos do tabuleiro" continuavam a deslocar manualmente as peças, da mesma maneira que no primeiro torneio de Moscou, em 1925. Viu-se outro contraste na parte dos entretenimentos: em Leningrado, o Balé Kirov encenou um jogo de xadrez, enquanto em Londres o novo sucesso musical de Tim Rice, *Chess*, dramatizou os choques da Guerra Fria entre Fischer, Kortchnoi, Karpov e Kasparov. Em um aspecto, os britânicos seguiram o exemplo soviético: as redes televisivas BBC e ITV transmitiram jogos de xadrez pela primeira vez desde Fischer-Spassky. Kasparov não deixou dúvidas de que preferia Londres, onde recebeu um convite para ser jurado do concurso Miss Mundo. A cerimônia de abertura foi dominada por Margaret Thatcher. A primeira-ministra britânica havia sido a primeira líder ocidental a estabelecer uma relação próxima com Gorbachev e seu ministro do Exterior, Eduard Chevardnadze, que a presenteara com um jogo de peças e tabuleiro em azul e branco durante a última visita: "Eu lhe dou nota máxima em diplomacia", declarou a governante. Na URSS, as imagens da sra. Thatcher presidindo um match pelo título mundial do xadrez envolvendo dois jogadores soviéticos deliciou os dissidentes e consternou os *apparatchiks*. Junto com o papa João Paulo II e o presidente Reagan, Thatcher foi um dos três revolucionários conservadores que iriam liderar o Ocidente na vitória sem derramamento de sangue sobre o comunismo. Mais uma vez, o xadrez forneceu o símbolo perfeito.

FINAL DE JOGO SOVIÉTICO: KASPAROV *VERSUS* KARPOV   333

O terceiro match começou com três empates, mas, com a pressão de Kasparov, a resistência de Karpov ruiu no quarto duelo, acabando em derrota. Porém, Karpov reagiu imediatamente, ganhando o quinto jogo de maneira convincente, empatando o seguinte e desperdiçando uma clara chance de vitória no sétimo. Até aí, o match estava bastante equilibrado, mas na oitava partida Kasparov superou Karpov diabolicamente. Quando o jogo ia ficando cada vez mais complexo, Karpov estourou o tempo, restando ainda dez lances por jogar. Mais tarde, admitiu que sua mente se sentira "paralisada" e precisou usar um pedido de descanso e empatar dois jogos até se recuperar. No 11º jogo, ambos os enxadristas desferiram ataques ferozes ao rei adversário até chegarem a um empate, pelo qual repartiram um prêmio de 10 mil libras por brilhantismo. O 12º jogo também acabou empatado, deixando Kasparov com um ponto à frente quando a caravana se transferiu para Leningrado para a segunda metade. Os dois jogadores concordaram em doar a premiação em dinheiro, 300 mil libras, para o fundo criado depois do recente desastre nuclear em Tchernobil, o qual teve um impacto tão profundo no sistema soviético que mais tarde Gorbachev apontou-o como a maior causa isolada do colapso do comunismo.

De volta ao lar, a luta intensificou-se ainda mais. Kasparov ganhou o 14º e o 16º jogos com a Ruy Lopez — a venerável abertura em que Fischer tanto se destacara. Botvinnik comentou: "Kasparov jogou de maneira perfeita." Como na 8ª partida, Karpov quase perdeu a 16ª devido ao tempo e pareceu abalado. Com Kasparov agora três pontos à frente, parecia que o match estava perdido. Contudo, mais uma vez Karpov reagiu. Uma maravilhosa vitória no 17º jogo foi seguida por outra no encontro seguinte. Este foi o mais dramático jogo do match, no qual Kasparov ficou perto de dar um xeque-mate no rei exposto de Karpov, mas exagerou quando tinha apenas três minutos restantes no relógio. Tendo por duas vezes deixado passar o movimento vencedor, Kasparov deixou o adversário superá-lo num terrivelmente complexo final de jogo. Karpov então mais um vez esmagou Kasparov no 19º jogo para igualar o placar — a primeira vez em sua carreira em que o enxadrista perdeu três jogos sucessivos.

O match ameaçava transformar-se em um fiasco, mas Kasparov mostrou sua classe ao estabilizar a situação com dois empates, antes de erguer-se para um último e supremo esforço na 22ª partida. Seu desfecho virou um clássico, reproduzido incontáveis vezes: Karpov evitou um fim complexo, no qual teria obtido chances concretas, em prol de uma continuação que permitiu a Kasparov vencer com uma elegante combinação. Restando dois jogos, Kasparov estava um ponto à frente, e dessa vez Karpov já tinha esgotado o seu arsenal. Os dois últimos confrontos foram empates sem muita ação. Kasparov manteve o título pela menor das margens, 12,5 a 11,5, e teve pouco tempo para se preparar para a Rodada IV, iniciada apenas um ano depois, dessa vez em Sevilha. Karpov derrotou o vencedor do torneio de candidatos, Andrei Sokolov, e conquistou o direito de mais um combate com Kasparov.

Os acontecimentos posteriores ao match de Londres-Leningrado, porém, foram desagradáveis. Kasparov atribuiu o seu inédito colapso em três jogos sucessivos à traição de um segundo, Evgueni Vladimirov, a quem acusou de passar suas análises de abertura a Karpov. Essa acusação simplesmente ficou no ar, por falta de provas, mas persistiram os rumores de que o campo de Kasparov havia sido infiltrado. Então a revista *Ogoniok* entrevistou um coronel do KGB, Viktor Litvinov, que afirmou que o médico de Kasparov espionara o jogador para o órgão. Litvinov, um conhecido da família Kasparov, afirmou que o KGB considerava o campeão mundial uma figura política e o via como indigno do título. Outro auxiliar de Kasparov, Jossip Dorfman, foi acusado de vender informações ao time de Karpov utilizando-se de um intermediário, Alexander Feldman. Karpov refutou com veemência as alegações, bem como Dorfman; Kasparov manteve-se cético. O mero fato de semelhantes afirmações poderem ser ventiladas na imprensa soviética constituía-se em prova de que a *glasnost* era real, mas nada jamais foi provado. Outro dos treinadores de Kasparov, Mikhail Gurevitch, declarou que recebera uma oferta de suborno no valor de 30 mil dólares antes do match de 1987 em Sevilha — na época, uma fortuna para um russo.

Durante os anos finais da União Soviética, quando o poder do KGB cresceu rapidamente, tais tramoias eram bastante críveis. Na Olimpíada de Dubai, em 1986, apesar da magnífica performance de Kasparov para aquele que ainda era o seu país, a União Soviética entrou na última rodada atrás dos Estados Unidos. Kasparov temia que deixar os americanos relegarem os russos ao segundo lugar "traria recriminações a mim por ficar ocupado demais mexendo com política a ponto de não poder manter a honra do esporte soviético". Quando a equipe soviética superou a Polônia, uma forte representação, por 4 a 0 na última rodada e assim garantindo a medalha de ouro, todos suspeitaram de armação. A Inglaterra, que também venceu por 4 a 0 uma seleção mais fraca, superou por pouco os EUA para ficar com a prata. Depois, o presidente da Federação de Xadrez Soviética, Alexander Tchikvaidze, que também era membro do Comitê Central do Partido Comunista, aproximou-se do grande mestre inglês Raymond Keene, piscou um olho e perguntou: "Quanto vocês pagaram a eles?" Tchikvaidze recusou-se a acreditar na negativa de Keene: subornos e matches "arranjados" eram agora rotina na URSS.

No entanto, quando o quarto match Karpov-Kasparov começou em Sevilha, em outubro de 1987, a promessa do campeão de aniquilar a "máfia internacional do xadrez" já havia sido parcialmente cumprida. Numa reunião em Bruxelas, no mês de fevereiro, foi formada a Associação dos Grandes Mestres (GMA), com Kasparov como presidente e — ainda mais surpreendente — Karpov como vice, para defender os interesses dos jogadores contra os burocratas. No espaço de dois anos, quase todos os grandes mestres soviéticos filiaram-se à GMA, apesar da desaprovação da velha-guarda, liderada por Nikolai Kroguius. Contudo, Kasparov não estava contente com um sindicato internacional:

também montou a União dos Enxadristas Soviéticos — desse modo, desafiando o monopólio de poder da Federação de Xadrez Soviética existente desde os dias de Krilenko. A *perestroika*, ou reconstrução, de Gorbachev, do mesmo modo começava a transformar o xadrez, como até mesmo reconhecia Botvinnik.

Esperava-se que o match pelo título mundial em Sevilha seria vencido facilmente por Kasparov, cujos resultados em torneios a essa altura eram consistentemente melhores que os de Karpov, mas a margem foi a mais estreita de todas. Kasparov não aguentava mais olhar para Karpov e não escondia o fato de que não queria jogar o match. Os primeiros cinco jogos foram um choque para o excessivamente confiante campeão. Karpov venceu o segundo e, apesar de Kasparov reagir no quarto, retomou a dianteira no quinto jogo. Foi somente no 11º confronto que Kasparov conquistou uma precária liderança, apenas para perdê-la no 16º. Mais uma vez, o resultado ficou imprevisível até o final. No penúltimo jogo, o 23º, Kasparov caiu numa armadilha quando encontrava-se numa posição empatada, ficando diante de uma tarefa hercúlea: tinha que vencer o 24º e último duelo para salvar o título.

Kasparov decidiu adotar a estratégia que era marca registrada do rival, a lenta constrição, apertando Karpov até ele quebrar. Kasparov julgou a psicologia de modo totalmente correto. Posteriormente, Karpov demonstrou desdém por esse jogo ("pobre em ideias e rico em erros") e creditou a derrota à pressão do relógio: "Ganhei uma maravilhosa chance de tomar a iniciativa. Apenas um movimento preciso, o qual pude ver, mas por algum motivo considerei impossível... Mas eu não tinha tempo; calculei mal, escolhi um plano inseguro e perdi." A interpretação de Kasparov foi similar: "Lembro do momento em que ele podia fazer um lance lutando pela iniciativa... Ele sentia que era o melhor movimento, mas não conseguia, entende? Era contra a lógica do jogo." No 33º lance, Karpov optou por uma defesa passiva, em vez de ativa, e viu-se com um peão a menos no final de jogo. Um empate ainda era o resultado mais provável. Uma soberba análise por parte de Kasparov e

FINAL DE JOGO SOVIÉTICO: KASPAROV *VERSUS* KARPOV   337

sua equipe durante a noite entre a interrupção e o reinício permitiu-lhe criar oportunidades no dia seguinte. "Olhei nos olhos dele e soube que ele iria perder", disse Kasparov. "Eu vi que Karpov não acreditava que poderia salvar o jogo. Em três movimentos, ele cometeu o erro decisivo, um terrível equívoco posicional. Inacreditável. Karpov não conseguiu sustentar a tensão. Nesse jogo, foi derrotado pela psicologia mais do que por movimentos no tabuleiro."

Assim, o match ficou empatado, e Kasparov manteve o título. Caso tivesse perdido, disse ao americano Fred Waitzkin, "eles teriam tornado a minha vida miserável. Eu poderia ser forçado a deixar o país, o que não queria fazer". Em vez do exílio, Kasparov ganhou um respiro de três anos — três anos nos quais o mundo comunista foi virado de ponta-cabeça.

Karpov não aceitou bem essa derrota, protestando ruidosamente de que era injusto o campeão manter o título se o match empatasse — apesar de ter desfrutado do mesmo privilégio (como também, de fato, Emanuel Lasker, qu em 1910 assim se beneficiou contra Carl Schlechter). Como as lamentações de Karpov não sensibilizaram ninguém, ele se preparou mentalmente para a tarefa de retornar ao topo. Enquanto isso, o Comitê de Esportes soviético, como de hábito, se apoderou da maior parte da premiação de Sevilha, que somava 2,28 milhões de francos suíços. Os dois enxadristas receberam parcos 137 mil francos suíços cada, mas Kasparov agora estava ganhando tanto no Ocidente como uma celebridade que podia negociar termos com as autoridades soviéticas — em geral uma divisão meio a meio. Sua autobiografia de 1987, *Child of Change* [Filho da mudança], de início foi publicada apenas em inglês e outras línguas ocidentais — o que não impediu o coronel Baturinski de tentar processar o autor na Rússia. O livro era tanto manifesto quanto memórias, atacando diretamente toda a burocracia do xadrez soviético e indiretamente o Estado de partido único comunista. Mesmo assim, Kasparov foi condecorado com a Ordem de Lenin em 1987. Ainda era membro do Partido Comunista, ainda

338 REI BRANCO E RAINHA VERMELHA

lisonjeava Gorbachev e até mesmo dedicara a primeira edição do seu livro ao presidente soviético, mas já se movia rumo à oposição total.

Em 12 de junho de 1987, o presidente Reagan fez diante do Muro de Berlim o seu segundo grande discurso de Guerra Fria, quatro anos após criticar o "império do mal". Duas décadas depois, Peter Robinson, redator dos discursos do presidente, descreveu no website Powerline como o *establishment* da política exterior americana se assustou com a mensagem central acerca do muro:

> [Eles sustentavam] que o esboço era ingênuo. Que levantaria falsas esperanças. Que era canhestro. Que era desnecessariamente provocativo. O [Departamento de] Estado e o NSC [Conselho de Segurança Nacional] submeteram seus próprios esboços... nada menos que sete. Em todos, faltava o chamado para a derrubada do muro... Contudo, na limusine a caminho do Muro de Berlim, o presidente disse a [seu chefe do Gabinete Civil, Ken] Duberstein que estava determinado a falar a frase controversa. Reagan sorriu. "Os rapazes do Estado vão me matar", disse, "mas é a coisa certa a se fazer." Minutos depois, Reagan dirigiu-se ao líder soviético: "Se você busca a paz, se você busca prosperidade para a União Soviética e o Leste Europeu, se você busca liberalização, venha até este portão. Sr. Gorbachev, abra este portão. Sr. Gorbachev, derrube este muro!"

Gorbachev ignorou Reagan, mas seu apoio na União Soviética ruía enquanto os russos se voltavam para o mais radical Boris Ieltsin, e outras nacionalidades descobriam sua própria voz. Em março de 1989, Ieltsin e o mais respeitado de todos os dissidentes, o vencedor do Nobel da Paz Andrei Sakharov, foram eleitos para o novo Congresso dos Representantes do Povo, a tentativa de Gorbachev de emular a democracia parlamentar dentro de um Estado de partido único. Sakharov, o arquiinimigo do comunismo, foi o deputado mais votado; Gorbachev foi o 17º. (Outro membro foi Anatoli Karpov, então um firme defensor da *perestroika*.) Num discurso transmitido ao vivo pela televisão soviética,

FINAL DE JOGO SOVIÉTICO: KASPAROV *VERSUS* KARPOV   339

Sakharov pediu eleições livres e a abolição do "papel de comando do partido". Um furioso Gorbachev tentou sem sucesso silenciar Sakharov puxando o plugue do microfone. A divisão entre o comunismo reformista de Gorbachev e os verdadeiros democratas tornara-se visível a todos. Ela rapidamente alargou-se até virar um golfo intransponível.

No outono de 1989, os regimes satélites do que os oeste-europeus persistiam em chamar inadequadamente de Leste Europeu haviam perdido autoridade e legitimidade. Começando com a Polônia, um a um todos eles balançaram e caíram, numa reação em cadeia de revoluções sem derramamento de sangue que culminaram na derrubada do Muro de Berlim em 9 de novembro de 1989. Isto, o mais importante evento desde 1945, na verdade foi um acidente. Nem a Alemanha Oriental nem a liderança soviética esperavam a queda do Muro, quanto mais sua consequência não premeditada, a queda do comunismo. Numa crucial entrevista coletiva nessa noite, Günter Schabowski, o secretário do partido em Berlim Oriental, encarregado do anúncio de uma importante mas limitada mudança de política — a concessão de vistos a alemães orientais que quisessem viajar ao Ocidente —, nem mesmo mencionou o Muro. Quando jornalistas ocidentais pediram mais detalhes, Schabowski disse-lhes que as novas regulamentações entravam em vigor imediatamente, apesar de os guardas das fronteiras não terem recebido instruções. Coube a este autor, então trabalhando como correspondente do *Daily Telegraph*, fazer a pergunta para a qual os milhões de espectadores assistindo ao vivo pela TV queriam uma resposta: "O que acontecerá com o Muro de Berlim?" Schabowski não tinha uma resposta adequada, tampouco qualquer pessoa do regime. No entanto, a resposta foi dada pelas suas vítimas, que foram em massa aos postos de controle exigindo passar. Dois anos antes, Reagan havia lançado o desafio: "Sr. Gorbachev, derrube este muro!" Mas não foi Gorbachev quem derrubou o Muro — mas sim o povo, que emergiu apertando os olhos diante da luz do dia como os prisioneiros na ópera de Beethoven *Fidélio*. Essas imagens de liberação marcaram uma pausa na história europeia: não apenas uma revolução, mas uma restauração da civilização ocidental. Dissidentes como Lech Walesa e Václav Havel, agora instalados em palácios presidenciais, eram líderes de um novo tipo, profundamente diferentes dos pragmáticos que haviam dominado a Guerra Fria.

Apesar de Gorbachev ainda ser idolatrado no exterior, de Trafalgar Square à Praça da Paz Celestial, em casa ele perdera irrevogavelmente o controle sobre o processo de reforma. "Gorby" era um herói somente para aqueles que não tinham que viver sob seu domínio. A essa altura, também os russos estavam à procura de uma nova liderança, homens que não fossem contaminados pelos crimes e pelas mentiras do Partido Comunista. Apenas Andrei Sakharov tinha a estatura moral para ocupar esse papel, mas ele morreu em 14 de dezembro de 1989, até o último momento exigindo em vão que Gorbachev concedesse verdadeira democracia. Enquanto isso, a turbulência no Leste Europeu se espalhava dentro da União Soviética.

Durante os anos Gorbachev, o mal-estar econômico da era Brejnev resultou num metastático processo geral de dissolução social que por fim se manifestou como um fatal colapso político. O resultado foi que a vasta estrutura da União Soviética ruiu diante dos olhos de um mundo incrédulo, deixando como pouco mais que seu legado simbólico o cadáver mumificado de Lenin, transformado em atração turística numa Praça Vermelha renomeada. De fato, quando Boris Ieltsin, que emergiu em 1991 como o primeiro presidente democraticamente eleito da Rússia, baixou a cortina sobre a URSS, o país inteiro se assemelhava ao mausoléu de um culto morto. Nada disso fora planejado. Gorbachev introduzira suas reformas não para minar o comunismo, mas para preservá-lo. "Eu jamais pensei, nem por um minuto", mais tarde contou em suas memórias, *Tempo para a paz*, "que as transformações que eu iniciara, por mais amplas que fossem, resultariam na substituição do governo dos 'vermelhos' pelo dos 'brancos'". Observe que, mais de setenta anos após a Revolução de Outubro, o vocabulário da

FINAL DE JOGO SOVIÉTICO: KASPAROV *VERSUS* KARPOV   341

nomenklatura mal se modificara. A profecia da revolução permanente de Trotski finalmente se cumpria — mas era uma revolução para derrubar os herdeiros dos bolcheviques.

A gota final que transformou Kasparov de reformista em revolucionário foi o conflito sobre a província disputada de Nagorno-Karabakh, no Azerbaijão, onde a população predominantemente armênia e cristã exigia a integração à Armênia e acabou sendo alvo de uma forte oposição do governo apoiado por Moscou. Em 1987, Kasparov havia assinado uma carta em defesa dos dissidentes armênios presos do Comitê Karabakh. Então, em fevereiro de 1988, foi deflagrado um *pogrom* antiarmênio na cidade de Sumgait, perto de Baku. Kasparov tinha a convicção de que o KGB estava por trás da ação, "com o conhecimento de Gorbachev". Mais tarde, disse a um jornalista americano, Fred Waitzkin, o que aconteceu quando visitou a Baku natal em março de 1989: "Um grupo de comunistas locais veio e disse que, a menos que eu repudiasse o meu apoio, poderia não ser seguro para a minha avó e meus primos, que viviam o ano inteiro em Baku."

Durante os dois anos seguintes, aproximadamente 200 mil armênios étnicos deixaram a capital. Então, em janeiro de 1990, os *pogroms* chegaram à própria Baku. Em 13 de janeiro, Kasparov preparava-se para o duelo com Karpov quando recebeu telefonemas desesperados da cidade. Assassinatos e estupros vinham sendo cometidos diante dos olhos das tropas soviéticas, que nada faziam para detê-los. Kasparov fretou um avião de Moscou e montou um refúgio seguro num sanatório. Cerca de quarenta pessoas se abrigaram ali, incluindo a avó e uma tia. Dois aliados no KGB resgataram a família de seu amigo Chakarov fingindo prender todos como espiões americanos.

Na noite de 15 de janeiro, Kasparov foi avisado de que uma turba se aproximava da sua base, onde os aterrorizados refugiados jogavam cartas para passar o tempo, guardados por apenas dois policiais armados "Durante a noite", Kasparov contou a Waitzkin, "perguntei ao major".

— Se eles invadirem aqui, você vai atirar?

Ele não respondeu, e então dei as cartas a [seu assistente] Kadzhar; nós jogamos mais um pouco. Então tornei a lhe perguntar:

— Se eles vierem, você vai atirar?

— Sabe, eu tenho família. Tenho três filhas — ele disse em voz baixa.

O major não olhou para mim. Depois de algum tempo, eu falei:

— Você me dá a sua arma?

Ele pensou por instantes e então me respondeu:

— Se eles vierem, você tem que acertar no lado da cabeça. Faça parecer que você arrancou a arma de mim.

Era como uma cena de filme de gângster.

No fim, a turba jamais chegou. Kasparov foi informado de que haviam sido barrados no caminho, não pelo exército, mas pela máfia pescadora local. Os mafiosos não tinham nenhuma simpatia pelos armênios, mas possuíam armas e não gostavam de ninguém invadindo seu território.

No dia seguinte, Kasparov e seus amigos foram a Baku. Apesar de a escolta da polícia azerbaijana ter fugido, ele pôde resgatar uns poucos bens do seu apartamento. Em 17 de janeiro, Kasparov organizou o voo que conduziu sua família e muitos amigos, cerca de sessenta pessoas ao todo, para a segurança. Quando o avião fretado chegou, porém, a tripulação recusou-se a decolar. Somente suborno e uma perigosa viagem de ônibus até o caótico aeroporto permitiram a saída do grupo com êxito. Havia oito lugares vagos no avião, e uma terrível escolha teve que ser feita entre as centenas de refugiados que passavam fome e frio enquanto esperavam no hangar. Enfim, o avião partiu, mas os refugiados não tinham para onde ir em Moscou. Kasparov providenciou acomodações para eles, colocando alguns em seu apartamento.

Após voltar a Moscou, Kasparov conseguiu uma audiência com o presidente. "Descrevi o que havia visto, mas Gorbachev não escutava. Era como gritar no deserto." Ele ficou igualmente frustrado com os encontros com jornalistas ocidentais. Contudo, o *pogrom* forçara Kas-

FINAL DE JOGO SOVIÉTICO: KASPAROV *VERSUS* KARPOV   343

parov a escolher um lado. Um dos mais ricos e privilegiados cidadãos da União Soviética, Kasparov perdera sua casa em Baku. Decidiu romper com Gorbachev e o sistema comunista de uma vez por todas: "Vi com meus próprios olhos — a face do comunismo é a face da morte." Pôs a culpa pelos massacres sobre o Kremlin, que havia incitado os tumultos para destruir movimentos de independência anticomunistas, fossem na Transcaucásia ou nos Estados bálticos. Também em Vilnius manifestações pacíficas foram suprimidas pela força.

Esses eventos aconteceram, é claro, com o *background* da derrubada do comunismo no Leste Europeu. Então Kasparov contou a Waitzkin que tinha uma nova vocação: "Por causa de Baku, decidi iniciar uma vida política. Talvez seja apenas uma gota, mas é algo que eu posso fazer. Minhas prioridades mudaram... Em Baku, vendo as pessoas morrendo, o xadrez me parecia trivial. Antes disso, até onde alcança minha memória, o xadrez fora o centro da minha vida."

Poucas semanas após a fuga de Baku, Kasparov mergulhou no turbilhão da política democrática que emergia das ruínas do Estado de partido único. Em abril de 1990, tornou-se vice-presidente do Rússia Democrática, um grupo oposicionista em campanha para o fim da União Soviética. Kasparov iniciou uma nova carreira, misturando xadrez e política, denunciando Gorbachev em discursos, transmissões e artigos para o *Wall Street Journal*, que o nomeou editor-contribuinte. Agora ele se sentia em casa em Manhattan e Martha's Vineyard — talvez mais, sussurravam os inimigos, do que se sentiria em Moscou. Sua missão era destruir o homem que via como o último ditador comunista.

Ainda assim, o velho inimigo continuava à sua espera. Um a um, Karpov eliminara os demais adversários, o último deles sendo o grande mestre holandês Jan Timman. E assim Kasparov se preparou para o quinto e — como se veria mais tarde — último *round* da guerra de sete anos entre ambos. O match teve início no Hudson Theater em Nova York, em 8 de outubro, com a segunda metade programada para Lyons. Dessa vez, a premiação era de nada menos que 3 milhões de dólares, arcados em partes iguais pelas duas cidades, e não houve nenhuma encenação de que algum local soviético pudesse competir com o Ocidente.

Mas já não era mais um evento inteiramente soviético. Kasparov fez um gesto tipicamente ostensivo. Ele vinha prevendo o iminente colapso da União Soviética havia meses. Agora, um ano antes de a falência se concretizar, Kasparov se recusou a disputar o match sob a bandeira soviética, adotando em seu lugar o velho estandarte tsarista da Rússia. Em vez de ser forçado a ir para o exílio, estava efetivamente declarando-se independente — e ficando no mesmo lugar. Na véspera desse ato desafiador sem precedentes, segundo o jornalista americano Seth Lipsky, membros da comitiva de Kasparov o alertaram para não divulgar com antecipação a história por temerem pela sua vida. Não houve vazamento, e os soviéticos receberam um fato consumado. Eles ficaram realmente escandalizados, mas em vez de procurarem intimidar Kasparov, levaram seu protesto aos organizadores, ameaçando abortar o match. Em vez de desafiar o jogador, o comitê determinou: nenhuma bandeira para *ambos* os jogadores. Assim, pela primeira vez desde a guerra, dois russos jogaram pelo título mundial sem a bandeira vermelha da revolução bolchevique ao lado. Uma espécie bastante diferente de revolução já estava varrendo tudo o que era defendido pelo martelo e pela foice.

Dessa vez foi Kasparov quem desferiu o primeiro golpe palpável, no segundo jogo. Foi um golpe ousado: um especulativo sacrifício de bispo expôs o rei de Karpov, fazendo com que ele, nas consequentes complicações, acabasse superado. Karpov foi forçado a abandonar antes de sofrer um mate. Aos poucos, tornara-se claro que o ex-campeão estava imperceptivelmente enfraquecendo, enquanto Kasparov se fortalecia a cada ano. "Neste ponto de nossas carreiras, sou um jogador muito melhor que Karpov", Kasparov disse a Waitzkin. "Acho que isso é óbvio." Porém, esse match também mostrou ser tão imprevisível quanto os outros. Depois de fracassar diversas vezes em irromper, apesar de um sacrifício de dama no terceiro jogo, Kasparov teve sua chance na sexta

FINAL DE JOGO SOVIÉTICO: KASPAROV *VERSUS* KARPOV

partida — e a desperdiçou. Com o rei de Karpov encurralado, tudo o que Kasparov precisava fazer era conduzir o jogo até o adiamento noturno. Todavia, moveu-se impetuosamente, desfez-se da vantagem e apenas empatou. O duelo seguinte foi uma catástrofe para Kasparov — um dos piores jogos que disputou na vida. Assim o match continuou pelo resto da série em Nova York, com Kasparov desejando provocar ferimentos, mas, ao que parecia, temeroso em atacar. Apenas dois jogos decisivos num total de 12 não foi algo exatamente entusiástico para a plateia, mas pelo menos os dois velhos rivais estavam disputando cabeça a cabeça quando partiram de Manhattan.

No Palais de Congrès em Lyons, o match foi retomado com mais três empates, e o interesse fora da comunidade enxadrística começou a evaporar. Quando muito, Karpov havia se mostrado superior. Somente no 16º jogo é que Kasparov ganhou uma real vantagem. Apesar de Karpov se defender com obstinação e criatividade, o final de jogo inexoravelmente fugiu-lhe das mãos. No 102º movimento, diante de um xeque-mate, Karpov abandonou. Perder uma tal maratona teria arrasado um jogador menor, mas Karpov encurralado era sempre perigoso. Ele reagiu vencendo o 17º jogo esplendidamente, mais uma vez igualando o escore. Sem se abalar, Kasparov devolveu os golpes e esmagou Karpov no 18º. Dessa vez não houve reação. Na 19ª partida, Kasparov ofereceu empate numa posição que parecia muito forte. O ex-campeão mundial Boris Spassky suspeitou de armação, mas Kasparov reagiu com desdém ao saber disso. Karpov "é o homem que compreende o xadrez no mesmo nível que eu", falou. "Com quem mais posso realmente conversar sobre esses jogos? Spassky?" Se esse jogo não pôde ser vencido, o seguinte foi diferente. O 20º confronto foi sensacional: um sacrifício de rainha que conduziu ao xeque-mate. Expressando espanto, o colega e grande mestre Mikhail Gurevitch revelou que o campeão antevira a combinação final já no meio do jogo: "Ele viu vinte lances antes, calculando variantes profundas e complicadas. Foi absolutamente inacreditável."

346   REI BRANCO E RAINHA VERMELHA

Karpov não se desesperou, mesmo estando com uma desvantagem de dois jogos e faltando apenas quatro a serem disputados. Ficou perto de vencer no 21º, mas Kasparov não cometeu erros. O campeão agora precisava apenas empatar o 22º jogo para manter a coroa — e foi o resultado que obteve. Moralmente, todavia, era importante para Kasparov vencer. Se tivesse empatado um segundo match, então Karpov teria o direito de afirmar haver provado estar no mesmo nível de Kasparov. Assim, os dois últimos jogos em Lyons tinham importância para ambos. Karpov venceu o 23º, montando um *grand finale* para o último encontro. Apesar de o título não depender da partida, premiação e reputação dependiam. Kasparov jogou para ganhar. Suas peças dominaram o tabuleiro. No entanto, bem na hora em que parecia preparado para o *coup de grâce*, o campeão ofereceu um empate, que Karpov aceitou agradecido. Ele acabou perdendo pela mais estreita das margens: 12,5 a 11,5. Por que Kasparov mostrou uma magnanimidade tão rara na vitória? "Mostrei força e *fair play*", Kasparov disse depois. Também mostrou uma outra coisa. Ambos sabiam que jamais jogariam novamente pelo título mundial — e que, com eles, a era soviética no xadrez havia passado para a história.

O duelo Kasparov-Karpov foi o clímax da história de xadrez e Guerra Fria. Esta história também é um capítulo não contado até agora da história da liberdade. Depois de Fischer-Spassky e Karpov-Kortchnoi, esta foi a terceira vez em que uma rivalidade sobre o tabuleiro assumiu uma importância maior, bem como geopolítica e filosófica. Enquanto durou o match de Fischer com Spassky, Reykjavik tornou-se o ponto nodal do conflito entre comunismo e capitalismo. As corajosas tentativas de Kortchnoi para destronar o aparentemente invencível Karpov em Baguio e Merano sintetizam o desafio apresentado ao sistema soviético pelo movimento dissidente. Foi um teste de força com o leviatã, que contraiu cada músculo para esmagar os dissidentes que deliberadamente se colocavam fora da sua jurisdição e se recusavam a reconhecer sua

FINAL DE JOGO SOVIÉTICO: KASPAROV *VERSUS* KARPOV 347

legitimidade. Contudo, o confronto de Kasparov com Karpov foi diferente. Em meados dos anos 1980, a batalha entre Ocidente e Oriente, entre dois sistemas políticos mutuamente incompatíveis — "fogo e gelo", conforme definiu o líder alemão-oriental Erich Honecker — foi internalizada pela URSS. De modo significativo, Kasparov empregou a mesma metáfora para si próprio e Karpov: "Nossos estilos enxadrísticos contrastantes de fogo e gelo também refletem nossas reputações fora dos tabuleiros de 'colaborador *versus* rebelde'."

A luta de poder entre Oriente e Ocidente também foi uma batalha entre ideologia e verdade. Karpov *versus* Kasparov deu uma forma dramática a essa luta de poder dentro do sistema soviético durante sua última década, à medida que a população despertou do longo transe e se reconciliou com a verdade. Kasparov era uma pessoa que aprendia rápido. Esteve entre os primeiros a perceber que o sistema só poderia sobreviver caso se adaptasse. Mas também esteve entre os primeiros a se dar conta de que o sistema era rígido demais para se adaptar — que era incapaz de sofrer reformas. E esteve entre os primeiros a compreender que somente a revolução — a derrubada pacífica do comunismo — daria conta. Kasparov rompeu com o regime de Gorbachev em 1989, antes mesmo de Boris Ieltsin cortar seus laços. Quando a própria família em Baku teve que ser resgatada da violência gerada pela iminente desintegração do império soviético, Kasparov não precisou de mais nenhuma persuasão. Chegou à mesma conclusão a que os dissidentes e *refuseniks* haviam chegado anos antes. Assim, juntou-se às suas fileiras.

O proeminente dissidente Vladimir Bukovski, que se estabeleceu na Grã-Bretanha após ser libertado do *gulag* em 1976, tornou-se amigo de Kasparov antes mesmo de o enxadrista deixar o partido. Em Lyons, durante o último match com Karpov, Bukovski disse a Fred Waitzkin:

Garry é muito rápido... E porque é um enxadrista, você não precisa dizer-lhe muito. Você diz-lhe dois movimentos e ele te fala o resto... Mas, na verdade, apesar de ser membro do partido quando começamos a trocar opiniões, ele já tinha chegado a conclusões similares acerca do sistema. Dois anos atrás [1988] nós nos encontrávamos, e Garry dizia "sim, sim, nós temos que fazer alguma coisa". Mas nossas discussões eram teóricas. Não achava que ele fosse alguém que arregaçaria as mangas e começaria a trabalhar. No entanto, depois do massacre em Baku, ele mudou completamente. Garry ficou chocado, traumatizado. Nesta primavera [1990] ele falava uma nova linguagem. "O principal inimigo é Gorbachev", Garry me disse. "Temos que acabar com Gorbachev."

Anos mais tarde, quando Vladimir Putin resgatou Gorbachev como um estadista experiente, Bukovski realizou um solitário protesto durante a visita do ex-líder soviético a Cambridge.

No xadrez, os anos Gorbachev coincidiram com a guerra épica de sete anos entre Karpov e Kasparov. Entre 1984 e 1990, eles disputaram inéditos cinco matches pelo título mundial: um total de 144 jogos. Embora Kasparov tenha vencido quatro dos cinco matches, no fim o seu desempenho ficou pouco à frente do de Karpov. Ao todo, Kasparov venceu 22 desses jogos, contra vinte para Karpov; o restante foi empate. Em torneios, o histórico é mais desigual: Kasparov venceu seis jogos, enquanto Karpov ganhou apenas um. Por volta de 1990, a força de Karpov começou a declinar. Em parte, era uma questão de resistência, mas Karpov ainda foi capaz de vencer matches curtos contra os grandes mestres bem mais jovens Gata Kamski e Vishy Anand, em 1996 e 1998, respectivamente. De fato, sua carreira enxadrística foi maior do que a de Kasparov: Karpov continuava a jogar torneios em 2007, aos 56 anos. Em novembro desse ano, quando Kasparov foi preso pelo regime de Putin, Karpav tentou visitá-lo, mas o acesso lhe foi negado — um gesto extraordinário de solidariedade que surpreendeu e comoveu Kasparov.

Durante a segunda metade dos anos 1980, os dois titãs estiveram no mesmo nível. A luta de ambos pela supremacia atraiu grande atenção sobre cada aspecto do xadrez moderno, enriquecendo de maneira imensurável o jogo ao longo do processo. Alguns compararam a rivalidade dos dois à de Alekhine e Capablanca, os maiores jogadores entre as guerras mundiais. É verdade que Karpov se espelhou no estilo clássico e posicional de Capablanca, enquanto Kasparov foi atraído pelos ataques românticos e cheios de sacrifícios de Alekhine. Mas, ao todo, Capablanca disputou menos de cinquenta jogos com Alekhine, inclusive com um período de nove anos, após o único match pelo título entre ambos, em 1927, em que não se enfrentaram. Se o critério é o ódio mútuo, então a comparação é válida. Contudo, Kasparov e Karpov, por mais virulenta que fosse a guerrilha verbal dos dois, jamais permitiram que ela sobrepujasse o xadrez. Mesmo assim, ambos sabiam desde o princípio que a luta pela hegemonia era muito mais do que um jogo.

Para encontrar uma comparação adequada aos duelos Karpov-Kasparov, temos de voltar um século e meio, até a primeira série de jogos que poderia ser descrita como um match pelo título mundial. Ela aconteceu em Londres, no verão de 1834: uma maratona de seis matches curtos entre o campeão francês, Louis Charles de la Bourdonnais, e o principal jogador britânico, Alexander McDonnell. Um total de 85 jogos oficiais foi disputado; embora De la Bourdonnais tenha vencido 45 e McDonnell 27, com 13 empates, o menos experiente McDonnell não parava de evoluir e até mesmo venceu o último match. Não houve match-revanche porque McDonnell morreu no ano seguinte, e De la Bourdonnais, em 1840, mas seus sucessores, Pierre Charles Fournier de Saint Amant e Howard Staunton, disputaram dois matches em Londres e Paris em 1843, nos quais Staunton vingou a derrota de McDonnell e se estabeleceu como o principal jogador e escritor de xadrez. Os impérios britânico e francês eram as duas superpotências da época e, como na Guerra Fria, a rivalidade se refletiu no tabuleiro.

Entre o duelo cavalheiresco no Westminster Chess Club em 1834 e as maquinações brutais no Salão das Colunas em Moscou, 150 anos mais tarde, o xadrez passou por transformações. Kasparov (diferentemente de Fischer) talvez torça o nariz para seus precursores do século XIX, como amadores que seriam facilmente derrotados por qualquer mestre moderno, mas o xadrez não pertencia a nenhum tempo ou lugar. A política progrediu menos que o xadrez, que de forma quase única resistiu à tomada totalitária de cada aspecto da cultura. Por mais que os ideólogos e gângsteres no Kremlin pudessem tentar politizar o jogo, não conseguiam controlar os movimentos no tabuleiro. O xadrez tem sua própria lógica, sua própria supremacia da lei e sua própria verdade. O produto intelectual supremo do sistema soviético voltou-se contra seus senhores, e no processo expôs suas asserções como vazias e falsas.

16

Depois da Guerra Fria

O LEGADO MAIS VISÍVEL DA Guerra Fria no tabuleiro é o fato de que, desde que ela terminou, Garry Kasparov marcou sua presença no cenário político. Kasparov não é apenas o maior enxadrista que o mundo já viu, é também o líder não oficial da oposição e uma das últimas esperanças de democracia na Rússia. Ele encontrou uma maneira de desafiar o presidente Putin — o homem a quem se refere desdenhosamente como "um mero tenente-coronel do KGB" —, contando apenas com o seu intelecto. Para tanto, lançou mão da experiência de enfrentar o *establishment* do xadrez soviético, mas também sacrificou a arte na qual conquistou mais do que qualquer um antes dele. Após duas décadas como o enxadrista de pontuação mais alta no mundo, Kasparov desistiu do jogo em 2005. Ele tinha apenas 42 anos.

É difícil para um não enxadrista conceber o que isso deve ter significado. Mstislav Rostropovitch, o maior violoncelista russo, sacrificou o país em vez de comprometer seus princípios, preferindo deixar a Rússia em 1974 para começar nova vida e carreira no exílio. Para Kasparov, abandonar o xadrez era como Rostropovitch desistir do violoncelo. Outro caso comparável é o de Sakharov. Este grande físico foi o responsável pela bomba de hidrogênio soviética, sendo eleito como o mais jovem membro da Academia de Ciências soviética em 1953; contudo, na sua quarta década de vida desistiu da brilhante carreira científica, preferindo não ir para o exílio e sim fundar e liderar o movimento dissidente soviético. Assim como os casos de Rostropovitch e Sakharov iluminam as escolhas existenciais impostas aos intelectuais pela Guerra Fria, também jogam luz sobre o legado tóxico que ela deixou para trás.

Após a dissolução formal da União Soviética em dezembro de 1991, Kasparov pôde misturar xadrez e política na nova Federação Russa por mais uma década. Na eleição de 1996, deu seu apoio, e o do seu movimento Rússia Democrática, a Boris Ieltsin contra os reacionários comunistas. Entretanto, mais tarde se arrependeu do apoio ao cada vez mais errático presidente, a quem passou a ver como hipócrita. Quando Ieltsin morreu, em abril de 2007, Kasparov observou que, depois de Ieltsin derrotar o golpe de agosto de 1991 e subsequentemente comandar o pacífico desmantelamento da União Soviética, "pela primeira vez na história russa o novo governante não eliminou os perdedores para consolidar o poder. E mais, eles ficaram livres para participar da vida política". Ao mesmo tempo que isso era um passo rumo à supremacia da lei e à democracia liberal, também permitiu ao "clã do KGB" fazer uma volta sob diferentes auspícios. Em 1999, Ieltsin entregou o poder a Vladimir Putin, que depois foi confirmado no poder por duas eleições, sendo que em nenhuma delas os partidos de oposição tiveram um acesso justo à mídia. A nova *nomenklatura* que tomou o poder sob Putin compartilhava seu *background* e seus pontos de vista. A revista americana *Harper's* informou em maio de 2007 que, sob Gorbachev, 5% das altas autoridades soviéticas tinham um *background* militar ou dos serviços de segurança. Sob Putin, o número saltou para 78%.

A resposta de Kasparov foi a fundação da Frente Civil Unida, um grupo indefinido de ativistas de direitos humanos e adversários do governo Putin pró-Ocidente. No seu livro *Xeque-mate. A vida é um jogo de xadrez*, Kasparov explica que o regime imposto por Putin "não é exatamente lei marcial, chamemos de 'lei marcial *light*'". A falta de transparência e de prestação de contas permite ao Estado crescer indefinidamente: "Quaisquer críticas a autoridades do Estado podem ser definidas como 'extremismo', um termo separado do terrorismo por apenas uma vírgula no código legal de Putin."

No verão de 2006, Kasparov ajudou na realização do fórum Drugaia Rossiia ("a Outra Rússia") em Moscou, que coincidiu com a cúpula do G8 em São Petersburgo. Desde então, a Outra Rússia evoluiu para uma organização-mãe, representando um amplo espectro de grupos oposicionistas que vão dos bolcheviques nacionalistas, à direita, até esquerdistas e liberais defensores do livre-mercado. E qual é a posição do próprio Kasparov? "Há milhões como eu na Rússia que querem uma imprensa livre, a supremacia da lei, justiça social e eleições livres e justas", escreveu. "Para atingir esses fins, meus colegas e eu formamos uma ampla coalizão não ideológica de genuínos grupos e ativistas oposicionistas. Estou trabalhando dentro da Rússia e no exterior para chamar atenção para a dizimação das instituições democráticas da Rússia."

Foi gratificante para os grupos oposicionistas ver o principal conselheiro de Putin, Igor Chuvalov, alertar os governos ocidentais de que o comparecimento ao fórum da Outra Rússia seria visto como um ato inamistoso, além de implicitamente ameaçar represálias contra os participantes. Um grupo de ativistas oposicionistas envolvidos no evento foi preso e espancado pelo FSB, como agora se chama o KGB. Os russos de maior proeminência presentes foram o ex-primeiro-ministro Mikhail Kassianov e Andrei Illarionov, ex-conselheiro econômico de Putin que pediu demissão em protesto contra o autoritário "Estado-corporação" do Kremlin. Embora o encontro tenha contado com a presença de dois secretários-assistentes de Estado dos EUA, o único diplomata ocidental de primeiro nível que falou na Outra Rússia foi o embaixador britânico, Sir Anthony Brenton, que quis mostrar solidariedade aos russos em campanha por uma sociedade civil mais forte. Seu discurso foi interrompido por alguns impertimentos, e mais tarde Kasparov subiu ao pódio para informar aos delegados que agentes do FSB estavam detendo quatro participantes em vans na frente do hotel; mais tarde eles foram acusados de "vandalismo". Durante toda a sua realização, a conferência foi cercada por piquetes agressivos da organização de jovens de Putin, Nachi ("Nossa"). Nos campos de treinamento da Nachi, jovens russos eram ensinados a odiar Kasparov como um traidor, marchando diante de enormes montagens fotográficas em que o enxadrista era retratado como uma prostituta.

A partir daí, Sir Anthony e sua família foram submetidos a meses de ameaças e intimidações feitas por integrantes da Nachi. A campanha se intensificou após o assassinato, em novembro de 2006, de Alexander Litvinenko, o ex-agente do FSB e dissidente exilado que morreu em Londres vítima de envenenamento radioativo. As dramáticas circunstâncias envolvendo a morte de Litvinenko, e o fato de que no leito de morte ele acusou Putin de ordenar seu assassinato, fizeram muita gente se lembrar de incidentes similares durante a Guerra Fria. As transmissões do serviço russo da BBC foram alvo de ondas de interferência, para impedir que os rádios as captassem. Assassinatos anteriores não solucionados, tais como o da destacada jornalista Anna Politkovskaia ou o do vice-presidente do Banco Central, Andrei Kozlov, haviam sido minimizados pelo Ocidente. Contudo, a morte de Litvinenko numa capital ocidental não podia ser ignorada — especialmente porque o assassino deixou um rastro da toxina radioativa polônio 210. As tentativas britânica de extraditar o ex-oficial do FSB Andrei Lugovoi foram rechaçadas pelo Kremlin, resultando num impasse diplomático entre os dois governos em julho de 2007.

Kasparov, enquanto isso, teve seus escritórios invadidos pela polícia secreta pouco depois do caso Litvinenko. Então, em abril de 2007, o confronto entre Kasparov e o Kremlin agravou-se dramaticamente. A Outra Rússia fez comícios em Moscou e São Petersburgo; em 13 de abril, Kasparov foi preso, mantido durante uma noite e solto no dia seguinte. Kasparov garantiu que não se intimidaria, apesar do fato de cerca de duzentos jornalistas terem sofrido mortes violentas na Rússia desde 1991. A impressão de que dissidentes russos agora podiam ser assassinados com impunidade em qualquer parte do mundo não deteve os principais críticos de Vladimir Putin.

DEPOIS DA GUERRA FRIA

Kasparov não poderia ter financiado suas ambições políticas caso não tivesse feito uma fortuna com o xadrez, mas ele é um filantropo, que promoveu o jogo como um instrumento educacional ao redor do mundo. Kasparov não é apenas um gênio do xadrez. Também é um adepto da doutrina do individualismo, um empresário e até certo ponto um aventureiro. Após sua ambição catapultá-lo ao topo da sua profissão cerebral, Kasparov determinou-se a refazer o mundo do xadrez conforme a sua própria imagem. É preciso dizer que ele obteve sucesso apenas limitado. Suas tentativas de dominar ou substituir a FIDE no fim fracassaram. Em vez disso, a Federação Mundial de Xadrez caiu sob o domínio de uma oligarquia pós-soviética: Kirsan Iliumjinov, presidente da Calmúquia, a única república budista da Federação Russa.

Iliumjinov trata a Federação Mundial de Xadrez um tanto como o seu colega oligarca Roman Abramovitch lida com o Chelsea Football Club. (Ambos são amigos de Putin, e Abramovitch também é governador da província Tchukotka.) Iliumjinov gastou boa parte do minúsculo PIB do seu remoto feudo em seu extravagante *hobby*, incluindo a construção de uma "Cidade do Xadrez" perto da capital, Elista. Nas escolas calmucas, o xadrez é compulsório. Quando se trata de lidar com a oposição, Iliumjinov é uma versão miniaturizada de Putin. Em 1998, Larissa Iudina, a jornalista mais famosa do país, foi assassinada após acusar Iliumjinov de corrupção. Três homens foram condenados, um deles assessor de Iliumjinov, porém este negou qualquer envolvimento. Iliumjinov, também um aliado de Saddam Hussein, foi uma das últimas pessoas a sair de Bagdá, dias antes de a coalizão liderada pelos EUA invadir o país em 2003.

É extraordinário que uma figura tão infame tenha tal domínio sobre o mais venerável e popular jogo do planeta, mas a sua Cidade do Xadrez em Elista agora é a capital do xadrez mundial. Iliumjinov é rico o bastante para subsidiar os membros mais pobres da FIDE, dessa forma assegurando seu apoio. Ele também tem os seus preferidos entre os grandes mestres. No match de 2006 pelo título mundial, em Elista, entre o russo Vladimir Kramnik e o búlgaro Veselin Topalov, este último era conhecido como um aliado de Iliumjinov. Um escândalo grotesco, chamado "Banheirogate", eclodiu quando Topalov acusou Kramnik de secretamente consultar um computador durante visitas frequentes ao lavabo, exigidas por problema de saúde. Apesar de a alegação ser infundada, foi Kramnik quem no fim perdeu um jogo por não comparecimento — uma decisão sem dúvida alguma injusta e amplamente atribuída à influência de Iliumjinov. A corrupção da FIDE é típica dessas organizações internacionais, mas ao mesmo tempo também é causa e sintoma do status decrescente do xadrez desde o término da Guerra Fria. A popularidade do xadrez cresceu, mas seu prestígio declinou.

Em 1957, Botvinnik e seu sucessor, Smislov, tornaram-se os primeiros esportistas soviéticos a receber a Ordem de Lenin, a mais alta condecoração civil. Subsequentes campeões mundiais também ganharam a mesma honraria. De maneira contrastante, após vencer o campeonato mundial em 1972, Bobby Fischer não recebeu nenhuma honraria, muito menos a mais distinta, a Medalha Presidencial da Liberdade. O establishment britânico tem sido ainda mais indiferente ao xadrez. Em seu ensaio para o *Sunday Times* acerca do match Fischer-Spassky em 1972, "O Jogo Glorioso e Sangrento", o escritor Arthur Koestler elogiou os russos por incluir o xadrez no currículo escolar e "tratar seus campeões como mascotes queridos". Koestler se perguntou "quanto tempo mais teremos que esperar até o primeiro mestre britânico do nobre jogo se juntar às fileiras de eminentes futebolistas, jóqueis e jogadores de críquete que receberam um título de nobreza?" Trinta e cinco anos depois, a Grã-Bretanha tem 25 grandes mestres, mas nenhum deles foi condecorado.

Essa disparidade no status oficial concedido ao xadrez no Oriente e no Ocidente perdurou durante a Guerra Fria. As atitudes em ambos os lados foram reforçadas pelo impressionante sucesso do xadrez soviético nas décadas posteriores a 1945 e pelo correspondente baixo status do jogo em países ocidentais. Todavia, o ressurgimento do interesse, deflagrado pelo duelo Fischer-Spassky, estimulou o apetite dos adeptos no mundo capitalista. A partir do início dos anos 1970, o xadrez desfrutou uma bonança sem precedentes, à medida que patrocínios e premiações tardiamente se igualaram aos de outros esportes profissionais.

Muito antes de o Partido Comunista da União Soviética perder o monopólio do poder na política, já havia sido forçado a desistir do monopólio no xadrez, visto que prestígio, divulgação e jogadores seguiram o dinheiro rumo ao Ocidente. Tanto capitalistas como fãs de xadrez gostam de carisma, e ambos os grupos sentiram uma afinidade natural com Kasparov. E foi para o Ocidente que os grandes mestres soviéticos gravitaram, prontamente abraçando a precária existência de uma vida profissional como enxadristas autônomos. Para muitos mestres vivendo sob o comunismo, a pressão para se enquadrar fora intolerável. O êxodo de mestres que se transferiram para o Ocidente após a queda do Muro de Berlim e de as restrições a viagens internacionais serem amenizadas era uma prova viva de que o experimento soviético em usar o xadrez como instrumento de engenharia social e guerra ideológica havia fracassado. Nos tabuleiros, assim como no mercado, a mão invisível de Adam Smith triunfou sobre a mão morta do Estado.

Desse modo, não por acaso a capital do xadrez internacional durante o último quarto do século XX não foi Moscou, e sim Londres. Graças a um contínuo *boom* econômico durante o período, Londres sobreviveu às piores agressões do terrorismo irlandês e do socialismo municipal. Um dos beneficiários foi o xadrez. As instituições financeiras de Londres atraíram a elite do bloco comunista para participar de uma série de eventos que inspiraram o renascimento do xadrez britânico. No começo dos anos 1970, não existiam grandes mestres britânicos; no final do século, havia dúzias, incluindo dois sérios candidatos ao título mundial, Nigel Short e Michael Adams. Os dois torneios londrinos de 1982 e 1984 — ambos vencidos por Karpov — tiveram um rol de participantes mais forte do que qualquer coisa vista na Grã-Bretanha desde Nottingham 1936. Em 1983, Londres sediou as semifinais do torneio de candidatos, vencidas por Kasparov e Smislov. O segundo match entre a URSS e o Resto do Mundo, realizado em Londres em junho de 1984, revelou o quanto o domínio soviético sobre o xadrez mundial diminuíra desde o primeiro evento do gênero, em 1970. Exceto por Karpov e Kasparov, que eclipsaram seus oponentes, a equipe soviética precisou lutar, e venceu por pouco. Mais notável de tudo, entre 1986 e 2000, Londres foi o cenário de três dos matches de Kasparov pelo título mundial.

Entretanto, quase simultaneamente ao fim da Guerra Fria, o mercado em expansão do xadrez se evaporou. O *frisson* de uma guerra por procuração entre superpotências sumiu. O xadrez desfrutou de maior liberdade desde a Guerra Fria, mas com um perfil mais discreto do que nunca. Isso tornou mais difícil o levantamento de dinheiro, mesmo para matches pelo título mundial. O atual campeão do mundo, Vladimir Kramnik, é relativamente desconhecido até mesmo na sua própria Rússia nativa. Mesmo assim, os heróis enxadristas da Guerra Fria ainda podem ocupar as manchetes. A ironia é que, enquanto o último campeão mundial soviético se tornou um anticomunista ardoroso, o último campeão americano tornou-se violentamente antiamericano. Além disso, foi o russo quem explorou o capitalismo em prol de sua carreira, enquanto o americano caiu numa ditadura comunista. Fazendo questão de ignorar os avisos do Departamento de Estado dos EUA, Bobby Fischer aceitou 3 milhões dólares dos sérvios numa época em que a Iugoslávia de Milošević promovia sua guerra genocida contra a Bósnia e encontrava-se sob sanções da ONU. Desde então, Fischer transformou-se em fugitivo. Kasparov, por outro lado, teve êxito em alistar um dos maiores empresários do Ocidente, Rupert Murdoch, para apoiar o xadrez.

Em 1992, pela primeira vez em duas décadas, Karpov foi derrotado num match do torneio de candidatos por alguém que não se chamasse Kasparov — o grande mestre britânico Nigel Short. Cresceram as esperanças de um confronto pós-Guerra Fria que rivalizasse com Fischer-Spassky, e *The Times* (de propriedade de Murdoch) foi persuadido por,

DEPOIS DA GUERRA FRIA

entre outros, este autor, na época editor literário do jornal, a patrocinar o match com 3 milhões de libras. Em 1993, Kasparov e seu desafiante britânico, Nigel Short, romperam com a FIDE para formar a Associação de Xadrez Profissional, uma espécie de sucessora da agora moribunda Associação dos Grandes Mestres. Antes do match, Kasparov e Short anunciaram que não jogariam sob os auspícios da FIDE, que de pronto se recusou a reconhecer o evento como uma legítima disputa pelo título. No fim, Kasparov ganhou facilidade, perdendo apenas um jogo. Dois anos depois, em 1995, novamente defendeu a coroa contra o bem mais jovem indiano Viswanathan Anand, dessa vez em Nova York. De novo venceu com tranquilidade não encontrada nos matches contra Karpov, mas a partir daí ficou sem desafiantes. A FIDE o ignorou e organizou seus próprios eventos pelo título mundial.

Na ausência de desafiantes humanos, Kasparov jogou dois matches de exibição contra o supercomputador Deep Blue, da IBM, em 1996 e 1997. As premiações foram de 500 mil dólares e 1,1 milhão de dólares, respectivamente — somas inéditas para xadrez computacional. O predecessor do Deep Blue, o Deep Thought, já havia empatado um jogo contra Karpov em 1990. Embora o título de Kasparov não estivesse em jogo, sua autoconfiança estava. Ele ganhou o primeiro match, em 1996, mas só por 4 a 2. Após perder de maneira sensacional o primeiro confronto, Kasparov ganhou três, com dois empates.

Em 1997, o Deep Blue era muito mais poderoso: podia calcular 200 milhões de posições por segundo. No entanto, nem mesmo essa rapidez incrível permitia ao computador exaurir as possibilidades do jogo. Segundo Raymond Keene, "o total de movimentos plausíveis em todos os jogos curtos de xadrez (até 25 lances), impressos no mesmo formato da lista telefônica de Londres, preencheria o espaço entre a Terra e a mais distante galáxia conhecida não dez vezes, mas dez elevado à potência de vinte vezes". Porém, o Deep Blue era reprogramado após cada jogo por uma poderosa equipe que incluía grandes mestres. Na prática, Kasparov jogava contra um oponente novo e desconhecido a cada partida — um adversário, além do mais, que memorizara não apenas todas as partidas registradas que o campeão disputara a vida inteira, como a de todas as outras pessoas também. O fator psicológico, tão importante em matches pelo título mundial entre seres humanos, era totalmente unilateral. O cérebro de carbono de Kasparov podia se cansar, perder a concentração, se desencorajar; o cérebro de silício do Deep Blue, jamais. Além disso, muito tempo depois do match, o repórter de um website, Jeff Kisselhof, acusou a IBM — que na época o contratara — de truques sujos. Segundo seu testemunho no filme *Game Over: Kasparov and the Machine* [Fim do jogo: Kasparov e a máquina], dirigido por Vikram Jayanti para a Momentum Pictures e exibido na TV britânica no Canal 4 em 2005, a IBM desenvolveu uma deliberada estratégia de instigar a paranoia de Kasparov. Incidentes misteriosos se somaram ao segredismo da IBM.

E assim, apesar de um bom começo, Kasparov perdeu o match: 3,5 a 2,5. O último jogo, sem dúvida o pior da sua carreira, foi acompanhado por um tal número de entusiastas dos computadores e de fãs do xadrez na internet que a *World Wide Web* ficou perto de uma sobrecarga. Um excessivamente confiante Kasparov assinou um contrato sem cláusula de revanche. As acusações do campeão de que houve trapaça foram rejeitadas como choro de perdedor, e a IBM recusou suas exigências para uma revanche, ou mesmo um *post-mortem*, e, ato contínuo desmantelou o Deep Blue. Foi o maior golpe de publicidade da história da IBM; era tudo o que interessava à corporação.

Kasparov ficou tão frustrado com sua incapacidade de se vingar pela derrota que não voltou a jogar contra um computador por seis anos. Em 2003, porém, empatou dois matches curtos contra os dois melhores programas de xadrez do mundo, o alemão Deep Fritz e o israelense Deep Junior. Ambos eram programas comerciais, com uma força teórica superior à de qualquer ser humano. Foi um feito e tanto para Kasparov mostrar que ainda podia vencer jogos contra computadores de poderio tão avassalador. Contudo, outro supercomputador estava à espreita em Abu Dhabi. O Hydra era similar ao Deep Blue, mas ainda mais poderoso. Podia analisar com uma profundidade de 18 e 40 lances à frente, seis a mais do que o Deep Blue. Em 2005, um match de seis jogos foi disputado entre o Hydra e o principal grande mestre britânico, Michael Adams. Foi um massacre: Adams perdeu cinco jogos e empatou apenas um. O Hydra jamais perdeu para um ser humano. A essa altura, Kasparov já havia antecipado a supremacia da máquina sobre o homem abandonando inteiramente o xadrez. A força de vontade que esmagara tantos egos não produzia impacto sobre microchips.

Após cinco anos em que Kasparov não teve desafiantes humanos, o boom ponto.com viabilizou que um consórcio de Londres, Braingames Network, organizasse um match pelo mundial em 2000. O campeão previra que seu sucessor seria o seu protegido e ex-assistente Vladimir Kramnik, e assim foi. Kasparov jamais identificara como penetrar na Defesa Berlim de Kramnik, uma velha variante da abertura inventada por Ruy Lopez no século XVI. Lasker havia empregado com sucesso a Berlim para derrotar Tarrasch em 1908, e a abertura ressurgira intermitentemente desde então, mas ficara fora de moda durante a era soviética. De maneira ainda mais bem-sucedida que Karpov, a "Muro de Berlim", como foi logo apelidada, permitiu a Kramnik neutralizar a agressão de Kasparov com as brancas. Kramnik venceu o match sem perder um único jogo. Kasparov encarou a derrota com elegância incomum. Ele sabia que fora vencido pela idade tanto quanto por um oponente superior. Vindo depois da debacle do Deep Blue, a perda do título de campeão mundial que sustentara por 15 anos foi um golpe enorme no orgulho de Kasparov. Mais uma vez, ele deixara de exigir uma cláusula de revanche no contrato e acabou punido pelo excesso de confiança. A bolha ponto.com explodiu, exaurindo a fonte de premiação para um match-revanche. Kasparov ficou ilhado por sua própria proeminência. Ainda era o maior jogador vivo, pelo menos segundo o seu *rating*, mas não mais possuía o título mundial e não tinha meios de reavê-lo. Sua carreira no xadrez perdera a *raison d'être*.

362   REI BRANCO E RAINHA VERMELHA

O fim da era Kasparov no xadrez, em 2000, causou um impacto no público menor do que a derrota para um computador três anos antes. Pelo visto, uma disputa homem *versus* máquina despertava mais interesse humano do que jamais conseguiria novamente um confronto exclusivamente humano. Nigel Short, desdenhoso, comparou matches do tipo Kasparov-Deep Blue ou Adams-Hydra a um concurso de levantamento de peso entre um homem e uma empilhadeira. Em parte, o público apenas exibia o perene fascínio pelo autômato — desde o Turco mecânico do barão Von Kempelen até *Les contes d'Hoffmann*. Mas havia outro motivo pelo qual as pessoas nos anos 1990 queriam colocar o maior gênio da história do xadrez contra esses glorificados *gadgets*. O fato era que agora se jogava mais xadrez online do que nos tabuleiros. Adversários de quaisquer partes do planeta podiam se enfrentar sem se encontrar, de fato em geral sem nem mesmo conhecer o nome verdadeiro do oponente. O xadrez pela internet foi a maior mudança isolada na maneira pela qual se disputava o jogo desde o século XIX. A disponibilidade instantânea de adversários criou uma vasta e nova demanda por xadrez, ao mesmo tempo que passou a ameaçar o futuro a longo prazo dos tradicionais torneios, equipes e clubes de xadrez. Ao passo que a profissionalização do xadrez pela ideologia comunista foi boa para o grande mestre, a democratização do xadrez pela tecnologia capitalista foi boa para o amador.

Enquanto isso, Kasparov ainda era o enxadrista com maior *rating* do mundo, com resultados consistentemente melhores do que os de seu sucessor, Kramnik, ou de qualquer outro jogador. Durante mais cinco anos ele desafiou a marcha do tempo, resistindo contra adversários cada vez mais jovens, mantendo-se atualizado com a mais recente teoria de abertura e vencendo quase todos os torneios de que participou. Até mesmo conseguiu uma espécie de vingança ao esmagar a Defesa Berlim de Kramnik num brilhante jogo em Nova York. Em 2005, no entanto, não tinha mais nada a provar. No clímax de *A defesa Lujin*, o grande mestre homônimo diz à esposa: "Tenho que sair do jogo."

DEPOIS DA GUERRA FRIA

Nabokov tinha em mente o tipo de problema enxadrístico que é resolvido só com um xeque-mate contra si próprio. Lujin soluciona o seu problema com o suicídio. Kasparov deixou as 64 casas do tabuleiro, mas apenas para assumir um jogo ainda mais complexo, numa escala muito maior, um jogo no qual estava em risco o futuro da Rússia — e a sua própria sobrevivência.

Apesar da luta desigual, Kasparov e seus adversários no Kremlin sabiam que dissidentes têm uma grande chance de derrubar regimes autoritários impopulares, desde que contem com apoio do Ocidente e possam mobilizar o "poder popular". Putin tem motivos para temer que os russos possam seguir os exemplos da Ucrânia e da Geórgia, derrubando o regime, caso as próximas eleições, marcadas para 2008,* sejam fraudadas. Desse modo, está trabalhando duro para eliminar quaisquer possíveis ameaças de intelectuais à classe dominante de ex-agentes do KGB, como ele próprio. Assim como nos estágios finais da União Soviética, ocorre ao mesmo tempo uma luta de poder e uma paralela batalha de ideias entre *intelligentsia* e inteligência. O comunismo perdeu a batalha de ideias para os dissidentes, contudo a ex-polícia secreta jamais afastou as mãos das alavancas do poder. A Rússia ainda é um Estado de partido único; contudo, seu poder e prestígio dependem do controle do petróleo e do gás, em vez da velha combinação de indústria e ideologia. O militarismo e a combatividade da União Soviética a tornaram um modelo para nacionalistas árabes. Agora é a Rússia que cada vez mais se assemelha às petroditaduras do Oriente Médio. A concentração de riqueza e poder nas mãos do Estado — tão característica dessas economias dependentes do petróleo — é perigosa para a democracia e fatal para a liberdade.

O romance que Kasparov considera como a mais importante obra da literatura russa é *O mestre e Margarida*, de Mikhail Bulgakov. Ele

---

*Nestas eleições, Putin apoiou seu ex-chefe do Gabinete Civil, Dmitri Medvedev, que foi eleito presidente com cerca de 70% dos votos. Putin elegeu-se para o Parlamento e tornou-se primeiro-ministro. (*N. do T.*)

já o leu muitas vezes. Para Kasparov, como para muitos outros intelectuais russos, esse romance — escrito no auge do Terror, mas publicado somente em 1966-67 — captura como nenhum outro a experiência trágica de viver num mundo além do bem e do mal; um mundo no qual pessoas desaparecem sem deixar traços, ninguém está a salvo, não se pode confiar em ninguém e o diabo em pessoa instalou-se em Moscou. "Bem, com a magia negra, como todos sabem, uma vez que se começa não há como parar", escreve Bulgakov.

Para sermos precisos, foi necessário o tempo de uma vida inteira para interrompê-la: do bem-sucedido golpe bolchevique em outubro de 1917 até o golpe fracassado do KGB em 1991. Após o colapso da União Soviética, os russos acordaram do pesadelo. Esse despertar também foi uma experiência traumática. A verdade do que havia acontecido nesses 74 anos era dolorosa — de fato, para a maioria era penosa demais para ser suportada. Eles preferiam o sonho à realidade, a doença à cura. No fim do romance, o mestre diz a Margarida:

— Eles tentaram muito me assustar, e não podem mais me assustar com nada.

— Eles devastaram a sua alma! — ela responde.

A Rússia hoje é uma terra de almas mortas. Uma dessas almas, viu-se, era o homem que muitos russos receberam como um salvador quando subiu num tanque para discursar em agosto de 1991: Boris Ieltsin.

Oito anos após derrotar o golpe do KGB, Ieltsin entregou o poder a Vladimir Putin, um representante da mesma fraternidade sinistra. Logo ficou aparente que o diabo retornara a Moscou, vivo, forte e morando no Kremlin. A magia negra também estava de volta, ainda que não na escala genocida dos anos 1930. A natureza fantasmagórica, teatral, do comunismo soviético, tão bem evocada por Bulgakov, pôde ser vislumbrada na recriação por parte de Putin dos julgamentos armados, dos desfiles patrióticos e da propaganda. E também estava de volta o medo que permeara a União Soviética ao longo de sua história. Sem condições de retratar o absoluto horror totalitário da sua própria época, Bulgakov o disfarça numa nova narrativa do confronto entre Jesus (Yeshua) e Pôncio Pilatos, que ecoa homens semelhantes a Krilenko ao dizer a seu prisioneiro:

— Nunca houve, não há e jamais haverá nenhuma autoridade neste mundo maior ou melhor para o povo do que a autoridade do imperador Tibério!

O diálogo culmina com a angustiada pergunta do procurador romano:

— E o reino da verdade chegará?

— Chegará, procurador — respondeu Yeshua com convicção.

— Jamais chegará! — Pilatos subitamente gritou, com uma voz tão medonha que Yeshua recuou...

— Criminoso! Criminoso! Criminoso!

O reino da verdade pode não ter chegado ainda à Rússia, mas não é mais possível silenciar aqueles que acreditam nele.

A tarefa de Kasparov não é fácil. É uma batalha contra fantasmas, com uma nação que ainda se encontra em tal negação quanto a seu passado totalitário que também se ilude a respeito do presente totalitário. No final de *O mestre e Margarida*, Bulgakov retrata a autoilusão soviética com delicada ironia: "O povo mais desenvolvido e erudito, com certeza, não teve participação nesta narrativa sobre os poderes impuros que visitaram Moscou, até mesmo riram deles e tentaram trazer à razão os contadores da narrativa [...] Pessoas eruditas adotaram a opinião da investigação: havia sido obra de uma gangue de hipnotizadores e ventríloquos com um excepcional domínio de suas artes."

É na correção da narrativa do regime de Putin sobre a longa noite da alma russa que o xadrez assume especial importância. Na pessoa de Garry Kasparov, o xadrez vincula a Rússia de Putin à de Stalin. A ascensão e queda do xadrez como uma metáfora política e como uma arma ideológica coincidiu com um dos capítulos mais negros da história da humanidade. O comunismo procurou corromper o xadrez, uma das mais antigas e inocentes ocupações do homem, da mesma forma que corrompeu tudo mais que tocou. Aqui, como em outras esferas, aproveitou-se do idealismo de milhões, explorando o xadrez como um meio para ampliar seus fins totalitários. A tentativa de criar uma raça de super-homens treinando-os para jogar xadrez estava fadada ao fracasso porque o sistema ao qual deveriam servir era irremediavelmente falso. As palavras de Lasker em seu *Manual de xadrez* são bastante apropriadas: "No tabuleiro, mentiras e hipocrisia não sobrevivem por muito tempo. A combinação criativa desnuda a presunção de uma mentira; o fato implacável, culminando num xeque-mate, contradiz o hipócrita."

Num programa televisivo em 1995, Henry Kissinger rememorou como, durante os anos 1970, o embaixador soviético em Washington, Anatoli Dobrinin, o desafiara para um jogo de xadrez. O então secretário de Estado explicou por que recusou: "O KGB sem dúvida acreditava que poderia deduzir características da minha personalidade a partir do meu jogo. A coleção de jogos de um enxadrista é um poderoso indicador do seu caráter." Os americanos desconfiavam do hábito soviético de considerar o xadrez como a expressão lógica de todo um sistema político ou cultural, preferindo vê-lo como uma aptidão individual. Os dois lados projetaram suas esperanças e temores no jogo.

Os russos venceram incontáveis batalhas no tabuleiro, mas o esforço de tornar o xadrez uma extensão da Guerra Fria por outros meios terminou em derrota. Tendo perdido sua ressonância política quando a tentativa de usá-lo como um instrumento de transformação totalitária foi abandonada, o xadrez temporariamente reverteu a uma relativa obscuridade. Até mesmo o próprio Kasparov às vezes parece exasperado com o jogo que lhe deu fama. Furioso com seus compatriotas por negarem o que lhe é de direito, Kasparov insiste que o xadrez não vale mais nada na Rússia Contudo, a verdade é que nenhum outro campo de conflito mental exibe de maneira tão vívida o verdadeiro significado do esforço para abolir a liberdade humana de uma vez por todas.

Para o comunismo, o xadrez demonstrou-se recalcitrante. Este jogo secular — originalmente concebido como um método de prever o futuro,

DEPOIS DA GUERRA FRIA 367

mais tarde como o domínio do *Homo ludens* — funcionou na Guerra Fria como um detector de mentiras. No mais bem-sucedido de todos os esforços para expor a monstruosidade do sistema soviético, *Arquipélado Gulag*, Alexander Soljenitsin escolheu como epígrafe uma frase de Nikolai Krilenko, enquanto atuava como promotor público no julgamento do partido Prom em 1930, no qual os réus foram condenados por pertencer a uma organização secreta inexistente. "No período de ditadura, cercado de inimigos por todos os lados", declarou Krilenko, "nós às vezes manifestamos desnecessária leniência e desnecessária misericórdia."

Em 1917, a população da Rússia era de 169 milhões; a dos EUA, 103 milhões. Noventa anos depois, os EUA quase triplicaram a população, enquanto a da Rússia se estagnou. Há muitos motivos para esse contraste, mas o mais importante pode ser resumido em uma palavra: comunismo. O verdadeiro custo humano à União Soviética é quase impossível de calcular, porque suas vítimas ainda sofrem e morrem todos os dias. Setenta anos de comunismo transformaram a Rússia numa terra de catástrofe demográfica e ambiental, incapacitada por uma amnésia moral que impede qualquer julgamento adequado dos crimes e injustiças do passado recente.

A tentativa de Krilenko, o promotor de Lenin e Stalin, de fazer o xadrez servir aos propósitos do Estado totalitário chegou perto do sucesso, mas no fim foi o xadrez que anunciou o iminente colapso do comunismo. O Ocidente, apesar de todas as suas desigualdades e incertezas, mostrou-se mais capaz porque lutou pela liberdade e viveu na verdade.

Epílogo

Em 18 de maio de 2007, Garry Kasparov tentou viajar a Samara, no Volga, para liderar uma manifestação do seu grupo oposicionista, Outra Rússia, em frente à cúpula União Europeia-Rússia. Apesar de a demonstração ser legal — a Outra Rússia recebera permissão do prefeito de Samara —, mesmo assim Kasparov foi preso junto com 27 jornalistas e outras pessoas no aeroporto Cheremetievo, em Moscou; todos foram impedidos de viajar e tiveram os passaportes confiscados. Mais tarde nesse dia, Angela Merkel, a chanceler alemã, deu uma entrevista coletiva com o presidente russo. Ao lado de Vladimir Putin, diante das câmeras, ela disse: "Espero que quem quiser expressar suas opiniões nesta tarde possa fazê-lo. Estou um pouco preocupada porque as pessoas tiveram dificuldades para vir aqui, mas talvez uma possível manifestação ainda possa ocorrer."

As palavras foram ouvidas por milhões de russos. O presidente Putin, impassível como sempre, mas sem dúvida irritado com esse constrangimento público, respondeu que também os alemães não haviam descartado o uso de detenções preventivas às vésperas da cúpula do G8 em Heiligendamm. "Todavia, não vamos apontar o dedo para os outros", declarou, sarcástico. A reação da sra. Merkel a isso, na qual explicou a diferença entre o extremismo potencialmente violento daqueles detidos na Alemanha e a legítima oposição democrática dos manifestantes pacíficos na Rússia, foi censurada na TV russa. Putin manifestou seu desprezo por Kasparov, mas se recusou a valorizá-lo com uma menção nominal: "São grupos políticos periféricos. Não me perturbarão mais."

Contudo, em Samara, não teve alternativa senão fazer uma promessa pública de que manifestações da oposição seriam permitidas no futuro e admitir que as ações das forças de segurança — tais como a repressão aos protestos em Moscou e São Petersburgo em abril — "nem sempre foram justificadas".

Angela Merkel, que cresceu sob a meticulosa vigilância da Stasi na Alemanha Oriental, não podia deixar de ver em Vladimir Putin não apenas o chefe de Estado eleito da Rússia, mas também o oficial do KGB com domínio da língua alemã que espionara seus compatriotas e colaborara com a ditadura alemã-oriental. Durante as manifestações em massa de alemães-orientais em outubro e novembro de 1989, Putin era um tenente-coronel do KGB baseado em Dresden, um dos centros de protesto. Após o Muro de Berlim ser aberto, o tenente-coronel Putin removeu arquivos delicados da Stasi para impedir que caíssem nas mãos do Ocidente. Ao humilhar publicamente o presidente russo, a sra. Merkel estava assumindo um risco, porque a opinião pública alemã sempre foi bastante sensível quanto a quaisquer disputas diplomáticas com a Rússia. Ainda assim, sabia que a intervenção colocaria pressão em Putin para dar mais liberdade a Kasparov e outros oponentes. De fato, os protestos seguintes da Outra Rússia em Moscou e São Petersburgo aconteceram sem incidentes.

Algumas semanas após o episódio em Samara, em 5 de junho, a Conferência sobre Democracia e Segurança foi aberta em Praga. Organizado por Natan Sharansky, Václav Havel e o ex-premiê espanhol José Maria Aznar López, o evento reuniu uma confraternidade sem precedentes de dissidentes de todo o mundo. No mesmo dia, Putin ameaçou colocar a Europa ocidental sob a mira do arsenal nuclear da Rússia a menos que os americanos abandonassem os planos de posicionar novas defesas de mísseis na Europa central. Suas ameaças de romper acordos existentes e iniciar uma nova corrida armamentista não eram vazias: em julho de 2007, a Rússia de fato ab-rogou seu tratado de armas convencionais com

EPÍLOGO

a Otan. Poucos dias antes, Putin havia comparado a política externa do governo Bush com a da Alemanha nazista. Conversas sobre uma nova "Guerra Fria" pairavam no ar. Nessa atmosfera de tensão, o encontro de Praga aconteceu no Palácio Czernin, sede do Ministério do Exterior tcheco. Seu esplendor barroco é assombrado por memórias da Guerra Fria — acima de tudo, pela morte suspeitosa, em março de 1948, de Jan Masaryk, o ministro do Exterior, cujo cadáver foi encontrado no pátio do palácio embaixo da janela aberta do seu gabinete. Independentemente de ele ter pulado ou sido empurrado, a república tchecoslovaca fundada por seu pai, Thomas Masaryk, morreu pouco depois num *coup d'état* comunista. Então, o homem que fizera renascer a liberdade e a independência tchecas, Václav Havel, presidia com Natan Sharansky o encontro de um grupo raro de pessoas que aspiravam a fazer o mesmo por seus países.

Entre elas estava Garry Kasparov. No momento em que Kasparov chegou, Sharansky dava uma entrevista coletiva junto com o senador americano Joe Liebermann, na qual declararam que a democracia deveria ser uma precondição para a participação no G8, desse modo excluindo o regime de Putin. Quando Kasparov entrou no recinto, os dois dissidentes se abraçaram calorosamente. Alguém perguntou se os dois já haviam disputado uma partida de xadrez. Kasparov abriu um sorriso, e Sharansky pacientemente explicou: "Nós não estamos na mesma, hã... categoria. Garry é um gênio, mas eu sou só um *patzer* hoje em dia." Não obstante, numa simultânea em Israel, quando Kasparov enfrentou diversos oponentes, o *patzer* revelou-se bom o suficiente para vencer o gênio.

Em Praga, Kasparov desenvolveu sua resposta às provocações de Putin ao longo de várias declarações espontâneas a jornalistas. Afirmou que, apesar da volta do "clã do KGB" ao poder, havia uma "imensa diferença" entre o regime de Putin e o soviético. Para começar, "a Guerra Fria dizia respeito a ideias. Este regime não tem ideologia — só roubo". Além disso, a elite governante russa — não apenas os oligarcas, mas uma nova, muito maior, classe que prosperara sob o capitalismo — tinha grandes interesses no Ocidente, onde fazia negócios, possuía propriedades e gastava boa parte do seu tempo livre. "A classe governante não pode arcar com uma nova Guerra Fria." Os russos comuns não ligavam para os mísseis da Otan. "Não creio que a Cortina de Ferro possa ser restaurada", falou Kasparov. E quanto aos assassinatos de dissidentes? "Ninguém está a salvo." Até mesmo você? "É, eu também. Todos estão em perigo." Kasparov previu uma "crise total" no fim de 2007, porque a questão do sucessor de Putin ainda era "um grande mistério". Descartou os comentários de que iria concorrer nas eleições presidenciais de 2008, afirmando que sua tarefa era "coordenar uma ampla coalizão, não promover as minhas próprias ambições". Todavia, teve o cuidado de não riscar seu nome. "Putin sabe que não é aceito", insistiu Kasparov. Então, de súbito, surgiu uma centelha do velho campeão: "Estamos agora no meio-jogo. Para nós, é o fim do começo, mas para Putin é o começo do fim." Xadrez e Churchill: uma típica combinação kasparoviana.

O discurso proferido por Kasparov na conferência de Praga foi mais polido. Sua tese — saída direto de Bulgakov — era a de que a Rússia é um teatro, Putin é o seu diretor supremo, e o Ocidente, a plateia. A "superficial exibição de instituições democráticas" não deveria enganar ninguém. "A Rússia é um Estado policial mascarado de democracia", explicou. "Putin precisa de ajuda para manter essa farsa." O Ocidente, afirmou, impressionava-se facilmente com essa "democracia encenada", que começara com a segunda eleição de Ieltsin, em 1996. O medo de um retorno ao comunismo cegara o Ocidente para o novo perigo: "Mais importante que líderes fortes são leis e instituições fortes." O povo russo, disse, não vira benefícios com a democracia e o mercado livre, e nos últimos sete anos Putin cometera graves danos à democracia, não apenas na Rússia, mas também no exterior. Mais

EPÍLOGO

uma vez, o apelo de Kasparov é para que o Ocidente preste a devida atenção e obrigue os russos a seguir as regras. Os britânicos abriram as portas para os oligarcas russos exportarem seus "bens questionáveis", enquanto os americanos foram mais circunspectos. "Não pedimos ajuda", disse com altivez. Em vez disso, implorou ao "mundo livre para parar de conceder a Putin credenciais democráticas" que assegurem sua legitimidade.

Cada vez que Kasparov entrava no recinto, a atmosfera carregava-se de eletricidade, fotógrafos apareciam e repórteres gravavam cada palavra sua. Apesar do que declarara, Kasparov tinha toda a aparência de um futuro presidente. Contudo, embora fosse um dos russos mais conhecidos no mundo, não estava claro quantos de seus compatriotas queriam se identificar com Kasparov. Com o antissemitismo e a xenofobia mais uma vez sendo explorados pelo regime de Putin, as conexões ocidentais de Kasparov — ele dividia o tempo entre Moscou e Nova York, onde morava a família — e, é claro, seu *background* armênio-judaico mais uma vez foram para o primeiro plano. Isso explicou a necessidade de provar suas credenciais patrióticas. Em *Xeque-mate. A vida é um jogo de xadrez*, escreveu: "Passei 25 anos representando as cores do meu país e acredito que continuo a fazê-lo."

Dados o controle estatal das reservas — economias petrolíferas tendem a favorecer a política autoritária — e a alarmante estrutura demográfica da Rússia, as perspectivas são sombrias. Ao mesmo tempo que garantiu restaurar o status de grande potência da Rússia, o presidente Putin nada disse sobre em que extensão o legado da União Soviética promete arruinar os prospectos russos no futuro. A Rússia tem um dos mais baixos índices de fertilidade (1,2 filho por mulher), um dos mais altos índices de abortos (70% das gravidezes são interrompidas), uma das menores expectativas de vida (58,9 anos para homens nascidos em 2000) e um dos piores quadros de saúde (HIV, hepatite viral e tuberculose são endêmicos) do mundo ocidental. Em consequência, a previsão é de que a população da Rússia vá diminuir dos 148 milhões do fim da União Soviética para menos de 130 milhões em 2015. A probabilidade é de que no final do século XXI existam menos russos do que britânicos.

Para depor Putin, Kasparov terá que criar um movimento político altamente disciplinado, capaz de recorrer a reservas profundas de sentimento patriótico. Kasparov não achará nada fácil a tarefa de ao mesmo tempo seduzir os eleitores, dizer-lhes a verdade a respeito de si mesmos e manter-se vivo. Seria muito mais fácil para ele se acomodar num confortável exílio autoimposto, seguindo o conhecido caminho de Prokofiev e Nabokov, exilados obcecados com o xadrez. Contudo, Kasparov enxerga isso como uma traição. Conforme via, em 2005 tinha uma escolha: desistir da Rússia ou desistir do xadrez. E escolheu desistir do xadrez.

Kasparov explica que a decisão de se aposentar do xadrez profissional "baseou-se largamente no que eu via como a necessidade de juntar-me à resistência contra a catastrófica expansão do poder autoritário estatal no meu país natal". Por que tomou a decisão de trocar a supremacia no xadrez pelo risco da política? Kasparov argumenta que foi forçado a deixar sua "zona de conforto", o xadrez, pela obrigação de "estar onde achava que era mais desejado e necessário", acima de tudo pela ideia da posteridade. "Não quero que o meu filho de 9 anos se preocupe com o serviço militar russo numa guerra ilegal como a da Chechênia ou tema a repressão de uma ditadura", declara, apesar de admitir que a decisão é vista por muitos como temerária: "Afinal de contas, ter o pai atacado ou preso não vai ser de muita ajuda ao meu filho." Mas Kasparov apenas põe de lado quaisquer pensamentos de assassinato ou prisão: "Existem coisas que simplesmente têm que ser feitas [...] é uma luta que tem que ser lutada."

A batalha solitária de Garry Kasparov com o ressurgente Estado policial russo agora já dura mais de duas décadas, desde as maquinações

EPÍLOGO

que prematuramente interromperam o primeiro match com Karpov. Kasparov já se acostumou com a intimidação e a sabotagem contra suas tentativas de organizar uma séria oposição ao incipiente autoritarismo de Vladimir Putin. Mas sabe que o jogo que está disputando agora com Putin é pela sua vida.

Ensaio sobre as Fontes

Qualquer estudo sobre xadrez e Guerra Fria deve levar em conta duas histórias simultâneas e complementares, porém distintas, sendo que nenhuma delas normalmente toma muito conhecimento da outra. A historiografia do xadrez costuma ser escrita pelos entusiastas mais acadêmicos do jogo, cujo interesse por política provavelmente é periférico. Até agora, o xadrez tem sido ainda mais marginal à história política da Guerra Fria. O presente volume é, portanto, uma tentativa de harmonizar dois ramos de pesquisa mutuamente incompatíveis. Como não leio russo, em grande parte esta obra baseia-se em fontes secundárias.

Os dois livros que permearam a todo instante minha obra, e aos quais gostaria de manifestar meu reconhecimento, por coincidência têm títulos quase idênticos: *Soviet Chess*, de D. J. Richards (Oxford, 1965), e *Soviet Chess, 1917-1991*, de Andrew Soltis (Jefferson, Carolina do Norte, e Londres, 2000). Embora os dois autores abordem o tema a partir de duas direções opostas — o primeiro, como historiador da política da Rússia, e o segundo, como um grande mestre e historiador do xadrez —, este livro tenta sintetizar a pesquisa de ambos.

Algumas outras obras gerais também foram de valor inestimável. *The Oxford Companion to Chess*, de David Hooper e Kenneth Whyld (Oxford, 1992), é um livro de referência essencial, especialmente útil sobre as personalidades que dominaram a história do jogo antes e durante a Guerra Fria. Também fiz considerável uso da coleção de documentos de Dmitri Plissetski e Serguei Voronkov, publicada como *Russians versus Fischer* (Londres, 2005). Para os matches pelo título mundial, os relatos contemporâneos de Raymond Keene e vários colaboradores agora podem ser complementados pela análise geral superlativa de Garry Kasparov na sua série de volumes *Meus grandes predecessores*, em particular aqueles sobre Fischer, Kortchnoi e Karpov. Sobre a história política e cultural da União Soviética, as obras de Robert Conquest, Richard Pipes, Anne Applebaum, Orlando Figes, Simon Sebag Montefiore e Robert Service foram indispensáveis.

Na introdução, a história sobre o conjunto de peças e tabuleiro de Carlos I em Windsor vem de *A History of Chess* (Oxford, 1913), de H. J. R. Murray, que ainda retém seu valor quase um século após a primeira publicação. Sobre a cunhagem do termo "Guerra Fria" por Orwell, a procedência é o *Oxford English Dictionary*. Minha fonte para Sammy Reshevsky como "campeão do mundo livre" e para o desafio do *New York Times* é Andrew Soltis.

No capítulo 1, o adágio atribuído a Moses Mendelssohn é citado com frequência, mas não consegui identificar a fonte. Não está mencionado na biografia definitiva de autoria de Alexander Altmann (Londres, 1973), a qual, contudo, confirma tanto a paixão como a destreza de Mendelssohn no xadrez, além do fato de que ele e Lessing se reuniram inicialmente pelo interesse mútuo no jogo. Todavia, se Mendelssohn não falou, decerto o adágio é *ben trovato*. Para Jacobus de Cessolis e neologismos do xadrez medieval, recorri a Murray, Hooper e Whyld. Murray mais uma vez é a minha fonte principal para a história do xadrez islâmico e o relato de Horsey sobre a morte de Ivan, o Terrível. Sobre o filme de Eisenstein há muitas obras, mas Orlando Figes faz um bom resumo em *Natasha's Dance* (Nova York e Londres, 2002). O quadro de xadrez com Mendelssohn, Lessing e Lavater e seu *background* em *Natan, o Sábio* é discutido por Jonathan M. Hess em *Germans, Jews and the Claims of Modernity* (New Haven e Londres, 2002). Sobre Howard Staunton, o melhor livro é de R. D. Keene e R. N. Coles, *Howard Staunton: The English World Chess Champion* (British Chess Magazine, 1975). Os relatos dos torneios tsaristas em São Petersburgo vêm de *Emanuel Lasker* (Londres, 1959), de J. Hannak, do livro do

ENSAIO SOBRE AS FONTES

próprio Lasker sobre o torneio de 1909 (Dover, reimpressão, 1971) e do livro de Tarrasch sobre o torneio de 1914 (Caissa Editions, 1993).

O capítulo 2 tem uma grande dívida com *Lenin: A Biography* (Londres, 2000), de Robert Service, e com o ensaio de Leonard Schapiro sobre a "Formação Intelectual de Lenin", em *Russian Studies* (Londres, 1986), por sua discussão da influência de Tchernichevski sobre Vladimir e Alexander Ulianov. Também deve muito à excelente edição de *Whatis to be done?* [*Que fazer*], de Tchernichevski, traduzido por Michael Katz (Ithaca e Londres, 1989). Sobre o isolamento da Rússia soviética e a visita de intelectuais americanos em 1927, ver, além de Figes, Pipes e os outros historiadores da Rússia, o recente livro de Amity Shlaes, *The Forgotten Man: A New History of the Great Depression* (Londres, 2007), especialmente o capítulo 2, "The Junket". As histórias sobre Rousseau, Marx e outros revolucionários vêm de uma série de fontes, incluindo *The Even More Complete Chess Addict* (Londres, 1993), de Mike Fox e Richard James, Hooᴦ r e Whyld, e *Chess: The History of a Game* (Londres, 1985), de Richard Eales, que também é a fonte da descrição do *Pravda* sobre o triunfo de Botvinnik em Nottingham em 1936.

Minha narrativa no capítulo 3 da ascensão do xadrez como fundamental para a vida cultural da Rússia soviética e do impacto do Terror Vermelho de Stalin baseia-se muito em *Soviet Chess, 1917-1991*, de Soltis — em especial sua pesquisa sobre as figuras cruciais de Iliin-Genevski e Nikolai Krilenko —, mas também em D. J. Richards. Eu complementei a seção sobre Krilenko com material retirado de outros historiadores, incluindo Conquest, Pipes, Figes, Applebaum e Sebag Montefiore. O episódio sobre Krilenko jogando xadrez com Lenin vem de Soltis, enquanto as citações de Górki sobre experimentos humanos podem ser encontradas em *The Black Book of Communism* (Cambridge, Mass., e Londres, 1999), de Courtois et al.

As informações sobre escritores e outros artistas russos que jogavam xadrez apresentadas no capítulo 4 foram extraídas de várias fontes, incluindo Fox e James, Soltis e Hooper e Whyld, ao mesmo tempo que devo muito do *background* a Orlando Figes e Ronald Hingley. Sobre Pasternak, além do seu próprio *Essay in Autobiography* (Londres, 1959), contei com Simon Sebag Montefiore e Edvard Radzinski para o incidente com Stalin. As citações de C.H.O'D. Alexander e do marechal Malinovski, bem como a narrativa sobre psicologia e xadrez na União Soviética, vêm de D. J. Richards.

A cultura dos exilados exposta no capítulo 5 toma Emanuel Lasker como ponto de partida. Além dos livros de, e sobre, Lasker — estes, de Hannak e Soltis —, tenho uma dívida com o falecido Heinrich Fraenkel, que escreveu a coluna Assiac na *New Statesman* por cerca de quatro décadas e conheceu Lasker em seus anos finais. Fui alertado para o elo com a sobrinha, a violoncelista e sobrevivente do Holocausto Anita Lasker Wallfisch, pela sua aparição num documentário da televisão BBC sobre o sexagésimo aniversário da liberação de Auschwitz, em janeiro de 2005, e sua entrevista ao *Guardian*, a qual é citada. A história acerca da obsessão de Marcel Duchamp com o xadrez devo a Fox e James.

Ainda falta uma biografia satisfatória sobre Alekhine, mas *Agony of a Chess Genius* (Jefferson, NC, 1989), de Pablo Morán, pode ser suplementada com informações de websites de xadrez. Novamente tenho uma dívida com Soltis e o *Oxford Companion*, de Hooper e Whyld, pelos detalhes de suas relações com as autoridades soviéticas. Sobre o comportamento de Alekhine durante o match com Euwe, o biógrafo deste último, Alexander Münninghoff, foi de grande utilidade.

A introdução do próprio Nabokov ao seu romance *A defesa Lujin* é complementada pelo primeiro volume da biografia de autoria de Brian Boyd, *Vladimir Nabokov: The Russian Years* (Londres, 1990). Curt von Bardeleben é descrito por Edward Lasker no seu *Chess Secrets* (Londres, 1952) e em *The Hastings Chess Tournament 1895*, organizado por Horace F. Cheshire (Nova York, 1962). Na seção a respeito dos arquétipos de Lujin, menciono brevemente Nimzowitsch. Ele foi não apenas um grande jogador prático, mas também o mais importante teórico do início do século XX. *Aron Nimzowitsch: A Reappraisal*, de Raymond Keene,

ENSAIO SOBRE AS FONTES

impresso pela primeira vez em 1974, inclui uma tradução do russo de "Como me Tornei um Grande Mestre", um opúsculo que publicou em 1929. A obra inclui a seguinte passagem reveladora sobre o lugar do xadrez na sua rigidamente ortodoxa família judaica em Riga, durante os anos 1890, ao mesmo tempo que ilustra a atração magnética que o jogo exercia sobre a geração de judeus russos que ou foram para o exílio, como o próprio Nimzowitsch, ou (como Botvinnik) agiram como missionários enxadristas da revolução:

Meu primeiro contato com o xadrez aconteceu sob o signo da *solenidade*. Na nossa família, o xadrez era tratado com grande respeito, porque o nosso pai, ele próprio um ardoroso devoto do jogo, mais de uma vez falou longamente a nós sobre suas incríveis maravilhas. Eu costumava pedir-lhe para me mostrar tudo isso, mas papai sempre recusava, dizendo que "é cedo demais para um rapaz como você ficar pensando em xadrez". Mas, no fim, ele consentiu e, quando eu tinha 8 anos, foi preparada essa ocasião sagrada no dia do santo com o meu nome. Porém, lembro-me de ter ficado um pouco desapontado, já que os movimentos de torre, bispo, cavalo etc. pareciam desprovidos de interesse combinatório. Devo mencionar que antes mesmo de conhecer o xadrez eu possuía um forte pendor por combinações em si, já que todos os esforços dos meus professores, e acima de tudo do meu pai, haviam sido especificamente orientados para gerar em mim um dom para associação e um amor por esse mundo de discussão escolástica e intrincados sofismas que é tão bem conhecido por qualquer um que já tenha se preocupado em estudar o Talmude. Não obstante, meu desapontamento logo deu lugar a uma sensação de aguda curiosidade. Cerca de três semanas após minha primeira aula, papai mostrou-me algumas combinações, incluindo o mate sufocado [...] e, três meses depois, como prêmio por progressos na escola, ele me demonstrou o Jogo Imortal de Anderssen; eu não apenas o compreendi como também me apaixonei profundamente.

O capítulo 6 é dominado pela figura de Mikhail Moisseievitch Botvinnik. Apesar do fato de dominar toda a história do xadrez soviético, Botvinnik também carece de uma boa biografia. Além do *Soviet Chess*, de Soltis, e de três coletâneas de seus jogos e escritos citadas na bibliografia, reuni informações a partir de uma ampla gama de fontes. O ensaio de Botvinnik sobre "A Escola Russa e Soviética de Xadrez", encontrado em *One Hundred Selected Games* (Nova York, 1960), é a obra mais importante sobre o tema. Quanto à questão de Keres ter deliberadamente perdido para Botvinnik no torneio-match de 1948 pelo título mundial, Soltis sumariza as evidências além de também ser indispensável sobre a atitude soviética em relação a Reshevsky. O tratado *The Soviet School of Chess* (Nova York, 1961), de Kotov e Iudovitch, é a principal fonte sobre o papel de Tchigorin como precursor da escola soviética; o comentário de Gerald Abrahams vem do seu *The Chess Mind* (Londres, 1960). As estatísticas sobre o xadrez soviético nas décadas de 1950 e 1960 são de *The Delights of Chess* (Nova York, 1974), de Assiac (Heinrich Fraenkel), que as retirou de fontes oficiais.

Com respeito ao capítulo 7, a literatura sobre judeus, bolchevismo e antissemitismo na Rússia é, naturalmente, vasta. Um bom ponto de partida é o ensaio de Leonard Schapiro sobre "O Papel dos Judeus no Movimento Revolucionário Russo", em seu *Russian Studies* (Londres, 1986). A respeito do antissemitismo de Stalin, Sebag Montefiore vai além dos historiadores anteriores. Mais uma vez me endividei com Soltis acerca de David Bronstein, não apenas por suas obras autobiográficas, mas também pelos obituários publicados em *The Times* e *Daily Telegraph* na época de sua morte, em 2007.

Para o julgamento e a prisão de Natan Sharansky (ou Anatoli Scharansky, como então se chamava), ele próprio é a fonte mais importante. Para o meu relato desse período e da sua carreira mais recente fora da Rússia, baseei-me intensamente em suas memórias [*Fear No Evil*], *Não temerei o mal* (Londres, 1988), e em conversas particulares, bem como na biografia *Scharansky: Hero of Our Time*, de Martin Gilbert (Londres,

ENSAIO SOBRE AS FONTES

1986). Suas narrativas são suplementadas por outras fontes, incluindo as autobiografias de Richard Pipes e Markus Wolf. Uma tradução da novela de Stefan Zweig *The Royal Game* (Londres, 1981) tem organização e introdução de John Fowles. Finalmente, os escritos de Charles Murray sobre a singularidade intelectual judaica e sua relação com o xadrez são controversos, mas obrigatórios.

No capítulo 8, voltado à América, a história de Paul Morphy já foi contada muitas vezes, originalmente por seu empresário, Frederick Edge, em *The Exploits and Triumphs in Europe of Paul Morphy the Chess Champion* (Nova York, 1859), mas Hooper e Whyld oferecem uma útil correção, assim como a biografia de Staunton feita por Keenes e Coles. As citações do seu banquete com Oliver Wendell Holmes vêm do bem pesquisado romance histórico *The Chess Players* (Londres, 1961), de Frances Parkinson Keyes.

Harry Nelson Pillsbury e Frank Marshall estão menos servidos que Morphy em termos biográficos, mas sobre Capablanca há uma abundância de material, sobretudo em *Capablanca* (Jefferson, NC, 1989), de Edward Winter. Em seu próprio livro, Soltis documenta sua relação com os soviéticos. Esta narrativa contou com informações de *The Psychology of the Chess Player* (Nova York, 1956), de Reuben Fine; seu clássico *Basic Chess Endings* (Nova York, 1941) é dedicado a Emanuel Lasker. Para a sua carreira e a de Sammy Reshevsky, recorri bastante a Hooper e Whyld; para as discussões com Raymond Keene, ao livro de Bronstein sobre o torneio de candidatos de 1953 em Zurique; e — para o match abortado contra Botvinnik — a Soltis.

Bobby Fischer, cuja carreira ocupa boa parte dos capítulos 9-11, apresentou problemas particulares. Sou profundamente agradecido a David Edmonds e John Eidinow, cujo livro *Bobby Fischer Goes to War* (Londres, 2004) lançou nova luz sobre o *background* familiar de Fischer, o envolvimento da mãe em política comunista — o qual atraiu a vigilância do FBI —, a identidade do pai biológico e muitas outras coisas. O livro *Russians versus Fischer* (Londres, 2005), de Dmitri Plissetski e Serguei Voronkov, apresentou muitas novas revelações de até então desconhecidas fontes soviéticas. A biografia feita por Frank Brady, apesar de atualizada apenas até os anos 1970, ainda é essencial por seu relato de primeira mão sobre a carreira enxadrística de Fischer — por exemplo, os cômicos mal-entendidos com Mikhail Tal. O torneio de candidatos de 1962, em Curaçao, está coberto em profundidade no estudo de Jan Timman (Alkmaar, Holanda, 2005), o qual suplementei com outras fontes. O trecho sobre Fischer em Havana deve-se em especial a Brady, mas as fotografias em websites de xadrez de Fischer jogando contra Castro foram úteis para compreender como os cubanos exploraram a oportunidade de propaganda representada pela partida.

Os jogos de Fischer com os russos até sua volta em 1970 estão bem documentados por Plissetski e Voronkov. Pouco foi acrescentado pela intensa cobertura gerada pelas reaparições em 2001 e 2005, após os ataques aos EUA em 11 de setembro e, depois, sua prisão no Japão, a malograda extradição aos Estados Unidos e, por fim, a concessão de asilo na Islândia. Edmonds e Eidinow fizeram mais para iluminar esse canto obscuro da psique de Fischer, com a pesquisa sobre suas origens, do que qualquer um dos ensaios de psicologia especulativa produzidos pela imprensa.

No capítulo 10 — os preparativos para o grande match —, *Meus grandes predecessores,* vol. 4, de Garry Kasparov, é de formidável valor para a compreensão de por que Fischer conseguiu uma dominância tão impressionante sobre a máquina soviética. O relato sobre o match de 1970 da União Soviética contra o Resto do Mundo, em Belgrado, e suas consequências recorre principalmente a Plissetski e Voronkov, Soltis e Brady. A caracterização de Boris Spassky baseia-se em material desses autores, bem como Edmonds e Eidinow, Cafferty e outras fontes. A vitória de Fischer sobre Taimanov e o subsequente destino deste último são descritos em meticulosos e dolorosos detalhes por Kasparov e Plissetski. As citações de Soljenitsin vêm do seu volume de discursos e ensaios, *The Russian Question* [*A questão russa*] (Londres, 1998), enquanto a tradução da *Ilíada*, de Homero, usada neste capítulo e no seguinte é de E. V. Rieu, com revisão de Peter Jones e D. C. H. Rieu.

Há uma grande literatura sobre o match Fischer-Spassky, mas todas as discussões anteriores aos jogos ficaram obsoletas com as análises de Kasparov. No que tange a política e psicologia, Edmonds e Eidinow mais uma vez substituíram narrativas antecedentes, enquanto Plissetski e Voronkov são indispensáveis quanto ao que se passava dentro do campo soviético. As memórias de Karpov, *Karpov on Karpov* (Nova York, 1991), acrescentam um (hostil) *insight* ao estado mental de Spassky. Dos relatos dos jornalistas reunidos em Reykjavik, as melhores descrições são o texto de Heinrich Fraenkel em *The Delights of Chess* (Nova York, 1974), a narrativa de Harold C. Schonberg em *Grandmasters of Chess* (Nova York e Londres, 1974) e o artigo "O Jogo Glorioso e Sangrento", de Arthur Koestler, no *Sunday Times*, enquanto *The Sporting Scene* (Londres, 1973), de George Steiner, é um rico, mas tortuoso, ensaio do correspondente da *New Yorker*. Edmonds e Eidinow são fontes bastante confiáveis sobre as alegações e a realidade de truques sujos de ambos os lados; já as memórias do ex-coronel do KGB Gueorgui Sannikov não merecem o menor crédito. Sobre a repressão a dissidentes durante o match, baseei-me em *Não temerei o mal*, de Sharansky, e na biografia *Sakharov* (Hanover, NH, e Londres, 2002), de Richard Lourie. O interrogatório pós-match de Spassky é documentado por Plissetski e Voronkov, ao passo que suas próprias lembranças e a história do convite não aceito de Nixon a Fischer vêm de Kasparov.

Como ainda está por ser escrita uma história definitiva de xadrez e computadores, o capítulo 12 recorre a uma eclética seleção de fontes impressas e eletrônicas, sendo a mais importante *Kasparov versus Deep Blue: Computer Chess Comes of Age* (Nova York, 1997), de Monty Newborn. Os primeiros autômatos enxadristas estão descritos em obras gerais a respeito de xadrez, tais como a de Hooper e Whyld, mas sobre o Turco também utilizei a erudita novela histórica do escritor alemão Robert Löhr *Der Schachautomat* (Munique, 2005). Acerca de Leibniz e

Euler, usei obras de referência científicas, como *The Fontana History of the Mathematical Sciences*, mas para figuras modernas como Leonardo Torres y Quevedo, Alan Turing, Claude Shannon, John von Neumann e Arthur C. Clarke, também recorri a fontes na web e igualmente a seus próprios escritos. Por exemplo, Alan Hodges, o biógrafo de Turing, mantém um excelente website que inclui muitas das principais obras do biografado e o primeiro jogo de xadrez com um computador. Newborn mais uma vez é essencial quanto ao papel de Botvinnik no xadrez computacional soviético. Também utilizei as memórias de Karpov, o livro de Soltis *Soviet Chess*, a coletânea de discursos e artigos de Ronald Reagan (organizados por Kiron K. Skinner et al.) e o testemunho oral de Raymond Keene sobre o atraso da tecnologia soviética nos anos 1980.

A guerra solitária de Kortchnoi contra o sistema soviético, que forma o núcleo dos capítulos 13 e 14, tem como principal fonte o volume 5 de *Meus grandes predecessores*, de Kasparov, por seu relato do que aconteceu no tabuleiro. Às memórias de Kortchnoi e Karpov, acrescentei minhas próprias impressões de Hastings 1972, como um observador de 14 anos do primeiro choque entre ambos fora da Rússia. Quanto ao match de 1978 em Baguio, o polêmico *Anti-Chess*, de Kortchnoi, mais tarde revisto e publicado como *Persona non Grata* (Davenport, Iowa, 1981), oferece material útil, ainda que nem sempre confiável, para aprofundar os comentários de Keene como um *insider*. As declarações de grandes mestres russos após o match, sobre o que aconteceria a Kortchnoi — e ao xadrez soviético —, caso este tivesse vencido, vêm de Kasparov.

A rivalidade entre Karpov e Kasparov é descrita no capítulo 15. Minha narrativa deve muito a Keene e seus vários colaboradores durante os cinco matches. Os escritos autobiográficos de ambos os enxadristas e as entrevistas em *Mortal Games* (Nova York, 1993), de Fred Waitzkin, ajudam a explicar o *background* político. A citação do redator de discursos de Reagan provém do website Powerline.

Para o capítulo 16, que compreende a era pós-soviética, a tomada da FIDE por Kirsan Iliumjinov e o papel de Kasparov na oposição a

Putin, baseei-me principalmente em notícias de BBC, *The Times, Daily Telegraph* e outros jornais, além de websites de xadrez. Artigos de Kasparov aparecem com regularidade no *Wall Street Journal*, além de ele dar entrevistas com frequência. Quanto ao match entre Kasparov e o computador Deep Blue da IBM, consultei Newborn, livros de Keene, fontes impressas e da web, além do filme *Game over*.

Mais do que qualquer capítulo, o epílogo se baseia em observações de primeira mão sobre — e conversas com — Kasparov. Os fatos e números alarmantes acerca da Rússia de Putin são tirados de *America Alone* (Washington DC, 2006), de Mark Steyn.

BIBLIOGRAFIA

Abrahams, Gerald. *The Chess Mind*. Londres: Penguin, 1960.

Albats, Ievguenia. *KGB: State Within a State*. Londres: I. B. Tauris, 1995.

Alekhine, Alexander. *Alekhine's Greatest Games of Chess*. Londres: Batsford, 1989.

Alexander, C.H.O'D. *Alekhine's Best Games of Chess, 1938-1945*. Londres: Bell, 1966.

Altmann, Alexander. *Moses Mendelssohn: A Biographical Study*. Londres: Routledge, 1973.

Applebaum, Anne. *Gulag: A History of the Soviet Camp*. Nova York e Londres: Penguin, 2003.

Assiac [Heinrich Fraenkel]. *The Delights of Chess*. Nova York: Dover, 1974.

Botvinnik, Mikhail, traduzido por E. Strauss, *Half a Century of Chess*. Londres: Cadogan, 1996.

Botvinnik, Mikhail. "The Russian and Soviet School of Chess", em *Botvinnik: One Hundred Selected Games*. Nova York: Dover, 1960.

Botvinnik, Mikhail. *Mikhail Botvinnik: Master of Strategy*. Londres: Batsford, 1972.

Boyd, Brian. *Vladimir Nabokov*, volume I: *The Russian Years*. Londres: Chatto, 1990.

Brady, Frank. *Bobby Fischer*. Londres: Batsford, 1974.

British Chess Magazine. *The Grand International Masters' Chess Tournament at St. Petersburg, 1914*. St Leonards-on-Sea: BCM, 1914.

Bronstein, David, e Furstenberg, Tom. *The Sorcerer's Apprentice*. Londres e Nova York, Cadogan, 1995.

Bronstein, David. *David against Goliath*, vol. 2: *Secret Notes*. Londres: Trafalgar Square, 2004 e 2007.

Bronstein, David. *Zurich International Chess Tournament, 1953*. Nova York: Dover, 1979.

Bulgakov, Mikhail, traduzido por Richard Pevear e Larissa Volokhonsky. *The Master and Margarita*. Nova York e Londres: Penguin, 1997.

390 REI BRANCO E RAINHA VERMELHA

Burleigh, Michael. *Sacred Causes: Religion and Politics from the European Dictators to Al Qaeda*. Nova York e Londres: HarperCollins, 2006.

Cafferty, Bernard. *Boris Spassky: Master of Tactics*. Londres: Batsford, 1972.

Čapek, Karel, traduzido por Paul Selver e Nigel Playfair. *R.U.R. Rossum's Universal Robots: A Fantastic Melodrama in Three Acts*. Londres e Nova York: Samuel French, 1923.

Chamberlain, Lesley. *Motherland: A Philosophical History of Russia*. Londres: Atlantic, 2004.

Chamberlain, Lesley. *The Philosophy Steamer: Lenin and the Exile of the Intelligentsia*. Londres: Atlantic, 2007.

Clarke, P. H. *Mikhail Tal: Master of Sacrifice*. Londres: Batsford, 1991.

Clarke, P. H. *Tigran Petrosian: Master of Defence*. Londres: Batsford, 1992.

Conquest, Robert. *The Great Terror: Stalin's Purge of the Thirties*, ed. rev. Nova York e Oxford: Oxford University Press, 1990.

Courtois, Stéphane, Werth, Nicolas, et al. *The Black Book of Communism: Crimes, Terror, Repression*. Cambridge, Mass., e Londres: Harvard University Press, 1999.

Damsky, Yakov. *The Batsford Book of Chess Records*. Londres: Batsford, 2005.

Eales, Richard. *Chess: The History of a Game*. Londres: Batsford, 1985.

Edge, Frederick. *The Exploits and Triumphs in Europe of Paul Morphy the Chess Champion*. Nova York: D. Appleton, 1859; Dover reimpressão, 1973.

Edmonds, David, e Eidinow, John. *Bobby Fischer Goes to War: The True Story of How the Soviets Lost the Most Extraordinary Chess Match of All Time*. Londres: Faber, 2004.

Ferguson, Niall. *The War of the World: Twentieth-Century Conflict and the Descent of the West*. Nova York e Londres: Penguin, 2007.

Figes, Orlando. *A tragédia de um povo: A Revolução Russa 1891-1924*. Rio de Janeiro: Record, 1999.

Figes, Orlando. *Natasha's Dance: A Cultural History of Russia*. Nova York e Londres: Penguin, 2002.

Fine, Reuben. *Basic Chess Endings*. Nova York: David McKay, 1941.

Fine, Reuben. *The Psychology of the Chess Player*. Nova York: Dover, 1956.

Fischer, Bobby. *My 60 Memorable Games*. Londres: Faber, 1972.

Fox, Mike, e James, Richard. *The Complete Chess Addict*. Londres: Faber, 1987.

Fox, Mike, e James, Richard. *The Even More Complete Chess Addict*. Londres: Faber, 1993.

BIBLIOGRAFIA 391

Gaddis, John Lewis. *The Cold War*. Nova York e Londres, 2006.

Garton Ash, Timothy. *History of the Present*. Nova York e Londres: Penguin, 1999.

Gatrill, Peter. *Russia's First World War: A Social and Economic History*. Harlow: Pearson Longman, 2005.

Gerrard, Jasper. "Arrogant? No, I'm just the best." Entrevista de Garry Kasparov, *Sunday Times*, 20 de março de 2005.

Gilbert, Martin. *Shcharansky: Hero of Our Time*. Londres: Macmillan, 1986.

Golombek, Harry, com J. du Mont. *Capablanca's Hundred Best Games of Chess*. Londres: Bell, 1959.

Gorbachev, Mikhail. *Memoirs*. Nova York e Londres, 1996.

Hannak, J., prefácio de Albert Einstein, traduzido por Heinrich Fraenkel. *Emanuel Lasker: The Life of a Chess Master*. Londres: André Deutsch, 1959.

Hartston, William. *The Guinness Book of Chess Grandmasters*. Londres: Guinness, 1996.

Herrnstein, Richard J., e Murray, Charles. *The Bell Curve: Intelligence and Class Structure in American Life*. Nova York e Londres: Free Press, 1994.

Hess, Jonathan M. *Germans, Jews and the Claims of Modernity*. New Haven e Londres: Yale University Press, 2002.

Hingley, Ronald. *The Russian Mind*. Londres: Bodley Head, 1977.

Hodges, Alan. *Alan Turing: The Enigma*. Nova York: Simon & Schuster, 1983.

Hooper, David, e Whyld, Kenneth. *The Oxford Companion to Chess*, nova edição. Oxford: Oxford University Press, 1992.

Hosking, Geoffrey. *The Awakening of the Soviet Union*. Londres: William Heinemann, 1990.

Jones, Peter (org.), e E. V. Rieu (tradutor). *Homer: The Iliad*. Craster e Londres, Achilles Press, 2003.

Karpov, Anatoli, e Rochal, Aleksandr, traduzido por Kenneth P. Neat. *Chess is My Life*. Oxford: Pergamon, 1980.

Karpov, Anatoli, traduzido por Todd Bludeau. *Karpov on Karpov: Memoirs of a Chess World Champion*. Nova York: Macmillan, 1991.

Kasparov, Garry, com Dmitri Plissetski. *Meus Grandes Predecessores*, Vols. 1-3. São Paulo: Solis, 2004-5.

Kasparov, Garry, com Dmitri Plissetski. *My Great Predecessors*, Parts I-V. Londres: Everyman Chess, 2003-6.

Kasparov, Garry, com Donald Trelford. *Unlimited Challenge: An Autobiography.* Nova York e Londres: Grove Weidenfeld, 1990.

Kasparov, Garry. *O Teste do Tempo.* São Paulo: Solis, 2006.

Kasparov, Garry. *Xeque-mate. A vida é um jogo de xadrez.* Rio de Janeiro: Campus, 2007.

Keene, Raymond, com David Goodman e John Groser. *Docklands Encounter: USSR v. The World.* Londres: Batsford, 1984.

Keene, Raymond, e Coles, R. N. *Howard Staunton: The English World Chess Champion.* St Leonards-on-Sea: British Chess Magazine, 1975.

Keene, Raymond, e Divinsky, Nathan. *Warriors of the Mind: A Quest for the Supreme Genius of the Chess Board.* Londres: Hardinge Simpole, 1989.

Keene, Raymond, e Goodman, David. *Manoeuvres in Moscow: Karpov-Kasparov II.* Londres: Batsford, 1985.

Keene, Raymond, e Goodman, David. *Showdown in Seville: Kasparov-Karpov IV.* Londres: Batsford, 1987.

Keene, Raymond, e Goodman, David. *The Centenary Match: Kasparov-Karpov III.* Londres: Batsford, 1986.

Keene, Raymond, e Jacobs, Byron. *The Moscow Challenge: Karpov-Kasparov, the 1984 World Championship.* Londres: Batsford, 1985.

Keene, Raymond. *Aron Nimzowitsch: A Reappraisal.* Londres: Batsford, 1999.

Keene, Raymond. *Battle of the Titans: Kasparov-Karpov New York-Lyons.* Londres: Batsford, 1991.

Keene, Raymond. *Chess Terminators: The Rise of the Machines from Deep Blue to Hydra.* Londres: Hardinge Simpole, 2005.

Keene, Raymond. *Fischer-Spassky II: The Return of a Legend.* Londres: Batsford, 1992.

Keene, Raymond. *Karpov-Korchnoi, 1978: The Inside Story of the Match.* Londres: Batsford, 1978.

Keyes, Frances Parkinson. *The Chess Players.* Londres: The Book Club, 1961.

Klima, Ivan, introdução a Čapek, Karel. *War with the Newts.* Londres: Penguin, 1998.

Koestler, Arthur. "The Glorious and Bloody Game", publicado inicialmente em *Sunday Times*, 1972. Compilado em *Kaleidoscope: Essays.* Londres: Hutchinson, 1981.

Kortchnoi, Viktor, com Lenny Cavallaro. *Persona non Grata* (publicado inicialmente como *Anti-Chess*). Davenport, Iowa: Thinker's Press, 1981.

BIBLIOGRAFIA

Kortchnoi, Viktor. *Chess is My Life*. Nova York: Arco, 1978.

Kotov, Alexander, e Iudovitch, Mikhail. *The Soviet School of Chess*. Nova York: Dover, 1961.

Krauthammer, Charles. "Just How Dangerous is Chess?", *Time*, 26 de abril de 2005.

Kroguius, Nikolai. *Psychologie im Schach*. Berlim Oriental: Sportverlag, 1983.

Lasker, Edward. *Chess Secrets I learned from the Masters*. Londres: Hollis and Carter, 1952.

Lasker, Emanuel (org.). *The International Chess Congress, St. Petersburg, 1909*. Nova York: Dover, 1971.

Lasker, Emanuel. *Lasker's Manual of Chess*. Nova York: Dover, 1960.

Lawson, Dominic. *The Inner Game*. Londres: Macmillan, 1992.

Löhr, Robert. *Der Schachautomat*. Munique: Piper, 2005.

Lourie, Richard. *Sakharov: A Biography*. Hanover, New Hampshire, e Londres: Brandeis University Press, 2002.

Marozzi, Justin. *Tamerlane: Sword of Islam, Conqueror of the World*. Londres: HarperCollins, 2005.

Marshall, Frank. *Frank J. Marshall's Best Games of Chess*. Nova York: Dover, 1960.

Matanovic, Aleksandar (org.). *Encyclopedia of Chess Openings* (inclui a análise de Kortchnoi da Defesa Aberta da Ruy Lopez). Londres: Batsford, 1974.

Morán, Pablo, organizado e traduzido por Frank X. Mur. *A. Alekhine: Agony of a Chess Genius*. Jefferson, Carolina do Norte: McFarland, 1989.

Murray, Charles. "Jewish Genius", em *Commentary*, abril de 2007.

Murray, Charles. *Human Accomplishment: The Pursuit of Excellence in the Arts and Sciences, 800 BC to 1950*. Nova York e Londres: HarperCollins, 2003.

Murray, H. J. R. *A History of Chess*. Oxford: Oxford University Press, 1913.

Nabokov, Vladimir. *A Defesa Lujin*. São Paulo: Companhia das Letras, 2008.

Neumann, John von, e Morgenstern, Oskar. *Theory of Games and Economic Behaviour*. Princeton: Princeton University Press, 1944.

Newborn, Monty. *Kasparov versus Deep Blue: Computer Chess Comes of Age*. Nova York: Springer, 1997.

Orwell, George. *1984*. São Paulo: Companhia Editora Nacional, 2003.

Overy, Richard. *Russia's War*. Londres: Penguin, 1998.

Pasternak, Boris. *An Essay in Autobiography*. Londres: Collins Harvill, 1959.

Pipes, Richard. *The Russian Revolution, 1899-1919*. Londres: Collins Harvill, 1990.

Pipes, Richard. *Vixi: Memoirs of a Non-Belonger*. New Haven e Londres: Yale University Press, 2003.

Plissetski, Dmitri, e Voronkov, Serguei. *Russians versus Fischer*. Londres: Everyman Chess, 2005.

Poipe, Jacques. *Harry Nelson Pillsbury: American Chess Champion*. Ann Arbor: Pawn Island Press, 1996.

Radzinsky, Edvard. *Stalin*. Nova York e Londres: Doubleday, 1996.

Reinfeld, Fred, e Fine, Reuben. *Lasker's Greatest Chess Games: 1889-1914*. Nova York: Dover, 1965.

Richards, D. J. *Soviet Chess*. Oxford: Clarendon Press, 1965.

Schapiro, Leonard. "The Role of the Jews in the Russian Revolutionary Movement" e "Lenin's Intellectual Formation", em Schapiro, *Russian Studies*. Londres: Collins Harvill, 1986.

Schonberg, Harold C. *Grandmasters of Chess*. Nova York e Londres: Davis-Poynter, 1974.

Sebag Montefiore, Simon. *Stalin: A corte do tsar vermelho*. São Paulo: Companhia das Letras, 2006.

Sergeant, P. W., e Watts, W. H. *Pillsbury's Chess Career*. Nova York: Dover, 1966.

Service, Robert. *Lenin. A biografia definitiva*. Rio de Janeiro: Difel, 2006.

Sharansky, Natan, com Ron Dermer. *The Case for Democracy: The Power of Freedom to Overcome Tyranny and Terror*. Nova York: Public Affairs, 2004.

Sharansky, Natan. *Não temerei o mal*. Rio de Janeiro: Best Seller, 1988.

Shlaes, Amity. *The Forgotten Man: A New History of the Great Depression*. Londres: Cape, 2007.

Skinner, Kiron K., Anderson, Annelise e Anderson, Martin. *Reagan in His Own Hand: The Writings of Ronald Reagan that Reveal his Revolutionary Vision for America*. Nova York: Simon & Schuster, 2002.

Soljenitsin, Alexander. *Arquipélago Gulag*. Rio de Janeiro: Biblioteca do Exército, 1976.

Soljenitsin, Alexander. *The Russian Question at the End of the Twentieth Century*. Londres: Harvill, 1995.

Soltis, Andrew. *Soviet Chess, 1917-1991*. Jefferson, Carolina do Norte, e Londres: McFarland, 2000.

Soltis, Andrew. *Why Lasker Matters*. Londres: Batsford, 2006.

BIBLIOGRAFIA

Steiner, George. *The Sporting Scene: White Knights of Reykjavik*. Londres: Faber, 1972.

Steyn, Mark. *America Alone: The End of the World as We Know It*. Washington DC: Regnery, 2006.

Tarrasch, Siegbert. *Die Moderne Schachpartie*. Leipzig: Hans Hedewig's Nachfolger, Curt Ronneger, 1921.

Tarrasch, Siegbert. *St Petersburg 1914 International Chess Tournament*. Yorklyn, DE: Caissa Editions, 1993.

Tchernichevski, Nikolai, traduzido e organizado por Michael R. Katz. *What Is to Be Done?* Ithaca e Londres: Cornell University Press, 1989.

Timman, Jan. *Curaçao 1962: The Battle of Minds that Shook the Chess World*. Alkmaar, Holanda: New in Chess, 2005.

Wade, Robert G., e O'Connell, Kevin J. (orgs.). *The Games of Robert J. Fischer*, nova edição. Londres: Batsford, 1972.

Waitzkin, Fred. *Mortal Games: The Turbulent Genius of Garry Kasparov*. Nova York: Putnam's, 1993.

Winter, Edward. *Capablanca: A Compendium of Games, Notes, Articles, Correspondence, Illustrations and Other Rare Archival Materials on the Cuban Chess Genius José Raúl Capablanca, 1888-1942*. Jefferson, Carolina do Norte: McFarland, 1989.

Wolf, Markus, com Anne McElvoy. *Man Without a Face: The Memoirs of a Spymaster*. Londres: Jonathan Cape, 1997.

Zweig, Stefan. *The Royal Game and Other Stories*. Londres: Jonathan Cape, 1981.

Índice

1984 (Orwell) 26, 316

2001: Uma odisseia no espaço (filme, 1968) 234, 264-6

64 (publicação da Seção de Xadrez da União) 61, 63, 65, 158, 191, 197

"A Calculadora Eletrônica Proposta" (Turing) 249

A compreensão do universo (Lasker) 79

A comunidade do futuro (Lasker) 84

A crônica dos eventos atuais 239

A defesa Lujin (Nabokov) 90-4, 363, 380

A defesa Nimzowitstch (Taimanov) 194

"A Escola Russa e Soviética de Xadrez" (Botvinnik) 102, 382

A escola de xadrez soviética (Kotov e Iudovitch) 87, 163, 382

A filosofia do inatingível (Lasker) 79

A Game at Chess (Middleton) 202

A History of Chess (H. J. R. Murray) 378

A Questão Russa (Soljenitsin) 200, 384

A rainha de espadas (Puchkin) 70

A terra desolada (Eliot) 202

A tragédia de um povo (Figes) 56

A visão mundial do jogador (Lasker) 84

Abakumov, Viktor (1894-1954) 113

abássidas, dinastia 30-1

Abrahams, Gerald (1907-80) 103, 137, 263-4

Abramov, Lev 155

Abramovitch, Roman (n. 1966) 355

Acordo de Munique (1938) 48

Adams, Michael (n. 1971) 357

Adelson-Velski, George (n. 1922) 256

Agony of a Chess Genius (Morán) 380

Ajedrista, El (autômato) 247

Ajeeb (autômato enxadrista) 141, 245-6

Ala'addin at-Tabrizi 31

Alburt, Lev (n. 1945) 149, 270-1

Alekhine, Alexander (1892-1946) 39, 40, 53, 54, 67, 72, 73, 78, 97, 98, 99, 102, 103, 144, 145, 349; e álcool 88-9, 103; morte de 90; e exílio da União Soviética 87-90; e Nabokov 93; *versus* Capablanca (1927) 299; *versus* Euwe (1935) 88

Alemanha nazista: e Alekhine 88-9; e xadrez 86, 87; e Fine 145; e Lasker 82, 84, 86

Alemanha Ocidental, popularidade do xadrez na 158

Alexander, C.H.O'D. (1909-74) 76, 113, 249

Alexandre III, tsar da Rússia (1845-94) 44

Alice no país do espelho (Carroll) 28, 36-7

Aliiev, Gaidar (1923-2003) 319, 321

American Chess Quarterly 186-7

Anand, Viswanathan (n. 1969) 348, 359

Ananda Marga (seita de ioga) 305-6, 309

Anderssen, Adolf (1818-79) 37, 139

Andersson, Ulf (n. 1951) 279

Andropov, Iuri (1914-84) 47, 120, 122, 129-32, 236, 321, 328

Anti-Chess (Kortchnoi) 386

antissemitismo *ver* judeus: perseguição de; judaísmo

Ao Novo Exército 54

Apollonov, general de divisão Arkadi 101

Applebaum, Anne (n. 1964) 378

Arlazarov, Vladimir 256

Armênia 341-3

Aron Nimzowitsch (Keene) 380-1

Arquipélago Gulag (Soljenitsin) 200, 301, 367

As mil e uma noites 31

Ashkenazi, Vladimir (n. 1937) 270

Asimov, Isaac (1920-1992) 264

Associação de Amantes de Problemas e Estudos Enxadrísticos 63-4

Associação de Xadrez Profissional 359

Associação dos Grandes Mestres (GMA) 335 *ver também* Associação de Xadrez Profissional

Ato Final de Helsinki (1975) 121, 126

autômatos *ver* xadrez computacional e cibernética: autômatos

Averbakh, Iuri (n. 1922) 100, 101-2, 106, 148, 156, 284, 285; sobre a visão de

Botvinnik acerca de xadrez computacional 259

Aznar Lopez, José María (primeiro-ministro da Espanha) 370

Babbage, Charles (1791-1871) 247

Bagramian, marechal 277

Baguirov, Vladimir (1936-2000) 273-4

Baku 341, 343, 347

Balachov, Iuri (n. 1949) 309

Barchai, Walter (n. 1955) 290

Bardeleben, Curt von (1861-1924) 92-3

Barden, Leonard (n. 1929) 262

Baruch, Bernard (1870-1965) 26

Barulin, Mikhail (1897-1943) 65

Baryshnikov, Mikhail (n. 1948) 270

Basic Chess Endings (Fine) 145, 383

Baturinski, coronel Viktor 194-5, 206, 207, 233, 236, 239, 240, 284, 289, 291, 296, 300, 301, 303-5, 307-9, 312

Belle (computador enxadrista) 260

Benkö, Pal (n. 1928) 149, 162, 190, 275

Berginer, Dr. 302-3

Beria, Lavrenti Pavlovitch (1899-1953) 110

Bernstein, Ossip (1882-1962) 37, 86

Bitman, Alexander 256

Bobby Fischer (Brady) 383

Bobby Fischer Goes to War (Edmonds e Eidinow) 236, 383

Bobkov, Filipp 114

Bogoliubov, Efim (1889-1952) 87

Bohatirtchuk, Fiódor (1892-1984) 66-7

ÍNDICE

bolcheviques 42-7, 52, 108

Boleslavski, Isaac (1919-77) 111

Bondarevski, Igor (1913-1979) 148, 196, 207

Boris Spassky (Cafferty) 384

Borodin, Aleksandr (1833-87) 71

Botvinnik, Mikhail Moisseievitch (1911-95) 27, 46, 65, 66, 67, 72, 83, 88, 89, 107, 144, 145, 147, 148, 155, 159, 163, 185, 192, 207, 233, 240, 314, 379, 381; sobre Alekhine 103; sobre Bronstein 113; e Capablanca 95; status de celebridade de 101-2, 158, 356; e xadrez computacional 256, 258-9, 261; e Complô dos Médicos 110; início da carreira 96-9; sobre Fischer 163; e Kasparov 318, 333; e Lasker 95; e preparação para matches 96-7; e trabalhos científicos 96; e sistema enxadrístico soviético 49, 93, 95-106, 280, 318; como professor 96; *versus* Bronstein: (1951) 111-14; (1953) 148; *versus* Fischer (match-exibição abortado) 176

Bourdonnais, Louis Charles de la (1795-1840) 349

Brady, Frank (n. 1934) 171, 211; sobre Fischer 221

Braingames Network 361

Brandt, Willy (1913-92) 130

Brejnev, Leonid (1906-82) 46-7, 114, 120, 200, 205, 239, 311, 314, 328

Brenton, Sir Anthony 353-4

Brest-Litovsk, Tratado de (1918) 56

Brodbek, Alban 305

Brodski, Joseph (1940-96) 270

Bronstein, David (1924-2006) 107, 110-11, 156, 158, 181, 274, 284; e Complô dos Médicos 110; sobre o 13º jogo de Fischer *versus* Spassky (1972) 229; *versus* Botvinnik: (1951) 111-14; (1953) 148

Browne, Walter (n. 1949) 177

Buckle, Henry Thomas (1821-62) 36

Bukharin, Nikolai (1888-1938) 74

Bukovski, Vladimir (n. 1942) 347-8

Bulatao, padre Jaime 304

Bulgakov, Mikhail (1891-1940) 364, 372

Bulganin, Nikolai (1895-1975) 99

Burn, Amos (1848-1925) 37

Byrne, Donald (1930-76) 149, 155, 170

Byrne, Robert (n. 1928) 149, 211, 239

califas omíadas 30-1

califas omíadas 30-1

Calmúquia 355

campeonato mundial 27-8, 31, 111, 145 *ver também* FIDE (Fédération Internationale des Échecs); e renúncia de Fischer ao título 288; e Lasker 77, 78; e Morphy 139-40; predominância de campeões judeus 135, 137; campeões mais jovens 330

Campomanes, Florencio (n. 1927) 300, 303, 304, 305, 307, 309, 311, 323, 325, 326, 327, 331

campos de concentração 57-8, 128-9, 291

campos de trabalho *ver* campos de concentração

Capablanca (Winter) 383

Capablanca, José Raúl (1888-1942) 37, 40, 66, 69, 70, 72, 78, 83, 87, 89, 97, 99, 145, 146, 164, 187, 349; Torneio Memorial Capablanca 164-6; sobre xadrez e inteligência 263; *versus* Alekhine (1927) 299; *versus* Lasker (1921) 142-3; *versus* Marshall (1909) 143

Čapek, Karel (1890-1938) 244

Carlos I, rei da Inglaterra (1600-49): tabuleiro de 25, 378

Carta aos líderes soviéticos (Soljenitsin) 200

"Caso Judaico" 110

Castro, Fidel (n. 1927) 42, 46, 164-6

Catarina II (a Grande), imperatriz da Rússia (1729-96) 33

Cem jogos de xadrez (Botvinnik) 69

Chakhmati v SSSR 69, 94, 158, 238

Chamberlain, Lesley (n. 1951) 57, 189-90, 298

Chamberlain, Neville (1869-1940) 48

Chebarchin, Mikhail 65-6

Chess (musical, 1986) 332

Chess Digest 170

Chess is My Life (Kortchnoi) 292, 308

Chess Review 149

Chess Secrets (Lasker) 380

Chess: The History of a Game (Eales) 378

Chevardnadze, Eduard (n. 1928) 329, 332

Child of Change (Kasparov) 337-8

Chostakovich, Dmitri (1906-75) 71, 73

Chukevich-Tretiakov, Konstantin 65

Churchill, Winston (1874-1965) 48

Chuvalov, Igor 353

CIA (Agência Central de Inteligência) 126; e teorias conspiratórias em Fischer *versus* Spassky (1972) 234-6

cibernética *ver* computação e cibernética

Círculo de Xadrez de Moscou 53

Clarke, Arthur C. (n. 1917) 264

Clausewitz, Karl Marie von (1780-1831) 81

Clube de Apostas Vladimir 52

Comintern 48, 88, 151, 152

Como jogar xadrez (Lasker) 80

Como me Tornei um Grande Mestre (Nimzowitstch) 381

"Complô dos Médicos" 110

"Computadores digitais aplicados a jogos" (Turing) 250

Computadores, xadrez e planejamento de longo prazo (Botvinnik) 258

Conferência de Ialta (1945) 48, 109

Conferência sobre Democracia e Segurança, Praga (2007) 370-3

Congresso de Xadrez: (1934) 62-3

conjuntos de xadrez Staunton 139

Conquest, Robert 378

Conselho de Treinadores da URSS 194-5

Coreia do Norte 266

corrida armamentista nuclear 26

Corzo, Juan 143

ÍNDICE

Cramer, Fred 209, 235-6

crash de Wall Street (1929) 144

Cray Blitz (computador enxadrista) 260

Crime e castigo (Dostoievski) 52

crise dos mísseis cubanos 162

Cuba 164-7

cúpula União Europeia-Rússia, Samara (2007) 369-70

Curaçao 1962 (Timman) 384

Da história do homem (Lasker) 84

Dadachev, Tofik 324

Daladier, Edouard (1884-1970) 48

Davis, Andrew 213

Dead Again (Gessen) 298

Deep Blue (computador da IBM) 246, 262, 359-62, 385, 387

Deep Fritz, computador 262, 360

Deep Junior, computador 360

Deep Thought, computador 359

Defesa Berlim 361, 363

Demitchev, Piotr 205-6, 215

Deng Xiaoping (1904-97) 266

Denker, Arnold (1914-2005) 145

Der Schachautomat (Löhr) 385

design de peças e tabuleiro 139

Diderot, Denis (1713-84) 35

Dobrinin, Anatoli (n. 1919) 219-20, 366

Donner, Jan Heim (1927-88) 171

Donskoi, Mikhail 257

Dorfman, Jossip (n. 1952) 334

Dostoievski, Fiodor (1821-81) 43, 188

Dreyfus, Hubert (n. 1929) 261

Drugaia Rossiia (a Outra Rússia), fórum *ver* Outra Rússia, fórum

Duchamp, Marcel (1887-1968) 78-9

Duchess (computador enxadrista) 258-9

Dukhonin, general Nikolai (1876-1917) 55-6

Edge, Frederick (1830-82) 139

Edmondson, coronel Ed 202, 203

Einstein, Albert (1879-1955) 79

Eisenstein, Serguei (1898-1948) 33

Elista, Cidade do Xadrez, Calmúquia 355-6

Elizabeth I, rainha da Inglaterra (1533-1603) 32

Em defesa da democracia (Sharansky) 133-4

Em defesa da identidade (Sharansky) 134

Emanuel Lasker (Hannak) 79, 378

Enciclopédia de aberturas enxadrísticas (Matanovic) 303

Enciclopédia Moderna de História Russa e Soviética 69

Ensaio de autobiografia (Pasternak) 74-5, 380

escola de xadrez soviética 50, 87, 98-106, 111, 163, 233, 290, 317

escola hipermoderna de xadrez 78, 93, 229

Estados Unidos 104-5, 138-50, 180; Congresso de Xadrez Americano: Nova York (1857) 138; Partido Comunista nos 153; e mandado de prisão contra Fischer 243; imigração:

402 REI BRANCO E RAINHA VERMELHA

da Alemanha nazista 144; do bloco soviético 149; e reação ao sucesso de Fischer 195-6, 240-1; e dissidentes judeus-soviéticos 120-1; emenda Jackson 121

estudos de final de jogo e problemas enxadrísticos 63-4, 73, 78, 91, 116-19, 123, 145

Euler, Leonhard (1707-83) 247

Europa, leste: e fim dos governos comunistas 339; popularidade do xadrez na 158

Euwe, Max (1901-81) 83, 88, 89, 97, 145, 177, 193; e xadrez computacional 255-6; como presidente da FIDE 169-70, 202, 203, 204, 205, 211, 283, 294, 300, 308-9; *versus* Alekhine (1935) 88

Evans, Larry (n. 1932) 149, 170, 171

Exército Vermelho 56, 61, 76

Fabergé, Peter Carl (1846-1920) 34

Febre de xadrez (filme, 1925) 70

Federação Internacional de Xadrez (FIDE) *ver* FIDE (Fédération Internationale des Échecs)

Federação Mundial de Xadrez *ver* FIDE (Fédération Internationale des Échecs)

Federação Russa 60, 363, 369-75

Feldman, Alexander 334

Feynman, Richard (1918-88) 199

FIDE (Fédération Internationale des Échecs) 27, 61, 102, 145, 148, 163, 168, 169, 176, 181, 216, 241, 246, 283, 288, 292, 294, 296, 308-9, 321, 322, 325, 331, 355-6 *ver também* Campeonato Mundial

Figes, Orlando (n. 1959) 378

Filip, Miroslav (n. 1928) 307, 310

Fine, Reuben (1914-93) 124, 144, 145-6, 147, 149, 150, 255

Fischer, Gerhardt 151, 152

Fischer, Regina (m. 1997) 151-4, 155

Fischer, Robert James "Bobby" (1943-2008) 28, 95, 107, 143, 150, 151-73, 278, 280, 286, 299, 316, 317, 329, 356 *ver também* matches pelo título mundial; e antiamericanismo 169, 172, 242, 358; e anticomunismo 154, 213, 219, 242; e antissemitismo 171-2, 243; e Fidel Castro 164-7; e computadores enxadristas 181-2; e conflito com autoridades do xadrez 154, 155, 163, 166, 168, 169, 176, 181; e Curaçao (1962) 158-62, 167; e Hitler 171-2; intelecto de 154; saúde mental de 167, 170-3, 242; sobre Morphy 140; e religião 167, 208; e rivalidade com Tal 157; e Interzonal de Sousse (1967) 167-9, 171; e *establishment* do xadrez soviético: e campanhas contra Fischer 191, 288; e alegações de Fischer de trapaça contra 159-63, 171, 172, 178, 219; e URSS *versus* Resto do Mundo (1970) 175-80; *versus* Botvinnik (match-exibição abortado) 176; *versus* Larsen (1971) 195; *versus* Petrossian: (1970) 178-9; (1971) 196-8, 229; *versus* Reshevsky 162; versus Spassky: (1960-1972) 180, 182, 183, 186, 189; (1972) 174-5, 202-43, 356, 358; e prosseguimento da carreira 240-2; e teorias conspiratórias CIA/KGB 233-7; preparação para 208; (1992) 242; *versus* Taimanov (1971) 192-3

Flohr, Salo (1908-83) 67, 83, 97, 107, 193

Ford, Gerald (38º presidente dos Estados Unidos) (1913-2006) 120

Fox, Chester 209, 210, 218, 219

Fraenkel, Heinrich 232

Frank, Hans (1900-46) 67, 89, 263

Frente Civil Unida 352

Friedman, Milton (1912-2006) 199

Frost, David (n. 1939) 45, 208

Furman, Semien 277, 279, 285

Galbraith, John Kenneth (1908-2006) 208

Galway, Alberic O'Kelly de 285

Game Over: Kasparov and the Machine (filme, 2005) 360, 387

Germans, Jews and the Claims of Modernity (Hess) 378

Gilbert, Martin (n. 1936) 117, 382

Gipslis, Aivars (1937-2000) 168

Gligoric, Svetozar (n. 1923) 148, 156

Gödel, Kurt (1906-78) 248

Godunov, Boris (1551-1605) 32, 33

Golombek, Harry (1911-95) 249, 305

Golubev, Alexander 191

Good, Jack (n. 1916) 249

Gorbachev, Mikhail (n. 1931) 47, 132, 167, 209, 215, 317, 328, 332, 333, 337-8, 340, 342, 343, 347, 348, 352

Gorchkov, coronel Sergey 160

Górki, Maksim (1868-1936) 60, 71

Grã-Bretanha: popularidade do xadrez na 158, 357-8; primeiro torneio de xadrez: Londres (1851) 139

Grande mestre (filme) 270

grande mestre, uso inicial do título 39 40

Grandmasters of Chess (Schonberg) 385

Grigoriev, Nikolai 53-4, 98

Grodzenski, Serguei 65

Grumette, Lina 172

Gueller, Iefim (1925-1998) 107, 159, 160, 161, 186, 187, 190, 207, 216, 223, 234, 235, 239, 274, 275, 285

"guerra ao terror" 133-4, 243

Guerra Civil Russa (1917-21) 47

Guerra Fria: características da 174-5, 316; derivação do termo 11; e *détente* 118, 120, 129, 199-201, 213, 239; fim da 328, 338-43; e papel da tecnologia da informação 258-61, 267-8, 314; história da 377; e analogia com *Ilíada* 174-5; e MAD (Destruição Mutuamente Assegurada) 199, 252; e corrida armamentista nuclear 11; origens da 48-9; e *realpolitik* 199; relações durante 162, 163-7; e importância dos matches: Fischer *versus* Spassky, Reykjavik (1972) 200-1,

404   REI BRANCO E RAINHA VERMELHA

317, 346; Karpov *versus* Kasparov (1984-1990) 330-1, 346-7, 349-50; terminologia da 11-12

Guevara, Che (1928-67) 164

Gufeld, Eduard (1936-2002) 274

Guillaume, Günter 130

Guinzburg, Alexander (1936-2002) 127

Guinzburg, David 185

gulag (Applebaum) 57, 128-9

gulags ver campos de concentração

Gulko, Boris (n. 1947) 149

Gümpel, Charles 246

Gunsberg, Isidor (1854-1930) 246

Gurevitch, Mikhail 345

HAL (computador *AL*gorítmico *H*euristicamente programado) 264-7

Haroun al-Rashid, califa de Bagdá (763-809) 30-1

Hartston, William (n. 1947) 296

Havel, Václav (n. 1936) (1º presidente da República Tcheca) 340, 370, 371

Hayek, Friedrich von (1899-1992) 51, 261

Helsinki Watch 121, 126

hipnose 233, 234-5, 293, 298 *ver também* parapsicologia e telepatia; Zukhar, dr. Vladimir

História da Civilização (Buckle) 36

Hitler, Adolf (1889-1945) 48

Holmes, Oliver Wendell (1841-1935) 140

Holmes, Sherlock 42

Holocausto 84, 107 *ver também* judeus: perseguição de

Honecker, Erich (1912-1994) 347

Horowitz, Al (1907-73) 149

Horsey, Sir Jerome (m. 1626) 32, 33

Hort, Vlastimil (n. 1944) 169

Howard Staunton (Keene e Coles) 378

Hübner, Robert (n. 1948) 312

Human Accomplishment (C. Murray) 135

Hydra, computador 361

Iakovlev, Alexander (1923-2005) 215, 237, 318-9

IBM 256, 360

Ieltsin, Boris (1931-2007) (1º presidente da Federação Russa) 46, 102, 338, 340, 347, 352, 364

Igreja, Ortodoxa Cristã: e xadrez 32; supressão da 70

Ilíada (Homero) 174-5, 227, 385

Iliin-Genevsky, Alexander Fiodorovitch (1894-1917) 52-5, 69-70; e derrota de Capablanca 69; como fundador do xadrez soviético 52-5; interrogações envolvendo a morte 69-70

Iliumjinov, Kirsan (n. 1962) 355-6

Illarionov, Andrei (n. 1961) 353

Instituto de Física e Tecnologia de Moscou (MIPT) 116 *ver também* Instituto de Física Teórica e Experimental, Moscou

Instituto de Física Teórica e Experimental (ITEP), Moscou 256 *ver também* Instituto de Física e Tecnologia de

ÍNDICE

Moscou (MIPT)

inteligência artificial *ver* xadrez computacional e cibernética: inteligência artificial

intelligentsia 34, 42, 70-6, 127, 188, 363

Internacional Enxadrística dos Operários 61

internet 254, 360, 362

investimento *ver* premiações em dinheiro, patrocínio e financiamento

iogues *ver* Ananda Marga (seita de ioga)

Islá, e história do xadrez 30-2

Islândia 209-10

Israel e sionismo 109, 120, 133, 242 *ver também* judeus; judaísmo e antissemitismo; e imigração da União Soviética 117; Guerra dos Seis Dias (1967) 116-17; Guerra do Yom Kippur (1973) 91

Iudina, Larissa (m. 1998) 355

Iugoslávia 46, 104, 156, 176, 242-3, 288, 358

Ivan IV (o Terrível), tsar da Rússia (1530-84) 32-3; morte de 33

Ivan, o Terrível (filme, 1944) 33

Ivonin, Viktor 206, 215, 225, 239, 293

Izmailov, Piotr 65

Izvestia 82, 106, 217, 238, 284, 295

Janowski, David (1868-1927) 77, 146

Jarikov (psiquiatra soviético) 235

Jdanov, Andrei (1896-1948) 46, 99, 109

Jesus de Nazaré 365

João Paulo II, papa 318, 332

Jogo Espanhol *ver* Ruy Lopez

Jogos Olimpícos: boicotes aos 320; Munique (1972) 239

Jones, Ernest (1879-1958) 263

judaísmo e antissemitismo 34-5, 114, 115 *ver também* Israel e sionismo; judeus; cabala 117

judeus 107-37 *ver também* Israel e sionismo; judaísmo e antissemitismo; intelecto dos 134-7; e identidade judaica 134; perseguição de 108-10, 114-35, 172, 318, 373; proeminência dos no xadrez 107-8, 110, 134, 137; *refuseniks* 115, 118, 120

Kabanov (psicólogo soviético) 313

Kádár, Janos (1912-89) 46

Kaissa (computador enxadrista) 257-32

Kamenev, Lev (1883-1936) 64

Kamski, Gata (n. 1974) 149, 271, 348

Karpov on Karpov (Karpov) 385, 386

Karpov, Anatoli (n. 1951) 96, 144, 180-1, 183, 217, 240, 241, 278-86, 288-90, 294, 317, 335, 348 *ver também* matches pelo título mundial; sobre visão de Botvinnik acerca de xadrez computacional 259; sobre Fischer *versus* Spassky (1972) 290; sobre Kasparov 318; e Kortchnoi 278-80, 282, 290, 321; sobre Kortchnoi 308; sobre Spassky 207, 230; *versus* Kamski (1996) 271-2; *versus* Kasparov: (1984) 323-8; (1985) 329-31; (1986) 261, 332-4; (1987) 335-7; (1990) 343-6; escore geral contra 348; *versus* Kortchnoi: (1978) 296, 299-311; (1981) 312-15; e visita a Kasparov *versus* Kortchnoi, Londres (1983) 322-3; como campeão mundial (1975-84) 323

Kashdan, Isaac (1905-85) 144, 145, 146, 149

Kasparov versus Deep Blue (Newborn) 385, 386

Kasparov, Garry (Harry) Kimovitch (n. 1963) 96, 102, 107, 133, 240, 348, 357 *ver também* matches pelo título mundial; filosofia enxadrista de 29; emergência de 317-20; e FIDE e governança do xadrez 355; sobre Fischer 216-17, 225, 241; sobre 13º jogo de Fischer *versus* Spassky (1972) 229; sobre Karpov 216-17, 331, 344; sobre Karpov *versus* Kortchnoi: (1978) 306, 308, 310, 311; (1981) 313-14; sobre Karpov *versus* Spassky (1973) 283; e Kortchnoi: como colegas dissidentes 321-2; e Nagorno-Karabakh 341-3, 347; e perseguição 318; e política 341-3, 346-8, 351-5, 357, 363-4, 365, 369-75; e *establishment* do xadrez soviético 321; sobre Spassky 207-8, 216-17, 220, 226; *versus* Anand (1995) 359; enfrentando computadores 246, 261, 359-61, 362; *versus* Karpov: (1984) 323-8; (1985) 329-31; (1986) 261, 332-4; (1987) 335-7; (1990) 343-6; escore geral contra 348; versus

Kramnik (2000) 361-2; *versus* Short (1993) 359

Kassianov, Mikhail (n. 1957) 353

Kavalek, Lubomir (n. 1943) 149

Kazic, Bozidar 176

Keene, Raymond (n. 1948) 139, 261, 292, 304, 309, 310, 329, 335, 377, 378

Kempelen, Wolfgang von (1734-1804) 245, 362

Keres, Paul (1916-75) 67, 100, 145, 147, 148, 156, 159, 160, 161, 186, 275

KGB (Komitet Gossudarstvennoi Bezopasnosti) 68, 100, 114, 120, 122, 123, 126, 127, 132, 160, 194, 237, 239, 287, 291, 298, 314, 319, 321, 334, 335, 341-2, 352, 364, 371 *ver também* polícia secreta; e teorias conspiratórias em Fischer *versus* Spassky (1972) 236-7; 5º Diretorado do 129

Kim Il-Sung (1912-1994) 266

Kim Jong-Il (n. 1942) 266

King, Sir David (n. 1939) 263-4

Kirov, Serguei (1886-1934) 64

Kissinger, Henry (n. 1923) 196, 199, 212-13, 219-20, 241, 366

Koestler, Arthur (1905-83) 209, 385; sobre Fischer 211, 229, 385

Kolisch, Ignaz (1837-89) 37

Kolossar, Leonid 125-6

Kortchnoi, Viktor (n. 1931) 28, 83, 98, 107, 110, 114, 149, 179, 182, 183, 187, 240, 272-94, 317, 321 *ver também* matches pelo título mundial, e Curaçao (1962) 275; deserção de 289-92; início da vida 272; sobre Karpov 307; sobre Karpov *versus* Spassky (1973) 284; e Piatigorsky Gold Cup, Los Angeles (1963) 276; e campeonato soviético (1960) 273-4; e *establishment* do xadrez soviético 286-7, 290, 291, 296-315, 316; e conspiração soviética contra Fischer 159, 160; sobre Spassky 207, 215-16, 233, 294; *versus* Karpov: (1978) 296, 299-311; (1981) 312-15, 316; *versus* Petrossian: (1971) 280-1; (1973) 282-3

Kossiguin, Alexei (1904-80) 206

Kotok, Alan (1941-2006) 256

Kotov, Alexander (1913-81) 163

Kozlov, Andrei (1965-2006) 354

Kramnik, Vladimir (n. 1975) 358; enfrentando computadores 262; *versus* Kasparov (2000) 361-2; *versus* Topalov (2006) 246, 356

kriegspiel (jogo alemão do século XIX) 253

Krilenko, Elena 68

Krilenko, Nikolai Vassilievitch (1885-1938) 55-6, 58-66, 68, 70, 88, 263, 367; e xadrez com Lenin 59

Krilov, Valeri 301

Kroguius, Nikolai (n. 1930) 193, 196, 207, 221, 223, 224, 225, 233, 235, 239, 277, 297, 313, 314, 335-6

Kruchev, Nikita (1894-1971) 46-7, 104, 109, 114, 155

Krupskaia, Nadia (1869-1939) 45

Kubbel, Arvid (1889-1942) 64

Larsen, Bent (n. 1935) 177, 179, 180, 182, 187, 190, 220; *versus* Fischer (1971) 195

Lasker, Emanuel (1868-1941) 37, 38, 39, 40, 66, 72, 77-83, 87, 95, 97, 99, 103, 141, 142, 145, 337; sobre xadrez 80-1, 366; e exílio da Alemanha 82-6; como matemático 79; como filósofo 79-80; sobre a doença de Pillsbury 142; e revolução 82; e método enxadrístico de Steinitz 81; *versus* Capablanca (1921) 143-4; *versus* Steinitz (1896) 37; *versus* Tarrasch (1908) 361

Lasker, Martha 82, 84

Lasker-Schüler, Else 82

Lasker-Wallfisch, Anita (n. 1925) 84

Lavater, Johann Caspar (1741-1801) 34

Leeuwerik, Petra 291, 296, 299, 301, 303, 304

"lei das cinco espigas" 59

Leibniz, Gottfried Wilhelm (1646-1716) 35, 247

Lenin (Service) 379

Lenin (Vladimir Ilitch Ulianov) (1870-1924) 38, 42, 55, 56, 58, 266; e xadrez 44-5, 46, 59; e judeus 108; Novo Plano Econômico 61-2

Lenin, Ordem de 314-15, 337, 356

Lenin's Intellectual Formation (Schapiro) 379

408   REI BRANCO E RAINHA VERMELHA

Lessing, Gotthold Ephraim (1729-81) 34, 35, 378

Leste Europeu: e fim dos governos comunistas 339; popularidade do xadrez no 158

Levenfich, Grigori (1889-1961) 52, 98, 184, 185

Liebermann, Joe (n. 1942) 371

Liebknecht, Wilhelm (1826-1900) 41-2

Liga das Nações 47

Lilienthal, Andor 107

Lissenko, Trofim (1898-76) 73

Literary Gazette 113

Litvinenko, Alexander 236, 354

Litvinov, Viktor 334

Lombardy, padre Bill (n. 1937) 149, 157, 209, 215, 229, 231

Londres 78, 139, 261, 322-3, 332, 357-8, 359, 361-2

Lunatcharski, Anatoli (1875-1933) 42, 62

Luta (Lasker) 79

Malinovski, marechal Radion (1898-1967) 76

Malkin, Viktor 113

Mandelstam, Ossip (1891-1938) 74

Manhattan Chess Club 154

Manual de Xadrez (Lasker) 80, 366

Mao Zedong (1893-1976) 266

Maquiavel, Niccolò (1469-1527) e maquiavelismo 81, 200, 226

"Maquinário Computacional e Inteligência" (Turing) 248

margue *ver* Ananda Marga (seita de ioga)

Marshall Chess Club, Nova York 143

Marshall, Frank (1877-1944) 77, 142-3

Marshall, Paul 204, 213, 214, 239

Marx, Karl (1818-83) 41-2, 103, 108

Masaryk, Jan (1866-1948) 371

Masaryk, Thomas (1850-1937) 371

matches pelo título mundial: *1. Interzonais*: Leningrado (1973) 280-1; Palma (1971) 190, 192; Portorez (1959) 67; Sousse (1967) 167-9; Estocolmo: (1948) 111; (1962) 161, 189; *2. Torneio de Candidatos* 163, 187; Amsterdã (1956) 185; Budapeste (1950) 111, 147; Curaçao (1962) 158-62, 167, 178, 275; Haia/Moscou (1948) 145-6, 147; Londres (1983) 358; Iugoslávia (1959) 156-7; Zurique (1953) 148; *3. Eliminatórias Individuais*: Fischer *versus* Larsen, Denver (1971) 195; Fischer *versus* Petrossian, Buenos Aires (1971) 196-7, 229; Fischer *versus* Taimanov, Vancouver (1971) 192-3; Karpov *versus* Kortchnoi, Moscou (1974) 284-6; Karpov *versus* Short (1992) 358; Karpov *versus* Spassky (1973) 283-4; Kasparov *versus* Kortchnoi, Londres (1983) 322; Kasparov *versus* Kortchnoi, Pasadena (1983) (cancelado) 320; Kortchnoi *versus* Petrossian: (1977) 292; Kortchnoi *versus* Petrossian, Moscow (1971) 281; Kortchnoi *versus* Petrossian, Odessa (1973) 282-3;

Kortchnoi *versus* Spassky, Belgrado (1978) 292-5; Kortchnoi *versus* Spassky (1968) 276-7; *4. Finais*: Alekhine *versus* Capablanca (1927) 299; Alekhine *versus* Euwe (1935) 88; Anand *versus* Kasparov (1995) 359; Botvinnik *versus* Bronstein (1951) 111-14; Bourdonnais *versus* McDonnell (1834) 349; Capablanca *versus* Lasker (1921) 143-4; Fischer *versus* Spassky (1972) 174, 200-42, 356, 357; e teorias conspiratórias CIA/KGB 233-7; jogos um e dois 217, 218-19; jogo três 219-22, 223; jogos quatro a seis 222-4; jogos sete a dez 225-6; jogos 11 a 13 226-32; jogos 14 e 15 232; jogo 19 237; aberturas: Defesa Alekhine 229; Defesa Nimzo-Índia 223; Gambito da Rainha 224; Ruy Lopez 225-6, 232; Defesa Siciliana 222, 223, 227; reação popular a 231-2; Fischer versus Spassky (1992) 242; Kamski *versus* Karpov (1996) 271; Karpov *versus* Kasparov, Londres/Leningrado (1986) 261, 332-4; aberturas: Ruy Lopez 333; Karpov versus Kasparov, Moscou (1984) (abortado) 323-8; jogos 31 e 32 324; jogos 40 e 41 325; jogos 47 e 48 326; final inconcluso de 326-8; Karpov *versus* Kasparov, Moscou (1985) 329-31; aberturas: Defesa Siciliana 330; Karpov *versus* Kasparov, Nova York/Lyons (1990) 343-6; Karpov *versus* Kasparov, Sevilha (1987) 335-7; Karpov *versus* Kortchnoi, Baguio (1978) 296, 299-311; distúrbios no 299-300, 301-5; jogo cinco 301-2; jogos oito a dez 302; jogos 13 a 17 303-4; jogos vinte a 28 305-7; jogos 29 a 32 308-10; e iogues 304-6, 308; Karpov *versus* Kortchnoi, Merano (1981) 312-15; e Ruy Lopez 314; Kasparov *versus* Kramnik, Londres (2000) 361-2; Kasparov *versus* Short, Londres (1993) 359; Kramnik *versus* Topalov, Elista (2006) 246, 356; Lasker *versus* Steinitz (1896) 37-8; Lasker *versus* Tarrasch (1908) 361; Petrossian *versus* Spassky: (1966) 186, 275; (1969) 187

materialismo dialético 76, 86, 298

McCarthy, John (n. 1927) 256

McDonnell, Alexander (1798-1835) 349

McLuhan, Marshall 213

memória no xadrez 80-1

mencheviques 63

Mendelssohn, Moses (1729-86) 34-5, 378; filosofia enxadrista de 29

Mephisto (autômato) 245-6

Merkel, Angela (n. 1954) (chanceler da Alemanha) 369-70

Meu sistema (Nimzowitstch) 93

Meus grandes predecessores (Kasparov) 378, 384, 386

Michie, Donald (1923-2007) 249, 251

Milner-Barry, Sir Stuart (1906-1995) 249

410 REI BRANCO E RAINHA VERMELHA

Milošević, Slobodan (1941-2006) 242, 358

Mises, Ludwig von (1881-1973) 51

Molotov, Viatcheslav (1890-1986) 48, 99, 100

Montefiore, Simon Sebag 109, 378-9, 382

Morphy, Paul (1837-84) 36, 37, 138-40, 171, 263

Mortal Games (Waitzkin) 386

Moscou 52, 53; torneios internacionais: (1925) 61, 69, 70, 76, 87, 95; (1935) 66, 71-2, 73, 83, 97; (1936) 72, 73, 83; (1948) 99; campeonatos mundiais: (1943) 72; (1984) 323-8; (1985) 329-31

Moses Mendelssohn (Altmann) 378

Motherland (Chamberlain) 189

Muhammed Ali (n. 1942) 199, 203

mulheres, status como enxadristas 31, 32-3

Murdoch, Rupert (n. 1931) 358

Muro de Berlim, queda do 338, 357

Murray, Charles 378; e intelecto judaico 135-7

Murray, H. J. R. (1868-1955) 30

Mussorgski, Modest Petrovitch (1835-81) 71

My 60 Memorable Games (Fischer) 170

Nabokov, Vladimir (1899-1977) 63, 71, 73, 90-4, 362-3

Nachi ("Nossa") (organização de jovens de Putin) 354

Nagorno-Karabakh 341-3, 347

Najdorf, Miguel (1910-1997) 148

Não temerei o mal (Sharansky) 124, 382, 385

Napoleão Bonaparte (1769-1821) 25, 34, 42, 81

Natan, o Sábio (Lessing) 34, 35

Natasha's Dance (Figes) 378

Negociantes de almas (filme) 127

Nei, Ivo 223, 239

Nemenyi, dr. Paul Felix (1896-1952) 152-3

Neumann, John von (1903-57) 251-3

New Statesman 232, 380

New York Evening Post 40

New York Times 27, 141, 148, 162, 164, 210, 219, 236

New Yorker 213

Newborn, Monty 249-50, 258

Newsweek 224

Nicolau II, tsar da Rússia (1868-1918) 34, 53, 183; e patronato ao xadrez 37-8, 39

Nikachin, general Valentin 237

Nimzowitstch, Aron (1886-1935) 86, 93

Nixon, Richard M. (37º presidente dos Estados Unidos) (1913-94) 119, 195-6, 198, 213, 241

Notas do subterrâneo (Dostoievski) 43

Nureyev, Rudolf (1938-93) 269

O homem sem rosto (Wolf) 130

"O Jogo Glorioso e Sangrento" (*Sunday Times*) (Koestler) 356, 385

ÍNDICE 411

O mestre e Margarida (Bulgakov) 364-5

"O Papel dos Judeus no Movimento Revolucionário Russo" (Shapiro) 108, 382

O presente (Nabokov) 94

O primeiro círculo (Soljenitsin) 193

O sobrinho de Rameau (Diderot) 35

O Teste do Tempo (Kasparov) 321

Oistrakh, David (1908-74) 72

"Olimpíada Russa de Xadrez" 54

One Hundred Selected Games 352

Oppenheim, Moritz Daniel (1800-82) 34

Ordem de Lenin 314, 337, 356

Ordjonikadze, Grigori 97-8

Orlov, Iuri (n. 1924) 127

Orwell, George (1903-50) 26, 316, 378

Os irmãos Karamazov (Dostoievski) 188

Os possessos (Dostoievski) 43

Outra Rússia, fórum (Drugaia Rossiia) 353, 354, 369

pacto alemão-soviético de não agressão (1939) 48

pacto Molotov-Ribbentrop (1939) 48

Pais e filhos (Turguenev) 43

Panov, Vassili (1906-73) 106, 193-4

parapsicologia e telepatia 233, 234-5, 297-9, 302, 304-5, 324-5 *ver também* hipnose; Zukhar, dr. Vladimir

Pasternak, Boris (1890-1960) 71, 73-5; e Stalin 74

patrocínio *ver* premiação em dinheiro, patrocínio e financiamento

Pavey, Max (1918-1957) 154

Pavlov, Serguei 205, 206, 216, 220, 224, 237, 281-2

Pedro I, (o Grande), tsar da Rússia (1672-1725) 33

Peres, Shimon 133

Persona non Grata (Kortchnoi) 386

Petrogrado 51-3, 55, 82, 95

Petrossian, Rona 275, 276

Petrossian, Tigran (1929-1984) 102, 155, 156, 158, 159, 160, 161, 166, 177, 180, 183, 194, 220, 312 *ver também* matches pelo título mundial; e Kortchnoi 274-5, 277, 285, 286-7, 288-9; *versus* Fischer: (1970) 178-9; (1971) 196-8, 229; *versus* Spassky: (1966) 186, 275; (1969) 187

Petrov, Vladimir (1907-45) 67-8

Philidor, François-André Danican (1726-95) 41

Piatigorski, Gregor (1903-76) 187

Pilatos, Pôncio 365

Pillsbury, Harry Nelson (1872-1906) 38, 141, 143, 245-6

Pipes, Richard (n. 1923) 57, 58, 126, 128, 378-9, 383

Platov, Mikhail (1883-1940) 64

Pliustch, Leonid 298

Podvoiski, Nikolai (1880-1948) 54

Poe, Edgar Allen (1809-49) 245

pogroms ver judeus: perseguição de

polícia secreta 74 *ver também* KGB (Komitet Gossudarstvennoi Bezopasnosti); Tcheka 58; FSB (Federalnaia

Sluzhba Bezopasnosti) 353; NKVD (Narodni Komissariat Vnutrennikh Del) 64, 65, 66, 67, 68, 113

Politika 286

Politkovskaia, Anna (1958-2006) 354

Polugaievski, Lev (1934-1995) 292, 312

Portisch, Lajos (n. 1937) 179, 180

posição no xadrez 81

Postnikov, Dmitri 148

Pravda 46, 101

premiação em dinheiro, patrocínio e financiamento 39, 54, 77, 141, 163, 177, 180, 187, 190, 192, 193, 196, 241, 285, 310-11, 320, 333, 335, 337, 344, 357, 359; para Fischer *versus* Spassky (1972) 203, 204, 210, 211, 214, 239-40

problema do "passeio do cavalo" 247

problemas enxadrísticos *ver* estudos de final de jogo e problemas enxadrísticos

"Programando um Computador para Jogar Xadrez" (Shannon) 254

Projeto Pioneiro 259

Prokofiev, Serguei (1891-1953) 71-2, 73

psicologia (pressão mental exercida durante matches) *ver* Ananda Marga (seita de ioga); hipnose; parapsicologia; Zukhar, dr. Vladimir

Puchkin, Alexander (1799-1837) 70, 71

Putin, Vladimir (n. 1952) (2º presidente da Federação Russa) 167, 348, 351, 352-4, 364, 365, 369-75

Que Fazer? (Tchernichevski) 42-5, 379

R.U.R. ("Robôs Universais Rossum") (Čapek) 244

Rákoski, Mátyás (1892-1971) 147

Rapallo, Tratado de (1922) 47

Raskolnikov *ver* Iliin-Genevsky, Fedor (Raskolnikov)

Rathenau, Walther (1867-1922) 47, 82

Ray, Man (1890-1976) 78

reabilitação de vítimas do terror 65, 69

Reagan in His Own Hand (Skinner) 386

Reagan, Ronald (40º presidente dos Estados Unidos) (1911-2004) 132, 209, 267, 296, 320, 332; discurso sobre Guerra Fria (1987) 338

Reinfeld, Fred (1910-64) 149

Reino Unido *ver* Grã-Bretanha

Reshevsky, Samuel (1911-92) 27, 67, 97, 99, 101, 144, 145, 146-9, 162, 277, 378; e Interzonal de Sousse (1967) 168-9; e "voz de Deus" 147; e campeonato mundial 147-9

Revolução Russa 42-6; e sistema legal 58-9; terror e expurgos da 51-60

Riabski, Vitali 126-7

Ricardo I, (Coração de Leão), rei da Inglaterra (1157-99) 35

Rimski-Korsakov, Nikolai (1844-1908) 71

Ritchter, Sviatoslav (1915-97) 72

"Robôs Universais Rossum" (Čapek) 244

Rochal, Alexander 303, 311-12

ÍNDICE

Rogard, Folke (1899-1973) 169

Roosevelt, Franklin D. (32º presidente dos Estados Unidos) (1882-1945) 47, 48

Rostropovitch, Mstislav (1927-2007) 194, 270, 290, 351

Rothschild, barão Louis Nathaniel de (1882-1955) 45

Rousseau, Jean Jacques (1712-78) 41, 42

Rubin, Vitali 117, 118, 126

Rubinstein, Akiba (1882-1961) 39, 40, 72, 86-7, 93

Rússia *ver* União Soviética

Russos Versus Fischer (Plissetski e Voronkov) 162-3, 234, 377, 383, 384, 385

Ruy Lopez 226-7, 223, 314, 333, 361, 363

Saddam Hussein (5º presidente do Iraque) (1937-2006) 355

Saidy, Anthony (n. 1937) 170, 210

Sakharov (Lourie) 385

Sakharov, Andrei (1921-89) 119, 120, 130, 131, 239, 252, 290, 338-9, 340, 341, 351-2

Saladino (1138-93) 35

Salmin, Nikolai 65-6

Sannikov, coronel Gueorgui 237

São Petersburgo: campeonatos: (1910) 52-3; como centro de xadrez 37; Clube de Xadrez de 38; torneios internacionais (1895-6), (1909), (1914) 37-9, 78, 141

Schabowski, Günter (n. 1929) 339

Scharansky, Anatoli *ver* Sharansky, Natan (n. 1948)

Schelokov, Nikolai 240-1

Schlechter, Carl (1874-1918) 77, 337

Schmid, Lothar (n. 1928) 216, 218, 220, 221, 228, 233, 300, 302, 303, 307

Scholem, Gershom (1897-1982) 117-18

Schonberg, Harold 236-7

Seção de Xadrez da União 60-1, 63, 68

Secrets of the Russian Chess Masters (Alburt) 271

Service, Robert 378

Sevastianov, Vitali (n. 1935) 295

Shannon, Claude (1916-2001) 253-5

Sharansky, Avital (*née* Chtiglits) 118, 119-20, 132

Sharansky, Lenia 127, 128

Sharansky, Natan (n. 1948) 115-34, 239, 320, 370, 371, 382; e xadrez 115-16, 118-19, 121-26, 129, 131, 134; Defesa Francesa 121; Abertura Espanhola 131; ganha de Kasparov 133, 371; e xadrez computacional 116, 118, 122-3; educação de 116; e Israel 117-19; libertação de 132-3; e importância de Karpov *versus* Kasparov, Moscou (1985) 330-1; e Guerra dos Seis Dias (1967) 116-17; defesa no julgamento de 124-9; e "guerra ao terror" 133-4; e Guerra do Yom Kippur (1973) 118

Shelbourne, Michael 122

Short, Nigel (n. 1965) 357, 358-9, 362

sionismo *ver* Israel e sionismo

"Simulando o processo decisório em situações de conflito baseadas no final de jogo do xadrez" (Sharansky) 116, 122-3

Slater, Jim (n. 1929) 214

Smart Jews (Gilman) 134

Smislov, Vassili (n. 1921) 72, 83, 100, 102, 107, 113, 147, 148, 149, 156-7, 165, 182, 185, 190, 230, 323, 356

Sobre a questão judaica (Marx) 108

"Sobre a Teoria de Módulos e Ideais" (Lasker) 52

"Sobre Números Computáveis..." (Turing) 247

Sokolov, Andrei (n. 1963) 334

Soljenitsin, Alexander (n. 1918) 75, 130, 193, 194, 200, 270, 290, 367

Solovetski, monastério 57

Soltis, Andrew (n. 1947) 82, 98, 105-6, 113

Sossnitski, Julius 53

Sossonko, Guennadi (n. 1943) 234, 289

Soviet Chess (Richards) 377

Soviet Chess, 1917-1991 (Soltis) 377, 378, 382, 383

Sovietski Sport 287, 290

Spassky, Boris (n. 1937) 66-7, 95, 107, 155, 158, 163, 179, 180, 182, 194, 196, 280 *ver também* matches pelo título mundial; e Dostoievski 188-9; emigração à França 292; sobre Fischer 221; sobre match Fischer-Petrossian (1971) 197; e Kortchnoi 277, 281; e alegações de preguiça 184, 188, 206-7; vida e início da carreira 183-9; Piatigorsky Gold Cup, Santa Monica (1966) 155; e *establishment* do xadrez soviético 188, 189; *versus* Fischer: (1960) 186, 275; (1966) 187; (1970) 182-3, 189; (1972) 174-5, 200-42, 356, 358; após o 239-40; e teorias conspiratórias CIA/KGB 233-7; e preparação para 204-8; (1992) 242-3; *versus* Petrossian: (1966) 186, 275; (1969) 187; *versus* Tal (1958) 185

Spassky, Larissa 233, 228, 234

Speelman, Jon (n. 1956) 217-18

Spinoza, Baruch (1632-77) 232

Sports Illustrated 159

Stalin, Jossef (Iossif Vissarionovitch Djugachvili) (1879-1953) 47-8, 100, 101, 104, 188; e xadrez 46; e Ivan, o Terrível 33; e corrida armamentista nuclear 26; e Pasternak 74; e perseguição de judeus 109-10, 130; terror e genocídio de 61-9, 151-2, 266, 365

Stasi (segurança estatal da Alemanha Oriental) 370

status amador 36, 49, 139, 202, 317, 362

Staunton, Howard (1810-74) 36, 37, 139; e primeiro torneio de xadrez (1851) 139

Stean, Michael 292

Stein, Leonid (1934-73) 168

Steiner, George (n. 1929) 209, 213

Steinitz, Wilhelm (1836-1900) 37-8, 77, 83, 92, 103, 141, 241; método de

ÍNDICE

xadrez de 81, 229

Stravinski, Igor (1882-1971) 71

Stukhalin, Boris 321

Suetin, Alexei (1926-2001) 274

Sunday Times 211, 319, 356

Suslov, Mikhail (1902-82) 109

Taimanov, Mark (n. 1926) 72, 158, 175, 178, 190, 191, 192-4, 195, 273; saúde de 193; e Defesa Siciliana 191, 192; *versus* Fischer (1971) 192-3; reação soviética à derrota para Fischer 193-4

Tal, Mikhail (1936-1992) 102, 107, 156, 157, 160, 183, 185, 186, 192, 275, 276, 277, 309, 311; sobre Fischer 156, 179, 182

Tamerlão (Timur Lenk) 31

Tarrasch, dr. Siegbert (1862-1934) 36, 39, 77, 141, 143; sobre doença de Pillsbury 142; *versus* Lasker (1908) 361

Tartakower, Savielly (1887-1956) 72

Tass, agência de notícias 67, 210, 289

Tchebrikov, Viktor (1923-99) 236

Tchernichevski, Nikolai (1828-89) 42-5, 49, 94

Tchernienko, Konstantin (1911-85) 47, 328

Tchernobil, desastre nuclear de 333

Tchigorin, Mikhail (1850-1908) 37, 45, 102, 103, 141

Tchikvaidze, Alexander 335

tecnologia da informação, avanços 258-61, 268-9, 314

Teller, Edward (1908-2003) 252

Tempo para a paz (Gorbachev) 340

terror islâmico 133-4, 242

terror: e genocídio de Stalin 61-9, 151-2, 266, 364; expurgos durante a Revolução Russa 51-60; reabilitação de vítimas 65, 69

Teste de Turing, O 248-9

Thatcher, Margaret (n. 1925) (primeira-ministra do Reino Unido) 322, 332

The Bell Curve (C. Murray e Herrnstein) 135

The Black Book of Communism (Courtois) 379

The Chess Mind (Abrahams) 263, 382

The Chess Players (Keyes) 383

The Delights of Chess (Fraenkel) 382, 385

The Even More Complete Chess Addict (James) 379

The Exploits and Triumphs in Europe of Paul Morphy the Chess Champion (Edge) 383

The Fontana History of Mathematical Sciences 386

The Forgotten Man (Shlaes) 379

The Game and Playe of the Chesse (Cessolis) 29

The Guardian 262, 380

The Hastings Chess Tournament 1895 (Cheshire) 380

The Oxford Companion to Chess (Hooper e Whyld) 377, 378

The Philosophy Steamer (Chamberlain) 57

The Psychology of the Chess Player (Fine) 146, 383

The Royal Game (Zweig) 123-4, 383

The Russian Revolution, 1899-1919 (Pipes) 57, 58

The Times 261, 326, 358-9, 378, 382

Theory of Games and Economic Behaviour (Von Neumann) 252

Thorarinsson, Gudmundur 203-4, 211, 212

Time 223-4

Timman, Jan (n. 1951) 160, 343

Tito (Joszef Brod) (1892-1980) 46, 104, 156, 175, 288

Tolstói, Conde Leo (1828-1910) 71

Topalov, Vesselin (n. 1975) 246, 356

torneios internacionais: AVRO, Holanda (1938) 98, 145; Olimpíada de Belgrado (1950) 104; Bled (1961) 161; Buenos Aires (1970) 182; Cambridge Springs (1904) 142; Memorial Capablanca, Havana (1965) 164-7; Olimpíada de Dubai (1986) 335; Fried Chicken, San Antonio (1972) 180-1; Haia (1948) 99; Hastings: (1895) 92, 141; (1933) 97; (1954) 113; (1971-72) 279-80; Olimpíada de Havana (1966) 165-6; Kemeri (1937) 67; Londres: (1851) primeiro torneio de xadrez 139; (1899) 78; (1982 e 1984) 358; Margate (1935) 146; Moscou: (1925) 61, 69, 70, 76, 87, 95; (1935) 66, 71, 73, 83, 97; (1936) 72, 73, 83; (1948) 99;

Nova York: (1924) 78, 143; (1927) 144; Nottingham (1936) 83, 89, 97, 145, 357; Nuremberg (1896) 78; Paris (1900) 78; Piatigorsky Gold Cup: Los Angeles (1963) 276; Santa Monica (1966) 155, 187; São Petersburgo (1895-6), (1909), (1914) 37-9, 78, 141; San Sebastian (1911) 143; Olimpíada de Siegen (1970) 182-3, 189; Torneio da Paz, Rovinj/Zagreb (1970) 182; URSS *versus* Resto do Mundo: Belgrado (1970) 175-80, 358; Londres (1984) 358; Campeonato Mundial Relâmpago, Herceg Novi (1970) 181; Zurique (1959) 156

Torres y Quevedo, Leonardo (1852-1936) 247

Tremblay, Theodore 212

Troitski, Alexei (1866-1942) 63-4

Trotski, Leon (Lev Davidovitch Bronstein) (1879-1940) 42, 47, 58, 111, 341; e xadrez 45-6

Truman, Harry S. (33º presidente dos Estados Unidos) (1884-1972) 26

Tukmakov, Vladimir (n. 1946) 182

Turco (autômato enxadrista) 245, 362

Turguenev, Ivan (1818-83) 43, 71

Turing, Alan (1912-54) 247-51, 252, 253, 254, 255

Ulianov, Alexander (1866-87) 44-5

"Uma Teoria Matemática da Comunicação" (Shannon) 254

ÍNDICE

União de Xadrez da Rússia 51-2, 53; abolição da 60; formação da 51
União dos Enxadristas Soviéticos 336
União Soviética 26-7; e xadrez: supremacia da 104, 156, 157-8, 317; e "medo de Fischer" 191, 195; popularidade do como jogo nacional 70-6, 158; como propaganda 49-50, 62, 66, 87-8, 99, 187, 329, 364; psicologia do 76; controle estatal do 46-7, 52-5, 60-3, 75-6, 86, 95-106, 163-4, 357, 365-7; tratamento aos melhores jogadores 32; URSS *versus* Resto do Mundo: Belgrado (1970) 175-80, 358; Londres (1984) 358; e campos de concentração 57-8, 128-9, 291; e deserções 269-71, 289-92; e détente 118, 120, 129, 239; dissolução da 258-61, 265-8, 338-41; e *glasnost* (abertura) 167, 311, 328, 331, 335; imperialismo da 199-200; e *intelligentsia* 34, 42, 70-6, 128, 188, 363; abusos médicos 298; e *perestroika* (reconstrução) 328, 336, 339; e reações ao sucesso de Fischer 193-4, 198, 238-40; reconhecimento do Ocidente 47; "princípio da incerteza" da história soviética 69; e terror: e genocídio de Stalin 61-70, 151-2, 266, 364; expurgos durante Revolução Russa 51-60; reabilitação das vítimas 65, 69; e economia da guerra 51
URSS *ver* União Soviética
Urussov, príncipe Serguei (1827-97) 71

Vainchtein, Samuil (1894-1942) 60-1
Vassiukov, Ievgueni 309-10
Vatanian (psiquiatra soviético) 234, 235
Vidmar, Milan (1885-1962) 37
Vixi (Pipes) 126
Vladimir Nabokov (Boyd) 380-1
Vladimirov, Evgueni (n. 1957) 334
Vlassov, general Andrei (1900-1946) 67
Voltaire (François-Marie Arouet) (1694-1778) 34
Vsevobutch (Organização dos Generais da Reserva) 54, 55

Waitzkin, Fred 337, 341, 343, 344, 347-8
Walesa, Lech (n. 1943) 340
Wall Street Journal 164
Whyld, Ken (1926-2003) 100
Wolf, Markus (1923-2006) 130, 385

xadrez às cegas 41, 115, 141; e sanidade 142
xadrez computacional e cibernética 35, 96, 116, 118, 120, 181-2, 230, 233, 244-68; inteligência artificial 244, 245, 250, 251, 252, 261-2, 266, 267, 268; teste de Turing 247-8; autômatos 141, 245-6, 247, 362; e Botvinnik 256, 258-1, 261; desenvolvimento de máquinas e programas 246, 256-60; e Euwe 255-6; e teoria de jogo 252-3; e Shannon 253-4; e Sharansky 116, 118, 122-3; e Turing 247-51; e Von Neumann 251-3; Projeto Pioneiro

259; EUA *versus* União Soviética (1966) 256; *versus* Adams 361; *versus* Kasparov 359-61, 362

xadrez *ver também* xadrez computacional e cibernética: e status amador 35-6, 49, 139, 202, 316, 362; e capitalismo 144, 154-5, 180, 226; *copyright* dos jogos 77; status cultural do 34-6, 36, 37, 60, 138, 356-7; como profissão 36, 67, 138-9; história do 377; 1801-1917 35-9, 349; Iluminismo do século XVIII 62-4; influências renascentistas italianas 32; origem do 29-30; e Igreja Ortodoxa 32; pré-século XIX 29-34; perfil do após Guerra Fria 358; e Rússia tsarista 32, 33, 34, 36-9; honras ao 356-7; Ordem de Lenin 315, 337, 356; integridade e liberdade inerentes ao 73, 75-6, 134, 350, 366; e a internet 254, 360, 362; e linguagem 49; e literatura 70-1, 73-5, 90-4, 123-4; Nabokov 63, 71, 73, 90-4, 363, 380; uso da memória no 80-1; como metáfora: para Guerra Fria 18, 121-5, 174, 200-1, 219, 265, 332-3, 365-6; movimentos: mudanças nos 32; e número total possível 359; e música 71-2; e Palácio de Westminster 35; vulnerabilidade político-econômica do 85-6; posição no 81; e sanidade 142, 263, 265; supressão do 32; e guerra 13-14

"Xeque-mate", significado de 25

Xeque-mate. A vida é um jogo de xadrez (Kasparov) 29, 352-3, 373

Zaitsev, Alexander 302

Zak, Vladimir 184

Zalkind, Lazar (1886-1945) 63-4

Zinoviev, Grigori (1883-1936) 64

Zukhar, Dr. Vladimir 297, 299, 300, 301, 302, 302, 305, 306, 307, 309, 310

Zweig, Stefan (1881-1942) 124-5

Este livro foi composto na tipologia Adobe
Garamond Pro, em corpo 12/16, e impresso
em papel off-white no Sistema Cameron da
Divisão Gráfica da Distribuidora Record.